Key in the Contemporary

當代之鑰

戰後臺灣經濟的再思考

資源、產業與國家治理

洪紹洋 著

目次

第一章　導論　5
　一　問題意識
　二　再探開發體制：技術傳承、技術引進與知識運用
　三　文獻回顧
　四　章節安排

第一部　資源開發

第二章　近代臺灣石油事業的啟動　43
　一　臺灣石油業的概況
　二　戰前臺灣石油事業的營運
　三　科學、天然氣運用與工業開發
　四　大規模石油煉製事業的開端
　五　小結

第三章　戰後初期中國石油公司的成立　77
　一　組織的調整
　二　臺灣石油探勘處的成立
　三　高雄煉油廠的接收與成立
　四　小結

第四章　冷戰、國家與石油開發政策　107
　一　外來投資與現代石油煉製部門的建立
　二　石油探勘事業的進展
　三　1960年代運用在地資源的石化業發展
　四　小結

第五章　日治與戰後初期臺灣的棉花栽培　143
　一　臺灣棉花栽培的形態
　二　棉花栽培的曇花一現：臺灣棉業栽培組合
　三　大量栽培的起點
　四　從移出到島內自給：臺灣棉花株式會社

　　　　五　戰後初期棉花栽培與自給自足的構想
　　　　六　小結

第六章　1950年代臺灣的棉花栽培　167
　　　　一　1950年代棉花栽植的構想：戰前經驗與技術革新
　　　　二　政策官員的想法：錢天鶴與尹仲容
　　　　三　規模經濟與市場價格
　　　　四　小結

第二部　組裝性產業

第七章　1950年代自行車產業的孕育與限制　195
　　　　一　自行車工廠的設置背景
　　　　二　產業政策與外匯節約
　　　　三　廠商規模與品質管理
　　　　四　成長與局限：企業史案例討論
　　　　五　1950年代進口替代的局限
　　　　六　小結

第八章　汽車業的企業經營模式比較　237
　　　　一　1950至1970年代臺灣汽車業的產業構造
　　　　二　本地資本：裕隆公司的創辦與摸索
　　　　三　六和汽車公司的自動車事業：從豐田到福特
　　　　四　小結

第九章　車輛零件與中小企業　289
　　　　一　零件工業的出現
　　　　二　1960年代的外資參與
　　　　三　「中心—衛星工廠」體制
　　　　四　中心與衛星工廠間的互動關係
　　　　五　小結

第三部　經濟統計與經濟學教育

第十章　國民所得體制的摸索　325
　　一　戰後臺灣國民所得的起源
　　二　美國顧問如何看統計制度
　　三　經濟學者張果為與統計調查
　　四　國民所得工作小組的成立
　　五　小結

第十一章　戰後臺灣的現代經濟學教育與經濟模型設置　371
　　一　1950年代臺大現代經濟學課程的出現
　　二　中央研究院經濟研究所籌備處
　　三　個體與總體部門的連結：產業關聯表與總體經濟模型的建置
　　四　體制化：總供需模型的建置
　　五　小結

第十二章　結論　423
　　一　殖民地經驗的傳播與限制
　　二　1950年代體制的建立：中國、日本與美國因素
　　三　發展型國家的摸索
　　四　留待解決的課題

後記　434
注釋　442
參考書目　484
索引　504

第一章

導論

一、問題意識

(一) 世界經濟史中的臺灣

　　1895 年臺灣接受日本殖民統治後,始邁入近代化的經濟型態。當時的工業化大多配合日本國內需求與對外擴張而發展。1945 年日本敗戰、國民政府接收臺灣後,臺灣的經濟隨即歸屬於中國大陸政權,並在初期著重修復戰時受到損害的設備。直到 1949 年底,中華民國政府撤退來臺,臺灣才成為獨立的經濟個體,與清朝、日治和戰後初期依附大型經濟體的情況有所不同。自此之後,除了運用本地資源基礎外,臺灣也透過國際連結取得所需技術與原料,將工業製品出口至海外。

　　從世界經濟史的演進來看,英國、美國等較早工業化的先進國家,在棉紡織、鋼鐵、機械與鐵路等產業上幾乎是同時取得進展。相較之下,身為亞洲後進國家的日本,在 19 世紀是先發展紡織、鋼鐵與機械業,後來才出現造船與汽車等組裝性產業。[1] 日本殖民統治臺灣時期,鑒於自身工業革命的進程並配合國內需求,決定以國家的力量在臺灣促成機械製糖業的興起。[2]

　　戰前臺灣的工業化除了製糖業規模較大之外,紡織業主要集中在裝載米糖的黃麻紡織,顯示殖民地產業型態多半是為因應日本本土需求。先進國家較早出現、與民生消費相關的棉紡織,臺灣則遲至 1950 年代初期成為獨立的國民經濟體後,才正

式發展。

至於組裝性產業,歐美日等國的生產路徑通常是先發展鋼鐵與機械業,再進一步建立船舶與車輛產業;然而,臺灣在戰前因一戰後的經濟榮景及區域性市場需求,先出現造船業,之後於1950年代才陸續發展汽車與機車工業。臺灣的機械業最早可追溯至戰前生產糖業相關機械;戰後一段時間內,因受制於本地鑄造及金屬產業基礎薄弱,導致機械製品品質受到影響。[3]另一方面,作為機械業重要原料的鋼鐵業,則直到1970年代末期一貫化大鋼鐵廠運轉後,才進入大規模生產。[4]

由上可見,戰前臺灣雖在特定產業(如製糖、造船)取得一定發展,但仍與先進國家存在明顯落差,自有其特殊性。接著,我將進一步探討這種差異所造成的影響。

綜觀戰前與戰後推動工業化的進程,可以看出作為後進國的臺灣在工業化初始階段,與先進國相比所呈現的特殊性。也因為臺灣與先進國的產業發展順序不同,導致部分產業於發展初期面臨諸多不利條件,展現了後進國工業化的「跛行性」。

除了從工業革命進程的角度檢視以外,若從東亞經濟史的脈絡來看,又當如何理解戰前臺灣在日本帝國下的分工,以及戰後在兩岸分治與美蘇對立的冷戰背景下,臺灣與東亞各國乃至美國之間的經貿連結?

首先,堀和生提出「東亞資本主義」,闡述戰前日本與其殖民地臺灣、朝鮮、滿洲國以及其他日本占領地之間的分工與

連繫,並解釋這些關係如何驅動臺灣與朝鮮的自生性工業化。至於戰後部分,堀氏則聚焦於臺灣、韓國的貿易關係與產業分工,說明兩國經濟與美國、日本之間緊密的經貿連繫。總體而言,堀氏所關注的東亞資本主義,是以日本帝國的舊殖民地為主要考察對象,梳理這些殖民地與日本之間的長期關係,並強調美國在戰後扮演的關鍵角色。[5]

杉原薰則從「亞洲間貿易論」出發,試圖擺脫既有亞洲經濟依存歐美市場的「西洋中心史觀」,主張應關注亞洲內部在生產、貿易與消費等領域的分工關係。對於戰後亞洲經濟,杉原認為東亞經濟是在冷戰體制下形成的貿易秩序之中發展,強調日本不僅帶動了韓國與臺灣等地的起飛,也支撐了美國軍事產業的成長。而後透過長期的實證研究,杉原更進一步將「亞洲間貿易論」拓展為「東亞型發展路徑」。[6]

近年來,跨國史研究盛行,強調各國在政治、經濟與文化等層面的互動關係;同時,研究的行為主體也不再局限於政府,逐漸延伸至企業與個人。過往許多跨國史研究成果是從外交的角度考察雙邊政府的活動,近期則開始將關注焦點擴及經濟部門的企業活動。[7]

1950年起兩岸分治,關於此一時期臺灣國際經貿對外運作關係的研究,往往強調美國和日本的影響。當時,日本的角色已從戰前的殖民帝國,轉變為戰後在國際經貿環境中運作的國家。[8]無論是東亞資本主義、亞洲間貿易論或跨國史研究等觀

點,都強調各國或地區在不同時期對外經濟關係的重要性。然而,要將臺灣放入上述這些理論框架中理解,仍有待更多實證研究。

臺灣經濟史的對外關係研究,在戰前部分,多聚焦於臺灣與其他殖民地、滿洲國之間的經貿活動,[9]臺灣與中國或南洋占領區之間的經濟往來,[10]以及日本帝國中各殖民地的比較。[11]至於戰後,研究主題則包括美國援助對臺灣經濟的貢獻、戰後臺日經濟如何從殖民地與殖民母國的關係演變為國際經濟關係的過程;另有學者指出臺灣與美國、日本之間存在「三角貿易」的特徵。[12]

然而,這類研究雖揭示了對外經貿關係的脈絡,但若僅以統計資料或宏觀視角切入,往往難以看見企業與產業在底層運作的細節。也就是說,僅憑生產與貿易等統計數字所提出的東亞資本主義或亞洲間貿易論,並不足以反映企業和產業在經濟活動中實際的發展過程。此外,臺灣戰前受日本殖民支配,戰後作為一個工業化後進國家,政府也在經濟開發中長期扮演干預角色,但這些政策的推動是否面臨限制,也有待透過底層企業與產業的實際運作來進一步瞭解。

再者,若試圖將跨國史的研究視角融入臺灣經濟史脈絡,除了關注戰前戰後臺灣經濟的對外關係,也應討論1949年中華民國政府從中國大陸撤退來臺的影響。雖然此番變動並非跨國性的雙向流動,而是自中國大陸到臺灣的單向移動,但過程

中也為臺灣經濟發展帶來部分人力資本和物資設備。因此,有必要跳脫既有研究較常關注的官僚角色和紡織業資本,以更廣闊的視野重新審視這段歷史。又,1949年亦有一些專家、人員從中國轉往美國任職,他們後來不僅提供臺灣政府對外採購的商貿中介服務,也為政策和學術發展提供所需諮詢,可說是1949年後因兩岸分治而形成的某種國際網絡。

(二)生產要素:殖民地經驗與中國因素

關於臺灣從日治跨越到戰後的情況,透過近年來對企業與產業的案例研究,我們得以更具體地瞭解戰爭末期至戰後初期經濟體系的演變歷程。[13]至於戰後臺灣的經濟發展,除了檢視繼承自日治時期所奠定的各項基礎外,尚須考慮1949年中華民國政府撤退來臺後所引進的體制與經驗。

中華民國政府因在國共內戰中失利而敗退遷臺,使得臺灣的統治機構在歷經1945年的接收後再次變動。1950年的臺灣有兩個政府:一是來自中國大陸的中央政府,二是在地的臺灣省政府;主要的行政大權大多掌握在來自中國大陸的官員手中。此時的臺灣因存在「日治—戰後」、「中國—臺灣」兩條軸線,研究難度和複雜性因而提升。

從政治史出發的戰後臺灣史研究,大多關注國民黨的一黨獨大制與臺灣獨立運動,[14]或對白色恐怖體制及其受害者進行

個案式實證研究。[15] 若著眼於中國近代史脈絡,則強調從大陸時期到臺灣的延續性,關注遷移來臺的政府組織與官員活動。[16] 大抵而言,面對戰後臺灣,臺灣史和中國近代史的角度所聚焦的面向往往截然不同。

同樣的,臺灣經濟自1950年成為獨立經濟個體後,除了本地從戰前到戰後的延續性發展脈絡外,也開始受到戰後新出現的「中國因素」影響。關於臺灣經濟從日治到戰後的延續性,洪紹洋探討了臺灣商人在戰後初期如何利用既有商業活動基礎,於1950年代積極投資與經營新興工業,並指出這些商人與日資之間的合作情形。[17] 陳家豪則聚焦戰前交通業中的臺灣人資本,並闡明其如何在戰後成為中小企業資本的來源之一。[18]

若著重於「中國因素」的影響,從中國近代史的角度來審視1950年代的臺灣經濟史課題,則會呈現不同面向的討論。例如,瞿宛文強調早期來自中國大陸的經濟官僚如何在民族意志的驅動下,推展各種政策,帶動臺灣經濟成長;[19] 柯偉林(William C. Kirby)和田島俊雄則探討中國大陸時期的經濟官僚與體制,如何影響戰後臺灣的經濟開發體制;[20] 謝國興聚焦於上海商人的遷臺情況與投資活動。[21]

值得注意的是,謝國興提出「合軌說」,用以分析紡織業中的紡紗和織布資本,指出紡紗資本多由來自中國大陸的資本家投入,織布業則以本土資本家為主。亦即戰後臺灣紡織業的成長,是由中國與本地資本共同推動,雙方在資本積累中各自扮

演關鍵角色。[22] 或可進一步探究這兩股資本在經營上的實際合資與分工情形。

關於戰後臺灣經濟發展的討論，往往偏重於檢討威權體制或批判國民黨，也就是將經濟史議題納入政治史框架中；這樣的視角雖能豐富我們對一黨獨大、威權體制的認識，卻有礙我們透視整體資本流動與積累的面貌。那麼，該如何建立一條以經濟構造為主體的戰後臺灣經濟史研究路徑？筆者認為或許可從「生產要素」層面切入。

1950年，臺灣成為獨立經濟體，在初始階段，島內生產部門所能動員的生產要素，包括從日治時期沿襲下來的各種基礎，以及來自中國的資本家、技術人員與設備等。如何有效運用島內有限的生產要素，並結合主要來自美國的援助進行生產，成為產業或企業營運首要面對的挑戰。除了考察政府在經濟治理中的角色之外，若能進一步追溯早期產業與企業在勞動、資本等要素上的具體來源，將更能清晰勾勒戰後臺灣經濟發展的整體輪廓。

(三) 日本與美國因素

1950年以後，臺灣在對外關係上深受日本與美國的影響，體現在兩國的經濟、技術和人力資本援助等多重層面。

就日本因素而言，過去日本殖民統治臺灣的經驗，為戰後

臺灣提供了有形設備和無形人力資本的基礎。戰後日臺關係的探討，多從經濟與外交層面切入：川島真等人指出，臺灣脫離日本殖民統治後，同時存在日臺和日華兩個軸線，對於日臺經濟的討論著重在貿易方面，並強調臺灣社會與日本之間有著深厚連結。[23]山田敦則對1950年代日資來臺和日本對臺出口情形進行初步考察。[24]洪紹洋分析戰後臺日經濟重啟的過程，認為最初日資來臺帶有戰前延續性色彩，後來則是在國際經濟競爭考量下再次來到臺灣；從1960到1972年日臺斷交前，日資透過獨資或與本地資本合作的方式在臺設廠，再經由日商網絡將產品銷往海外。[25]

至於美國的影響，研究多以「美援」視角切入，卻時常忽略美援可追溯至「中國時期」這一事實。戰後美國對臺灣的經濟援助，始於1948年美國國會通過的援外法案。[26]同年7月3日，中華民國與美國政府在南京簽訂《中美經濟援助協定》，確認美方會對中華民國提供經濟援助；中華民國政府遂在上海設立「行政院美援運用委員會」以執行美援計畫，作為與美國經濟合作總署中國分署聯繫的窗口。[27]1948年11月，又在南京設立「中國農村復興聯合委員會」，運用美國對華援助款項，制定與推動中國復興工作計畫。[28]

但隨著國共內戰的局勢逆轉，1949年8月5日，美國國務院發表《中美關係白皮書》，宣告中止對中華民國的援助。1950年1月，美國總統杜魯門正式宣告放棄撤守臺灣的中華民

國政權。[29]直至1950年6月韓戰爆發後,美國才恢復對中華民國政府的援助,自1951年起持續到1965年6月底為止。[30]

戰後臺灣史研究者在評估美援對臺灣經濟的影響時,常參考美國經濟學者賈可貝(Neil H. Jacoby)所撰《美國對臺灣的援助:關於外援、自助與發展之研究》(*U.S. Aid to Taiwan: A Study of Foreign Aid, Self-Help and Development*)[31],以及臺灣官員趙既昌所著《美援的運用》[32]。前者為協助美國對外援助的工作報告,後者為一位曾參與經建計畫官員的經驗總結與資料整理,兩者均非研究專著,但皆提供了許多有關美援的珍貴資料。學術界方面,1990年代文馨瑩以美國對臺灣的援助為案例進行研究,指出臺灣的發展經驗有別於拉丁美洲,並不完全適用依賴理論。[33]周琇環則重新爬梳官方檔案,從制度史的角度檢視美國援助政策的形成,以及對臺灣的援助與績效等。[34]

針對日本與美國對戰後臺灣經濟的影響,還可以從哪些脈絡切入,提出新見解呢?筆者認為,在日本因素部分,除了關注殖民地延續性以及戰後日資頻繁來臺活動的基礎外,也應進一步探究戰前日本在臺建立的產業知識與生產經驗,如何沿用到戰後;並可留意來自中國大陸的資本家,如何利用本地臺灣人的網絡引進新興工業所需的技術。

美國因素方面,除了美援與技術轉移對政府與企業的幫助,還需重視1949年前有留美經驗的中國人士,以及1949年後由中國前往美國者與前來臺灣者,如何構築臺灣與美國之間

的經濟連繫。換言之，戰後臺灣經濟中的美國要素，不應只局限在吳聰敏等學者所強調的美援與美國顧問，更應將留美人士與在美華人的中介角色納入考量，因為他們在推動美國物資、技術和知識的引進方面，同樣至關重要。

　　總體而言，戰前日本對臺灣的影響主要表現在建立依附日本經濟體系的殖民結構；戰後逐漸轉變為國際經濟合作的形式。至於美國的影響，則始於中華民國政府在中國時期，國府撤退來臺後，美國仍持續透過經濟援助與技術支援等方式，推動臺灣的經濟與產業發展。若研究臺灣經濟史時，未將外國因素對國內經濟與產業的深遠影響納入考量，如援助、技術轉移和人脈網絡，便難以掌握臺灣經濟結構的完整面貌。

(四) 比較利益原則與資金欠缺下的應對

　　新古典經濟學強調比較利益原則，指出一國應利用自身具有優勢的生產要素來發展合適的產業。然而，回顧1950年代的臺灣經濟，其運作並非遵循自由市場機制，而是透過政府對進出口、匯率等實行高度管制政策，調控生產要素與經濟體系的運行。這顯示出當時臺灣政府在經濟發展中積極運用國家權力的特徵，而針對臺灣作為發展型國家的過程，已有豐富的研究文獻進行討論。

　　韋德 (Robert Wade) 的「管理市場」理論指出，臺灣藉由干

預產業與資本,解決市場失靈問題,並運用關稅與進口限制等政策,促進出口產業的發展。[35] 安士敦(Alice Amsden)則認為,即使在1950年代末期推動自由化改革時,臺灣政府仍採行關稅保護政策,顯見政府對產業發展的積極干預。[36] 高貴禮(Gregory Noble)提出「集體行動協調」理論,[37] 以臺灣的具體事例說明:政府在民族主義驅動下,有助於特定產業乃至整體經濟的發展,並能有效解決各行動者之間的協調障礙。瞿宛文參照安士敦研究韓國的方法,[38] 以數個臺灣產業的研究案例,論證產業政策的重要性。[39] 這些研究共同認為,政府應改變比較利益的原始模式,透過政策介入促進新興工業的發展。

然而,這些基於發展型國家論點、以產業個案為主的研究,多半聚焦於臺灣躍升為東亞四小龍之後的優異經濟表現,並著重探討能成功轉向出口、具備國際競爭力的產業;相較之下,對於1950至1960年代產業案例的關注仍相當有限。此外,近年來發展型國家的理論逐漸受到質疑與挑戰。例如謝斐宇透過中小企業訪談提出「分散式工業化」的論點,指出中小企業藉由專業化分工與開放式協力網絡的形式,將特定的專業技術傳播到不同的產業,形成一種不依賴國家干預的產業發展模式。[40]

回顧歷史,許多「成功」的產業,如棉紡織業與石化業,的確是在政府的扶植下走向大量出口。研究經濟發展的學者探究這些產業成功的原因,往往會強調產業政策的成效。但支持市

場機制的新古典經濟學研究者則反駁,認為低廉的勞動成本本身即可促進產業發展,毋須政府干預。[41] 然而,這些研究無論是支持政府引導的成功模式,還是批評政府干預的必要性,都往往忽略了政府與企業在實踐中如何摸索產業發展的具體過程。

戰後,臺灣經濟於發展初期確實透過經濟援助和國際貿易等管道獲得必要的資金與資源,並採行扶植政策以促進產業發展;吳聰敏的研究即指出,當時政府所施行的複式匯率,導致進出口商品價格與成本出現扭曲。[42] 但筆者認為,仍可進一步討論早期政府在外匯不足、以節約外匯優先的情況下,曾嘗試運用國內資金開發本地資源,於本地生產原先多仰賴進口的能源礦產與經濟作物原料。這種「國內生產至上」的開發模式,與今日新古典經濟學所強調的比較利益決策模式截然不同,卻充分體現了當時以「節約外匯」為首要目標的開發構想。

1950年代臺灣的產業與企業,普遍在有限生產要素的條件下以務實態度進行生產,同時也期盼獲得美國物資或資金援助。雖然其中多數產業與企業仍以潛力可觀的民生市場為主要目標,一部分工礦業卻將支援軍事部門或備戰視為優先,期望戰時能將設備等資本財轉用於生產軍需品。這種以軍事考量為導向的決策,反映了冷戰氛圍下的經濟思維,與國際貿易中強調比較利益的原則並不完全相符。

值得注意的是,1950年代的資源開發與產業發展政策,在某些層面上與1930年代戰時經濟政策相似。天然資源稀缺

的臺灣,究竟是如何在資金欠缺的背景下,試行島內資源的開發,以支持生產部門?既有研究多著眼於戰後初期臺灣經濟發展的延續與斷裂,如近期洪紹洋的研究探討了1950年代初期機械業如何運用戰前臺灣鐵工業統制會的體制生產軍用品。[43]筆者認為,可以進一步比較戰前與戰後在農林與工礦資源開發體制的延續,以及戰後新技術對體制延續的影響,乃至產品進入市場後所面對的挑戰。

二、再探開發體制:技術傳承、技術引進與知識運用

本書將在上一節提出的三個脈絡下,沿著「戰前—戰後」、「中國—臺灣」兩條軌跡,以臺灣經濟史為主體,探討資源生產、產業興起,以及現代經濟學如何從單純的學術領域逐漸應用於經濟治理。討論的時序上,首先回溯日治時期,探討臺灣原油開採與棉花栽培興起的背景,並檢視過程中所面臨的技術問題;接著將眼光轉向戰後,著重於此時期如何繼承戰前基礎,仿效先前的發展計畫與應用既有技術,延續戰前「原料自給」的方針。

1930年代的臺灣,因日本帝國向外擴張及節約外匯的考量,推動多項開發政策;到了1950年代,臺灣已成為獨立的經濟體,但同樣出於節約外匯的需求,也推行類似的開發政策。兩個時期的政策背景有某些相似之處。

從歷史縱深來看，對戰後初期臺灣史的研究多強調日本殖民地近代化所留下的生產組織與人力資源，並探究1945年前後的延續與斷裂性，但較少關注戰前研發經驗對1950年代資源產業開發計畫的影響。1950年起，臺灣開始接受美國援助，並與前宗主國日本重新建立經貿連繫，對外經濟體制在很大程度上從屬於美、日兩國。儘管一般認為臺灣獲取先進技術多半仰賴先進國，但實際上，臺灣曾歷經近半世紀的日本殖民統治，期間所積累的農林與工礦資源發展經驗與技術，在戰後仍具備參考價值，尤其是連結農工部門的農產加工業，以及與資源相關的礦業。

身為資源小國的臺灣，現今煤炭、石油和天然氣等天然資源大多依賴進口，棉紡織工業也成為夕陽產業。過去30年來，政府與民間都很關心如何解決臺灣能源不足和產業升級的問題。回顧臺灣早期對原油等初級能源的開採過程，以及如何運用伴隨原油開採而來的天然氣，將有助於我們理解為何「以節約外匯為前提、利用在地資源」這種工業開發構想，會在不同時期反覆出現。

以往學者談及臺灣棉紡織業時，多強調原棉來自海外進口，並未注意到日治時期由於日本國內棉紡織業力求原料自給，因此曾於臺灣大面積種植棉花。1950年代初期臺灣在接受美國原棉援助的同時，尹仲容也曾籌劃效法戰前日本的臺灣植棉經驗，並運用DDT等農藥來防治棉蟲。這項政策的實施考

量,在於臺灣外匯不足,憂心美援一旦終止便無法取得原棉,因而希望透過在地生產達成自給目標。但最終,戰後的植棉計畫因臺灣外匯情況改善、尹仲容去世,未再持續推廣;況且臺灣生產的原棉受限於成本與品質,並未廣泛獲得紡織業資本的青睞。然而,這段歷程顯現當時政府為節約外匯而積極摸索政策,並嘗試以新農業技術推動本地原棉栽培的努力。

至於戰後臺灣的工業部門,大致可分為兩類:第一類為繼承戰前的基礎並於戰後持續成長;第二類則為在1950年代進口替代工業化階段陸續出現的新興產業。其中,屬於第二類的組裝性工業,是由不同工廠生產零件,再在中心工廠組裝成最終財,形成「中心工廠—衛星工廠」的供需關係;生產製程有別於以單一原料為主的棉紡織工業。

相較於先進國「先有鋼鐵、機械,後有汽車」的發展路徑(見本章第一節所述),臺灣於戰後出現的自行車和汽車工業,其發展模式為「先有中心工廠,才成立零件工廠」。這樣的發展順序,很可能會因為中小企業零件工廠的製品品質不佳,而導致車輛品質欠佳。也因此,臺灣在1950年代進口替代階段,是以供應國內市場為目標,尚無法一鼓作氣走向國際出口。至於當時發展汽車工業所需的高階技術人力,則由一些原本在中國大陸從事製造軍用飛機引擎與組裝工作的工程師轉任。

過去針對1950年代臺灣工業化的討論,多集中在產業政策的推動、公營事業的經營與外資來臺等宏觀面向,較少深入

探究中小工業興起的實際背景與經營困境。本書將以自行車產業為例,除了由上而下檢視政府產業政策帶來的影響外,也會關注個別企業在營運時面臨的困境與因應之道。值得注意的是,自行車產業與民生需求緊密連結,為戰後臺灣在廣義機械業中較早興起的組裝性產業。先檢視自行車產業,將能為後續探討同為組裝性產業的汽車工業奠定基礎認識。

　　本書對自行車產業的討論,將從政府政策、資本積累與企業史等多重面向切入,並以中小資本的民營企業為主要分析對象,重新審視1950年代臺灣自行車產業在進口替代工業化過程中的成長脈絡。不過,由於民營自行車工廠的資料匱乏難尋,本書僅能針對創業動機、營運過程等幾個重要面向進行初步梳理。這樣的企業史研究,有助於我們理解自行車產業曾面臨的發展困境,以及政府扶植組裝性產業會遇到的諸多難題。

　　而在汽車業方面,1985年政府頒布《六年汽車工業發展方案》,大幅降低關稅和自製率限制,並放寬整車裝配廠的設立標準;在此契機下,許多國外汽車大廠來臺設置合資汽車公司。[44]在此之前,政府曾以限制生產者數目、限制進口和關稅保護等政策,扶植臺灣本土汽車產業,期待將汽車產業培植成「民族工業」,並要求廠商提升零組件自製率。然而,直至1980年代中期,臺灣的汽車產業並未如同紡織業、電子業,在戰後臺灣經濟的高度成長階段中成功擴大出口,常被視為發展失敗的產業。

在其中的關鍵在於，有別於美、日等先進國，早期臺灣汽車業發端於整體工業基礎低落的背景下，且先創辦中心工廠後才陸續成立衛星工廠，呈現出後進國家尋求產業發展的追趕性特質。雖然當時政府為提升國內工業水準，對汽車業提出自製率的規範，但在衛星工廠遠未成熟的情況下，初期零件多仰賴中心工廠自行生產。就組裝性產業而言，需要規模較大的中心工廠與中小型的衛星工廠同時成長，才有機會獲得良好發展；但是當時政府對汽車業提供的支持與規範多集中於中心工廠，並未給予衛星工廠太多援助。再者，生產者受限於國內市場狹小與本身的生產規模，亦存在成本較高的問題。也就是說，儘管早期臺灣的汽車業在政府政策的扶植下發展，實際經營仍面臨諸多困境與不利因素。

從產業的參與者來看，在宣告汽車業自由化前夕的1983年，臺灣全年共銷售14萬7,347輛汽車；裕隆公司以6萬2,498輛位居第一，市場占有率為42.4%，福特六和公司則以3萬6,677臺位居第二，市場占有率為24.9%。[45] 為進一步剖析早期汽車業的發展情況，筆者將運用企業史的研究方法，著眼於1950至1970年代，以裕隆與福特六和這兩家龍頭企業為中心，檢視它們在汽車業自由化政策尚未實施之前，如何於產業政策的扶植與箝制之間應對進退。

對裕隆汽車進行個案研究，有助於我們瞭解在戰後臺灣的進口替代工業化初期（以輕工業為主），企業如何運用有限的

人力與資源,優先供應國內市場,以及它們在經營上遭遇到的困難。接著,再檢視臺灣汽車業中的後起者福特六和汽車,藉此說明這類後進廠商如何在設廠初期即運用跨國公司提供的技術,在短期間內達到政府要求的自製率水準並邁向出口,使臺灣的生產體系成為國際零組件分工體系的一環。

至於組裝性產業的汽車製造部分,除了關注中心工廠的角色以外,還可進一步探究歸屬於中小企業範疇的零件工廠。藉由審視本地企業的摸索與外資企業來臺設立工廠的過程,我們可以看到臺灣如何向中心工廠供應原廠零件,以及因應售後修護市場(After Market, AM)對替換零件的需求。

整體而言,戰後臺灣的經濟治理,先是偏重管制經濟,而後逐步轉向遵循市場機制。政府在制定與推動政策時,更加仰賴以經濟學理論為基礎的分析工具,而能夠掌握多少、以及多精準的統計數據,將直接影響政策執行的成效。戰後臺灣的經濟學,是如何從學術討論演變成施政與政策決定的工具,也是本書關注的焦點之一。

值得注意的是,戰後臺灣的經濟學以「現代經濟學」為主流,有別於日本同時並存「馬克思經濟學」與「現代經濟學」兩大系統。日本從19世紀後半起陸續從國外引進各類經濟學知識,其中一脈是以馬克思的《資本論》為核心,逐漸孕育出日本自身獨特的馬克思經濟學;另一脈則是自「邊際革命」(Marginal Revolution)之後出現的現代經濟學,演化至今已涵蓋

個體經濟學與總體經濟學兩大範疇,並強調結合理論基礎與計量經濟方法,為經濟政策的評估與制定提供依據。[46]

儘管1950至1960年代日本經濟學界確曾由馬克思經濟學占據支配性地位,但在戰後日本經濟重建及經濟白皮書的擬定過程中,崇尚經濟自由主義、曾留學國外的學者提出了許多具體建議,此後現代經濟學逐漸位居主導。[47]

至於日治時期的臺灣,雖於臺北帝國大學設有經濟學講座,但日本當時盛行的馬克思經濟學並未在臺灣廣泛扎根與傳承。戰後則有一批自中國大陸來臺、深受美國教育影響的學人(以南京中央大學部分教師和畢業生為中堅),陸續進入臺灣大學經濟學系或籌備建立中央研究院經濟研究所,為臺灣現代經濟學教育與研究奠定基礎。也就是說,戰後臺灣現代經濟學的建立,同時受到中國與美國兩股力量的推動。

另一方面,如何運用現代經濟學中的國民所得制度與計量經濟學學理與工具,作為瞭解國家經濟的工具?1950年代臺灣在一批大學教師、政府官員和美國顧問的共同努力下,加上1960年受到美援計畫支持重新調整了既有的統計數據抽樣與調查等方法,從而大為提升了統計的可信度。

而政府在實施經濟建設計畫的過程中,為了讓個體經濟部門與總體經濟部門能夠有一致且同步的發展,需仰賴產業關聯表與總體經濟模型的建立。值得注意的是,1949年從中國前往美國任教的華人教授劉大中,1960年代來臺提供統計行政

的改善意見,並協助設計出臺灣的總體經濟模型。因此,本書也將透過審視這類在美華人學者對於戰後臺灣經濟的影響,把1949年兩岸分治前後的人才移動,從跨國史的視角加以考察,希望能夠超越、補充以往僅著重於美援時期外國人顧問參與戰後臺灣經濟建置的研究成果。

　　本書首先從產業史出發,探討一般認為應透過國際貿易取得的石油與棉花原料,在臺灣經濟史中曾出現的在地開採與生產情形。同時在此脈絡下,分析戰前、戰後產業發展路徑與整體經濟環境之間的延續性,並檢視1949年中華民國政府遷臺對產業部門的影響,以及美國與日本因素在發展過程中所扮演的角色。在組裝性產業方面,則聚焦於戰後臺灣先創立自行車與汽車等產業的中心工廠,再逐步發展零件工廠的模式,探討國外技術與市場對產業發展的影響,並進一步考察以中小企業為主的車輛零件業。最後,針對經濟學如何成為政策工具,以及現代經濟學教育的建立過程,本書將探究制度與人力資源的延續性(包括戰前與中國因素),以及美援支持所帶來的制度變革。

三、文獻回顧

　　以下回顧與本書主題相關的研究成果,主要涵蓋臺灣經濟史、開發經濟學、產業與企業史,以及學術史等領域,藉此梳

理目前歷史研究的發展狀況。

(一)臺灣經濟史：馬克思經濟學、新古典經濟學與經濟發展

近年隨著史料公開和數位化資料的豐富，臺灣經濟史的研究主題日趨細緻，但也可能因此變得零散。回顧早期學者在特定時空背景下所取得的資料，他們提出的論點通常具備長時間跨度與廣泛涵蓋面。

1960年代赴日留學的涂照彥與劉進慶，採用戰後日本盛行的馬克思經濟學分析方法，利用官方與民間出版品，勾勒出臺灣在日本統治期及戰後二十年的經濟構造。[48]黃紹恆亦以馬克思經濟學為基礎，認為殖民地臺灣的近代化應置於戰前日本資本主義發展的脈絡中理解。他指出，1950年前臺灣隸屬於中國與日本經濟圈，屬於臺灣資本主義的「前史」階段；而國府遷臺後，臺灣逐步形成獨立的國民經濟體系，進入真正的資本主義發展階段。但黃紹恆的實證研究主要聚焦於戰前臺灣總督府在日本帝國下的施政權限，對戰後情形則探討較少。[49]

由於臺灣經歷不同政權統治，研究上除了針對特定時期的考察外，也應關注政權更替對經濟狀況的影響。例如，洪紹洋從資本積累的角度，透過戰前由日本人創立的數家大型企業案例，說明戰後這些企業如何被中華民國政府接收並轉為公營事業。但此類研究仍偏重於殖民地近代化企業的創設與運作，對

1949年中華民國政府撤退後企業體制的探討較為薄弱。[50]

新古典經濟學的研究代表有吳聰敏,他從近四百年的臺灣經濟發展中挑選關鍵議題,並以制度與市場經濟體系為框架進行分析。戰前部分重點在土地、人口、勞動力、糖業與基礎建設,說明臺灣如何由停滯農業轉型為持續成長的現代經濟;戰後則從糧食供需、貨幣發行、紡織、匯率制度等角度,批判政府的管制政策,同時探討外資引進與供應鏈形成對電子與高科技產業的影響。[51]

另有學者從經濟發展的歷史背景分析戰前與戰後臺灣經濟的變遷。瞿宛文認為,戰前臺灣的殖民地經濟具有飛地性質,因此對日本在臺的投資與建設持否定態度,而對戰後臺灣經濟的發展則肯定來自中國大陸的經濟官僚,並強調戰前中國大陸時期的經濟管理經驗與人力資本對臺灣的延續性。在1950年代臺灣經濟體制的討論上,她特別關注政府經建部門的主導角色,以及土地改革為戰後經濟帶來的正面影響。同時,她也指出政府透過自上而下的產業政策,推動臺灣紡織業的發展,顯示政策干預對特定產業成長的影響力。[52]

石田浩則從開發經濟學的視角對戰後臺灣經濟進行分期,指出戰後政府在推動經濟發展初期,仰賴戰前日治時期所留下的基礎建設,因此減少了基礎投資的需求,使戰後經濟成長的初始成本相對較低。隨著政府逐漸認清反攻大陸的目標難以實現,才開始推動以「十大建設」為首的大規模基礎建設與產

業發展計畫。在企業發展方面，石田浩認為，戰後臺灣的紡織業主要依賴來自中國大陸的資本建立，而公營事業除糖業公司外，大多以國內市場為主，較少參與國際競爭。他亦指出，臺灣中小企業的生產技術與市場發展應關注與日本資本及美國市場之間的「三角貿易」關係。[53]

葛倫生（Walterman Galenson）編輯的書籍，在中美人文社會科學合作委員會支持下，由臺灣與美國七位學者共同撰寫，從農業、工業、財政與貨幣政策、對外貿易、勞動力與薪資及整體經濟條件等層面探討戰後臺灣的經濟成長與結構轉變。該書可視為以新古典經濟學視角，對當時臺灣經濟發展各部門進行的總括性分析。[54]

整體而言，多數臺灣經濟史研究仍以斷代為主，戰後史則多將殖民地時期的發展經驗作為歷史背景交代。筆者認為，若要貫穿近現代臺灣的經濟構造，應從企業與產業運行的角度切入，這也需要同時具備解讀戰前日文史料與戰後官方檔案的能力。此外，對戰後臺灣經濟史的理解，除了強調日治到戰後的延續性，也應關注1945至1950年間來自中國大陸的官僚、資本家、技術人員及設備等生產要素，這些要素在1950年代納入臺灣的政府與經濟體系，對企業創辦與產業發展帶來不同程度的影響。因此，研究戰後臺灣經濟，不能僅以政治史的本省人與外省人二分法，而應將外來與本地要素視為一個整體來考察。

此外，除了關注戰後臺灣如何推動供應民生需求的產業，

也應關注冷戰格局如何影響產業結構與發展模式。當時政府雖反覆強調反攻大陸的方針與論述，但來自中國的資本家並未因此減少投資，反而積極在臺設立生產事業。從戰後臺灣經濟發展歷程來看，國家雖有提供創業初期的企業保護政策，但企業仍需拓展商貿網絡才能持續成長。另一方面，儘管戰後產業的興起主要受民間部門需求驅動，但仍有部分企業是在兩岸對立的背景下，由軍事部門帶動，投入軍用設備或其他軍事需求相關的生產。

(二)產業與企業史研究

本書關注石油、棉花纖維與組裝性產業，參考了許多臺灣經濟史、中國經濟史與日本經濟史中的相關研究成果。

1. 石油業與能源史

針對臺灣石油業的研究，張力在探討晚清至1949年中國陝西甘肅地區石油開發的論文中，提及臺灣為近代中國最早進行石油開採的地區。[55]黃玉雨等則研究日治時期臺灣產油最豐富的出磺坑礦場，論述重點在土地產權與設施發展，而未深入探討當時的探勘技術。[56]

吳翎君關注中美企業與外交關係，透過分析美孚石油公司在中國的活動，深入檢視該公司與中國政府的交涉與合作，以

及與其他外資石油公司在中國市場的競爭。[57] 她亦曾撰文探討中日戰爭期間,美國石油公司技術人員赴中國協助石油開發並提供資材的歷程;太平洋戰爭爆發後,中美作為盟友,更將石油能源視為戰略資源,共同抵制日本。[58]

萩原充從長期視角考察1860年至1950年代中國石油產業的發展,除了分析近代化生產模式,也探討小規模生產的土製煤油業如何利用與燈油的價差在市場上取得銷售機會。他對中日戰爭時期的討論,涵蓋資源委員會在西北的石油挖掘與煉製過程,以及代用燃料的生產。戰後,中國政府試圖與外資合作開發玉門油田,但外資對此態度消極,仍關注於如何維持戰前在中國市場上的原油與石油銷售利益。他進一步分析中華人民共和國成立後的石油業發展,包括第一次五年計畫中的探勘與大躍進時期的小型煤油生產。[59]

上述萩原氏的論著以中國、臺灣和美國的檔案為基礎,清晰呈現中國、美國與蘇聯政府的觀點,以及本地與外資企業的經營情況。此外,該書更深入探討中央與地方政府的政策及其與企業之間的互動,並透過地方政府在產業發展過程中所扮演的不同角色,凸顯中國各地域在經濟發展上的特殊性。

伊藤武夫研究1933年日本燃料國策的形成,分析商工省、軍部和資源局在政策決策中的角色。1934年,日本通過《石油業法》,該法規定石油進口與煉製業者須獲政府認可,並對煉製、進口與銷售實施配額管理。此外,法律亦規範軍需石油的

使用與儲存標準,加強政府對石油價格與供應的管控。同時,政府鼓勵石油資源開發與代用燃料工業,並推動在滿洲國與朝鮮的石油投資。[60]

橘川武郎進一步分析1934年《石油業法》制定後,美國石油外資公司標準真空(Standard-Vacuum Oil Company)在日本政府強化管制下的因應策略,發現該公司與另一間石油外資公司旭日(Rising Sun Petroleum Company)都強烈抵制政府干預,不願配合銷售配額,導致市場占有率下降。此外,這兩家公司也未履行石油儲存義務,但直至1941年12月太平洋戰爭爆發前仍持續在日本經營。[61]

橘川武郎亦對日本石油產業從戰前至戰後的發展進行長期考察,探討日本本地與外資石油公司之間的競爭關係,並分析政府與外資間的互動,以及戰前日本國內石油公司在海外的經營活動。戰後日本政府於1962年頒布的《石油業法》,導致上游開發與生產部門企業數量過多且規模普遍較小,而經營者與下游的煉製與銷售部門又有所不同,削弱了日本石油產業的國際競爭力。[62]

林采成則關注戰後韓國石油煉製事業的建立,分析跨國石油公司如何在中東投資油田,並計劃將過剩原油輸往韓國等新興國家。韓國的石油煉製產業以大韓石油公社為核心,至1970年代形成五家公司寡占的局面。林氏的研究也提到,1950年代欲與韓國石油株式會社合資的海灣石油公司,當時亦與臺灣

中國石油公司有業務往來。[63]

　　北波道子、林蘭芳和湊照宏的研究聚焦於臺灣的電力事業，但未涉及石油等初級能源的使用問題。[64]橘川武郎則探討日本電力業的發展，從1883年電力事業的興起到2000年電力自由化，分析電力供需、企業競爭、價格機制及產業組織的變化。他的研究除了對日本電力發展進行分期，亦關注不同地域的電力發展差異。[65]田島俊雄等人以近現代中國的電力產業為核心，考察不同時期與地區的電力事業，並指出隨著工業化快速發展，電力短缺成為重要問題。[66]陳穎佳從「兵工複合體」角度，分析近代中國的電力發展：日本占領區如何依賴煤礦火力發電，國民政府統治區發展水力發電，而中共建政後則對電力產業進行整合。[67]

　　蕭建業（Victor Seow）則從能源史的角度，研究煤炭開發對官僚體系的影響。他以滿鐵對撫順煤礦的開發為例，說明煤礦業如何帶動通訊、技術與城市治理，形成龐大的官僚體系，但最終因營運成本過高而削弱開發成效。[68]他的研究涵蓋日本殖民、戰後國民政府與中共政權，並提出「炭技術統治」概念，闡述國家與能源開發的關係。

　　從石油業的回顧可見，國際石油公司自戰前即在亞洲市場發揮重要影響力。戰後，東亞多國除了接受美國援助，還須關注這些跨國企業在各國的活動方式，並探討其如何在政府嚴格管控下參與石油產業。萩原充研究中國石油業的長期發展，但

未將臺灣納入討論範圍。吳翎君則從中美關係史的角度,指出中國石油業在人員、設備與原料等方面對美國高度依賴。值得探討的是,戰後初期臺灣的石油業究竟是如何在中美關係框架下發展?1950年代以後,臺灣與美國的能源合作又呈現何種樣貌?

迄今為止,臺灣石油業的研究仍多停留在戰前與戰後的片段性討論,或將臺灣視為中國近代史的一部分,作為戰後中國的個案研究。[69] 戰後的研究則多集中在石油業發展如何促成以輕油裂解為核心的石化產業,但對於戰後臺灣如何承接戰前的石油設備、吸收中國大陸的管理經驗、與美國建立能源合作關係,以及如何利用苗栗天然氣發展早期石化產業,仍缺乏深入探討。此外,也應進一步從戰前與戰後的開發脈絡,分析當時對能源使用的永續性評估與考量。

2. 纖維業史

纖維史的研究多聚焦於天然或人造纖維作為原料所發展的紡織業。與製糖業研究的情況類似,學者多關注工業部門,如機械製糖廠的建立與運營,而較少討論原料生產,如甘蔗栽培。在臺灣紡織纖維的研究方面,張靜宜探討了戰時黃麻、苧麻與蓖麻等經濟作物的種植,並分析臺灣拓殖株式會社在促進增產中的角色。[70]

洪紹洋探究戰前臺灣黃麻紡織,指出由於本地黃麻原料產

量不足,須依賴從印度進口。同樣的,戰前臺灣的苧麻紡織業主要仰賴從中國進口的低成本、高品質原料,臺灣負責加工苧麻絲後銷往日本與朝鮮;而本地生產的苧麻原料則輸往福建加工為布料,部分再運回臺灣銷售。[71]

野田公夫所編的論文集強調,戰前日本國內的農林資源開發受限於生產條件,因此依賴帝國圈內的資源補充。該書涵蓋滿洲、樺太、南洋群島與華北占領區的研究,但未涉及臺灣。[72]值得注意的是,白木沢旭児在該論文集中探討日本占領華北時期的棉花栽培與流通,指出戰前日本主要依賴從滿洲國與其他國家進口棉花,唯因戰爭導致外匯不足與國際貿易中斷,供應來源幾乎全面轉向中國華北與華中地區。中日戰爭期間,日本控制華北農業的目的即為確保棉花資源,但由於農民須在棉花與糧食作物間作選擇,最終多數人仍傾向種植糧食,導致當地棉花生產未能順利擴張。[73]

紡織業需要依賴農業部門供應原料(如棉花),或從國外進口再加工。過去研究多關注紡織業的生產與資本運作,較少探討原料的供應情況。一般認為,戰後臺灣棉紡織業主要仰賴進口棉花,但戰前日治政府曾推動棉花育種,並在戰時進行大規模栽培。戰後,臺灣政府亦嘗試推動棉花種植,提供補助以降低農民種植成本,但棉花品質與價格仍須經市場考驗,紗廠是否採購取決於市場需求。最終,隨著外匯條件改善、進口棉花成本下降,市場對本地棉花接受度有限,導致政府扶植的棉花

生產未能持續發展。比較戰前與戰後政策,可見兩個政權皆在外匯不足時採取「生產至上」策略,以減少對進口原料的依賴。

3.組裝性產業的歷史

就戰後臺灣的組裝性產業而言,自行車產業的研究成果較為豐富。謝斐宇透過大量口述訪談,探討臺灣自行車產業如何透過金屬工業研究中心提升零組件品質,並強調零件工廠之間的協作與網絡關係,使臺灣製造的自行車得以進入海外市場。[74]相較之下,瞿宛文與許正和對早期臺灣自行車產業的研究較為簡略,僅提及政府透過禁止進口等政策工具促成產業發展。[75]對於這部分,可進一步探討早期自行車產業中心工廠的創業過程、資本積累與市場競爭等議題。

關於臺灣汽車產業的研究,社會學者多關注1980年以後的大汽車廠計畫,以及自由化時期的產業分工與技術學習,較少涉及該產業的早期發展。日本學者朝元照雄研究臺灣汽車產業在自由化後的變遷,著重於組織結構的轉變與企業活動。[76]此外,洪紹洋曾探討1979年政府推動大汽車廠計畫時,小汽車工廠與重車廠設置政策的過程。[77]對於早期臺灣汽車業的發展,瞿宛文指出,自1966年起政府放棄扶植獨占性生產,改為開放多家企業進入市場,但對於市場規模有限的臺灣而言,各廠商均無法達到經濟規模,導致產業政策執行上的困難。[78]

呂寅滿從產業政策與企業經營的角度,探討東亞汽車產業

的發展。他分析日本汽車產業早期發展的經驗,[79] 並比較戰後外資進入日本市場的方式與戰前的不同之處;1970 年代以後,日本汽車業積極拓展海外市場,顯示其國際競爭力明顯提升。[80] 關於韓國,呂寅滿指出,1970 年代後韓國汽車產業的成功發展與 1960 年代的發展經驗存在斷裂,在試錯的過程中逐步累積經驗,同時借鑑日本的發展策略。[81]

回顧早期臺灣的自行車與汽車產業發展,呈現後進國家工業發展的典型特徵,受限於基礎工業薄弱,品質提升困難。自行車產業從滿足國內進口替代開始,因市場規模有限,短短數年間即面臨生產過剩與廠商倒閉的困境。汽車產業方面,早期發展所需的中高階工程師多為中日戰爭時期培養的技術人員,戰後轉至裕隆公司服務。值得探討的是,本地資本的裕隆公司與外資的福特公司,在技術引進、市場銷售及與衛星工廠的合作上,存在哪些差異?

4. 學術與統計制度史

關於戰前與戰後初期臺灣高等教育的研究,以臺北帝國大學的相關研究最為豐富。

歐素瑛除探討戰前臺北帝國大學的學術發展,也對戰後初期臺北帝國大學被接收並改制為國立臺灣大學的過程進行詳細討論,特別指出政府透過留用日本籍教師的方式,解決戰後初期師資短缺的問題。[82] 李東華則對臺灣大學的接收過程進行全

面分析。[83]周婉窈關注臺北帝國大學南洋史學講座的成立與課程設置,並探討戰後陳荊和與張美惠如何在臺灣大學歷史學系延續戰前南洋史學的研究脈絡。[84]

黃紹恆從師資、課程與學生論文等角度研究臺北帝國大學經濟學講座,指出該講座的師資多受德國新歷史學派影響,主要是因臺灣總督府不積極引進當時日本流行的馬克思經濟學。戰後臺灣大學經濟學系的成立,雖可追溯至臺北帝國大學文政學部經濟學講座,但並未延用日本籍學者,且初期師資來源呈現多元背景。[85]此外,黃紹恆也研究戰前曾留學東京帝國大學經濟學部、戰後任教於臺灣大學經濟學系的張漢裕,探討其留日時期對重商主義的研究,以及戰後在經濟史與經濟思想史領域的學術貢獻。[86]

近期,鄭力軒以社會學家陳紹馨為例,考察其戰前在日本東北帝國大學的學習經歷,以及在臺北帝國大學與臺灣大學的研究發展,並探討他如何運用戰前臺灣研究的成果,於戰後與美國學界建立交流。此外,鄭力軒也深入探究陳紹馨在美國國外業務總署駐華共同安全分署作為評議顧問的角色,以及他如何與雷柏爾(Arthur Raper)合作,在臺灣推動調查活動。[87]

徐振國考察何廉在民國時期創設南開大學經濟學院的歷程,並將其視為經濟現代化的一環。隨後,他進一步探討何廉在中日戰爭期間如何運用市場機制推動戰時管制政策,以及戰後所構想的「計畫自由經濟」模式。[88]

在統計制度的建立方面,林佩欣首先探討戰前臺灣總督府統計事業的發展,[89] 接著分析戰前與戰後臺灣統計制度的變遷,並透過臺灣人職員的參與,強調其制度的延續性。林氏研究指出,1954年舉辦的人口普查與戰後推動的農家經濟調查,均是以戰前日本式統計體系為基礎的延續。[90] 佐藤正廣關注戰前臺灣統計制度的建立,以及統計技術人員的角色和參與過程。[91]

郭旭光(Arunabh Ghosh)研究中華人民共和國建國後統計制度的落實,探討從中央到基層如何建立起定期的統計報表,以作為1953年五年計畫的基礎資料,並分析中國與印度專家在統計知識與執行過程中的交流與合作。[92]

既有研究多關注戰後臺灣如何繼承日治時期的統計基礎與官員背景,但對於統計調查的抽樣方法、數據精確度,以及戰後如何在美國顧問的建議下進行調整,仍缺乏深入探討。此外,何廉等經濟學者在中國大陸時期所奠定的現代經濟學教育體系,也為研究戰後臺灣經濟學的發展提供了重要的參考方向。

若要使統計數據成為國民所得估算與政策制定的重要依據,需擴充數據種類、提高精確度並加快發布時間。自1950年代起,政府結合大學教師、官員與美國顧問的專業知識,對統計調查方法進行調整,在有限的資源下提升數據的準確性。1960年代後,經濟學逐漸成為政府決策的重要工具。要理解現代經濟學在臺灣的影響,可從政府與教育兩個層面進行分析。

政府的經建計畫部門透過國內專家與旅美學者,建立產業

關聯表與總體經濟模型,使現代經濟學成為經濟政策評估的重要工具。同時,接收自臺北帝國大學而成立的臺灣大學經濟學系,又是如何將現代經濟學引入臺灣,並發展博士教育?這些問題仍值得進一步探討。

四、章節安排

本書將依據前述框架展開討論。第一篇從資源開發的角度探討石油(第二、三、四章)與纖維(第五、六章)產業。第二篇聚焦組裝性產業,首先考察自行車與汽車產業的興起,再進一步探討車輛零件的製造(第七、八、九章)。第三篇則關注國民所得制度的建立,涵蓋統計制度、經濟學教育與經濟模型建置,並說明現代經濟學概念如何應用於施政,以及現代經濟學教育的引進過程(第十、十一章)。

藉由對資源開發、公私營企業經營、跨國公司角色、學術知識的引進與應用等議題的探討,本書將分析臺灣如何運用戰前與戰後來自中國的生產要素與人力資本,以及1950年代後來自日本與美國的影響,以構築其經濟體系。此外,從東亞與全球史的視角,探討臺灣如何在不同時期運用多方資源促進經濟發展。

透過這樣的討論,本書希望突破以往對戰後臺灣經濟史的研究,避免僅關注經濟官僚的決策與產業政策的成效。同時,

也嘗試跳脫傳統將戰後臺灣經濟發展簡單歸為「外來vs.本土」的論述,而是關注來自不同外部因素(如中國、日本、美國)如何影響臺灣經濟體系的形成與變遷。

第一部
資源開發

第二章

近代臺灣石油事業的啟動

本章以日治時期臺灣石油事業為主軸，回顧其從起步到戰爭期間的發展歷程，並重新檢視殖民地技術經驗對戰後臺灣與日本工業發展的雙向影響。

一、臺灣石油業的概況

根據戰後初期資源委員會接收日本帝國石油株式會社時的資料（見表2-1），戰前日本在臺灣共鑽探油井251口，其中140口成功獲得油源。251口油井中，有64口採用衝擊式鑽探法（利

表2-1　接收日本帝國石油株式會社各附屬礦場鑽井統計表（1946）

地區	鑽井數	鑽井結果區別 成功	鑽井結果區別 失敗	鑽井方法區別 衝擊式	鑽井方法區別 頓鑽式
出磺坑礦場	98	78	20	48	50
錦水礦場	47	28	19	1	46
竹東礦場	23	8	15	2	21
新營礦場（牛山礦場）	24	15	9	1	23
六重溪分礦	18	6	12	2	16
竹頭崎分礦	7	2	5	3	4
凍子腳分礦	7	3	4	1	6
其他探井	27	0	27	6	21
合計	251	140	111	64	187

資料來源：中國石油公司臺灣油礦探勘處編，《臺灣石油探勘紀要》（臺北：中國石油公司臺灣油礦探勘處，1971），頁41–42。

用重錘上下反覆撞擊，適用於較淺層的地層鑽探），187口採用頓鑽式鑽探法（以旋轉鑽頭連續切削，適用於中深層地層鑽探）。就地區分布來看，以苗栗出磺坑的98口最高，其次為錦水的47口，上述兩礦場的鑽井數合計占戰前臺灣總鑽井數的一半以上。

戰前，臺灣原油產地最早集中於出磺坑，至1930年代後期，又陸續在錦水和臺南竹頭崎採獲原油。如圖2-1所示，自1920年代中期起，臺灣的原油產量逐步提升，1926至1929年都超過1萬公秉，1927年更超過2萬，但後來即使石油會社投入更先進的設備進行開採，年產量仍僅維持在4,000至6,000餘

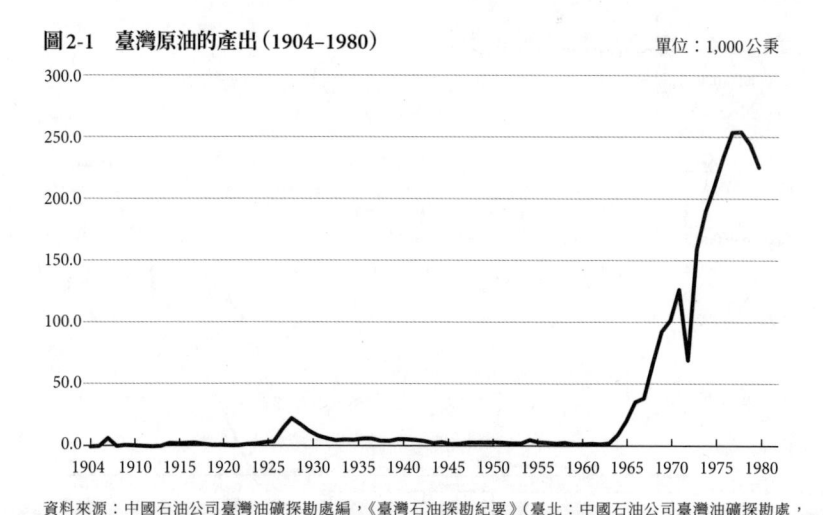

圖2-1 臺灣原油的產出（1904–1980） 單位：1,000公秉

資料來源：中國石油公司臺灣油礦探勘處編，《臺灣石油探勘紀要》（臺北：中國石油公司臺灣油礦探勘處，1971），頁29–32。中國石油公司，《三十五年來之中國石油公司》（臺北：中國石油公司，1981），頁44。

公秉,甚至退回到1920年代前期的水準。整體而言,日本在臺灣的原油採集成果未達預期,與日本國內的產量也有明顯差距。不過,石油開採過程中伴隨的大量天然氣卻成為一項令人矚目的成果。

如圖2-2所示,自1920年代起,臺灣石油鑽採不斷噴發大量天然氣,這讓日本各製油會社堅信底層可能蘊藏豐富的原油,進而購入最先進的鑽採機械。在此背景下,1930年代,臺灣在石油鑽採技術上顯著進步,甚至超越日本,部分經驗更傳回日本國內應用。此外,天然氣也被用於生產碳煙與作為在地燃料。從表2-2可見,1941至1944年間,臺灣的天然氣產量占

圖2-2　臺灣的天然氣產量(1920–1969)　　　　　　單位:立方公尺

資料來源:中國石油公司,《三十五年來之中國石油公司》,頁44。

日本帝國總產量的60%以上，對日本能源供應具有重要意義。

戰後的1950年代，臺灣天然氣的產出主要依賴戰前日本在臺開採的油井；然而，隨著蘊藏量逐漸枯竭，產量開始下降。1939年天然氣產量達到1億1,424萬2,152立方公尺的高峰，但至1958年已降至2,779萬2,147立方公尺。為此，中油公司在1950年代末期針對戰前既有油井進行更深層的鑽探，取得顯著成果。1960年代，臺灣天然氣產量再次出現高峰。從表2-3可以看到，1950年代末期中油公司的探井費用持續增加，直接帶動了1960年代臺灣天然氣產量的成長。

儘管臺灣的天然氣產出相對豐富，但本地原油的產量遠

表2-2　帝國石油株式會社天然氣生產量（1941–1944）　　　單位：立方公尺、%

年分	北海道	秋田	山形	新潟	臺灣	其他	合計
1941	1,148,260 (1.67)	7,331,227 (10.69)	– (0.00)	10,379,820 (15.13)	49,722,346 (72.50)	– (0.00)	68,581,653 (100.00)
1942	1,901,372 (1.72)	12,861,536 (11.64)	76,630 (0.07)	23,840,721 (21.57)	71,856,027 (65.01)	– (0.00)	110,536,286 (100.00)
1943	2,126,145 (2.39)	9,711,260 (10.92)	388,760 (0.44)	22,459,062 (25.25)	54,272,968 (61.01)	– (0.00)	88,958,195 (100.00)
1944	2,235,209 (2.37)	8,315,277 (8.83)	365,000 (0.39)	25,118,687 (26.69)	58,085,276 (61.71)	1,035 (0.00)	94,120,484 (100.00)

資料來源：帝國石油社史編さん委員會，《帝国石油五十年史：経営編》（東京：帝國石油株式會社，1992），頁352。
說明：括弧數字為各地生產占當年日本整體生產之比率。

表2-3　中國石油公司臺灣油礦探勘處探勘費用　　　　　　　　單位：新臺幣千元

年分	一般探勘	探井費用	合計	年分	一般探勘	探井費用	合計
1950	0	572	572	1961	10,718	68,105	78,823
1951	0	242	242	1962	15,991	44,220	60,211
1952	48	1,172	1,220	1963	16,709	55,005	71,714
1953	175	2,857	3,031	1964	20,224	66,735	86,949
1954	794	7,666	8,460	1965	17,907	72,217	90,124
1955	3,688	4,298	7,986	1966	21,538	99,646	121,184
1956	1,541	8,370	9,911	1967	20,246	80,297	100,543
1957	4,109	14,042	18,151	1968	30,655	71,328	101,983
1958	8,030	12,310	20,340	1969	48,185	129,138	177,323
1959	13,826	49,469	63,295	1970	116,127	183,320	299,477
1960	13,117	56,067	69,184				

資料來源：中國石油公司臺灣油礦探勘處編，《臺灣石油探勘紀要》，頁61–62、119。

圖2-3　戰後臺灣的原油產出與輕油原油進口量　　　　　　　　單位：1,000公秉

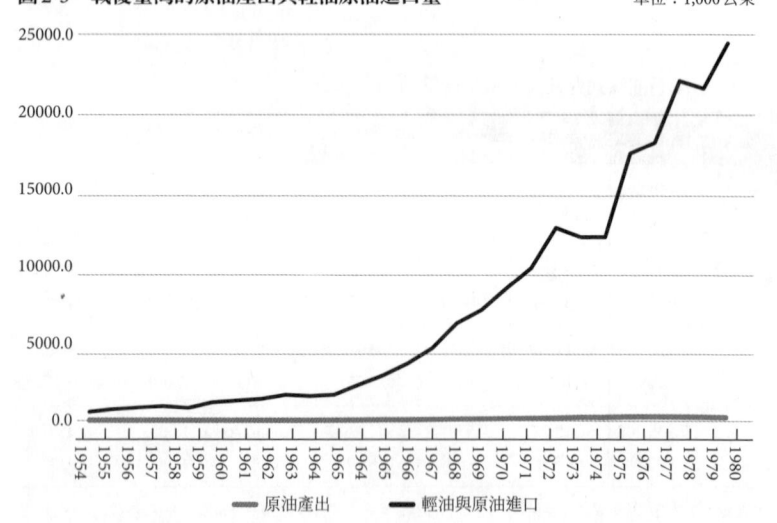

資料來源：經濟部統計處，《經濟統計年報》；國家發展委員會，《Taiwan Statistic Data Book》。1951至1953年原油產量引自中國石油公司，《三十五年來之中國石油公司》，頁44。

不足以滿足島內所需,因此大量從海外進口。戰後,臺灣的貿易統計將輕油和原油進口數據合併處理,從圖2-3可知臺灣本地原油的年產量遠低於進口量,原油自給率大多為1%或低於1%,臺灣無疑為典型的石油進口依賴國。然而,隨著戰後經濟成長,臺灣的石油煉製產量逐漸提升,但主要仰賴進口原油進行加工(見表2-4)。

以上是戰前與戰後臺灣石油生產概況,下節將進一步探討戰前臺灣石油事業的發展詳情。

表2-4 臺灣石油煉製(1952–1980)　　　　　　　　　　單位:1,000公秉

年分	產量	年分	產量	年分	產量
1951	不明	1961	1,375	1971	6,385
1952	300	1962	1,582	1972	8,404
1953	359	1963	1,557	1973	10,246
1954	525	1964	1,668	1974	8,966
1955	726	1965	2,097	1975	9,056
1956	856	1966	2,585	1976	13,788
1957	860	1967	2,814	1977	15,725
1958	971	1968	3,750	1978	18,791
1959	1,164	1969	5,060	1979	18,367
1960	1,274	1970	5,937	1980	20,266

資料來源:經濟部統計處編製,《臺灣生產統計月報》及《工業生產統計月報》(歷年)。

二、戰前臺灣石油事業的營運

(一)臺灣石油組織的變遷

戰前臺灣最早成立的石油生產組織成立於1903年,由寶田石油株式會社、大倉喜一郎、淺野總一郎共同出資50萬圓設立的「臺灣石油組合」。1906年,北海道石油組合與臺灣石油組合合併為南北石油會社」,但在1908年重新轉由寶田石油株式會社經營。1904年進入臺灣的日本石油株式會社,於1921年與寶田石油株式會社合併,一躍成為當時臺灣最具規模的石油公司。[1]另一方面,日本鑛業株式會社早在其前身久原鑛業株式會社時期,便已開始在臺灣進行油田調查,但直到1934年才於竹東地區展開首次鑽採作業。[2]

1937年中日戰爭爆發後,臺灣總督府開始對石油供應實施更嚴苛的管制政策。1941年,日本政府進一步將探勘、煉油與銷售業務分別交由不同會社經營。探勘業務由帝國石油株式會社接手,將日本石油株式會社與日本鑛業株式會社的探勘部門併入;煉油業務則由日本石油株式會社負責,將日本鑛業株式會社的煉油業務併入;[3]銷售業務方面,由日本各大石油會社在臺設點販賣。此外,三菱商事會社、美國標準石油紐約分公司(Standard Oil Company of New York)和英國旭日石油公司,也曾從日本國內或國外將油品運抵臺灣,再交由特約商店銷售。但到

了1930年代後期,因美國對日本實施禁運及日本推行石油管制政策,外國油品公司陸續退出臺灣市場。⁴

1941年1月,日本石油株式會社、日本鑛業株式會社和三菱商事會社共同成立「臺灣石油販賣有限會社」,以配合當時的石油配給政策。⁵1943年5月,臺灣總督府進一步實施石油銷售專賣制度,直至第二次世界大戰結束。⁶

(二)開採技術的演變

在領有臺灣前,日本於1873年由石坂周造創立的長野石炭油會社,率先從美國引進兩座衝擊式鑽探機。最初在長野市西方進行鑽採,但因外國技術人員缺乏現場經驗,再加上未進口開採所需的石油套管,因此沒有成功。1875年,石坂氏前往美國賓州調查油田期間,順道購買了7至8英寸、共300公尺長的石油套管,歸國後再次嘗試開採,但最終仍因資金用罄而告失敗。⁷

1890年,日本石油株式會社也向美國訂購了一套衝擊式鑽探機,裝設於新潟縣尼瀨地區。由於會社內欠缺熟悉機械操作的技術人員,於是聘請1873年服務於長野石炭油會社,且曾與美國人共事的廣瀨貞五郎擔任技師。廣瀨氏雖不熟悉新式機械,但憑藉自行摸索,最終在地下530公尺處挖出油源,成為日本首次以現代方法成功開採石油的先例。⁸

由上述簡要說明可知，1895年日本治臺前，國內的石油開採已具備近代化雛形。而日治時期臺灣最早的石油開採紀錄出現在1903年9月，由臺灣石油組合於出磺坑展開，聘用的19名技術人員和相關設備均來自日本新潟。當時主要採用衝擊式鑽鑿法進行鑽採，並輔以手掘法開鑿四口井，但手掘法所取得的原油產量相對有限。[9]1903年12月22日，當挖掘至517公尺深時，大量瓦斯噴發，導致鑽井用鐵管被天然氣噴射到地表，附近的汽罐及房屋等設備也受到破壞。依據當時估計，每日噴發的天然氣約達6萬4千立方公尺；然而，這些天然氣並未被妥善利用，而是任其飛散。直到挖掘第2號井時，才開始利用天然氣作為鑽採事業所需的動力。[10]

　　1908年，寶田石油株式會社併購南北石油會社後，陸續派員於出磺坑進行探勘。但直到1912年挖掘第18號井時，於深度232公尺處才終於再度發現油源，日產量約4.5公秉；鑽深至247公尺深時，又噴出大量原油。此後，出磺坑油田開始受到日本石油界注意，臺灣總督府也對寶田石油會社提供50%的開採經費補助。[11]

　　另一方面，1904年起，日本石油株式會社也在出磺坑進行開採，於少量原油產出後即設立苗栗製油所。苗栗製油所初期每日產量約為3公秉；至1907年，廠房搬遷並擴充設備後，產能提升到至每日13公秉，並更名為臺灣製油所。1912年臺灣製油所再次擴充，至1936年每日產量達30公秉，生產品目包

括揮發油、燈油、發動機油、重油和石蠟油等。[12]

　　日本石油株式會社在臺開採活動不僅限於北部的出磺坑，自1908年起，也在臺南州千秋寮和六重溪兩地進行鑽採，並於六重溪獲得少量原油。[13]1919年，海軍委託日本石油株式會社於甲仙埔與內寮油井進行鑽探，其中甲仙埔油井在深度555公尺時一度發現原油，日產量約5.4公秉，但很快即告枯竭；反之，內寮油井則未出現任何油氣現象。[14]

　　綜上可知，臺灣原油開採與天然氣產出集中在北部的苗栗地區，特別是出磺坑油田成為當時最重要的生產基地。

　　1924年，日本石油株式會社在錦水以頓鑽式鑽採法開鑿第5號井，深度817公尺處持續每天噴出1億立方公尺以上的天然氣，因此研判當地可能蘊藏豐富的油層。[15]其後，因日本國內主要石油產地高町油田的產量持續減退，日本石油株式會社遂於1934年決定在錦水展開3,000公尺深的鑽採計畫。[16]

　　為此，日本石油株式會社從美國購置大型頓鑽式鑽探機，並計劃以200萬圓預算於兩年間挖掘至3,000公尺。當時日本國內高町油田的最大開採深度僅達2,355公尺（1932年）。1934年9月，第32號井在錦水開坑，挖掘至2,450公尺時發現豐富的瓦斯層。然而，1935年10月因天然氣噴發引發火災，開採作業被迫中斷。1936年10月完成復舊後重新開始挖掘，至1937年4月3日鑽至3,178公尺深，成為當時全球第七深的井。1938年，該井每日生產石油2公秉及天然氣80萬立方公尺；最

終於1942年鑽至3,583公尺,但並未發現大量原油。[17]

值得注意的是,日本石油株式會社為開鑿錦水油田自美國購入的深層掘削機,後來被日本成功仿製,並用於新潟縣的西山油田開採。1938年3月,西山油田的伊毛第96號井開坑,至1941年6月深度達到3,202公尺。[18]

如表2-5所示,截至1937年,日本石油株式會社擁有日產量3萬立方公尺的天然氣井共10座,其中錦水油田即占了6座。而在油井方面,日產量100公秉以上的共有11座,但臺灣僅占3座,且都位於出磺坑。這些數據顯示,經過設備投資後,臺灣的天然氣開採能力在1930年代顯著提升,成為日本帝國重要的天然氣產出地。然而,隨著太平洋戰爭爆發,大量有經驗的技術人員與設備被派往南洋,導致臺灣的原油與天然氣開採在戰爭期間陷入停滯。①

三、科學、天然氣運用與工業開發

由前述對戰前臺灣石油開採的說明可知,過程中意外有大

---

① 二戰結束前後,帝國石油株式會社出磺坑礦場場長岩松一雄在戰後接受日本防衛省訪問後,自行撰寫〈戰時南方の石油〉一文。其子、鹿兒島大學名譽教授岩松暉,將該全文公開於個人網站。這篇回憶錄可作為探討臺灣石油業南進歷程的初步資料,並指出1941年底太平洋戰爭爆發後,為配合日本在南洋的資源開發,臺灣將本地的石油技術人員與設備大量調派至南洋地區。岩松暉個人網站,http://www005.upp.so-net.ne.jp/fung/index.html,瀏覽日期:2015年11月1日。

表2-5　日本石油株式會社較具規模產之油井與天然氣井（1937年）

日產3000萬立方公尺以上天然氣井 （單位：萬立方公尺）		日產100公秉以上油井 （單位：公秉）	
井名	日產	井名	日產
錦水第12號井	30,000	黑川第5號井	1,300
牛山第4號井	20,000	黑川第17號井	500
牛山第3號井	20,000	大面第4號井	300
錦水第20號井	15,000	出礦坑第40號井	166
錦水第8號井	10,000	黑川第8號井	160
錦水第5號井	10,000	小口第2號井	150
錦水第10號井	5,000	道川第29號井	140
本成寺第1號井	3,400	柄目木第3號井	139
錦水第6號井	3,000	八橋第1號井	120
高町第2號井	3,000	出礦坑第36號井	120
		黑川旋式第23號	110

資料來源：栗田淳一編，《日石五十年》（東京：日本石油株式會社，1937），頁44。

量天然氣噴發出來。大量天然氣的出現，為臺灣帶來了哪些新興工業？臺灣地質的特殊性又如何促進了採掘技術的演進？此外，大量冒出的天然氣為何未能廣泛作為普及性能源使用？1930年代，在燃料國策的推動下，人造石油的研發為研究與實務生產代帶來了哪些深遠影響？這些問題將在本節中進一步探討。

(一)天然氣與工業生產

1920年代,日本石油株式會社在錦水的油田鑽採過程中發現大量天然氣,隨後於當地興建兩座天然氣工廠,將開採出來的天然氣用於煉製天然汽油。其中,一號工廠的設備委託美國Western公司製作,於1930年竣工;第二工廠則仿照第一工廠的設計,由日本國內自行製造設備,於1931年竣工。就產能而言,兩座工廠的日處理能力各達5千萬立方呎天然氣。[19] 如圖2-4所示,戰前天然汽油的產量高峰出現在1931年,達1萬9,511公秉,主要產地集中於天然氣資源豐富的錦水地區。

天然氣為生產炭煙(carbon black)所需的主要原料。在日本未發現大量天然氣前,每年需從國外進口100萬圓以上的炭

圖2-4 臺灣天然汽油產量(1925–1945)　　　　　　　　　　單位:公秉

資料來源:中國石油公司,〈臺灣油礦探勘處生產統計〉,臺灣中油股份有限公司。

煙。炭煙在工業上用途廣泛,包括作為汽車輪胎原料,以及製造印刷用墨水、高級塗料、釉、黑色繪圖顏料和鉛筆等的調和劑。隨著錦水油田持續噴出大量瓦斯,1931年日本石油株式會社從美國進口三套生產炭煙所需設備。同年10月投產後,每日可將750萬立方呎天然氣加工為1萬1,250磅的炭煙。[20]

　1937和1941年,日本石油株式會社又在竹東和竹頭崎分別設立炭煙工廠,以充分運用當地的天然氣資源。[21]由圖2-5可見臺灣從1931至1945年間的炭煙產量;其中,1937年,竹東和新營為更好地利用天然氣資源,新增生產設備,進而帶動炭煙產量在1939年達到戰前高峰,總量為229萬9,787公斤。從產能分布來看,錦水占了84.5%最高,新營15.2%次之,竹東產出僅占3%。

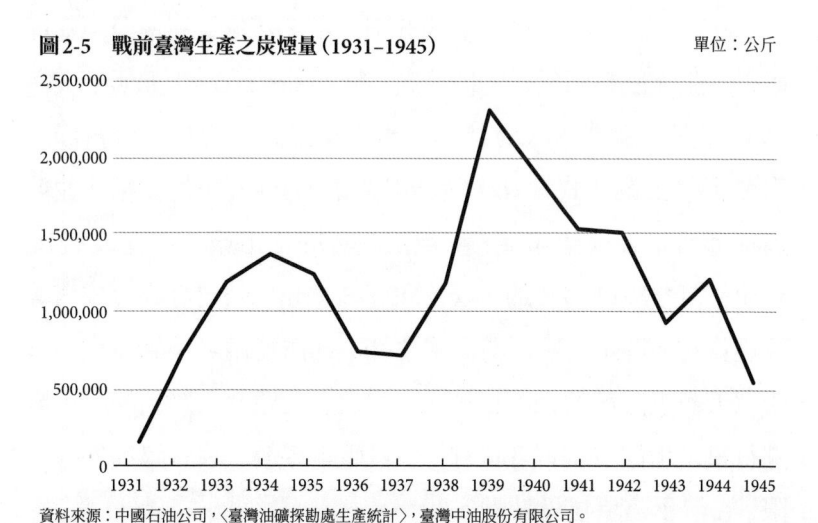

圖2-5　戰前臺灣生產之炭煙量(1931–1945)　　　　　　單位:公斤

資料來源:中國石油公司,〈臺灣油礦探勘處生產統計〉,臺灣中油股份有限公司。

至於日本鑛業株式會社,1930年代開始在臺灣從事石油開採,1934年在公館設立了一座石油工廠,每日可處理84萬9,000立方公尺天然氣,每月可生產粗製揮發油100公秉;多餘的天然氣則經由管線輸送至提供新竹市區供應使用。

1935年,在新竹發現品質良好的石英砂後,日本鑛業株式會社嘗試結合天然氣燃料,製造生產玻璃製品,但最終未進入量產階段。1936年後,日本鑛業株式會社開始籌建炭煙工廠,該工廠每日可處理70萬7,900立方公尺天然氣,年產炭煙約60萬磅。

1940年後,日本鑛業株式會社進一步設立壓縮瓦斯工廠,每月生產1萬4,160立方公尺的壓縮瓦斯及9,000公秉的液化瓦斯,並於臺灣縱貫道路沿線設立瓦斯站,為汽車提供燃料。[22]

此外,日本鑛業株式會社計劃利用天然氣製造氧氣,進而轉化為生產肥料所需的中間原料:氨(Ammonia)。基於此目標,1937年日本鑛業株式會社與日產化學工業株式會社合資設立臺灣化學工業株式會社,預計引進德國IG公司的技術,並準備在新竹市郊興建年產5萬噸硫酸銨的化工廠。為促成與IG公司簽訂技術轉移契約,以及向德國Krupp公司訂購合成塔等關鍵資材,日產化學工業株式會社不僅派遣兩名技師前往德國學習天然氣分解的相關技術,還派遣人員遠赴美國硫酸銨工廠進行實地考察。但同年7月,中日戰爭爆發,政府認為外匯有限,否決了這項建設計畫。[23]

(二)是否作為普及性能源的評估

如前所述,錦水地區噴發的天然氣產量過多,無法全數用於工業生產,部分被用作能源,取代煤炭發電。自1930年起,日本石油株式會社陸續將天然氣供應給新竹製糖株式會社苗栗工場、帝國製糖株式會社新竹工場、八家煉瓦工場、少年刑務所,以及公司內部使用。然而,從實際使用量來看,每日產出的6萬立方公尺廢瓦斯中,僅有1萬1,000立方公尺被作為能源使用,其餘均任其廢棄。[24]

新竹製糖株式會社苗栗工場為使用天然氣進行發電,除了將燃燒裝置改裝為天然氣專用設備,還設置了可同時使用天然氣與煤渣的發電設施,以確保天然氣供應中斷時仍能維持發電運作。採用天然氣發電,究竟能為生產單位節省多少的燃料支出?

根據1931年臺灣銀行調查課出版的《臺灣油田と其將來》記載,帝國製糖株式會社新竹工場評估,1930年度以煤炭發電的燃料支出為3萬5,000圓,若改用天然氣,估計可降低至2萬5,000圓,為公司節省約1萬圓的支出。[25]

事後來看,當時僅有新竹與苗栗地區使用天然氣,為何未能普及於其他地區?事實上,天然氣是否適合作為普及性燃料曾受到討論,但面臨多重挑戰。

首先,根據前面提及的臺灣銀行出版資料,天然氣供應的

不穩定性是主要顧慮之一。天然氣供應可能斷絕,因此建議在使用天然氣發電時,需同時儲備充足的煤炭作為輔助燃料。此外,一旦工廠改用天然氣作為動力來源,操作人員的技術適應能力也是需要考量的問題,尤其是習慣煤炭燃燒的火夫是否能夠熟悉操作天然氣設備,這對避免意外事故發生非常重要。[26]

其次,該資料指出天然氣生產成本高昂也是一大問題。基於已知油脈的開採經驗,當時估算每口井的開採費用約為20萬圓;另外,還需考慮從地處偏遠的錦水運送天然氣至鄰近都市地區的管線鋪設費用。以錦水至新竹市區的32.5公里距離為例,4寸鐵管的鋪設費用高達18萬圓,再加上20萬圓的開採費用,合計達38萬圓之巨。另就每年的使用費收入而言,預估新竹製糖株式會社苗栗工場為5,390圓,帝國製糖株式會社新竹工場為2萬2,500圓,八處新竹煉瓦工場與少年刑務所為1萬5,000圓,年收入總計4萬2,890圓。從投資支出與預估收入來看,日本石油株式會社認為天然氣的普及並不符合成本效益。[27]不過,由於該資料未對每口天然氣井的噴發年限進行評估,我們無法準確計算投資回本週期。

1935年熱帶產業調查會的報告,也彙整了臺灣總督府天然瓦斯研究所對於天然氣作為普及性能源的評估。該份報告指出,天然氣可分為碳酸性和甲烷性兩種,僅有具甲烷成分的天然氣可供燃料使用。至1930年代前期,臺灣噴發的瓦斯中僅有25%被運用,運用率需提升至50%才能達到商業化經營。根

據過往實績,每口天然氣井可持續噴發約1,000萬立方公尺的甲烷天然氣,以50%的運用率推算,每口井將有500萬立方公尺可用於動力生產。若將天然氣轉換為電力,每20立方公尺天然氣可產生1瓩的電力。[28]

截至1935年,臺灣已計劃挖掘的天然氣井預計可產出約24萬瓩電力,加上已噴發的28處氣井,總電力產量合計可達100萬瓩。然而,若要以天然氣作為普遍發電能源,仍需面對能源永續性的不確定性。為此,報告建議採用可同時使用重油或煤炭的燃燒裝置,以因應一旦天然氣供應不足的情況。但這類設備需投入不少資金,進一步提高天然氣普及化的成本。[29]

此外,天然氣作為燃料的定價,也需要與煤炭的價格及單位能量產生效率進行比較。當時的評估以每公噸煤炭分別為6圓和8圓的市場價格進行試算,並假設每瓩電力可由0.75公斤的煤炭或20立方公尺的天然氣產生,且假設天然氣發電的取得原料成本與煤炭相同。在此基礎上,計算出天然氣用作商業用途時的定價門檻。

當每公噸的煤炭為6圓時,每瓩發電(生產1,000瓦電力)需消耗0.75公斤煤炭,成本為0.0045圓。而當每公噸煤炭為8圓時,每瓩發電同樣需消耗0.75公斤煤炭,成本提高至0.006圓。[30]

天然氣是否能取代煤炭作為動能,關鍵在於其成本是否能低於煤炭。熱帶產業調查會的報告指出,若天然氣噴發量的半

數可用於發電,並且每瓩的燃料成本能降至0.05圓以下,臺灣的動力來源將可能形成天然氣與水力並行的格局。[31]

總的來說,無論是1931年還是1935年的報告,都對天然氣能源的永續性與普及化運用提出了諸多質疑。此外,1934年日月潭水力發電廠竣工後,臺灣電力供應出現過剩,這可能也是阻礙推動天然氣普及化的不利因素之一。最終,至日本戰敗時,將天然氣作為普及性能源的構想仍未付諸實現,只停留在紙上談兵的階段。

(三)開鑿泥漿的選取與調整

在油井開鑿過程中,為壓制高壓天然氣的噴發,需要注入泥漿以降低噴壓。泥漿在鑽井中的重要性類似人體與血液的關係,扮演著舉足輕重的角色。由於油井深度與地質結構的差異,需配合不同情況調配合適的泥漿。例如,當井底壓力過高時,需注入高比重泥漿以防天然氣過度噴發。[32]日治時期,臺灣因深度探勘的需求,在泥漿選用與調整方面的研究與調查,在1930年代初期曾一度領先於日本國內,並將新配方傳回日本進一步研究。

自1926年起,日本在探勘中將氧化鐵混入泥漿,但其紅色外觀容易被誤判為油氣,且氧化鐵會腐蝕探勘管線(casing)。為解決這些問題,1928年高町油田改用重晶石作為替代物;

同時，臺灣的錦水油田也面遇類似挑戰，相關研究隨即展開。[33]

1930年，日本石油株式會社從美國引進可鑽探至2,000公尺的大型頓式探機後，開始在錦水第12號天然氣田進行深度鑽探。然而，由於泥漿選用不當，至1,000公尺時管線嚴重腐蝕，幾乎無法繼續挖掘。經檢討後，改用臺北鶯歌出產的黏土進行測試。鶯歌黏土不僅易溶於水，還能分離砂粒成分，對鑽探有顯著幫助。雖然其價格與運輸成本高於當時同等重量的煤炭，但由於能大幅改善開採效果，最終仍被採用。[34]

1932年，日本石油株式會社將錦水油田的泥漿試驗法在日本石油業界公開介紹，促使日本國內與臺灣兩地進一步研究可運用於臺灣油田的泥漿調配方式。日本國內的高町油田針對泥漿的比重、黏度、溫度進行測試，並在泥漿中添加矽酸（silicic acid）、蘇打等化學藥劑，觀察其黏度變化。1934年，臺灣在啟動超過3,000公尺的深層開採前，進行了更為嚴謹的泥漿試驗，發現穩定泥漿膠性（colloid）和酸鹼值（pH）變化密切相關。1935年，甲仙與通霄的採掘首次嘗試在泥漿中加入少量氫氧化鈉，發現可提升其安定性；但因適當劑量的範圍過窄，未能普遍應用。[35]

其後，隨著錦水油田的開採深度逐漸增加，地層溫度的變化使得泥漿的穩定性更加不易掌握。為此，日本石油株式會社一度從美國進口用南美洲破斧樹（Quebracho）樹皮中的單寧（Tannin）製成的聚乙烯燐酸鈉（Polyphosphoric acid soda），作為泥

漿添加劑。雖然效果良好，但進口成本過高，促使日本石油株式會社決定自行開發效用相同的替代品。他們嘗試利用製紙過程中的植物性原料，以及製糖公司提煉甘蔗時的絞碎液，主因在於這些原料中皆含有單寧成分。然而，替代品尚未開發成功，便因太平洋戰爭爆發，臺灣石油探採計畫停滯，相關研究隨之中斷。[36]

(四)天然氣與人造石油：電弧分解法的研究

電弧分解法的原理，是利用天然氣中的甲烷，在加熱過程中生成乙炔化合物。乙炔化合物不僅可用於金屬切割，亦能作為航空機燃料。1934年底，海軍在新竹設立海軍天然氣實驗廠，試圖運用電弧分解法生產乙炔。此項研究由藤尾誓主持，他後來成為海軍第六燃料廠合成部部長。

初期試驗採用芝浦電氣株式會社依據海軍兵學校和吳工廠意見製造的放電設備，但因為電弧與甲烷接觸不足，導致甲烷分解率偏低，未能取得成功。當時，日本鑛業株式會社竹東鑛業所所長工樂英司與臺灣支社長島田利吉，深刻意識到這項研究的重要性，對其提供資助。然而，歷經兩年的努力，新竹海軍試驗所仍未取得突破，最終於1937年1月撤除臺灣的研究據點。[37]

之後，日本鑛業株式會社竹東鑛業所接手電弧分解法的研

究,並吸收原先新竹海軍試驗所的研究人員。稍後,日立製作所與臺灣電力株式會社也加入研究行列,針對甲烷在氣流中的放電性能進行改進。竹東鑛業所的技師綜合自身歐美見聞與海軍試驗成果,發現加強甲烷氣流並使用較細鐵管,能提高電弧穩定性。基於此,研究團隊成功研製出新型分解器。該分解器不僅大幅提升了乙炔回收率,也能在長時間運行中保持穩定。

大致上,竹東鑛業所研究團隊先是以1,000瓩和3,000瓩電力,完成了電弧分解的中間設備試驗,這是全球首次成功將電弧技術應用於甲烷分解。隨後,他們設計了更大規模的中間裝置:一個3萬瓩電力的分解裝置,以年產1萬噸異辛烷為目標。該裝置最終移交至第一燃料廠實驗部,但因後續未投入進一步研究,此項技術未能實現量產。[38]

戰後,三井化學、倉敷レーヨン和日本輕金屬三間公司共同成立財團法人電弧分解試驗所,重新啟用第一燃料廠的裝置,並詳加確認先前在臺灣進行的那些研究紀錄,將技術應用於日本國內的工業生產。[39]

1930年代,臺灣的天然氣開採及相關研究隨著太平洋戰爭爆發和帝國石油法的實施而中斷。之後,日本鑛業株式會社將竹東的油田相繼轉讓給帝國石油株式會社外,煉油和炭煙設備在政府命令下遷往南方占領地;電弧分解設備交由海軍和日立製作所處理;玻璃製造技術及耐火煉瓦相關窯爐設備,均移交給臺灣特殊硝子株式會社;合成石油裝置則送往日本國內的船

川製油所。[40]

總的來說，戰前臺灣天然氣的開採始於原油鑽探中的意外發現，但由於當時市場需求有限、成本過高與技術限制，未能充分利用。儘管如此，會社和軍方在開採臺灣石油與天然氣的過程中，不僅使用最新機械設備，也會針對各地風土條件研發適用技術。這些戰前利用殖民地資源研發出來的技術成果，戰後隨技術人員返回日本，被應用於日本國內的工業生產，形成一種跨地域轉移。

四、大規模石油煉製事業的開端

戰前，臺灣石油探勘未獲得太多原油，煉製量也不高。但隨著日本南進政策的推行，1941年8月，日本陸軍邀請日本石油株式會社在高雄設立新煉油廠。太平洋戰爭爆發後，日本占領南洋油田，計劃將南洋原油運至臺灣煉製，日本海軍於是也開始規劃於高雄籌建第六燃料廠。

以往的戰時工業化研究多強調軍需工業的重要性，卻鮮少深入探討工業生產回應軍事需求的實際運作模式。以高雄第六燃料廠的興建為例，該廠是由軍方直接參與廠房的設立與營運，有別於一般由民間會社生產軍需物資供應軍方的模式。然而，因戰爭末期物資匱乏，廠房建設只能採取簡易方式。[41]同時，美軍封鎖日本帝國對外航路，導致南洋原油無法順利運

抵,這些因素成為高雄第六燃料廠無法在戰爭結束前量產的主要原因。

以下將分別介紹日本石油株式會社在臺灣的投資背景,以及海軍籌建燃料廠的過程。

(一)日本石油株式會社在臺灣的投資事業

如前所述,日本石油株式會社早在1904年即於苗栗設立製油所。根據表2-6,1936至1945年間,苗栗煉油廠可煉製普通汽油、煤油和輕柴油,以及石蠟與瀝青等商品。但從表2-7可見,截至1941年6月,苗栗製油所的設備規模與產能,與日本石油株式會社在日本國內的各製油廠相比,明顯遠遠不如。[42]

1941年8月,日本陸軍邀請日本石油株式會社在臺灣南部設立新煉油廠。日本石油株式會社在籌備期間,曾向臺灣總督府申請設備購置補助,但臺灣總督府以物資及資金欠缺為由,未給予支援。此時恰逢愛國石油株式會社併入了日本石油株式會社,於是後者在1942年將愛國石油株式會社川崎製油所的設備解體後運送至臺灣,成為高雄煉油廠的核心設備。

這些設備包括1937年由日本石油株式會社為愛國石油株式會社裝設的NNO式常壓蒸餾裝置與NNC式裂解蒸餾裝置,可生產高辛烷汽油,每日煉製能力分別為460公秉與250公秉。相比1942年苗栗煉油廠僅有每年5,600公秉的產量,高雄

表2-6 戰前苗栗煉油廠各種商品產量(1936-1945)

年分	普通汽油（公秉）	煤油（公秉）	輕柴油（公秉）	石蠟（公斤）	瀝青（公斤）
1936	2,932	1,553	2,098	373,615	10,176
1937	2,929	1,030	1,162	286,915	5,406
1938	3,537	912	926	228,884	6,678
1939	6,775	1,029	1,208	269,749	9,095
1940	6,657	964	1,389	291,183	9,858
1941	5,247	928	1,116	243,464	10,176
1942	5,600	841	1,284	223,407	9,222
1943	3,762	741	934	178,006	5,406
1944	4,447	905	907	148,831	4,431
1945	1,006	312	434	74,130	0

資料來源：中國石油公司,〈臺灣油礦探勘處生產統計〉,臺灣中油股份有限公司。

表2-7 日本石油株式會社各廠煉製能力(1941年6月) 單位：公秉／每日

製油所名稱	常壓蒸餾(NNO)	減壓蒸餾(NNL)	裂解蒸餾
柏崎	711	-	-
新潟	300	486	-
秋田	969	336	-
鶴尾	2,105	-	732
關西	724	-	300
下松	1,221	450	368
北海道	106	-	-
臺灣	84	-	-
橫濱	1,051	440	150
東京	845	348	180
合計	8,116	2,060	1,730

資料來源：日本石油株式會社、日本石油精製株式會社社史編さん室,《日本石油百年史》(東京：日本石油株式會社,1988),頁357。

煉油廠的設置計畫明顯較具規模,原料則預計由日本新占領的南洋油田供應。[43]

至1944年8月,日本石油株式會社正式在高雄草衙設置高雄製油所,同時將原苗栗的臺灣製油所改名為苗栗製油所。但高雄製油所卻於1945年2月竣工後,因大量日本郵輪遭美軍擊沉,在缺乏原油輸送交通工具的情況下,無法順利開工,最終於同年6月被臺灣產業設備營團收購。[44]

(二) 第六海軍燃料廠的籌設

第六海軍燃料廠的設立源於日本海軍的戰略考量。太平洋戰爭爆發後,日本海軍認為臺灣地處南方油田與日本本土之間,地理位置重要,是提供作戰部隊油品的理想地點。因此,1942年4月日本海軍開始籌建第六海軍燃料廠(以下簡稱第六燃料廠),並由時任第二海軍燃料廠廠長的海軍少將別府三兼任建設委員會委員長,他先前在第二燃料廠的籌設中(1941年)亦擔任相同職務[②]。此外,第六燃料廠的建設委員會成員還包括第二燃料廠的福島洋中佐、木山正義少佐、南濤遂大尉和筱田治男技術大尉。整體而言,第六燃料廠的籌建基本沿用第二燃料廠的設計圖作為藍本。[45]

---

② 1942年6月,別府氏辭任第二燃料廠廠長,專任第六燃料廠建設委員會委員長。

就第六燃料廠的組織而言，總部設立於高雄，並設製高雄、新竹、新高（今臺中市清水區附近）三廠，分別承擔石油煉製、丁醇發酵、潤滑油合成生產業務。分散廠區的布局，可能是為降低遭受空襲時的風險。[46]

高雄廠的設立，旨在配合燃料及潤滑油自給計畫，如表 2-8 所示，廠內配備了石油和合成潤滑油的煉製設備，以及油桶製造與搬運設備；新竹廠第一期工程，裝配了用於丁醇生產的發酵與蒸餾設備，第二期計劃進一步建造異辛烷生產設備，以及電弧分解和天然氣洗滌設備，用於氫氣的生產；新高廠則以航空潤滑油生產設備為核心。[47]值得注意的是，新竹廠和新高廠的生產項目，主要是利用化學合成技術，在戰時原油短缺的情況下生產人造石油。

在生產製程方面，新竹廠計劃將蔗糖發酵產生的丁醇進一步加工為異辛烷（isooctane），作為航空燃料的關鍵成分。[48]新高廠則計劃以南洋椰子為原料，預計每年生產 1 萬公秉航空潤滑油。但隨著戰局惡化，南洋地區的椰子無法順利送達，生產規模被迫縮減為年產 1,000 公秉。[49]

第六燃料廠在建廠完成並開始運轉後，由於戰爭局勢導致原料供應困難及需求減少，其生產品目與規模均出現調整。

首先，新竹廠的丁醇發酵設備，原本採用臺灣拓殖株式會社化學工場所研發的連續性發酵法，以期節約資材；但該設備於 1944 年 3 月竣工後，由於運轉效果不佳，不得不改用較為成

表2-8　海軍第六燃料廠建廠規畫及完工狀況

廠區	建廠計畫	設備	數量	產能	完成日
高雄廠	第一期	原油蒸餾設備	1	每日1,000公秉	1944年1月
		混油煉製設備	1	每日300公秉輕質油	1944年1月
		鐵桶修造和搬運	1	製造能力：每日500個 修理能力：每日1,000個 搬運能力：每日2,000個	1944年4月
	第二期	原油蒸餾裝置	1	每日1,000公秉	1944年10月
		合成潤滑油製造	1	每日蠟處理量80公秉	1945年1月僅完成真空蒸餾裝置
		石油罐製造	1	每日6,000公秉	戰爭結束時完工90%
新竹廠	第一期	丁醇的發酵與蒸餾裝置	1	年產1,000公秉	1944年7月
	第二期	異辛烷製造	1		戰爭結束時完工50%
		電弧分解	1		戰爭結束時完工30%
		天然氣洗滌分離裝置	1		戰爭結束時完工30%
新高廠		航空潤滑油製造裝置	1	年產1萬公秉，因作為原料的椰子運送困難，縮小為1,000公秉。	乾餾爐於1945年6月完成，榨油設備1945年4月完成，竣工率30%。

資料來源：燃料懇談會編，《日本海軍燃料史（上）》（東京：株式會社原書房，1972），頁732–733。

熟的傳統酒精式發酵法（即非連續性的單獨發酵法）。然而，受限於1940年代後期日本的工業化程度，採用此法仍面臨諸多技術困難，儘管臺北帝國大學理學部和臺灣總督府工業研究所在籌建過程中提供專業援助，最終仍無法實現穩定生產。[50]

新高廠的情況同樣艱難，於1945年4月完成榨油設備後，因與南洋的連繫中斷，無法取得椰子原料，只好將廠房部分設備轉用於廢潤滑油的再生處理。[51]

至於高雄廠的原油蒸餾設施，則於1944年4月起開始試運轉，但同年10月起，因空襲日益加劇，廠房設施被疏散至半屏山附近的洞穴及林間。同時，生產也被分散至各地進行，例如在北部的竹東與南部的嘉義竹崎設置簡易設備，利用樟腦和檜木油生產航空潤滑油。1945年4月，這些分散設施完成首次生產，但隨著戰事中航空機大量損失，航空揮發油需求銳減，最終停止生產。

1945年2月，高雄警備府遷至臺北，第六海軍燃料廠本部也自高雄移至新竹，部分設備如汽油桶製造與混油煉製設備也一併轉移，形成北部和南部各有一套煉製系統的局面。[52]

如表2-9所示，第六燃料廠自1944年開始生產，但隨著戰爭後期日本在南洋地區軍事失利，以及美軍海上封鎖與廠區轟炸，1945年後各項製品的產量均大幅減少。高雄廠的主要產品為飛行機使用的航空揮發油與船舶使用的重油，顯示其高度軍事化的用途，反映了戰時工業化專注於軍需物資生產的典型

發展模式。

以往對於日治時期殖民地工業化的研究,常強調臺灣總督府扮演的角色,而當討論延伸到1930年代時,則以軍需工業化為焦點。海軍第六燃料廠以供應軍用燃料為核心,其產品主要提供海軍航空隊與艦艇使用,是由海軍主導推動的直接軍需生產模式。這一模式有別於其他民間會社因應政府或軍方需求,將部分生產原料或設備轉為生產軍需物資的間接軍需模式。作為戰時臺灣規模最大且專注於燃料生產的軍用事業,第六燃料

表2-9　日治末期海軍第六燃料廠及生產實績(1944至1945年8月15日)

單位	品名	單位	1944年	1945年8月15日	合計
高雄廠	航空揮發油	公秉	18,000	2,300	20,300
	普通揮發油	公秉	500	0	500
	石油	公秉	300	0	300
	輕油	公秉	300	0	300
	重油	公秉	35,900	1,000	36,900
	航空潤滑油	公秉	500	140	640
	普通潤滑油	公秉	500	100	600
	清潔劑	噸	60	10	70
	醚醇	公秉	0	300	300
新竹廠	乙醇	公秉	1,200	2,300	3,500
新高廠	油脂	公秉	0	200	200

資料來源:燃料懇談會編,《日本海軍燃料史(上)》,頁735。

廠展現了戰時生產動員體制中軍方直接參與工業化的特徵。

五、小結

　　以往討論殖民地近代化時，多聚焦於殖民母國對殖民地的新興知識與技術移植；然而，從臺灣石油鑽探的經驗來看，初期技術雖依賴從日本國內引進，但至1930年代，臺灣石油深度鑽採的經驗反而輸回日本國內，展現了殖民地開發經驗與知識朝宗主國反向移植的現象。

　　殖民地經濟史研究常著重在殖民母國技術的優越性，以及宗主國與殖民地之間的比較利益分工。但從臺灣石油的開採過程來看，僅以產業產值大小來衡量顯然過於簡單。更深入的分析應考量在地資源條件與地理環境等要素，方能展現該地產業技術的特色與價值。

　　太平洋戰爭爆發後，高雄兩座煉油廠的建設顯示，在戰時物資短缺下，臺灣的建廠資源需依賴本地供應與外地調配雙管齊下。這一情況也反映出，1930年代日本在臺灣推行的工業化，並非一律使用最先進的設備，特別是到戰爭後期，由於資源匱乏，新建工業設施能使用的資材愈加受限。因此，對於主張日治時期設備為戰後臺灣提供良好發展基礎的看法，或許需要重新審視或修正；如前所述，許多工業設施受戰時資源缺乏影響，其實際作用往往不如預期。

從殖民地經濟經營的角度來看,太平洋爆發前,日本對臺灣石油業的重點放在石油探勘;但隨著帝國擴張,探勘所需的人力與資材逐漸被調往南洋占領區,導致臺灣石油事業陷入停滯。不過,由於臺灣地處日本本土與南洋占領區之間,石油煉製業反而得以趁勢發展。

最後,以往對軍需工業化的研究並未深入探討軍需生產的實際運作。本章透過對海軍第六燃料廠的討論,一方面補充了這段歷史的認識空白,另方面也指出殖民地的工業化不僅是由臺灣總督府與資本家推動,到了戰爭後期,軍方也直接策劃煉油廠的建設,專為滿足軍事需求而設立工業設施,此即軍需工業化的特殊模式。

第三章

戰後初期
中國石油公司的成立

一、組織的調整

　　1945年8月，第二次世界大戰結束，基於石油能源對國防安全的重要性，國民政府決定設立由國家獨資、資源委員會營運的石油公司。1946年6月1日，中國石油公司（以下簡稱中油公司）在上海成立。新成立的中油公司整合了戰前由國民政府經營的資源委員會甘肅油礦局與四川油礦探勘處，並接收了戰前日本在臺灣及東北經營的石油業。[1]

　　中油公司成立初期，其在中國大陸的組織包括甘青分公司、東北煉油廠及四川油礦探勘處；在臺灣則如表3-1所示，有高雄煉油廠、臺灣油礦探勘處和臺灣營業處，1948年又增設嘉義溶劑廠與新竹研究所，其中以高雄煉油廠與臺灣油礦探勘處最具規模。[2] 其後，隨著國民政府在國共內戰中失利，1949年10月，中油公司結束在中國大陸的經營據點，將總公司遷移至臺北。[3]

　　與資源委員會在臺經辦的其他公營事業（合稱「十大公司」）相較，戰後臺灣石油業不是以臺灣為中心獨立營運，而是被整合進當時主要由中國大陸掌控的中油公司體系中，成為其附屬部分；有別於其他九家公司皆以「臺灣」為名，且在臺獨立營運。[4]

　　前章提到，戰前，臺灣的石油事業以苗栗為中心，進行探勘和小規模煉製。戰後，國民政府接收了帝國石油株式會社臺

表3-1 中油公司臺灣事業組織源流

組織名稱	接收日產企業名稱
高雄煉油廠	海軍第六燃料廠、日本石油株式會社高雄儲油所、日本共同企業株式會社高雄出張所、日本油槽船株式會社高雄出張所
臺灣油礦探勘處	帝國石油株式會社臺灣鑛業所、日本石油株式會社苗栗製油所
嘉義溶劑廠	臺灣拓殖株式會社化學工廠
新竹研究所	臺灣總督府天然瓦斯研究所
臺灣營業處	臺灣石油販賣株式會社、出光興業株式會社

資料來源:「中油公司接收日產調查表」,《中國石油公司:總務(三)》,《資源委員會檔案》,檔號:24-12-55-004-02,藏於中央研究院近代史研究所檔案館。臺灣省接收委員會日產處理委員會編,《臺灣省接收委員會日產處理委員會結束總報告》(臺北:臺灣省接收委員會日產處理委員會,1947),頁23。

灣鑛業所及日本石油株式會社苗栗製油所,並在此基礎上成立臺灣油礦探勘處。此外,海軍第六燃料廠的設備,由於戰前是由日本海軍管轄,於是戰後先由中國海軍司令部接收,同年11月再移交給經濟部臺灣區特派員辦公處石油事業接管委員會。[5]

如前章所述,海軍第六燃料廠在創立初期設有高雄、新竹和新高三個廠區。接收後,資源委員會僅保留高雄廠區,將新竹廠設備移至湖南省,並利用臺灣總督府天然瓦斯研究所的資產成立了中油公司新竹研究所,新高廠區的器材則移往中油公司的嘉義溶劑廠。[6]

資源委員會接辦臺灣的石油事業後,認為臺灣本身原油產量有限,因此優先將資源投入高雄煉油廠的修復,油礦的探勘

表3-2　戰前、戰後初期中國石油公司主要產品產量

時間	原油（公秉）	石油（公秉）	天然氣（立方公尺）
戰前最高產量	22,827	29,443	114,242,000
戰爭末期產量	2,170	2,483	37,408,711
1946	2,539	2,810	39,025,355
1947	3,562	16,176	40,068,667
1948	5,587	82,705	28,299,828
1949	3,567	59,430	25,488,352

資料來源：經濟部資源委員會編，《經濟部資源委員會在臺事業單位整理紀要》（臺北：經濟部資源委員會，1950年8月），頁46。

與開採則維持現狀。[7]如表3-2所示，戰後中油公司在石油生產部門的產量，至1948年已超過戰前的最高紀錄，這主要歸功於高雄煉油廠的修復完成，以及從國外購入原油進行煉製。不過，在原油與天然氣的採收部分，因未進行大規模投資，且多數技術人員與設備在太平洋戰爭期間已被調往南洋，導致產量與戰前相比有顯著差距。

二、臺灣石油探勘處的成立

（一）轉換期間的人員交替

戰前的帝國石油株式會社臺灣鑛業所與日本石油株式會社

臺灣製油所，戰後初期在石油事業監管委員會主導下，劃歸礦產管理處監理。1946年3月，上述兩單位合併為礦場管理處苗栗煉油廠，並於4月1日移交經濟部臺灣區特派員辦公處石油事業接管委員會。隨著同年6月中油公司成立，遂將苗栗煉油廠業務移交給中油公司所屬的臺灣油礦探勘處，負責臺灣的石油探勘與開發。[8]

臺灣油礦探勘處成立後，中油公司從甘青分公司調派了幾位外省籍職員擔任主管，而其餘1,100多名員工主要由戰前的臺灣籍技術人員組成。在日本籍技術人員相繼被遣返後，其職位則由既有的臺灣籍員工升任。[9]整體而言，中高階管理層多由中國大陸來的接收人員擔任，各礦場的基層及技術職位則以具戰前石油業經驗的臺灣人為主。這些臺灣籍技術人員多畢業於戰前的臺北工業學校、石油技術養成所，或日本各專門學校的採礦與冶金科。[10]

戰前臺灣技術人才的養成，主要來自臺北工業學校和臺南高等工業學校。1937年，臺北工業學校成立礦冶工程科，專為因應當時戰爭需求培育石油業人才。[11]1931年創設的臺南高等工業學校，最初亦以培育技術人員為宗旨。日治末期，帝國石油株式會社臺灣鑛業所於1943年籌設的臺灣鑿井技術勞務養成所，也是以培養鑽鑿現場所需的技術人員為目標。[12]

如表3-3所示，1949年臺灣油礦探勘處下屬的四個礦場中，有三名礦場主管為臺灣人。此一人事安排與資源委員會接

收臺灣造船與臺灣機械公司的情況有所不同,後者的主管多由來自中國大陸的技術人員擔任。[13]唯一一位外省籍主管為出礦坑礦場主任康天經①,1941年畢業於國立西北工學院機械系,專長為機電與鑽井,畢業後曾任職於資源委員會甘肅機器廠與甘肅油礦局,1944年調任甘肅油礦局烏蘇油礦籌備處。戰後,1946年8月,康天經加入中油公司,擔任副工程師兼出礦坑礦場礦務主任。值得注意的是,康天經在中油公司的主管、臺灣油礦探勘處處長李同照,也來自中國大陸,曾在烏蘇油礦籌備處擔任主任,也就是說兩人自戰前便建立的上下屬關係仍延續至戰後。

在所能找到的資料中,三名臺灣人主管裡,以代理新營礦場主任的詹益謙②生平最為豐富。他於1940年3月畢業於日本京都帝國大學工學部採礦科,隨後進入該校大學院進修,師從

---

① 康天經(1906–？),河南南陽人,1941年畢業於國立西北工學院機械系,曾任職於資源委員會甘肅機器廠、甘肅油礦局,1944年轉任甘肅油礦局烏蘇油礦籌備處負責機電與鑽井。1946年8月擔任中油公司副工程師兼臺灣油礦探勘處出礦坑礦務主任。〈康天經〉,《軍事委員會委員長侍從室檔案》,檔號:129-210000-4819,藏於國史館。
② 詹益謙(1917–1993),新竹縣人,1940年3月畢業於日本京都帝國大學工學部採鑛冶金科,後於該校大學院進行研究。1942年8月返回臺灣在日本帝國石油株式會社負責鑽採,1946年於中油公司臺灣油礦探勘處竹東礦場擔任主管,1949年3月轉任新營礦場代理主任,此後先後擔任臺灣油礦探勘處鑽探組長、企畫組長、副處長、總公司副總工程師、駐菲律賓分公司代表、臺灣油礦探勘總處副總處長、海域石油探勘處處長和臺灣油礦探勘總處處長。〈詹益謙〉,《軍事委員會委員長侍從室檔案》,檔號:129-220000-3226,藏於國史館。〈詹益謙訃聞及生平事略〉,檔號:1280073160001A,藏於國史館。

小田川達朗教授③,開始研究石油和採油課題。1942年7月,詹益謙與小田川達朗聯名發表〈大東亞に於ける石油鑛業の概觀〉,介紹當時的東亞石油礦業狀況。[14]此外,他還與小田川達朗在日本鑛業會秋田大會上共同發表〈壓氣採油法の實驗的研究〉,同年8月詹氏返回臺灣,這項研究成果於10月刊登於《日本鉱業会誌》。[15]小田川達朗早在1936年便於《臺灣鑛業會報》發表〈躍進臺灣東部砂金地問題の再檢討〉一文,深入分析東部砂金的蘊藏與開採潛力,顯見已開始注意到臺灣的鑛業資源。[16]詹益謙從日本返回臺灣後,進入帝國石油株式會社負責鑽採工作,戰後則於中油公司服務,擔任臺灣油礦探勘處竹東礦場礦務主管,1949年3月轉任新營礦場代理主任。

從臺灣油礦探勘處各礦場主管的背景來看,這種人事安排可能是因來自中國大陸的接收人員不足,再加上臺灣籍技術人員在戰前已累積了豐富的從業經驗,部分人更曾赴日本留學,接受帝國大學的專業教育與實務經驗。因此,這些臺灣籍技術人員在戰後迅速被拔擢為各礦場的主管。

---

③ 小田川達朗(1890–?),1913年畢業於東京帝國大學工科大學採鑛學科,之後擔任東北帝國大學工學部講師,1914至1916年前往英國、美國和德國留學,返國後轉任京都帝國大學助教授,1919年升任教授。人事興信錄資料庫,https://jahis.law.nagoya-u.ac.jp/who/docs/who8-3938。

表3-3　臺灣油礦探勘處各礦場主任（1949）

職稱	姓名	籍貫	學歷
副工程師兼任 出礦坑礦場主任	康天經	河南安陽	國立西北工學院機械系 （1941）
副工程師兼任 錦水礦場主任	黃春富	臺灣新竹	臺北工業學校機械科 （1925）
副管理師兼任 竹東礦場主任	吳槐年	臺灣新竹	日本中央大學法學部畢業 （1932）
副工程師 兼代理新營礦場主任	詹益謙	臺灣新竹	日本京都帝國大學工學部 採鑛冶金科（1940）

資料來源：「臺灣油礦探勘處現有職員名冊」（1949年11月14日）,〈資源委員會各事業單位職員錄案（三）〉,《資源委員會檔案》,檔號：003-010102-2512,藏於國史館。

（二）岩松一雄的戰後留用

　　在戰後兩個政權銜接的過渡時期,臺灣油礦探勘處成為一個交匯點,既有等待遣返的日本人,也有來自中國大陸的接收者。當時在探勘處工作的臺灣人如何看待這段時期？由於資料缺乏,目前難以得知其回憶與看法。因此,以下將轉而透過日本人留用者岩松一雄、島田秩男和外省籍接收者楊玉璠的記述,略窺不同國籍的技術人員,如何在同一礦場中面對轉換與接收的挑戰與變遷。

　　戰前擔任帝國石油株式會社出礦坑礦場場長的岩松一雄,因其技術經驗而在戰後被留用。他後來接受日本防衛省訪問,並自行撰寫〈戰時南方の石油〉手稿,其子岩松暉（鹿兒島大學

名譽教授）後將全文公開於個人網頁。岩松一雄的回憶錄詳細記載了國民政府在接收臺灣石油業時的策略、人員任用及組織調整，為研究這段歷史提供了寶貴的視角。

岩松指出，國民政府接收臺灣石油業時面臨技術人員短缺的挑戰，特別是來自中國大陸的技術人員數量不足。資源委員會原本計劃留用多數日本籍技術人員以彌補不足，也可藉此避免與臺灣籍員工產生摩擦，但臺灣籍員工對此表達反對。他們在戰前參與了錦水油田的深度開採，認為自身已擁有足夠的豐富經驗與專業技能，因此抗拒留用日本人政策。最終，資源委員會僅留用岩松一雄及帝國石油株式會社臺灣鑛業所所長莊島秩男等少數人。

岩松認為，臺灣籍技術人員對自身專業能力的自信，主要來自戰前協助日本石油株式會社開發錦水瓦斯田所累積的實務經驗，以及技術勞務養成所給予的技術訓練。[17]其次，岩松認為國民政府臺灣石油業接管委員會，在接收工作中將日本帝國石油株式會社經營的礦區、日本海軍管轄的礦區（如海軍第六燃料廠），以及臺灣總督府天然瓦斯研究所等石油業上下游與研發機構一併接管，可謂高明之舉。[18]

岩松也在文章中提到他與負責統籌的臺灣石油接管委員會主任委員金開英的一些交流。岩松注意到，金開英將「臺灣鑛業所」更名為「臺灣油礦探勘處」，這一名稱改動在岩松看來，意在強調臺灣石油業當時仍處於以探勘為主的階段；岩松認為

這應該是金開英的個人見解。此外，金開英還向岩松詢問中國東北資源的情況，包括錦州阜新炭坑的滲出油和撫順炭坑的油頁岩。當時，岩松對這些提問頗感意外。多年後新中國在大慶發現大型油田，岩松回想起來，才意識到金開英對石油資源的判斷有其獨到、敏銳的遠見。[19]

岩松一雄的紀錄除記載了組織調整以及他與接收主管之間的交流外，也呈現出在地臺灣籍員工與外省籍員工之間的觀點差異。當時，來自中國大陸的接收者希望仰賴日本籍技術人員完成復舊工作，但這一構想遭到臺灣籍技術人員的強烈牴觸。這種牴觸不僅反映出接收者數量不足與戰前兩岸產業發展的差距，也凸顯了臺灣籍技術人員在戰前技術教育下培養出的專業能力與自信。他們希望藉此轉換的契機，積極發揮自身的專業特長，為石油業的復興貢獻力量。

(三) 莊島秩男的戰後留用

在岩松一雄的回憶紀錄中，我們看到戰後臺灣石油業接收過程中的一個重要矛盾：來自中國大陸的接收人員數量不足，他們希望能留用部分日本籍技術人員，作為接收過程中的過渡性措施，但在日治時期受過專業訓練的臺灣籍技術人員卻很反彈，積極爭取主導權。下面我們將從另一位日本籍技術人員莊島秩男的經歷，從另一個角度揭示過渡時期的挑戰。

戰爭末期，莊島秩男擔任帝國石油株式會社臺灣鑛業所的代理所長，戰後被留用，從1946年4月1日起至1946年11月，服務於中油公司。[20] 由莊島攜回日本的臺灣鑛業所文書資料中，可略窺過渡時期的人員更迭與社會環境。

　　太平洋戰爭爆發後，臺灣鑛業所開始有員工被徵用至南洋油田或被徵兵服役。戰爭結束後，24名日本籍職員和54名工人未能返回工作崗位。24名社員中，共有15名為礦場技術人員，其餘為事務人員；54名工人的主要工種則包括鑛手（27名）、鐵工手（6名）、電工（5名）、採油手（3名），以及其他技術類型人員如經理手、整備手、運轉手、土木手等共13名。[21]

　　1946年5月中油公司成立後，莊島秩男仍持續處理臺灣鑛業所遣返過程中的相關事宜。他負責發放死亡者的慰問金，並對戰爭時期被派往南洋工作的工人進行安置，對於選擇退職者發放獎金和特別慰勞金；而對於因應召參軍或在南洋工作期間死亡的工人，則向其家屬提供慰問金。此外，他還協助延長遣返日本者的假期，從原本的10天延長至25天，之後再到帝國石油株式會社報到。[22]

　　然而，隨著1946年5月中油公司成立，帝國石油株式會社的組織在臺灣解散，留用的日本籍員工與日本國內失去了聯繫。這些技術人員無法向日本的家族提供生活費，而與留用者一同居住在臺灣的家人也因戰後通貨膨脹影響，面臨生活困難。中油公司提供的薪資不足以支應日常開銷，他們只能透過

出售家產來維持生計。²³

　　1946年5月，帝國石油株式會社臺灣鑛業所移交給中油公司後，原先為臺灣人徵兵提供的留守家族津貼停止支付。但隨著物價不斷上漲，罹難者家屬的生活日益艱難。為了緩解這些家庭的困境，從業員發起募款行動，救濟戰後未能返回的工人及戰死者家屬。之後，帝國石油株式會社也再次提供救濟金，協助這些受影響的家庭。²⁴

　　文書還記載了戰後國民黨和三民主義青年團在苗栗設立據點，開展各種社會活動的情況。由於國民政府未提供資金支持，這些組織經常向各界募集經費。例如，在日本人遣返時，它們曾向相關人士提出捐款請求，莊島在留用期間便捐助了3,000圓。²⁵

　　整體而言，莊島秩男在戰後留用期間，主要處理員工生活、工資發放和遣返安排等事宜。這些工作反映出戰前與戰後過渡時期，石油業日本籍留用員工在組織解散與經濟困難下面臨的窘境，包括員工生活保障不足、遣返政策的執行困難，以及通貨膨脹對家庭經濟的壓力。

(四)中國大陸接收者楊玉璠的見聞

　　戰前服務於甘肅油礦局、負責石油探勘的楊玉璠④，1946年2月7日來臺擔任臺灣區特派員辦公室石油事業接管委員會

監理委員,協助接收臺灣各礦場。在楊氏所著的《油人雲煙》中,記載了他初到臺灣時的經歷,包括與日本人的交流、美籍顧問的考察、對既有設備的看法,以及對臺灣員工的觀感。

1948年2月8日(楊玉璠抵臺隔日),楊玉璠與帝國石油株式會社臺灣鑛業所代理所長莊島秩男交談,由於楊氏本身不諳日文,與莊島秩男的交流主要依賴英文,但莊島的英語帶有日語腔調,兩人的初期溝通並不順暢。後來,楊玉璠得知莊島學過四書五經,具備一定的漢文基礎,便輔以中文書寫的方式與之交流,技術問題則改用英文溝通。這種雙語配合的方式,使楊玉璠得以快速掌握各廠礦的運營狀況。[26]

此外,楊玉璠於書中提到,在他與莊島秩男首次交談的同一天,美國石油地質師盧比博士(Glen M. Ruby)率地球物理師墨爾(Howard Mayer)和石油工程師施茂爾(Arthur D. Small)從上海搭機來臺,評估臺灣石油探勘業的情形。隔天,2月9日,上述三名美籍顧問抵達出礦坑,展開地質條件的實地調查。他們首先在廠區內蒐羅具有代表性的鑽井和採油紀錄,謄寫研究價值高的資料與圖表,以便與其他礦區的資料彙整,並於同日下

---

④ 楊玉璠(1915-?),遼寧海城人,1940年畢業於國立西北工學院機械系,1940至1942年擔任甘肅油礦局籌備處實習員和工務員,1942至1945年間升任為副工程師,負責石油探勘。1944年8月至1945年10月,前往美國英伊石油公司學習採油。1945年11月來臺擔任臺灣區石油事業接管委員監理委員,1946年3月擔任該委員會礦場管理處代理主任。1946年中油公司成立後擔任工程師。〈楊玉璠〉,《軍事委員會委員長侍從室檔案》,檔號:129-210000-4047,藏於國史館。

午先後在出礦坑、竹東、錦水等地進行地層與岩石特性勘查。由於鑽井與採氣報告眾多且時間有限,想要逐一詳閱勢必力有未逮,因此顧問群要求當時代理礦長黃春富挑選及抄錄重要資料送去給他們,並以英文標注日文與工程名詞。[27]

黃春富,1925年3月畢業於臺北工業學校機械科,同年8月進入日本石油株式會社錦水礦場擔任傭(臨時僱員),負責鑽井與製圖工作;1928年7月升任準社員,仍負責鑽井工作;1943年10月成為帝國石油株式會社社員,負責鑽井和岩心採油。戰後,他於1946年5月加入中油公司,擔任副工程師,1946年1月4日至1946年8月間,他也是錦水礦場的代理主任。根據總統府軍事委員會侍從室所藏的黃春富個人資料,他是戰後接收工作的協助者之一。[28] 由上述可推知,來自中國大陸的接收者,在過程中可能經常需要借助像黃春富這類具備專業知識與經驗豐富的臺灣本地技術人員,協助整理相關資料。

楊玉璠在書中也提到帝國石油臺灣鑛業所並未設置鑽井與工務(土木)等專責部門,僅有少數負責人員,如負責鑽井的小林勇太郎、負責工務的山田為次、以及負責電氣的柳館值枝。地質專業人員更是付之闕如,在兩百多名日本職員中,僅錦水礦場有一名專攻地質的員工。楊氏指出,日本人在戰前經營石油數十年,雖有井位圖和平面圖,但缺乏精確的地質構造圖和井間地質比對資料,僅能參考臺灣總督府地質調查所的出版物來補充資訊。[29]

另一方面,楊玉璠在1989年參與中央研究院對金開英(戰後初期擔任臺灣石油業監理委員會主任委員)的口述訪談時,回顧了日本人經營的廠區設備及其戰後利用情況,給予良好評價。楊氏認為,戰前日本人在臺經營的各廠礦規模雖小,但每個礦場皆設有從天然氣中提煉汽油的設備,整體而言尚稱充足。在戰後兩到三年間,由於各國正處於復員階段,機械設備需求激增,導致新器材採購困難。在此背景下,接收人員選擇修復戰前遺留下來的老油井與舊機械,並盡量運用廠區既有的套管、油管及各種老舊設備,以延續生產與開採作業。此外,楊玉璠指出,戰前臺灣所使用的鑽機均為電動式,相較於同時期中國大陸的設備更為先進。[30]

　　楊玉璠在回顧戰後數年間各廠礦的復舊過程中,也特別提及10名臺灣籍員工給予了相當大的協助。這10名臺灣籍員工中有5名畢業於臺北工業學校或其前身臺灣總督府工業學校,也不乏畢業於京都帝國大學者。他們大多擁有十數年以上的石油業實務經驗,部分人甚至在戰時前往南洋參與石油開採與煉製事業。戰後,他們仍繼續在各廠礦擔任第一線技術人員,對復舊工程貢獻卓著。[31]

　　在日本人留用期間,錦水礦場的場長由專攻地質的日本籍技術人員金野光三擔任,後來金野離任,改由1925年畢業於臺北工業學校的黃春富繼任。黃春富實務經驗豐富,楊玉璠對他的技術能力給予極高評價,黃氏也因此成為戰後優先被提拔為

主管的臺灣籍人員之一。[32]

此外，1939年畢業於臺北工業學校專修機械科的徐傳正[⑤]，熟悉各地油井和天然氣井的鑽探紀錄、生產情形，並詳細分析各探勘井的成敗原因。1941年畢業於臺中商業學校的劉德雲[⑥]，戰前即進入日本石油株式會社苗栗製油廠擔任會計；戰後，隨著帝國石油株式會社會計課課長小池重太郎遣返，他接任會計課課長，掌理南北礦區與苗栗煉油廠的事務。楊玉璠評價劉德雲時指出，他的國語相較其他同事進步神速，短時間內就克服了語言障礙；在其主掌會計課期間，探勘處的收支預算和財務調度均能妥善處理，營運得以順利維持，甚至不需依賴接管委員會的補貼，便能透過油氣生產與銷售獲得足夠收入。[33]

經由楊玉璠的追憶，可以幫助我們進一步理解戰後兩岸產業發展的差異。戰前臺灣石油業的探勘設備遠優於中國大陸，而戰後初期，中國大陸的石油業接收者分布於中國東北、西北、四川與臺灣各地，這使得臺灣油礦探勘處在管理上，必須借重戰前培養出的臺灣技術人員，並將其拔擢為地方廠礦的主

---

⑤ 徐傳正（1919–？），苗栗縣人，1937年3月畢業於臺北工業學校專修機械科，同年4月進入帝國石油株式會社臺灣鑛業所擔任社員，負責鑽井與採油，1946年5月擔任中油公司臺灣油礦探勘處副工程師，協助接收復舊業務，專長為鑽井採油。〈徐傳正〉,《軍事委員會委員長侍從室檔案》，檔號：129-220000-3201，藏於國史館。
⑥ 劉德雲（1922–？），苗栗縣人，1941年3月畢業於臺中州立臺中商業學校，同月進入日本石油株式會社苗栗製油所擔任會計。戰後進入石油業接管委員會，1946年6月擔任中油公司臺灣石油探勘處代理會計課長，後升任會計組組長。〈劉德雲〉,《軍事委員會委員長侍從室檔案》，檔號：129-220000-3206，藏於國史館。

管。然而,楊玉璠也指出,戰後初期臺灣石油業的人力結構仍存在明顯缺口,尤其在鑽井與土木領域,技術人員特別稀缺。這一現象可能與戰時動員有關。許多臺灣技術人員在戰時被派往南洋,有些人在1945年返航時於阿波丸事件中罹難,有些人則是受徵召而參戰,另有一部分人在1945年時因日本國內石油開發增產計畫而被派回日本服務,導致戰後初期留在臺灣的技術人員數量不足。[34]

最後,目前尚無法確認1946年來臺的美國專家所取得的資料,對戰後初期臺灣石油業開發產生了哪些具體的影響。但可以確定的是,根據吳翎君和萩原充的研究,美國石油公司在中日戰爭時期與資源委員會之間已建立密切的設備供應與商貿網絡。[35]或許正因如此,這些美國專家才會在戰後迅速來臺協助資源委員會進行各項調查。

(五)小規模的原油鑽探

戰後初期,由於資源委員會決議優先將資源投入高雄煉油廠的重建,臺灣油礦探勘處僅能先蒐集與整理戰前的探勘資料,並由上海總公司派員來臺進行小規模的鑽井。然而,這些探勘未能得到具體成效。

首先,中油公司位於上海的總公司先派駐探勘室陳秉範、張錫齡、郝騤等三名人員來臺,負責整理資料,初步評估臺灣

的地質狀況。1946至1947兩年間,總公司又派遣兩組重力探勘隊來臺,在西部濱海平原和北部山麓地帶進行全面性的重力普測,調查範圍約達1萬200平方公里,以掌握臺灣的地質構造與沉積盆地狀況。[36]

值得注意的是,此次重力探勘隊的背景可追溯至1939年,當時翁文波[7]自英國倫敦大學返國,進入中央大學物理系任教,並於1940年開始在玉門油礦試驗重力探勘。1945年9月,中油公司正式成立重力探勘隊,此為中國近代第一個地球物理探勘隊,由時任公司勘查室主任的翁文波擔任隊長。該隊是使用美國進口的儀器,於戰後在臺灣進行上述大規模地質調查。[37]

領導重力探勘隊的重任一開始由翁文波擔當,後由趙仁壽[8]、王鋼道、從范滋、李德生、孟爾盛等人輪流負責。隊員則包括陳繩祖,以及由臺灣各礦場前來支援的陳承欽[9]、施玉

---

[7] 翁文波(1913-?),浙江鄞縣人,1934年畢業於清華大學物理系,後於英國倫敦大學帝國學院取得博士,曾任北平研究院、中央大學教授和資源委員會甘肅油礦局工程師等。〈翁文波〉,《軍事委員會委員長侍從室檔案》,檔號:129-040000-0291,藏於國史館。

[8] 趙仁壽(1905-1983),江蘇鎮江人,1934年畢業於國立中央大學物理系,後擔任該系助教,1940年升任為講師。〈趙仁壽〉,《軍事委員會委員長侍從室檔案》,檔號:129-050000-1682,藏於國史館。

[9] 陳承欽(1915-?),新竹縣人,1933年畢業於臺灣商工學校工科,1935年6月進入日本鑛業株式會社竹東油業事務所擔任地質助手,負責測量和製圖。1942年11月至1945年8月,前往南洋的日本海軍第101燃料廠擔任測量,1946年8月返臺後擔任中油公司臺灣油礦探勘處工務員。〈陳承欽〉,《軍事委員會委員長侍從室檔案》,檔號:129-220000-3251,藏於國史館。

樹、林玉明等本地技術人員。在調查成果上，重力探勘隊於臺灣西部平原完成比例尺五萬分之一的重力線圖14幅，以及一萬分之一的局部構造詳查圖21幅。[38]大致上，1948年底探測作業結束後，所有人員、設備與原始計算資料均被帶回上海；1949年春天，總公司僅送來一份二十萬分之一的臺灣西部重力異常普測圖，成為區域地質研究與震波測勘的重要參考資料。[39]

戰後初期，中油公司的石油鑽採受到設備短缺的限制。由於太平洋戰爭期間，多數新型鑽探器材被運往南洋，戰後臺灣僅剩下11套舊式探勘設備，經修繕後重組為6套。[40]

1948年，探勘處工程師室依據重力探勘隊調查得出的結論，認為西部濱海區可能蘊藏原油，於是由楊舒與靳淑彥領隊，在臺中大肚山和臺南中洲兩地各挖一口井進行鑽探。首先在臺中大肚山，1947年11月開鑽，至1948年5月鑽達1,202.75公尺，但因礫石層過厚，超過當時鑽機能力而停止。臺南中洲在1949年1月開鑽，至6月鑽達1,426.77公尺，但因地層角度過於傾陡，且未見油氣徵兆而放棄。[41]

1948年，金開英在《臺灣之石油工業》報告中分析了當時臺灣油礦的原油和天然氣開採狀況。他認為出礦坑、錦水、竹東等礦區的原油開採已接近極限，僅能再維持一段時期，天然氣產量則明顯在下降。金開英提出兩條可能的發展路線：其一，在西部平原擇處鑽井，藉由累積的地質資料判斷是否具備

油層，若能成功開採，臺灣的石油產量將大幅提升；其二，倘若油層太深而無法鑽探，則只好轉向低山區尋找新礦區，或許仍有機會發現油源。但金開英也指出，鑽探新井需耗費大量時間和金錢。以當時技術而言，鑽探一口2,000公尺油井約需一年時間，且材料須自國外進口，要價高達10萬美元。由於國民政府財政困窘，這類大規模鑽探計畫難以實施。[42]

　　整體而言，戰後初期臺灣的石油探勘受限於設備短缺、資金不足和專業技術人力匱乏，無法大舉開展。從歷史脈絡來看，臺灣自1920年代中期開始充實石油鑽探設備，但在1941年日本占領南洋前後即中斷，戰後更因資源貧乏難以恢復至1930年代的鑽探熱潮。然而，從中國近代史的角度來看，國民政府接收臺灣後，由翁文波組織成立的重力探勘隊在臺灣進行長達兩年的測勘，為地質研究累積了寶貴的基礎資料。但由於原始資料在1948年底被帶回中國大陸，再加上1949年兩岸分治，這批地質調查成果最終未能在臺灣後續的石油探勘中發揮應有作用。

三、高雄煉油廠的接收與成立

（一）人事政策的轉折：從留用日人到聘用本地人員

　　戰前國民政府的石油業以玉門油礦為中心，該礦場人員有

限,戰後要同時負責接收、營運中國東北與臺灣的石油產業,人力有所不足。1946年6月中油公司成立前,負責接收高雄煉油廠的資源委員會同樣因來臺人員有限,因此計劃留用服務於海軍第六燃料廠的日本籍人員,以協助廠房復舊。然而,1946年3月底,美國駐日占領軍統帥麥克阿瑟發布命令,要求遣返所有派駐臺灣且具軍人身分的日本人,導致原計畫無法執行。

面對人力短缺的問題,資源委員會調整策略,優先進行技術門檻較低的工程,如港口疏濬、鋪設連接港口與燃料廠的管線、修復蒸餾裂煉設備等。[43] 此外,資源委員會也積極從甘肅油礦局調派人員來臺,並聘用曾服務於日本石油株式會社高雄製油所與田熊汽罐株式會社的兩名日本籍技術人員。[44]

1946年10月,美國標準石油紐約分公司代表梅亞瑟(Arthur G. May)走訪高雄煉油廠,事後撰寫報告,記錄了與高雄煉油廠廠長賓果的晤談內容。賓果指出,留用的日籍人員負責修復廠房中三座大鍋爐中的一座,但同年底日本技師遣返後,修復業務可能將無人接替。[45]

由於戰前海軍第六燃料廠的職員都為日本人,資源委員會在人力不足的情況下,開始積極招聘臺灣籍人員。首先,聯繫戰爭末期被遣散的臺灣籍工員與僱員回任,並透過考選升任職員。其次,聘請曾在日本四日市海軍燃料省受訓的臺灣籍員工,以及戰前服務於日本石油株式會社的臺灣籍員工。最後,透過報紙徵才,錄取具有機電與給水系統等工程專長,且曾在

日本求學或工作的臺灣籍技術人員。[46]

依據許雪姬對二二八事件的口述訪談紀錄，其中涵蓋數名戰後初期曾在高雄煉油廠服務的臺灣籍員工。戰前畢業於高雄中學的周石，曾赴神戶高等商業學校留學，之後前往廣州鐘淵紡織公司擔任會計，戰後於1946年3月擔任海軍第六燃料廠的接收委員。[47]楊凱雄亦畢業於高雄中學，曾赴日本國內就讀大學但未畢業，戰後進入高雄煉油廠服務；其妻楊黃金鑾之弟在戰時因徵兵學會修飛行機，戰後進入煉油廠電器部服務。[48]戰前曾任職於日本海軍軍需部的陳吉福，戰後進入煉油廠生產課工作。[49]李塗洲戰前畢業於高雄中學，後赴品川養成所機械科就讀，1946年初考入煉油廠油桶部門工作。[50]

此外，1946至1948年間，高雄煉油廠也在上海考選約80名大學畢業生，但至1949年底，僅剩30人左右留任，大多數人在中國大陸政權易幟前返回。[51]

基本上，日治時期的第六燃料廠為軍事組織，不僅廠內所有高階職位，從廠長、部長、工場主任均為日本海軍軍官，連基層的工長技手等職位也都是由日本人擔任，90%以上的一等工員是日本人，臺灣人則多擔任較低階的二等工員。[52]因此，戰後初期，資源委員會原計劃借重廠內日本籍軍人協助修復，但因政策無法執行，才改為聘用戰前曾任職於日本國內與第六燃料廠，或曾留學日本的臺灣籍人員。

然而，當時臺灣籍與外省籍技術人員的專業能力尚不足以

獨立修復廠房,因此必須聘請外國專家來臺協助重建工程。中油公司曾請美國芝加哥環球石油製品公司(Universal Oil Products Company)派遣愛格羅夫(Gustav Egloff)等數名專家,前往高雄煉油廠視察並擬定重建計畫。

高雄煉油廠先修復受損較輕的第二蒸餾工場,並擴充既有的原油提煉設備。[53] 蒸餾裂解工場的修護則由環球石油製品公司代購所需設備。然而,由於戰前海軍第六燃料廠的工程尚未完全完工,許多設施仍不完善,為了節省外匯支出,戰後的重建工作主要利用現有設備進行改裝,而非大規模採購新機械。此外,改裝工程全數由高雄煉油廠內部技術人員自行處理。[54]

值得注意的是,重建期間,負責實際營運的高雄煉油廠與中油公司的主管單位資源委員會,出現管理與現場兩地在資訊上無法充分溝通與理解落差的情況。依據前述梅亞瑟撰寫之報告,賓果表示資源委員會翁文灝希望盡速恢復生產,但翁氏並不清楚工廠在取得基本零件上遭遇多大困難。例如,當時銜接管線所需的墊圈相當缺乏,只能以繩索和糖蜜代替。[55] 這也顯示戰後資源匱乏的窘境,部分設施在資金與資材欠缺下,不得不採取非常簡陋的替代工法進行修復。

戰後初期高雄煉油廠的改裝工程至1949年4月才竣工,但因中華民國政府在國共內戰中節節敗退,局勢不穩使得汽油需求量銳減,再加上原油存量不足,煉油廠的試運轉因此被延遲。一直拖到1950年春天,才由環球油品公司聘請商得柏氏公司

派遣三名技術人員主持試爐，但因戰前的加熱爐管線不符合標準而未能成功。為了解決此一問題，政府向國際經濟合作總署（Economic Cooperation Administration, ECA）申請購置新的管線與配備，最終於同年7月通過測試，煉油廠得以正式投入運作。[56]

總的來說，高雄煉油廠的重建過程高度依賴國外油品公司與國外技術人員的指導，最終才得以順利竣工。重建期間，國外技師更透過現場工程實作，直接傳授技術給高雄煉油廠的技術人員，促成技術擴散效果。

高雄煉油廠廠長賓果[10]在與美國標準石油公司紐約分公司代表梅亞瑟晤談時，已意識到當時高雄煉油廠缺乏幹練的總監和工程師，因此計劃透過工廠重建過程培訓新一代技術人員。為此，賓果希望環球石油公司推薦石油製造與煉油工程技師來臺，協助高雄煉油廠的技術發展。[57]

當時服務於高雄煉油廠煉務組、後來曾擔任經濟部部長的李達海[11]回憶，戰後初期他初到高雄煉油廠時，對煉解設備僅略懂一二，在美國籍技術人員的協助與指導下，才逐步掌握器

---

[10] 賓果（1911–1950），湖南湘潭人，1932年畢業於清華大學化學系，之後至1937年擔任地質調查所技士，1940年在美國賓夕法尼亞大學取得博士，之後進入資源委員會服務，負責在美國購料，1942年9月至1945年10月在美國Lummus公司擔任設計工程師，1946年6月任中油公司高雄煉油廠長，1950年因實驗室發生爆炸過世。〈賓果〉，《軍事委員會委員長侍從室檔案》，檔號：129-080000-1358，藏於國史館。許雪姬編，《保密局臺灣站二二八史料彙編（五）》（臺北：中央研究院臺灣史研究所，2017），頁265–266。

材規格和採購安裝等專業知識。這些經濟對於往後中油公司自行規劃建廠具有極大助益。58

整體而言，戰後高雄煉油廠的復舊過程，高度依賴國際技術合作高度，這與資源委員會對其他臺灣產業的復舊方式有所不同。究其原因，中國的石油業本身發展經驗有限，導致戰後初期的修復設計需仰賴國外技術人員支援。然而，在美國企業施予援手的過程中，高雄煉油廠並未只是單方面被動接受幫助，而是積極鼓勵廠房中的年輕工程師運用此一契機向國外技術人員學習，為日後臺灣石油工業的自主發展奠定了基礎。

此外，由於當時資材短缺，高雄煉油廠在復舊工程中不得不使用代用品作為零件，使得設備修復僅能以恢復基本運作為主；廠房設備的大幅更新，直至1950年代透過國外借款才得以實現。

（二）原油購入與運輸的限制

在討論戰後初期高雄煉油廠的修復與原油購買時，必須考量當時中國政局與外資對中國市場的影響。戰後，中油公司原

---

⑪ 李達海（1919–1994），遼寧海城人，1941年畢業於國立西南聯合大學化學系，之後進入蘭州製藥廠和甘肅油礦局，來臺後在中油公司高雄煉油廠擔任工程師，1972年11月升任高雄煉油廠廠長，1976年6月升任中油公司總經理。〈李達海〉，《軍事委員會委員長侍從室檔案》，檔號：129-220000-3255，藏於國史館。

計劃優先修復東北的錦西煉油廠，並向美國採購相關機械；但隨著國共內戰愈演愈烈，東北局勢日趨複雜，最終決定將設備和資金運用在重建高雄煉油廠，使其成為戰後初期中國最重要的石油生產基地。[59]

另一方面，戰後外資企業積極尋求重返中國市場。早在19世紀，外資便已在中國經營油品販賣業務，戰後仍希望繼續掌控中國的油品市場。戰時，資源委員會曾在玉門油田進行開發，並試圖在戰後與外資共同經營，但外資所覬覦的是中國沿海的市場利益，對於投資內陸油田興趣不大。[60]

戰後資源委員會接收日產，對臺灣和中國沿海地區的煉製與銷售影響較大，對內陸的玉門油田影響則相對有限。戰後返回中國的外資企業希望借用屬於日產的上海油槽所，並與中國政府合資經營高雄煉油廠。然而，在原油購買問題上，高雄煉油廠雖曾與既有外資協商，但最終選擇不向這些企業購買，而是與尚無業務往來的英伊石油公司（Anglo Iranian Oil Co.）合作，以降低對既有外資的依賴。英伊石油公司則藉此機會在上海設立辦事處，並計劃參與四川的地質調查，進一步拓展其在中國的業務。[61]

高雄煉油廠確定成為中油公司經營的重點事業後，由於原料需仰賴海外進口，加上戰前、戰後高雄軍港與煉油廠分屬軍方與資源委員會，原油輸送方式必須重新調整。戰前，第六燃料廠載運原油的油輪先在海軍管理的左營軍港卸載，再透過軍

港內設置的兩條輸油管輸送至廠內。但戰後,因海軍與資源委員會分屬不同系統,加上左營軍港嚴重淤積,影響油輪進出,中油公司決議改從高雄港鋪設輸油管線直通煉油廠。然而,從高雄港到煉油廠所需管線共約13公里,戰後臺灣缺乏足夠輸油管,僅能自各地調派各式管線拼湊組裝,包括中國東北錦西煉油廠和臺灣油礦探勘處的管線,甚至將鋼板捲曲成油管,才得以湊足所需長度。[62]

為使油輪順利駛入高雄港,中油公司出資協助高雄港務局進行港口疏濬,但受限於港口深度,無法容納噸位多在1萬噸以上的外國籍油輪。因此,倘若油輪滿載,須先在上海或廈門卸載部分原油後,再駛入高雄港。其後,運送美援原油的1萬1千噸油輪,即是先在香港或馬尼拉卸載部分原油後才駛入高雄港,至於被卸載下來的那些原油,中油公司則與德士古石油公司(Texaco)合作,委託其運送至臺灣。[63]

戰後,中油公司準備購買原油提供高雄煉油廠進行首次煉製時,當時在中國販賣油品的美孚石油公司、德士古石油公司等較具規模的外資公司,為保護自身利益,並不願意銷售原油給中油公司。原因在於成品油利潤較高,外資不希望培養出潛在競爭對手,影響其在中國的市場份額。後來中油公司選擇與尚未涉足中國市場的英伊石油公司合作,成功購得5,800噸原油,並於1947年2月運抵高雄。[64] 就此而言,戰後初期高雄煉油廠的首次煉製,可說是1950年兩岸分治前中國首次擺脫外資

對石油市場的掌控，成功在中國市場銷售自行煉製的成品油。

由於過去中國的油品銷售通路長期被外資壟斷，中油公司在將高雄煉油廠煉製的石油銷售至中國大陸市場前，必須先與外資公司協商，爭取銷售份額。經過談判，中油公司初步獲得中國大陸市場10%的銷售配額，隨著產能提升，持續與外資公司交涉後，至上海撤守前，銷售配額增至18%。[65]

在油品定價方面，中油公司在中國大陸市場依據市場供需與外資企業的價格調整售價，而臺灣市場因供不應求，則實施限額配給，且價格調整需經臺灣省政府核准。[66]然而，1940年代後期國共戰爭的發展，政府在華北和華中相繼失守後，中油公司因此喪失約60%的市場。為因應供給過剩，政府隨後解除臺灣的石油配給政策。[67]

四、小結

1945年日本戰敗後，東亞地區出現大規模人員流動，對臺灣的生產事業體帶來深遠影響。研究戰後臺灣的產業接收情況，不應僅限於分別討論來自中國大陸的外省籍接收者、日本人的留用與遣返、臺灣人的聘用情況，而應從互動關係的角度進行整體分析。例如，臺灣油礦探勘處的臺灣籍技術者因戰前受過石油業技術教育，並累積了豐富的鑽採經驗，因此反對大規模留用日本人，促使政策發生轉變。這也顯示臺灣本地基層

技術人員，在面對由上而下頒布的留用政策時，並非一味被動接受，而是主動表達異議。

資源委員會在接收高雄煉油廠初期，受限於日本海軍第六燃料廠的軍事體制與專業分工，也傾向借重日本人，而不考慮重用低階的臺灣籍人員。最終因受到美國政策影響，才轉向重用臺灣籍人員。此一歷程則顯示，殖民地時期曾於臺灣或日本接受技術教育的臺灣籍技術者，在戰後過渡期所扮演的關鍵角色。

中日戰爭期間，國民政府因海運受阻，難以從國外輸入原油，因此資源委員會開始在老君廟開採石油，並於1941年成立甘肅油礦局，但直到二戰結束前，國民政府都未能建立現代化的煉油廠。[68] 從近代中國經濟史的角度來看，高雄煉油廠是第一座由國人自主運轉的近代化煉油廠。然而，在中國石油煉製技術尚未成熟的背景下，與過去國民政府在大陸時期推動的其他新興事業相似，其發展仍須仰賴國外專家的協助。但本章也指出，高雄煉油廠藉由修復廠房的過程培養技術人員，有別於一般製造業以引進技術為主的模式，而是在更新設備與廠房的同時，使廠內工程技術人員獲得石油製造與廠房施工等實務經驗，進而奠定臺灣石油工業的技術基礎。

但若從臺灣史的角度來看，高雄煉油廠自海軍第六燃料廠時期至1949年底，其營運主要供應日本戰時需求與中國大陸市場，與臺灣本地的經濟發展連結有限。此外，戰後資源委員

會在臺灣經營的事業中，除了中油公司高雄煉油廠的重建仰賴美國企業提供資材外，臺灣糖業公司亦曾與美國通用運輸公司簽訂協議，聘請美國顧問來臺視察，並提出五年復興計畫與設備購入方案等，惟最終因國共內戰導致政府財政困難而未能實現。[69] 臺灣電力公司與臺灣水泥公司也有與美國企業簽署合作協定或購買設備的紀錄，反映出戰後初期臺灣的工業復原與擴展，在很大程度上仍仰賴美國的技術與資本支援。[70]

過去對戰後臺美經濟關係的研究，多聚焦於1950年代以後美國對臺灣的經濟援助。但從戰後初期資源委員會在臺灣經營的企業來看，早在1945年後，國民政府即開始尋求與美國企業的合作。例如，高雄煉油廠的重建便由曾赴美留學的賓果主持，顯見美國對戰後臺灣經濟的影響並非從1950年代才開始，而是延續了國民政府資源委員會在大陸時期與美國已建立的經濟關係。近代中國的石油市場發展，乃至設備進口與人力資源培養，始終與美國有高度關聯。這種長期的中美商貿網絡，促使戰後美國石油公司願意來臺提供技術指導，並參與高雄煉油廠的修復工程。從這個角度來看，戰後美國在臺灣的經濟影響，並不僅是單純的戰後援助，而是中美商貿網絡轉進至臺灣後的結果。

第四章

冷戰、國家與石油開發政策

一、外來投資與現代石油煉製部門的建立

(一)被美援排除的煉油事業

　　1949年底，中華民國政府撤退來臺，當時臺灣每月石油需求約6,000至7,000噸，遠低於高雄煉油廠每月1萬噸的產能。中油公司估計，臺灣每個月若僅銷售6,000噸油品，每月約虧損新臺幣50萬元。[1] 1951年7月，作為對臺灣軍事援助的一環，美國開始提供原油並委託中油公司煉製，暫時緩解了市場需求不足的困境；但1952年下半年美援停止原油供應後，中油公司便不得不向國外石油公司採購原油。[2]

　　1950年代初期，高雄煉油廠的設備仍無法煉製高級油品，解決此一問題的關鍵，在於中油公司能否投入足夠資金購置新型設備。但1949年臺灣區生產事業管理委員會成立後，規定公營事業每年必須將所獲盈餘全數上繳國庫，從而限制了企業利用盈餘進行再投資的能力。[3] 中油公司本身缺乏資金進行設備投資，加上政府因財政與外匯困難而不願提供大規模投資，成為其事業發展的一大瓶頸。

　　以往通說認為1950年代臺灣公營事業多依靠美援貸款進行設備更新或擴建，但如表4-1所示，同時期中油公司獲得的貸款金額，明顯低於臺灣電力公司和臺灣肥料公司。基本上，美援提供給中油公司的貸款項目主要集中在石油探勘業務，幾

表4-1　臺電、臺肥、中油公司接受美援貸款金額(實收貸款部分)(1951–1960)

公司單位	新臺幣貸款 (新臺幣元)	美元貸款 (美元)
臺灣電力公司	2,233,418,230	119,406,054
臺灣肥料公司	376,709,803	28,417,452
臺灣肥料公司第六廠	171,000,000	17,228,606
中國石油公司	63,529,000	417,000

資料來源：行政院美援運用委員會編印，《十年來接受美援單位的成長》(臺北：行政院美援運用委員會，1961)，頁3、9、11、13。

乎完全排除了石油煉製領域。[4]當時中國石油公司總經理金開英認為，這一決策是美國部分石油公司為維護其在臺利益、對美國國務院進行遊說的結果。[5]也就是說，美國對臺灣石油業援助的項目，可能受其國內政商關係的影響。但從筆者目前蒐集的一手史料中，尚未看到相關檔案可為佐證。

總體而言，在欠缺美援資金支持下，中油公司的石油煉製部門只得另尋途徑，透過與石油跨國公司合作來獲取資金與原油，從而推動廠房設備更新與產品品質提升。

(二)外資借款與設備投資

石油煉製除了必須確保原料供應外，還需努力提升產品品質與研發新產品。1950年代初期，中油公司面臨上述兩大挑戰，均仰賴外國油品公司提供的貸款資金予以解決。

一般而言，石油所含之辛烷值（Octane Number）愈高，代表品質愈佳。例如，汽車用的高級汽油需達到70以上，航空汽油則必須超過100。[6]1940年代後期，中油公司為了修復戰時海軍第六燃料廠受損的設備，於1947年開始在高雄煉油廠進行石油煉製作業。[7]根據表4-2的資料顯示，1950年時高雄煉油廠僅能生產80和83號汽油，原因在於戰時所設立的海軍第六燃料廠多採用舊有或簡易設備，而要生產更高品質的汽油則必須投入資金進行設備更新。然而，由於政府財政困難，美援又不願支持，中油公司只得另尋管道籌措資金。

如表4-3所示，1950年代中油公司的設備擴充與更新主要依賴美國提供的技術與設備支援。戰後，美國在國際上具有明顯領先地位，經濟與軍事影響力極大，此即所謂的「美利堅治世」（Pax Americana）。美國的石油公司利用這一優勢，積極擴張版圖，進入並開發包括日本在內的東亞各國市場。[8]值得注意的是，在美國石油公司進入臺灣市場的過程中，美國政府透過其掌控的對外援助機構，向臺灣政府傳達了關切與支持的立場。

除了美國企業之外，日本和英國也曾計劃參與臺灣的石油事業。以日本為例，高雄煉油廠原為戰前日本海軍第六燃料廠，戰後日本民間人士曾向臺灣政府提議，引進戰時日本國內軍事燃料廠研發的石油煉製技術與相關生產設備。與此同時，日本則積極向美國學習新技術，以生產高品質石油製品；[9]前述日本方面計劃輸入臺灣的，卻是戰時所使用的舊式生產

表4-2　1950年代中油公司的生產產品

品名	用途	開始生產年分
80、83號車用汽油	汽車用燃料	1950
88號車用汽油	汽車用燃料	1957
83、91號車用汽油	美軍及外銷用	1959
100號車用汽油	美軍及外銷用	1959
100、130號航空汽油	螺旋槳式飛機燃料	1958年開始摻配（烷化油為進口）
115、145號航空汽油	螺旋槳式飛機燃料	1949年開始自產烷化油
噴射機燃油(JP-1)、噴射機燃油(JP-4)	噴射機用	1953
噴射機燃油(1B)	民航噴射機用	1957
噴射機燃油(JP-5)	美軍噴氣機用	1960
噴射機燃油(A1)	民航噴射機	1960
特級燃料油	海軍船艦燃料	1958
船用柴油	漁船用	1958
液化氣	家庭用燃料	1959
硫磺、硫酸	化工原料	1959
高級煤油	家庭用	1961
柏油	各種用途	逐年增產
苯、甲苯、二甲苯	石油化學品原料	1959
冰醋酸	重要化工原料	1959
正己烷	提油溶劑	1960

資料來源：中國工程師學會五十年紀念會編輯委員會編，《十五年來臺灣各種工程事業進步食況》（臺北：中國工程師協會，1961），頁13–15。

表4-3　高雄煉油廠設備擴充與更新的資金來源

資金提供者	實施時間	貸款金額
海灣石油公司	1954	200萬美元
中東原油公司	1955	70萬美元
海灣石油公司	1956	75萬美元

資料來源：臺油(47)廠字第482號(1958年10月18日)，〈各事業單位與外國技術合作情形〉，《經濟部國營事業司檔案》，檔號：35-25-01 344，藏於中央研究院近代史研究所檔案館。「外國人投資簡表」(1952年7月–1959年6月)；經濟部(函)，「函送華僑及外國人投資簡表附查照」(1959年12月30日)，〈華僑及外國人來臺投資與技術合作、工業服務〉，《行政院國際經濟合作發展委員會檔案》，檔號：36-19-001-002，藏於中央研究院近代史研究所檔案館。

設備和技術。

　　具體而言，1950年，日本人濱順等三名人士向臺灣政府提議，若臺灣願意出資70萬美元，即可取得岩國煉油廠廢棄的氫化設備與相關技術，以煤膏和瀝青為原料，生產高級汽油。當時，日本方面認為臺灣缺乏原油，且尚無法煉製品質較高的汽油，因此提出以戰時日本因應資源不足所發展出的生產方式來解決問題。但中油公司並未接受這項提案，一來此種煉製方式成本較高，經濟效益不佳；其次，高雄煉油廠生產普通汽油已無問題，至於80度戰車汽油尚未生產的原因，主要是戰前的裂解氫化設備高壓爐管不符合標準，但中油公司計劃向美國訂購新爐管，以解決這一技術限制。[10]

　　最終，臺灣並未採用日本提供的高成本且設備落後的煉製方案，轉而引進美國的新式設備與技術。而要理解美國設備如

何得以進入臺灣市場，必須先回顧當時臺灣原油的取得模式。

　　戰後至1950年代初期，中油公司尚未與國外油品公司簽訂長期購油合約，原油採購主要由中央信託局負責。此時，美國有多家石油公司積極向臺灣推銷原油。最終，中油公司所面臨的技術、資金及原料來源等問題，因美國海灣石油公司（Gulf Oil Co.）提供貸款而一併獲得解決。

　　1953年，海灣石油公司向中油公司提出一項貸款方案，願意提供為期10年的200萬美元貸款，用於擴充高雄煉油廠的蒸餾設備。但貸款條件是中油公司必須與海灣石油公司簽訂長期購油合約，在貸款清償完畢前，需持續向其購買科威特原油。[11]中油公司認為，這項貸款不僅能解決設備投資的資金不足問題，還能確保長期穩定的原油供應，可說是一舉兩得。然而，臺灣經濟決策單位對這筆貸款案的看法卻存在分歧。

　　時任中央信託局局長的尹仲容認為，中油公司為取得海灣石油公司提供的200萬美元貸款，進而與該公司訂立10年期原油供應合約，在當時臺灣美元外匯極度拮据的情況下，處於不利地位。相較之下，英國英伊石油公司與倫敦愛克匹多公司合作，所提出的易貨方案更具吸引力，擬以出售卡達和古巴所產原油各10萬噸給我方作為條件，換取臺灣糖業公司六艘船次的砂糖出口。同時，英伊公司也有意與我方商訂為期五年的原油供應合約，每年供應卡達、古巴、科威特原油各12萬噸。此方案可用英鎊支付貨款，將能節省臺灣的美元外匯支出，同時

促進糖業出口。¹²由上可見，當時負責統籌臺灣公營事業原料進口的中央信託局，是立足於節約外匯的原則，而對與海灣石油公司的合作案提出質疑。

經濟部部長張茲闓則有不同意見。他指出，科威特原油售價較卡達原油便宜且其含硫量較高，實際上與卡達和古巴原油屬於同一類型。一般而言，原油含硫量過高容易對石油煉製設備造成腐蝕，但過去高雄煉油廠煉製科威特原油並未出現此類問題；此外，海灣石油公司承諾將利用貸款增建抗腐蝕設備，以提高蒸餾操作溫度，從而提升油品品質。張茲闓進一步表示，用卡達與古巴原油進行煉製並無法改善石油品質，只有更新設備才能生產出軍用80號汽油。¹³大抵而言，作為國營事業主管機關的經濟部，是基於專業技術考量而支持海灣石油公司的借款計畫。

值得注意的是，張茲闓還指出，隸屬於美國國際合作總署（International Cooperation Administration, ICA）石油組的摩里遜（Patrick F. Morris），在海灣石油公司與中油公司商談時，積極居間協調，促成雙方合作；而當英伊公司也提出爭取臺灣原油市場的方案後，位於華盛頓的國際合作總署更致電美國在臺北設立的共同安全總署駐華分署（Mutual Security Mission to China）表達關切。從國際合作總署的立場來看，如果此一合作案能通過，對於鼓勵美國民間資本來臺投資，具有正面意義。¹⁴

實際上，臺灣行政院會議已通過該項貸款議案，原定於

1953年11月底前簽約,因尹仲容提出英伊公司的替代方案而延遲進行。張茲闓認為應依預定計畫執行。[15]同年12月7日,國營事業司司長金開英在致經濟部部長張茲闓的信中強調,政府因外匯短缺無法提供高雄煉油廠擴建所需經費,美援經過數年交涉也無成果,僅有靠舉外債一途達成。[16]最終在12月8日,中油公司完成了與海灣石油公司的簽約。[17]

由以上討論可見,當時臺灣政府內部間的採購與生產部門存在對立意見。負責國外原料採購的中央信託局以節約外匯為主要考量,對此議案持保留態度;但作為國營事業主管機關的經濟部,則更關注解決設備投資所需資金不足的問題。此外,美國政府也透過各種管道向我方政府明示其意向,希望促成海灣石油公司取得臺灣原油供應市場的商機。

中油公司與海灣石油公司於1953年底簽約後,1956年海灣石油公司又提供75萬美元貸款,用於高雄煉油廠設備更新,條件同樣為須向其購買伊朗生產之原油。1955年中油公司依循此一模式與中東原油公司(Middle East Oil Corp.)簽定原油購買與貸款合約,用以增加烷化設備,運用所生產的液化石油氣,生產航空汽油之原料,進而開始自主生產航空汽油;1957年,中油公司再與美國德士古國際公司簽定航空汽油銷售合約,透過外資網絡將其出口到國外。[18]

總體而言,1950年代中油公司多次仰賴美國石油公司提供貸款,進行設備更新並確保原油供應,從而奠定了現代化石

油煉製的基礎，同時也加深了美國石油資本對臺灣石油業的支配。從表4-2可見，得益於美國資本的支持，至1950年代後期，臺灣已具備生產噴射機燃油的能力，生產品質顯著提升。

但到了1970年代，中油公司的原油採購模式發生改變。當時產油國家為增加政府收入而入股經營石油公司，原油價格因此大幅上漲。美國與英國等大型石油公司的股權逐步被產油國家接管，這促使中油公司開始加強與產油國家的雙邊貿易與外交合作。1973年，中油公司與沙烏地阿拉伯油礦組織簽定購買合約，1974年又向科威特採購石油，其原油採購模式走向分散風險。[19]

綜上所述，1950年代中油公司透過與美國跨國石油公司借款的方式，奠定了現代化生產的石油煉製基礎方式，並顯著提升了產品品質。但同時，這也導致臺灣的石油煉製業依附於美國跨國石油公司。戰後，韓國和日本等東亞國家的資源與資金同樣匱乏，美國油品公司也以獨資或合資等方式進入這些市場，充分反映了冷戰體制下美國大型企業對東亞市場的支配地位。[20]

(三)石油煉製技術者的海外派遣

如前所述，1950年代臺灣的石油煉製在美國石油公司提供貸款支持下進行了設備更新，從而使油品品質得到提升。儘

管當時臺灣的石油技術仍落後於美國,但在高雄煉油廠設備更新的過程中,參與員工獲得珍貴實務經驗,部分技術人員後來更加入由資源委員會關係人士參與創設的美國森美實業公司(U. S. Summit Company),協助該公司興建、營運其泰國煉油廠。

森美實業公司由三位在美國麻省理工學院進修的華人王澄清①、蕭人存②、嚴保民,在二戰結束後於美國紐約成立。該公司主要事務為代理美國大企業在亞洲的銷售與出口,於臺灣、香港、新加坡、泰國、馬來西亞和印尼等地都設有分公司,銷售產品包括西藥、農獸藥、化學原料、火車頭、通訊器材及各類消費用品等。[21]

1954年,森美在泰國曼谷設立分公司,邀請畢業於武漢大學、曾任臺灣空軍工程處副處長兼總工程師,且甫自美國密西根大學取得土木工程碩士學位的黃彰任③,擔任這間分公司的

---

① 王澄清(1917–?),江蘇蕭縣人,1938年畢業於燕京大學化學系,之後先後擔任兵工署重慶煉鋼廠實習員、應用化學研究所實習員、動力油料廠助理工程師(廠長為金開英)、第五軍技術研究會中校技士,專長為化學基本分析和煉鋼煉油工程。〈王澄清〉,《軍事委員會委員長侍從室檔案》,檔號:129-060000-0557,藏於國史館。
② 蕭人存(1916–1974),湖北黃陂人,1937年畢業於武漢大學工學院機械系,之後進入陸軍機械化學校擔任助教和研究員,1943年前往美國學習軍事工業,瞭解該國工廠的設備與管理情形。〈蕭人存〉,《軍事委員會委員長侍從室檔案》,檔號:129-200000-3787,藏於國史館。
③ 黃彰任(1916–2012),湖南瀏陽人,1938年畢業於國立武漢大學工學院土木系,先後任職於航空委員會建築科工務員、空軍第二總站工程員、航空委員會航政處工程師、空軍總司令部工程處副處長,來臺後曾擔任國立臺灣大學土木系兼任副教授。〈黃彰任〉,《軍事委員會委員長侍從室檔案》,檔號:129-210000-4753,藏於國史館。

總經理。此外,中油公司紐約辦事處的夏勤鐸④於過程中也扮演了重要角色。夏勤鐸與森美創辦人之一蕭人存有親戚關係。1950年代後期,夏勤鐸辭去原職,轉入森美工作,提議森美可往石油業發展、展開多角化經營,以及在泰國進行煉油業務。[22]

當時,森美認為臺灣的石油市場由中油公司獨占,外商僅能參與航空汽油和潤滑油兩種事業,泰國、馬來西亞、新加坡、香港的油料也被國外大油品公司所壟斷。在1960年以前,泰國所需石油完全仰賴進口,國內沒有煉油廠,民間市場的油品主要由殼牌(Shell)、艾索(Esso)、加德士(Caltex)三家公司供應。雖然泰國政府與軍方所需油料名義上由國防部油料廳(Oil Fuel Organization)統籌進口及分配,但實際上仍由上述三家公司掌控。為了打破這一局面並降低油品成本,油料廳急於尋找價格低廉的油源;因此,森美最初從油料進口與銷售業務切入,作為其進軍泰國石油市場的起點。[23]

1962年,蕭人存、夏勤鐸及泰國分公司的黃彰任參加了一場購油投標。在投標前,森美先找到了一家油料供應商:美國獨立油品公司(American Independent Oil Co.,簡稱Aminil)。該公

---

④ 夏勤鐸(1914–1981),安徽壽縣人。1933年畢業於國立清華大學化學系,1936年於美國麻省理工學院取得化學工程碩士,1937年於美國奧克拉荷馬大學石油工程學院進修,返國後曾任軍事委員會和資源委員會專門委員、動力油料廠工程師,1946年6月擔任資源委員會中油公司駐美代表,後又擔任行政院駐美採購服務團中油組組長。〈夏勤鐸〉,《軍事委員會委員長侍從室檔案》,檔號:129-200000-3614,藏於國史館。

司是由菲力普（Phillips）、阿許蘭（Ashland）和辛克萊（Sinclair）等幾家小型油公司組成的聯合體，在科威特擁有採油權且已發現原油。為了擴大銷售網絡，美國獨立油品公司願意以優惠價格和有利的付款條件供應森美在泰國煉油所需之油料。後來，森美在競標中獲勝，為泰國油料廳進口柴油和汽油，除根據投標價格給予折扣外，並以90天付款條件與之簽定了一份為期三年的售油合約，成功踏出森美在泰國經營石油業的第一步。[24]

與此同時，森美也向泰國政府申請設立煉油廠，但最終僅獲准在是拉差（Sriracha）建造柏油廠，該廠主要生產泰國政府興建公路所需柏油，同時兼營少量汽油、柴油和潤滑油生產。[25] 另一方面，1955年泰國動力廳在曼谷郊區曼差（Bangchak）投資2,000萬美元，建造一座日產5,000桶的煉油廠。但在建廠過程中，分別由日本的新潟公司（Niigata）與法國的科芒特里瓦塞勒公司（The Commentry Oissel）承造均無法順利運轉。直到1965年，泰國政府決定以2,000萬美元的代價，將煉油廠承租給森美公司15年，但條件是森美公司必須再投資2,000萬美元建造一座日產2萬5,000桶的新廠。[26]

森美接手經營後，透過中國技術服務社向中油公司申請調派技術人員修復原有廠房與建造新廠房，新廠在1968年3月完成試爐。值得注意的是，當時森美在泰國的廠房管理與技術人員，均由中油公司高雄煉油廠借調派任資深員工，每人以一年時間為限。[27]

隨後,該工廠於1972年進行了第二次設備擴充,達到每日煉製5萬桶原油的產能,且泰國政府同意將租用廠房期限延長至1990年。在此期間,森美在泰國還經營了100多所加油站,其中包括十餘座油庫。然而好景不常,由於森美在泰國的投資極度依賴與軍方的良好關係,但後來政局變動,國防部動力廳廳長換人,加上森美集團蕭人存總裁去世,政商關係逐漸動搖,甚至得罪了繼任的國防部動力廳廳長。1981年2月,國務院以廠內工人罷工危及煉油廠安全為由,要求森美在三個月內交還煉油廠。[28]

大致上,森美公司在泰國經營煉油廠的十餘年間,中油公司先後共派遣500多名員工前往協助營運。從經濟角度來看,這似乎只是一個單純的勞務輸出案例;但實際上,從1950年代起,臺灣政府在冷戰格局下,為了拓展反共盟友,積極向東南亞各國輸出農業與工業技術,並邀請當地官員與工商界人士來臺參訪。以泰國為例,從1957年起,臺泰兩國即建立密切的農業技術合作關係;1959年,泰國國防部燃料廳廳長柏清中將曾應中油公司邀請來臺訪問,並一度探討雙方技術合作的可能性。或許正是在臺灣政府積極拉攏與泰國軍方的關係、使其對臺灣的石油業有所認識的努力下,間接促成森美採取「森美—中油公司」的營運方式,在當地展開石油煉製事業。[29]

至於中油公司長期向森美提供技術人力,這應與當時臺灣政府試圖拓展海外影響力的戰略有關。為了實現這一目標,臺

灣政府進而與曾在經濟部門、特別是石油業相關機構任職的專業人士建立合作關係，促使臺灣官方與民間企業皆能受益。這些旅居海外的商業資本家，因過去曾在資源委員會和中油公司等政府經濟部門服務，再加上政府希望與反共盟友建立更緊密的外交與經貿關係，使得森美得以在政府授意下獲得技術人力支援，進而將自身從商業資本擴展為具備石油煉製能力的工業資本，成功在泰國發展煉油事業。

二、石油探勘事業的進展

（一）不利於石油探勘的外資促進政策

戰前，臺灣在深度挖掘下發現大量的天然氣，這使得1950年代多家外資企業認為臺灣可能蘊藏豐富原油，表現出高度探勘意願。然而，由於臺灣政府採取較為保守的外資政策，加上礦業法規不夠完備，這些外資企業最終放棄來臺投資。

戰後，臺灣政府最早的外資政策始於1952年10月24日，行政院頒布《自備外匯輸入物資來臺舉辦生產事業辦法》，其中規定外國人投資者每年匯出的淨利不得超過投資總額的10%；這項限制的目的，在於臺灣當時作為發展初期的後進國家，資金極度短缺，政府希望將外來投資的利潤留在臺灣，以促進再投資。[30]

任職於太平洋艦隊總司令的雷德福上將（Admiral Arthur W. Radford）曾邀請美國美孚石油公司（Mobil Oil Corporation）來臺投資，但遭遇諸多法規限制。當時礦業法規定，外國投資者在礦業中的持股比例不得超過一半，且不得掌控管理權；此外，採礦權期限不得超過20年。美孚石油公司估計，若要在臺灣進行石油探勘，至少需投資50萬美元，但在上述不利外資條件下，缺乏投資誘因。與此同時，美國共同安全總署中國分署長施幹克（Hubert G. Schenck）也認為，臺灣政府應鄭重考慮修訂那些不利外資的法規。[31]

1953年，美國海外石油公司（Overseas Oil Corporation）也表達來臺探勘油源的意願，並已進行初步勘查。美國國際合作總署為促成此案，曾兩度敦促海外石油公司有所行動或表示，以決定是否提供美援資助中油公司的探勘計畫。[32]當時，中油公司因資金與設備有限，希望與對海外石油公司合資成立新機構。理想的資金配置為雙方各出資一半，或至少臺灣方面持有40至50%的股份，以確保參與經營、技術合作與董事會決策權。此外，中油公司也建議政府應盡可能縮短探勘時程，以利盡早取得成果，避免拖延過長影響其他潛在投資者的意願。[33]然而，由於當時臺灣尚未正式制定石油法，且既有的礦業規範主要是針對中國大陸的情勢而設計，導致海外石油公司對政策穩定性產生疑慮，最終決定放棄來臺探勘。[34]

此外，與中油公司簽有長期合約的海灣石油公司在1950

年代後期也提出共同探勘計畫。[35]根據該計畫，中油公司承諾在1970年前向海灣石油公司購買1,200萬桶原油，並以每買一桶原油提撥0.28美元的方式，累積探勘資金。在此基準下，海灣公司預估可提撥340萬美元，用以與中油公司合資成立新公司，取得三年探勘權，在成功探勘後再取得50年採礦權。[36]

　　海灣石油公司希望臺灣政府能比照國際標準，盡速訂立石油法，使雙方合作有法可循；倘若短時間內無法完成立法，或可採取簽定合作探勘契約的方式，提請政府特別批准。[37]經濟部認為，海灣石油公司要求合資公司繳納給臺灣政府的權利金與稅負不能超過營利的50%，這將與現行法規相牴觸。經濟部建議，若合作契約能以行政命令方式核准，則不致牽涉到現行稅制。[38]但最終此計畫未獲通過，海灣石油公司的投資計畫亦無疾而終。

　　進入1960年代後，因臺灣天然氣生產量大幅提升，引起日本興趣。1964年11月，日本海外技術協力事業團（Overseas Technical Cooperation Agency, OCTA）委託前國會議員高岡大輔與科學技術廳顧問齋藤憲三二來臺，調查並洽談南部天然氣開發計畫。日本方面認為，中油公司的地質人員不多，且多集中在北部，對於南部投入的資源相對較少，因此建議日本外務省透過海外技術協力事業團協助地質調查與探勘，並在發現可開發資源後，與臺灣合資經營。[39]

　　對此合作計畫，經濟部認為若由日本全額出資進行鑽探，

雙方分享利益將牽涉較多問題，不容易達成協議。因此，雙方傾向於採取由日本提供長期低利貸款、臺灣主導探勘工作的方式。[40]

實際上，高岡氏來臺時，正值美援即將結束，臺灣與日本政府正在洽談日圓貸款。但依據資料顯示，日圓貸款的內容中，並未包含石油或天然氣探勘等與中油公司有關的項目。[41] 這可能是因為日本政府的貸款重點在於促進技術與設備輸出，以帶動日本企業來臺發展，而非直接投資資源探勘。此外，日本方面可能認為天然氣探勘對自身經濟效益有限，或是臺灣政府對引進外資探勘的態度較為保守，最終導致合作計畫未能實現。

經濟部考量到當時臺灣缺乏針對外資參與石油探勘的明確法規，導致外資投資欠缺法律保障，因此在1962年8月指示中油公司起草《中華民國石油法》，並於1963年12月完成草案。然而，由於該草案篇幅過長，立法程序複雜，審議進度緩慢，後來改為《石油礦探採條例》，但仍未獲得通過。直到1968年，東海海域可能蘊藏石油的消息傳出，且1969年日本開始在尖閣列島（釣魚臺）一帶進行石油調查，臺灣政府在外交與國際政治壓力下，於1970年8月25日通過《海域石油礦探採條例》。[42]

總的來說，在資金匱乏的情況下，中油公司對與外資合作持開放歡迎態度，但在1950至1960年代前期，政府與立法部門對於外資來臺投資石油探勘，並未採取積極作為。最終，政

府推動石油探勘法制化的動機,主要基於非經濟因素,而非產業發展需求。在相關法規實施後,政府一方面希望透過探勘行動宣示國家領土主權,但另一方面,受限於本身的資金與技術能力,仍需仰賴外資,與亞美和(Amoco)、海灣、大洋(Oceanic)等外資石油公司合作進行海底探勘。[43]

1950年代,臺灣制定了較為保守的外資政策,加上未針對石油產業建立完善規範,導致外資在探勘石油時缺乏明確的法律保障。由於石油探勘需投入龐大資金,政府對於外資的保障措施不足,使得多項潛在的合資探勘計畫最終無法落實。值得注意的是,1950年代全球經濟復甦,各大國對石油的需求與探勘活動高度增長,主要戰場多集中於中東,臺灣作為一個資源有限的國家,為何仍吸引許多石油公司關注,甚至希望來臺探勘油礦?

以海灣石油公司為例,該公司在已明確知悉臺灣法規限制的情況下,仍積極尋求探勘與購買原油的合作機會。由此推測,海灣石油公司的策略可能不僅僅是尋找新油源,而更側重於鞏固臺灣的原油消費市場,確保其對臺灣能源市場的影響力。這類外資計畫在當時的國際政治環境下,或許也具有強烈的戰略與宣示意義。

(二)外籍技術人員的角色

1950年代,中油公司受限於政府法規,無法引進國外公司來臺合作探勘。此外,加上臺灣天然氣與原油所在地層較深,而資源委員會技術人員多來自中國大陸,缺乏深層探勘經驗;因此,中油公司需借重國外地質研究專家以顧問身分來臺進行指導。

值得探討的是,戰前日本在臺灣進行的地質調查成果,如何在戰後發揮作用?1952年4月,美國駐臺安全分署署長施幹克博士推薦澳洲地質專家史太克(Leo W. Stach)來臺進行短期考察;後來在1954至1958年間,聯合國技術協助局(United Nations Technical Assistance Board)又派遣史太克來臺,在臺灣油礦探勘處指導地質長達四年。他的主要任務包括檢討戰前日本的地質調查資料、評估新探井的潛力,以及擬定石油探勘工作計畫綱要。他也建議引進日本帝國石油株式會社的震測隊,並安排日本微體古生物學專家大炊御門經輝博士來臺。[44]

1952年6月,史太克向中油公司提交報告〈臺灣石油資源的探勘與開發〉(Exploration and Development of the Petroleum Resources of Taiwan),回顧與檢討戰前日本進行的地質調查、探勘作業與統計資料,並指出幾個可能蘊藏原油或天然氣的地區。但報告中也強調,若要進一步確認這些地區的資源潛力,仍需購置必要設備,並進行為期兩年的地理調查。另外在專業

技術人員方面,報告建議中油公司可與臺灣大學地理學系、臺灣省地質調查研究所合作,同時聘請國外專家提供專業指導。[45]

戰前,日本在臺灣的石油探勘是採取滲流區域鑽探法,即根據地表油氣滲漏跡象來判斷可能的油藏位置。但在戰後初期至1952年史太克抵臺前,臺灣的探勘工作仍僅限於戰前已知的油氣地域,進行有限的地理調查與鑽探。

1952年,史太克首次來臺時,提出臺灣應改採地球物理方法進行探勘,透過震測等技術評估地下結構,提高油氣探勘的準確度。由於當時臺灣政府經費有限,他建議邀請日本技術專家來臺授業,因其成本低於聘請美國專家。該建議獲得中油公司董事長金開英的同意,1953年在史太克介紹下促成日本帝國石油株式會社關谷英一來臺,負責研究臺灣北部油氣的地下構造,以及指導中油公司探礦處的地質人員製作地下地質構造圖的方法。[46]

在此同時,史太克還向中油公司提出建立古代微生物實驗室的想法,但中油公司董事長金開英認為該計畫所需經費過於龐大,中油公司預算有限,因此未予支持。直到1953年聯合國技術援助計畫(United Nations Technical Assistance Program)提供資金,該計畫才得以實現,並促成史太克來臺,展開為期四年的指導工作。[47]

由於當時經費不足,1950至1954年間,中油公司無力自行進行地質探勘,因此邀請臺灣省地質調查所派遣技術人員,

與臺灣油礦探勘處人員合作，以推進地質調查工作。為提升探勘技術，1954年，臺灣油礦探勘處從美國購入一套震測儀，並於1955年邀請日本帝國石油株式會社震測隊來臺進行示範操作與技術培訓。此次訓練日本派遣七人來臺，在臺南、中洲、大岡山、半屏山進行震測試驗，臺灣油礦探勘處也派遣四名員工隨隊考察三個月。試驗結束後，僅留下領隊玉野俊郎一人，繼續在臺指導一個月。[48]

此外，1954年11月，日本微體古生物專家大炊御門經輝受聯合國技術協助局邀請來臺，展開四年六個月的研究與技術指導，直至1959年6月返回日本。在此期間，他指導臺灣油礦探勘處地質人員採取岩樣，教授微體古生物鑑定方法，協助建立標準生物地層剖面，並撰寫相關研究報告。[49]

值得注意的是，史太克戰後曾任職於駐日盟軍總司令部（GHQ）天然資源局石油課，負責調查戰後日本如何運用與開採國內石油與天然氣，並提出建議。[50]史太克在日本的期間，分別於1947與1948年出版了《日本石油生產統計》（*Japanese Petroleum Production Statistics*）與《日本石油與天然氣生產，1946財政年度》（*Petroleum and Natural Gas Production in Japan, 1946 Fiscal Year*），兩部著作皆為針對日本石油產業發展的專門調查報告。

筆者認為，史太克之所以受邀來臺，可說是由美國在亞洲的政治與經濟影響力促成；加上他熟悉日本國內石油產業的發展，曾深入研究該國的石油與天然氣資源，而戰前日本在臺灣

進行的各項地質調查與探勘活動,史太克也對這些資料有所掌握。上述因素綜合起來,使他成為臺灣政府認為適合擔任顧問的人選。

史太克與日本籍技術人員的貢獻,促使臺灣石油業從戰前及戰後初期以地質學為主的調查模式,逐步轉變為結合地球物理學與古代微生物學的綜合探勘方法。這一技術進步,使中油公司得以更精確掌握島內的地質結構,提升自主探勘能力,並在1960年代後期開始拓展海外市場,進軍菲律賓、印尼等國,進行石油與天然氣探勘工作。[51]

(三)1950年代對印尼提供探勘技術計畫

1950年代,臺灣的石油煉製與探勘技術仍相當落後,但1957年,中油公司曾計劃前往印尼進行石油探勘。此計畫的主要動機是希望透過技術服務換取外匯收入,以支應探勘設備的投資成本。但此一提案最終在外交部的反對下而作罷。

稍詳言之。1956年,行政院駐美採購服務團中油組夏勤鐸組長,收到來自印尼蘇門答臘海油通營公司(Sea Oil & General Corporation)協理拉傑特(N. G. Ratchet)及其董事長迪門蒂迪(A. N. Diementidi)的提請,希望委託中油公司派員至印尼協助鑽鑿油井。[52]

當時,蘇門答臘海油通營公司計劃在三年內鑽探約200口

油井，希望由中油公司承接鑽探作業。中油公司預估需提供鑽機4部、技術人員9名、鑽井及機電技工64名。中油公司估計，此項合作案若能成功，三年內可獲得印尼方面支付的鑽機租金及員工酬金共85萬8,900美元。扣除按規定需支付的國外差旅補貼費用33萬9,450美元後，仍可獲利51萬9,450美元，這筆外匯收入可用於添購探勘設備，以提升臺灣的石油探勘能力。[53]

從技術層面來看，當時中油公司尚未進行深層鑽探，但蘇門答臘南部油田的油層最深僅約1,500餘公尺，屬於淺層油田，中油公司已擁有可鑽達此深度的中型或小型鑽機，因此計劃在既有的12部鑽機中，抽調4部運往印尼。在人員配置上，中油公司當時擁有鑽井技術職員25名及工具160餘名，將從中派遣鑽井技術職員7名與工具48名前往印尼，臺灣本地則仍保留技術職員18名與工具110餘名，可維持6部鑽機的正常運作，確保國內探勘工作不受影響。[54]

當時，經濟部國營事業司司長王世圻認為此計畫可行，但由於臺灣與印尼尚未建立正式外交關係，仍須考量外交部的意見。外交部表示憂慮，認為印尼若將所產石油運往中國，臺灣難以制止。此外，臺印兩國缺乏正式外交關係，中油公司派遣的技術人員與設備無法享受外交保護。最終，1957年3月，經濟部部長江杓決定暫緩實施該計畫。[55]

綜觀戰後臺灣的技術對外輸出，當時臺灣雖是後進國家，仍積極在反共戰略下向越南、泰國等東南亞國家提供農業與工

業技術。而外交部對於印尼的技術輸出計畫持保留態度，這可能與1955年印尼召開萬隆會議（Bandung Conference）有關。外交部認為印尼政府與中共政權較為親近，因此在評估該合作案時亦考量到政治風險，而非僅基於經濟利益。此案例顯示，戰後臺灣的公營事業在技術輸出上，除了經濟層面的考量外，也會受到冷戰時期國際局勢與外交戰略的影響，特別是反共因素。

(四)1959年的深度採掘與天然氣產出

戰後臺灣的天然氣開採，主要以戰前日本所挖掘的油井為主，而戰後於1952年成功開採的竹頭崎礦區，則屬於淺層開採。當時為了開發當地資源，中油公司將重要設備都調往該區，但沒幾年後油氣便漸告枯竭，中油公司據此研判，可能有更豐富的天然氣資源蘊藏於深層，但受限於資金、設備等因素，最終決定在既有的戰前深層井基礎上持續加深鑽探。

1950年代後期，中油公司在苗栗縣錦水礦區的49口油氣井，因長期開採導致產量急速下降。中油公司研判，這些舊井下方可能尚有未開發的新氣層，因此於1959年對錦水38號舊井進行加深鑽探，成功發現新氣層，其日產天然氣可達10萬立方公尺，並可產出10公秉原油。經初步估算，這口新井的總產量可達5億立方公尺，價值約新臺幣3億元，而整個錦水礦區的天然氣蘊藏量預估可達147億立方公尺，約相當於3,000萬

噸煤炭,按當時市價計算,約值3億美元。[56]值得注意的是,當時臺灣各油井的每日天然氣總產量僅6萬5,000立方公尺,而38號井的單井產量已是全臺總產量的1.6倍。[57]

但該如何有效利用這批大量產出的天然氣,是作為燃料還是作為化學工業原料?上述問題成為行政院美援運用委員會討論的焦點。首先,雖然天然氣的運輸成本較低,且燃燒品質優於煤炭,但若在全臺大規模推廣天然氣作為燃料,將會對臺灣煤礦業者造成極大衝擊。因此,政府決定先不推動以天然氣作為燃料。相較之下,將天然氣作為化學工業原料更具發展潛力,不僅能生產肥料、甲醛等化學產品,替代進口,減少外匯支出,還能促進相關產業發展,提高天然氣的經濟價值。[58]

當時,利用天然氣可生產的化學品包括錏氣、尿素、甲醇、甲醛、乙炔、碳煙等。其中,尿素的市場需求最高,甲醛次之。尿素可作為農業肥料與牛羊飼料添加劑,而甲醛與尿素化合後可製成人造樹脂,廣泛應用於塑膠工業、紡織品樹脂加工及人造木板等領域。因此,中油公司計劃籌集資金,建設生產尿素與甲醇等化學品的工廠。但由於建廠所需資金不菲,超出中油公司的負擔能力,遂考慮與國內外私人資金合作。[59]此外,儘管天然氣可用於製造甲醛,但其利潤不如尿素優厚,且當時已有數家民間企業計劃興建甲醛,因此中油公司決定優先發展尿素生產。[60]

三、1960年代運用在地資源的石化業發展

(一) 慕華公司的設立

　　1959年12月9日,經濟部召開會議討論天然氣的利用方式,因尿素的生產具有低成本與出口優勢,最終決議創設一座日生產250公噸的民營尿素工廠。當時中油公司估計建廠資金約需700萬美元與新臺幣1億元,並預測該廠每年生產的尿素產品,其外匯收入將超過投資總額,且毛利可達新臺幣1億8,000萬元,投資回收期約為一年八個月。在推動方式上,政府要求中油公司先擬定計畫,並提出兩種集資方案。[61]

　　第一種方案,先在臺灣募集民間資本,以新臺幣募集民股,美元部分則向美國開發基金申請貸款。在此模式下,中油公司負責技術與建廠,但只持有少數股份。第二種方案,由中油公司先行籌辦,尋找國外企業合作以取得美元資本,若資金仍不足,再向美援帳戶借貸。建廠完成後,中油公司將出售所有股份給民間。[62]

　　最初中油公司擬採取第一種方案,但1960年2月,美國開發基金派員來臺考察後,認為臺灣天然氣開發尚在探勘初期階段,不宜倉促設廠。因此中油公司轉向第二種方案,分別與西德和美國企業洽談。

　　在西德方面,Didier公司提出計畫,建議先運用天然氣製

造氨,再進一步生產硫酸銨,並允許以分期付款方式進口設備。但中油公司認為此一方案需進口硫磺,不如直接生產尿素更具經濟效益,因此未與Didier公司進一步交涉。63

在美國方面,美孚莫比油公司(Socony Mobil Oil Company)對此投資案表達意願,並邀請美國聯合化學公司(Allied Chemical Corp.)共同評估。1960年8月12日,聯合化學公司派遣蘇百克(W. H. Thorbecke)等人來臺考察,並向經濟部部長楊繼曾、美援會副主任委員尹仲容與祕書長李國鼎提出與中油公司合資設廠的投資計畫。64

經濟部部長楊繼曾認為聯合化學公司頗具誠意,口頭向蘇百克表示:「歡迎其來投資,新公司股權可由中油公司投資,但以三分之一為限。」8月24日,莫比油公司致電中油公司,請求保留錦水區天然氣每日28萬立方公尺的90天優先承購權,以利該公司進一步研究投資計畫,中油公司回電同意。最終,此投資案於1960年12月9日獲行政院會議通過,同年12月17日,經濟部外國人投資審議委員會核准莫比油公司的投資申請。65

值得注意的是,莫比油公司有意來臺投資,是由前述的森美集團居中牽線。根據曾在森美集團任職的馮宗道⑤回憶錄記

---

⑤ 馮宗道(1921-?),浙江紹興人,1943年畢業於國立浙江大學化工系,之後進入資源委員會甘肅油礦局擔任助理工程師,負責煉油事務。戰後中油公司成立後擔任副工程師,來臺後擔任高雄煉油廠副組長。〈馮宗道〉,《軍事委員會委員長侍從室檔案》,檔號:129-220000-3266,藏於國史館。

載，森美集團創辦人蕭人存得知中油公司在苗栗開採到大量天然氣後，隨即聯繫莫比油公司，建議該公司與森美集團共同來臺設廠生產尿素，並取得該公司同意。[66] 但當蕭人存將此計畫提交經濟部長李國鼎時，李國鼎考量到森美公司為華人所經營，若在合作案中獲得優厚條件，可能引發立法委員質疑有圖利之嫌。因此，李國鼎僅回覆：「我們非常感謝你能引薦莫比油公司來臺投資設廠，我們一定會給予最優厚的條件，但希望森美公司不要參加。」[67]

（二）慕華公司的投資與資本結構

1962年3月，慕華聯合化學工業股份有限公司正式成立，資本額為新臺幣1億元（約250萬美元）。在持股方面，中油公司持有30%，美國聯合化學公司和美孚莫比油公司各持有35%。由於資本額仍不足以支應建廠與營運，三家公司依照持股比例以年息5%貸款新臺幣8億9,400萬元給慕華公司。值得注意的是，聯合化學公司和美孚莫比油公司這兩家外國公司，並未直接投入現金資本，而是透過美金借款的方式，從國外採購建廠所需的設備、材料與服務。[68]

在分工方面，慕華公司的生產技術完全由聯合化學公司提供，中油公司須一次性支付50萬美元。此外，營運前十年，慕華公司需支付尿素年售總額的萬分之89作為特許權使用費給

聯合化學公司。在臺灣的生產過程中，慕華公司也獲美國國際合作總署擔保，與中國石油公司、臺灣電力公司、臺灣肥料公司簽定契約，分別確保上述三家公司將負責收購慕華公司生產的全部尿素與阿摩尼亞。[69]

1962年，慕華公司正式動工，1963年11月完工，以天然氣為原料，年產液氨4萬5,000公噸和尿素10萬公噸。[70]1960年代初期，臺灣尿素生產仍由臺灣肥料公司南港工廠負責，直到慕華公司投產後，國內尿素產量才顯著提升（如表4-4所示）。自1960年代起，臺灣不再從國外進口尿素，並自1962年開始出口。若單從統計數據來看，慕華公司的尿素生產不僅實現了進口替代，也具備向國際市場銷售的能力。

慕華公司生產的尿素與液氨，根據設廠初期立下的合約承諾，產品全數由臺灣肥料公司收購。收購價格方面，尿素每公噸110美元，液氨每公噸84美元。然而，臺灣肥料公司按照國際市場價格出口至印尼時，尿素僅能以每公噸78美元、液氨以每公噸37美元出售，導致其出口業務呈現虧損。[71]此外，隨著尿素與液氨的國際價格下跌，慕華公司仍堅持依合約維持原定價格，而非採取成本加上合理利潤的定價方式，使得農民須以較高價格購入尿素。最終，政府決定以560萬美元收購慕華公司的所有外資股份，並於1971年將其轉由臺灣肥料公司經營，成為該公司的苗栗工廠。[72]

另一方面，從1960年代後期起，臺灣農業生產逐步下滑，

政府開始推動一系列政策，包括降低肥料售價，以振興農業。然而，作為最大供應商的慕華公司仍堅持按照合約價格出售尿素。[73]1970年1月，監察院調查指出，臺灣肥料業內銷價格過高。價格過高的原因，除了糧食局將肥料配銷給農民的價格較高外，也與慕華公司與臺灣肥料公司簽定的長期合約有關。自1960年以來，慕華公司與臺灣肥料公司訂立的價格合約長達十年未曾調整，在這段期間獲得相當可觀的利潤，而慕華公司的外國股東在該公司營運兩、三年後也早已回收投資。因此，監察院建議政府在1970年底合約到期後不再與外資續約。[74]

政府向慕華公司提出合約到期後，將不再或減少收購該公司生產的產品，要求該公司自行發展外銷市場。但失去臺灣島內穩定的市場需求，慕華公司的美國股東也無意繼續經營。[75]為此，政府開始與國外股東協商資產估價，最終確定慕華公司資產總額為900萬美元，並完成收購。

在外資控股時期，慕華公司建立了精簡的人事與運作制度，這些制度在後來改編為臺灣肥料公司苗栗工廠時得以延續，該廠盈餘一度占臺灣肥料公司總盈餘的一半以上。[76]回顧1960年代後期，作為臺灣公營事業主要肥料生產商的臺灣肥料公司，面臨諸多危機。首先，因其生產的氫氮化鈣成本過高，無法與尿素競爭而被迫停產。此外，臺灣肥料公司生產的電石，原本供應塑膠業作為原料，但由於臺灣塑膠公司開始自行生產，並逐步改用乙烯替代電石，導致市場需求萎縮，進一步

表4-4 臺灣的尿素生產、進口、出口（1956–1975）　　　　　　　　單位：公噸

年分	生產	進口	出口
1956		2,547	
1957		5,948	
1958		9,929	
1959		1,080	
1960	37,441		
1961	44,542		
1962	75,357		17,022
1963	76,018		18,000
1964	79,157		9,000
1965	154,834		32,122
1966	189,255		33,938
1967	194,770		80,084
1968	204,074		45,318
1969	256,822		100,752
1970	179,807		93,113
1971	174,787		15,585
1972	201,246		39,974
1973	174,123		42,310
1974	177,531		8,002
1975	177,111		1

資料來源：臺灣省政府農林廳，《臺灣農業年報》（歷年）。

影響了臺灣肥料公司的經營。在臺灣肥料公司經營困難之際，政府與外資合資成立的慕華公司，又成為其市場競爭對手。[77] 最後政府決定收購慕華公司，將其納入臺灣肥料公司體系，這一策略在某種程度上也具有援助臺灣肥料公司經營的用意與效果。

另一方面，慕華公司成立時，生產所需的主要原料為天然氣，但進入1970年代末期後，臺灣天然氣產量逐漸減少，臺灣肥料公司苗栗工廠甚至出現天然氣短缺，導致短暫停工的情況。為解決此一困境，1984年12月，政府成立「輕油氣化工程工作小組」，決定以石油取代天然氣作為生產原料，透過輕油氣化技術，解決天然氣供應不足的困境。[78]

其次，慕華公司由外資主導，加上公司成立時確保了尿素與液氨的保證銷售價格，這樣的制度使其不需要與國際市場競爭，即使國際尿素價格下跌，仍能保持高利潤。然而，這對臺灣市場不利，因為臺灣肥料公司是主要的購買者，而農民則是最終消費者，他們被迫承擔較高的尿素成本。

慕華公司的投資案原以節約外匯、穩定臺灣肥料供應為目標，並未以出口為導向。政府當時著重於結合本地天然氣與外資的技術、設備，強化既有公營事業，建立完整生產體系，卻忽略了市場銷售與國際價格變動的影響，導致農民須承擔高價肥料成本，臺灣肥料公司亦在國際競爭中處於劣勢。最終，隨著政府停止保障收購，失去穩定市場的慕華公司無法維持外資

經營，並將其納入臺灣肥料公司體系，轉型為苗栗工廠，成為公營事業的一部分。

四、小結

　　1950年代，作為資本主義後進國家的臺灣，其石油業發展初期主要面臨資金短缺、設備不足及進口能源供應不穩等挑戰。中油公司在資金調度與設備擴充上，並未直接依賴美援，而是透過美國石油企業提供的貸款與技術，推動產業升級。而這樣的合作關係，也使美國石油企業得以掌控臺灣的原油供應市場。

　　美國政府在這一過程扮演了關鍵角色，先與美國石油企業達成協議，再透過援助與貸款的方式介入臺灣石油產業。從文中的討論可見，美國石油企業與中油公司交涉時，美國政府不僅從中協調，甚至透過施壓影響談判結果，反映出冷戰時期美國資本與政府在海外經濟擴張中的協作模式。而美國石油企業的影響不僅限於臺灣，亦可見於韓國等東亞國家。例如，海灣石油公司也在韓國積極參與煉油事業，顯示美國資本在東亞市場的廣泛布局。[79]

　　此外，1950年代臺灣石油業向東南亞地區擴展的過程，並不完全符合傳統的國際投資模式，而是在冷戰氛圍下，為拉攏反共盟友所進行的經濟活動。這類投資案的決策，並非單純基

於獲利考量,許多案例顯示,外交主管機關的介入往往直接影響投資案的推動與最終執行。

過去對戰後臺灣外來投資的討論,較少關注華人企業在其中扮演的中介角色。例如,大陸時期的公部門成員在美國創立森美實業公司,憑藉其政府體系內的人脈與對臺灣經濟發展的洞察,積極展開對臺業務,從中獲取利潤。森美不僅促成慕華公司的設立,還獲得中油公司技術人力支援,協助其在泰國投資煉油廠。這顯示戰後臺灣經濟發展除了受美國資本影響,也透過華人商業網絡促成外來投資與勞務輸出。

臺灣的石化業剛起步時,並非以輕油裂解,而是用在地天然氣資源作為主要原料。這與國際石化產業主流發展路徑不同。以慕華公司的生產為例,在進口替代政策導向下,政府選擇利用現有天然氣資源發展石化產業,並透過公營事業的配合,減少對國外製品的依賴。然而,上述做法未能充分考量市場價格波動,導致肥料市場需求方須承擔較高的購買成本,最終形成不利條件。這顯示,1960年代前期的臺灣政府在發展策略上過度強調生產面,卻忽略了消費、財務與價格等市場機制的整體考量。

從戰後資本主義的發展歷程來看,先進國家美國憑藉其對原油資源的掌握,深刻影響了戰後臺灣石油產業的發展方向。雖然作為亞洲先進國家的日本在戰前已為臺灣石油業奠定初步規模,但戰後,日本未能如在造船、機械、製糖等領域那樣,

持續對臺灣公營事業的設備投資發揮影響。探究其背後原因,在於美國石油業的規模與技術仍領先日本,加上冷戰體系下,美國政府與企業透過政商合作模式,成為臺灣石油業重要的資金供應者與原料來源,確立其在臺灣能源產業中的主導地位。

第五章

日治與戰後初期臺灣的棉花栽培

本章將探討日治時期與戰後初期臺灣棉花栽培的發展，分析其種植動機、政策變遷及影響。戰前，臺灣的棉花種植受日本帝國政策驅動，初期以試驗性質為主，後來隨著日本對原棉需求的增加，逐步擴大栽培面積。戰後則因美援與自給自足考量，政府試圖擴大栽培。然而，受氣候、病蟲害與市場競爭影響，棉花產業未能發展成主流，最終仍依賴進口。

一、臺灣棉花栽培的形態

如圖 5-1 所示，臺灣從 1936 年開始種植棉花，1941 年達到戰前最高產量 1,573 公擔。戰後，棉花生產量在 1958 年達到 4,377 公擔的高峰，但隨後持續下滑。從種植面積來看，戰前以 1941 年的 5,884 公頃為高峰，戰後則以 1958 年的 4,377 公頃為頂點。進一步觀察單位產量（圖 5-2），可見戰後每公頃平均收穫量相較戰前有所提高，但兩個時期的產量皆呈現起伏不定的情況，顯示外來作物引進臺灣後所面臨的適應困難與挑戰。

從臺灣種植棉花的動機來看，1930 年代是為了提供日本國內棉紡織業所需，戰後 1950 年代，政府在接受美援棉花的同時，擔心未來援助終止，為降低對外依賴以節約外匯，遂推動在臺灣大規模種植棉花。戰前，殖民地臺灣僅是日本帝國棉花供應體系的一環，產量遠低於朝鮮及華北占領地。至 1950 年代，臺灣作為獨立經濟體，經濟官員積極規劃提升島內的棉花

圖5-1　臺灣棉花生產量（1936-1970）　　　　單位：種植面積（公頃）、收穫量（公擔）

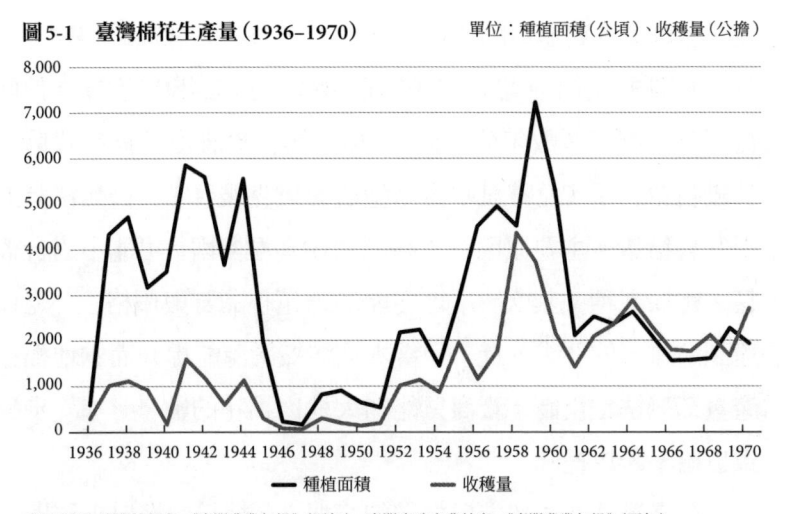

資料來源：臺灣總督府，《臺灣農業年報》（歷年）。臺灣省政府農林廳，《臺灣農業年報》（歷年）。

圖5-2　臺灣棉花每公頃平均收穫量（1936-1970）　　　　單位：公斤

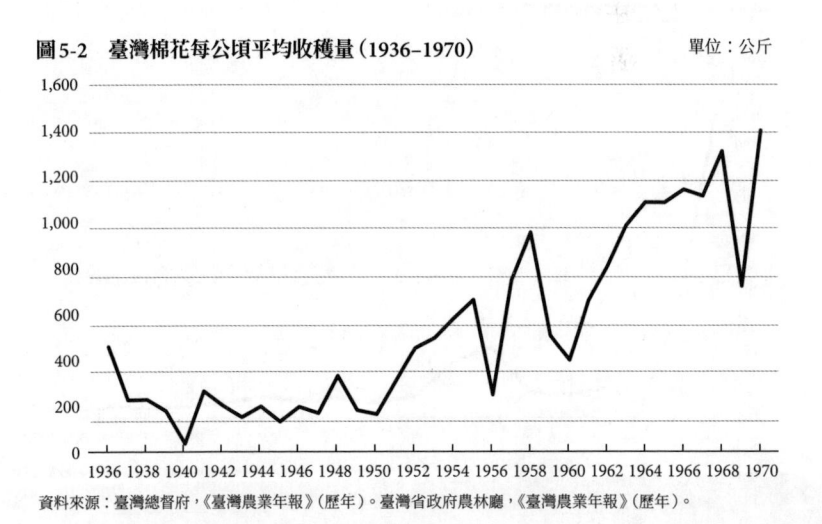

資料來源：臺灣總督府，《臺灣農業年報》（歷年）。臺灣省政府農林廳，《臺灣農業年報》（歷年）。

產量,以漸少對進口的依賴。

如圖5-3所示,臺灣棉花的自給率在1952年曾達7%,但此後逐步下降,多數年分皆低於1%。儘管政府推動棉花栽培,鼓勵自給自足,並嘗試噴灑新型農藥以克服蟲害,仍無法有效提升自給率。主要原因有:臺灣氣候潮溼多雨,可能不適合棉花大規模栽種;其次,本地生產的棉花在品質與價格上,難以達到紡織業的要求。此外,當本地紡織業產能提升而本地棉花產量卻無法跟上時,廠商只能加大進口棉花的數量,進一步導致自給率難以提升。

在臺灣高度依賴進口棉花的情況下,棉花的進口來源與供應模式成為影響紡織業發展的重要因素。過去的研究多強調

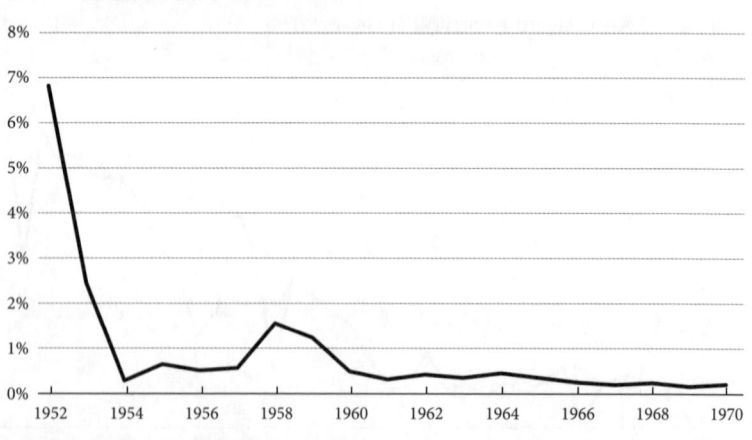

圖5-3 臺灣棉花自給率(1952–1970)

資料來源:臺灣總督府,《臺灣農業年報》(歷年)。臺灣省政府農林廳,《臺灣農業年報》(歷年)。海關總稅務司署統計科,《中國進出口貿易統計年刊(臺灣區)》(歷年)。

美援棉花的供應,並認為其配合政府的代紡代織政策,促成臺灣棉紡織業的發展。但如圖5-4所示,1950年代臺灣除了透過美援管道進口棉花外,也有一定比例來自商業進口。早期臺灣棉紡織業的原料主要依賴美援,但1960年代後,除了1962年援助進口量高於商業進口量外,其餘年分都是商業進口量高於美援進口量。隨著商業進口棉花數量逐年上升,援助進口則逐年減少,1970年以後臺灣的棉花進口已完全轉為商業進口。雖然美援在1965年結束,但透過美國《480號公法》中的剩餘農產品計畫,臺灣仍持續獲得棉花援助,直到1969年才完全停止。這一發展趨勢顯示,隨著紡織業者事業規模擴大,業者更傾向透過商業途徑向海外購買棉花,而非依賴政府提供的援

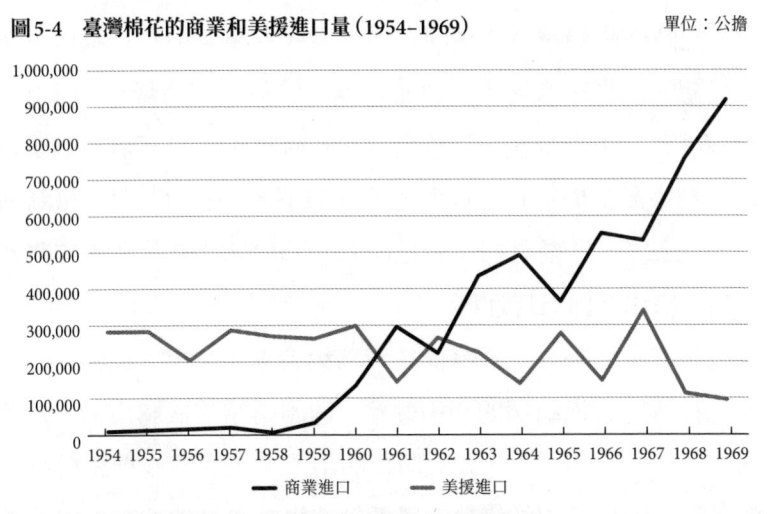

圖5-4 臺灣棉花的商業和美援進口量(1954–1969) 單位:公擔

資料來源:海關總稅務司署統計科,《中國進出口貿易統計年刊(臺灣區)》(歷年)。

助。同時，這也反映出本地棉花產量不足，無法滿足紡織業需求，導致對進口棉花的依賴日深。

二、棉花栽培的曇花一現：臺灣棉業栽培組合

上節顯示，戰前與戰後臺灣均有推動棉花種植的經驗，然而整體產量與自給率皆未達預期。本節將先探討1910年代日本政府與紡織資本如何在臺推動棉花試作，以及最終未能長期發展的原因。

日本明治維新後大力發展棉紡織工業，但棉花原料多仰賴海外進口。[1]日本領臺後，資本家為解決本國原棉不足的問題，曾試圖在臺栽植棉花。1911年7月，安場末喜男爵從日本來臺，向時任臺灣總督佐久間左馬太表達在臺發展棉花栽培事業的構想。值得注意的是，1906年就任的佐久間總督，曾認為臺灣南部適合種植棉花，甚至在官舍內嘗試小規模栽培。在雙方均認為臺灣具備棉花栽種潛力的共識下，1912年5月，臺灣總督府同意成立「臺灣棉花栽培組合」，由安場末喜擔任業務執行員，橫澤次郎擔任理事。[2]

從資本面來看，臺灣棉花栽培組合資本額共5萬圓，出資者包括富士瓦斯紡績的和田豐治、鐘淵紡績的武藤山治、大阪合同紡績的谷口房藏、大阪紡績的山邊丈夫等日本棉紡織資本家。這反映出日本紡織業者雖希望透過在臺種植棉花來提升原

料自給率,但實際投入的資金仍屬有限,顯示此計畫仍處於試驗階段。[3]

在土地使用方面,臺灣總督府將臺南廳一帶的官租地交由臺灣棉花栽培組合經營。然而,該如何說服原本在這些土地上耕作的農民改種棉花,成為首要難題。為吸引農民參與,1912年臺灣棉花栽培組合承諾支付與官租費用相同的租金(贌耕料),希望農民能將土地轉作棉花田。但由於當地農民對棉花種植不熟悉,擔心收成不佳,紛紛提出廢耕申請,寧願放棄耕作也不願種植棉花。為解決此一問題,臺灣棉花栽培組合進一步提供保障,包括承諾收購農民生產的棉花,並根據土地等級設定最低收購價,若因天災或其他不可抗力因素導致損失,則提供相應補償。[4]此外,為消除農民疑慮,代理臺南廳長的警務課警視澤井瀨平、財務課課長西岡健之、殖產課課長色部米作等人,亦親自向農民說明棉花栽培作為國家產業一環的重要性。[5]

1912年10月,臺灣棉花栽培組合在臺南廳大灣庄進行試作,由殖產局提供美國棉花種子。1913年夏、冬兩季,該組合又於臺南廳擴大種植,試驗面積達250甲,並預估肥料成本約7,500至8,500圓,遂向臺灣總督府申請6,000圓補助。[6]

此外,臺灣總督府曾於各地試驗場進行小規模試作,未見顯著成效後,改委託臺灣棉花栽培組合進行較大規模試驗,並允諾自海外購入種子提供試種。如表5-1所示,1914年,該組合獲臺灣總督府1萬6,500圓試驗委託費,1915年再獲1萬圓

表5-1　臺灣總督府補助臺灣棉花栽培組合項目　　　　　　　　　　單位：圓

時間	科目	金額
1913年8月19日	棉花栽培肥料補助金（國稅）	6,000
1914年7月25日	棉花委託試驗作費（地方稅）	16,500
1915年6月14日	棉花委託試作費（地方稅）	10,000
合計		32,500

資料來源：〈臺灣棉花栽培組合ヘノ補助其成績〉（謄寫資料），國立臺灣大學圖書館臺灣特藏區典藏，無頁碼。

補助，以支持持續試作。[7]

最初，臺灣棉花栽培組合評估，若試作成績良好，將推動大規模種植。然而，雖然組合提供保證收購價制度，農民因缺乏種植經驗，未能妥善除草，導致棉花發育不良，影響產量，進而向組合依照契約請求補償。[8]此外，臺灣氣候條件不利，頻繁的暴風與豪雨進一步降低收成，使棉花產量無法達標，[9]最終未能如日本所預期，發展為穩定的紡織原料供應地。

1916至1917年，臺灣總督府停止補助棉花栽培組合，計劃改由殖產局興辦棉花試作場，並將原本補助組合的經費挪作試作場營運資金。隨著官方資助中斷，組合經營日漸困難。1916年期間，組合裁撤專任理事與數名雇員，改由住在臺南的辯護士兼任理事，僅留一名農場管理人員，運作逐漸停滯，最終走向解散。[10]

臺灣總督府停止對棉花栽培組合補助的原因，根據1935

年臺灣銀行出版的《臺灣に於ける新興產業》記載，當時坊間盛傳製糖會社因擔憂甘蔗種植面積縮減，影響其利益，因此透過遊說等手段阻撓棉花栽培計畫的推動。[11] 由這一脈絡來看，臺灣糖業資本可能將棉花視為潛在競爭作物，為避免影響自身產業發展，而試圖干預政府對棉花種植的補助政策，阻止其發展。

因內地原棉產量不足，日本棉紡織資本曾嘗試在殖民地及中國大陸投資棉花種植，以彌補原料缺口。然而，既有研究多聚焦於1920年代後日本棉紡織資本大規模進入中國大陸的發展，並將其統稱為「在華紡」（在華棉紡織企業）。這些日本紡織企業進入中國市場的背景，與一戰期間累積的資本及日中間的勞資成本落差密切相關，並在一定程度上舒緩了日本內地原棉供應不足的壓力。[12] 從1910年代的發展脈絡來看，日本政界與資本家曾寄望透過殖民地臺灣發展棉花生產，成為日本棉紡織工業化的穩定原料供應基地。然而，臺灣棉花栽培組合的資本規模不如日本國內棉紡織企業，其在臺的棉花種植亦僅屬試驗性質，最終未能發展為大規模供應體系。

本節討論的戰前臺灣棉花栽培，是日本帝國對棉紡織原料的需求而發展。政府與資本家雖曾推動多項試行計畫，但受限於當地條件與資本投入不足，臺灣棉花栽培組合的嘗試最終僅停留在試驗階段。其後，棉花栽培與種植轉由臺灣總督府所屬研發單位負責試驗，直至1930年代，在政府積極策動下，才逐步擴大種植規模。

三、大量栽培的起點

　　1920年代後期至1930年代前期,臺灣總督府中央研究所農業部及其下轄研究單位嘗試進行棉花種子的品種改良與培育。[13]這波基礎性試驗的推動,與臺灣內外部條件的變化密切相關。從內部條件來看,日本領臺後設立的各類研究單位,長期針對臺灣本地或外來作物進行基礎研究,並待適當時機推動商業化種植。例如,1920年代磯永吉在臺成功培育蓬萊米,並推廣至全臺即為著名之例;[14]再者,1930年代初期《米穀配給統制法》實施導致米價下跌,後期政府又推動增產政策,這可能促使臺灣在該時期發展多種作物,以降低對單一作物的依賴。從外部條件來看,1930年代日本積極尋求資源自給,開始在外地推廣栽植棉、麻等纖維作物,臺灣亦被視為潛在的棉花供應地之一。

　　這段期間在臺灣各地進行的小規模試驗,包括:1927年,臺灣總督府農業試驗所嘉義支所曾試種棉花,但因病蟲害緣故而停止。1929年,原任臺東廳警部的宮本勝,在新港郡加走灣區大掃別(今臺東縣長濱鄉竹湖村)開設自營農場,試種棉花。1931年,臺灣總督府中央研究所嘉義支所與臺南州立農事試驗場開始試驗不同品種的棉花,以尋找最適合臺灣氣候的棉種。在此背景下,臺灣總督府各單位於1933年開始種植柬埔寨種,1934年又陸續種植臺東一號、臺東二號等海島棉品種。[15]

除了品種試驗,如何擴大棉花這種新興作物的種植亦是關鍵。1931年,臺南州農事試驗場的試驗結果良好,被認為深具發展潛力。因此自1934年起,臺灣總督府開始在臺南州和高雄州設立棉作指導圃,進行試作與指導。1935年6月,臺南州各市郡庶務課長會議決議,增設1,030公頃的棉花指導獎勵地,並規定產出棉花由臺灣織布會社統一收購,全數轉賣給日本國內較具規模的紡織企業。同時,臺東廳所產的埃及棉品質也極為良好,鐘淵紡織株式會社亦表達收購意願。1936年後,臺灣總督府連續三年開始在臺南和高雄州設立棉作指導團,推動棉花栽培的普及。[16]

　　從表5-2可見,1930年代臺灣棉花的單位產量優異,甚至高過美國等產棉大國。但臺灣的數據主要來自臺灣總督府所設指導圃的試驗成果,與其他國家的大規模粗放式種植方式不同。一般而言,試驗場採集約化管理,施肥充足,單位產量自然較高,因此臺灣的高產量數據未必能客觀反映實際栽培情況。[17]

　　臺灣耕地有限,且稻米、甘蔗等作物早已占據主要農業用地,使棉花種植必須與其他經濟作物競爭,如何確立栽培模式成為一大挑戰。從地理條件而論,棉花栽培並不適合大規模粗放式經營。臺灣總督府認為棉花在試種期間每甲可產出1,000斤以上的軋棉產量(去除棉籽後所獲得的棉纖維重量),應具有良好的收益潛力。然而,基於初期種植的不確定性,臺灣總

表5-2　世界各地每畝棉花產出量　　　　　　　　　　　　　單位：公斤

地區	每畝產量
滿洲國	335.0
朝鮮	156.4
日本內地	287.3
美國	201.9
埃及	460.8
巴西	175.6
祕魯	446.7
俄羅斯	244.3
中國	211.7
墨西哥	275.0
臺灣	285.6

資料來源：野間口五郎（臺灣銀行調查課），〈臺灣に於ける棉作の將來（下）〉，《大日本紡績聯合會會報》，第546號（1938年4月15日），頁50。

督府決定棉花應先與其他作物間作（即與其他作物交錯種植於同一塊農田內），待未來產量趨於穩定後，再進一步擴大種植規模，朝20至30萬甲的單一作物型態發展。[18]

　　從植物育種學的角度來看，外來棉種並不一定適合直接在臺灣種植，更何況臺灣各地氣候亦略有差異，使得單一品種難以適應全島環境。如表5-3所示，當時為了因應各地風土環境，臺灣總督府將外來棉花進行配種試驗，育成臺南高雄型、臺東型、臺中型三大主要品種，分別與甘蔗、甘薯、水田作物進行間作或輪作。另一方面，1937年，臺灣總督府殖產局決議開始在臺推動以十年為期的棉花生產計畫。[19]

表5-3　臺灣棉花品種與栽培方法

型態	栽培方法	育種類型
臺南高雄型	甘蔗間作	陸地棉、柬埔寨種交配
臺東型	甘薯輪作	海島棉、陸地棉
臺中型	水田間作	陸地棉、海島棉、埃及棉交配

資料來源：松崎數惠、有田圓二，〈臺灣棉作に關する調查〉，《大日本紡績聯合會月報》，第597號（1942年7月25日），頁62–63。

表5-4　臺灣棉花栽培產量、種植面積、單位產出

年分	產量（公斤）	種植面積（公頃）	單位產出（公斤）
1936	260,161	560	465
1937	827,171	4,344	190
1938	908,492	4,151	219
1939	741,302	3,172	234
1940	109,266	3,522	31
1941	1,310,539	5,884	223
1942	954,996	5,624	170
1943	469,041	3,701	127
1944	924,150	5,462	169
1945	217,299	1,919	113

參考資料：臺灣總督府農商局，《臺灣農業年報（昭和18年版）》（臺北：臺灣總督府農商局，1944），頁44。臺灣省行政長官公署農林處農務科，《臺灣農業年報—民國卅五年版》（臺北：臺灣省行政長官公署農林處農務科，1946），頁59。

　　如表5-4所示，臺灣棉花的單位產出量呈現極大的波動。戰時，臺灣總督府依據年度計畫決定棉花種植面積，理論上，若各地研發的品種能夠適應當地環境，產量應該相對穩定。戰爭後期，由於農業資材短缺，許多農作物的單位產量均呈現下

降趨勢,棉花亦不例外。但臺灣自1936年開始擴大棉花種植後,單位產出即持續呈現劇烈波動,顯示棉花是否真正適合在臺灣大規模栽培仍存疑問。

四、從移出到島內自給:臺灣棉花株式會社

隨著臺灣原棉種植規模的擴大,1937年5月5日,臺灣拓殖株式會社投資成立臺灣棉花株式會社,負責島內的軋棉業務。值得注意的是,臺灣棉花株式會社直接收購臺南市木戶商會與臺灣織布株式會社的軋棉工場設備,試圖整合島內零散的小規模軋棉事業。[20] 同年5月25日,臺南州更指定臺灣棉花株式會社為當地唯一的棉花收購者。[21] 從該公司的發展脈絡來看,其運作模式與母公司臺灣拓殖株式會社相似,主要負責執行政府的開發構想,推動島內棉花生產與加工事業。

然而,由於當時臺灣尚未建構完整的棉紡織產業鏈,軋棉的用途仍以蒲團棉與衛生棉花為主;至於出口至日本的部分,則多作為紡紗用原料。中日戰爭爆發後,企畫院實施物資動員計畫,最初將臺灣所有生產的棉花移送至日本國內,卻導致島內所需各類棉製品均需仰賴從日本或國外進口。隨著戰爭持續,日本船舶運輸量受到影響,連帶使得送抵臺灣的棉製品供應量大減,島內開始出現棉花供不應求的情況。為解決此一問題,臺灣總督府於1940年決定調整政策,改變原本將棉花全數

輸往日本的策略，改為逐案申請出口，並以供應臺灣島內需求為優先。[22]

當時栽植的原棉，先由各州農會進行集中，再送往臺灣棉花株式會社位於嘉義和臺東的工場軋製。就規模而言，嘉義工場擁有100臺軋棉機，臺東工場則有10臺，兩者合計每年可軋製550萬公斤以上的棉花。[23]1940年後，臺灣棉花株式會社所生產的軋棉，用作衛生棉花的部分透過繃帶材料組合銷售，在臺日本人和臺灣人使用的蒲團棉，則分別由臺灣織物會社與棉花配給組合販賣給消費者。[24]

除了棉花軋製與收購業務外，臺灣棉花株式會社也直接從事棉花栽培。1937年，會社原本規劃自營種植2,123公頃，但實際栽植面積擴增至6,036公頃。其中，臺南州的栽培面積最大，達5,384公頃，高雄州次之，為539公頃，其他地區合計僅有113公頃。會社為鼓勵農民栽種，針對臺南與高雄州的農民無償提供種子，並預計將有375萬公斤的收成，其中320萬公斤由會社負責收購。此外，會社還在臺中州彰化郡福興庄、南投郡南投街、北斗郡海山庄等三處成立棉作試作圃，委託當地農會試種。為進一步推動種植，會社還提供2萬8,050圓資金給臺南州，作為農民種植棉花的貸款資金。[25]

隨著戰爭進入後期，臺灣的對外連繫日益受限，如何確保島內纖維原料供應，成為臺灣總督府需要面對的難題。1944年2月4日，臺灣總督府頒布〈棉作獎勵計畫〉，計劃當年種植

面積達10,669公頃（見表5-5），其中仍以臺南州面積最大，臺中、高雄州次之。同年，為解決衣料不足的問題，臺灣總督府進一步推動鼓勵種植政策，提高原棉價格並實施生產獎勵制度。根據臺灣總督府告示第557號，原棉收購價格依等級調漲40%至60%，並直接以現金支付，藉此提高農民種植意願。[26]

然而，臺灣棉花株式會社的營運狀況並不理想。從表5-6可見。截至1943年8月底，多數時期處於虧損狀態。主要原因在於棉花栽培常受天災與蟲害問題影響，導致產量無法達到規模經濟效果。另一方面，臺灣棉花株式會社在臺東與嘉義都設有工廠，但因臺東地區棉花種植成效不佳，該地工廠自1942年後幾乎停擺。[27]

表5-5　1944年臺灣總督府棉作獎勵計畫　單位：公頃　　　　　　　　單位：公頃

地域	面積
新竹州	194
臺中州	970
臺南州	7,759
高雄州	970
臺東廳	485
花蓮港廳	291
合計	10,669

資料來源：〈二月中財界錄事〉，《臺灣金融經濟月報》，第173號（1944年3月），頁5-6。

表5-6 臺灣棉花株式會社收益情形（1937-1943）　　　　　　　　單位：圓

期數	營運時間	盈餘
1	1937/5–1937/8	-16,344
2	1937/9–1938/8	-70,482
3	1938/9–1939/8	-35,593
4	1939/9–1940/8	8,342
5	1940/9–1941/8	-53,653
6	1941/9–1942/8	-1,708
7	1942/9–1943/8	54,581

資料來源：〈臺灣棉花株式會社營業報告書第一至七回〉。

　　整體而言，臺灣棉花株式會社作為臺灣棉花加工業的核心企業，受限於原棉產量難以大規模提升，營運狀況始終未能穩定，收支情形均不甚理想。

五、戰後初期棉花栽培與自給自足的構想

　　戰前臺灣的棉花栽培在1930年代興起，初期主要供應日本國內的棉紡織產業，後來因戰爭影響，日本船舶運輸能力下降，臺灣生產地棉花轉為供應島內需求。1945年日本戰敗後，臺灣由國民政府接管，棉花供應模式也隨之轉變。中國從19世紀開始發展棉紡織工業，戰後兩岸在棉紡織領域存在比較利

益,使得臺灣多數紡織品改由中國大陸供應,[28]取代了日治前期和中期主要來自日本的棉花來源,導致臺灣對棉花栽培的迫切性減緩。

雖然臺灣在戰前已建立一定的棉花栽培基礎,但戰爭後期因種子供應短缺,戰後數年間棉田面積呈現大幅減少。此外,戰時推動的棉花栽培指導體系在戰後一度停擺,也影響棉花種植的恢復。戰前由臺灣棉花株式會社經營的嘉義軋花廠,在戰後被納入臺灣省政府行政長官公署體系,改組為中心軋花廠,負責棉花加工與繁殖推廣。[29]另一方面,戰前臺灣總督府棉作繁殖場和棉麻繁殖場培育的棉花品種(如Delfos關東119、T.C.H1號、T.C.H3號),仍在戰後持續推廣,並從上海棉產改進處取得1萬餘公斤的Delfos 531棉籽,在雲林、嘉義、臺南棉區試行推廣。[30]1947至1952年間,政府主要繁殖Delfos關東119等品種,提供農民作為種植用棉種。[31]

戰後臺灣的棉花栽培如何發展?技術專家們提出了哪些構想?1948年起擔任農林廳技正兼資材組長的鄭肇城,[32]曾於1947年撰寫〈臺灣省棉作增產計畫芻議〉,說明其對臺灣棉花種植的構想與供應計畫。

首先,鄭氏認為臺灣並非理想的植棉地區,產量不如中國其他省分,主要受氣候影響,特別是棉花開花結鈴期常受颱風侵襲,加上1945、1946年因肥料短缺,導致單位產量偏低,整體產量大幅下降。但鄭氏也認為,在中國大陸棉花產量尚未達

自給水準之前，臺灣仍可在不影響其他農作物發展的前提下，推動植棉，減少對外依賴。[33]

其次，鄭氏從供需兩個角度，計算臺灣每年所需的棉花產量，以評估自給自足的可行性。從供給面來看，1945年國民政府接收日產後，成立臺灣工礦公司紡織分公司，接管臺北、新竹、烏日三家紡織廠，共擁有1萬1,636錠棉紡紗機。鄭氏以每錠紡紗機年產120公斤棉紗為基準計算，推估每年需消耗139萬6,320公斤原棉，才能發揮現有產能。[34]

從需求面來看，鄭氏以臺灣當時650萬人口為基準，依據棉製品的用途推估年需求量。棉被用棉花：以兩人共用一條計算，全臺約需325萬條棉被，每年10%需更新，約32萬5,000條；若每條棉被使用4公斤棉花，則總需求為130萬公斤。衛生用棉：每人每年約需150公克，則總需求約為81萬2,500公斤。紡織用棉：依據紡織分公司現有設備估算，年需求約139萬6,320公斤。上述三項合計，臺灣每年需350萬8,820公斤皮棉（去除棉籽後的棉纖維），換算後至少需生產1,053萬公斤籽棉（含有棉籽的原棉）。[35]假設單位產量為每公頃75公斤皮棉，則臺灣約需種植5萬公頃棉田，才能達成自給自足的目標。[36]

此外，鄭氏以1946年度的推廣面積為參考，估計臺灣需10年以上才能達到自給水準，若單位產量無法提升，則需延長計畫期限。[37]

據此，鄭肇城對於戰前臺灣總督府的棉作生產計畫提出質

疑。他認為總督府曾計劃推廣種植約7萬2,744公頃（7萬5,000甲）的棉田，並預估每公頃可產262.5公斤籽棉。但這樣的產量高於中國大陸各省的平均值，顯然過分理想化，未充分考量臺灣氣候與環境條件。[38]

鄭氏認為，提高棉田種植面積與產量在於提供充足的種子與肥料獎勵措施，以及建立穩定的銷售通路。但當時臺灣受限於人力、物力與資金短缺，短期內難以顯著提升單位產量，因此建議將增產計畫設定為13年為期的長期目標。如表5-7

表5-7　1938與1945年臺灣各縣植棉面積與單位產量

地區	1938年 面積（公頃）	1938年 單位產量（公斤）	1938年 面積百分比（%）	1945年 面積（公頃）	1945年 單位產量（公斤）	1945年 面積百分比（%）
臺北縣	0.07	147	0.002	-	-	-
新竹縣	28.18	62	0.613	39.19	36	2.00
臺中縣	87.81	143	1.911	112.00	10	5.71
臺南縣	3,722.94	262	80.803	1,683.10	145	85.79
高雄縣	570.12	167	12.393	38.80	171	1.98
臺東縣	177.78	93	3.865	46.94	105	2.39
花蓮縣	13.90	70	0.302	41.90	58	2.13
總計	4600.80	-	100	1,961.93	-	100

資料來源：鄭肇城，〈臺灣省棉作增產計畫芻議〉，《臺灣農業推廣通訊》，第1卷第3–4期（1947年11月）（臺灣省農林處農業推廣委員會），頁19。中國第二歷史檔案館、海峽兩岸出版交流中心編，《館藏民國臺灣檔案彙編　第221冊》(北京：九州，2007)，頁349。

所示,可知戰前增產推廣中心區域(依據日本人十年增產計畫表),種植面積以臺南縣最高,其次為高雄縣,第三為臺中縣,其他地區比例較低。由於南部地區單位產量較高,鄭氏主張增產計畫應優先在南部推動。[39]

此外,鄭肇城從肥料供應、品種育成、政府政策三個層面,提出在臺灣推廣棉花栽培的具體措施。首先,在肥料供應方面,植棉所需的肥料包括堆肥、過燐酸鉀、大豆粕和人糞尿等,臺灣本地僅能自給堆肥和人糞尿,其他化學肥料與豆餅等有機肥則需政府設法大量籌購並貸放農民。但由於相關費用甚高,鄭氏建議應由中央政府撥付專款以確保資源供應。其次,在品種育成方面,鄭氏認為應延續戰前的研究成果,大量繁殖適應本地環境的棉花品種,以降低對外來棉種的依賴。在執行上,他提議優先在山區推廣離核木棉(樹棉)並進行改良,同時加強抗風雨品種的培育。另一方面,為維持品種穩定,戰前推行的原種圃和採種圃應予以延續,由農業試驗所負責執行,在各縣市政府與農會設立農圃,最後將種子分配至各鄉鎮農會或特約農家。[40]

除了政府的推動,鄭氏認為棉花產業的發展也需仰賴紡織企業的參與。他舉例指出,臺灣蔗糖的增產計畫除了由農林處主導,臺灣糖業公司也透過制定獎勵規則、與蔗農簽定契約、提供資金貸放等方式支持蔗作發展。同樣的,臺灣的紡織公司若能仿效臺灣糖業公司,制定棉作獎勵措施,保障農民收益,

將有助於推動棉花栽培的擴展。⁴¹

　　總的來說，戰後初期臺灣棉花栽培在政權更迭的背景下，因本地棉種供應不足而依賴中國大陸進口。來自中國大陸的鄭肇城提出推動臺灣棉花自給自足的方案，並以中國大陸的植棉經驗為基礎，檢討戰前臺灣總督府的棉花增產計畫是否可行。值得注意的是，鄭氏主張，紡織公司可借鑑戰前製糖會社對甘蔗栽培的獎勵制度，透過契約保障農民收益，推展棉花種植，進而建立臺灣本地的棉花供應鏈。這一構想可視為對戰前農林開發模式的延續與調整。

六、小結

　　回顧戰前殖民地臺灣的紡織工業發展，其起點不同於工業革命中先進國與後進國通常從消費型棉紡織業出發的模式，而是以生產米糖運輸所需的黃麻紡織業為開端。中日戰爭前後，臺灣的棉花栽培在此背景下緩步發展，最初僅被視為殖民母國的農業供應站，並非出於臺灣本地產業需求。

　　相較於日治初期的甘蔗推廣與後來的蓬萊米研發，這些作物因地理與氣候條件適合臺灣而得以成功發展，殖民政府主要透過品種純化、改良與研發來提升產量；⁴²然而，棉花作為戰時經濟下推動的外來作物，並未完全適應臺灣的環境，種植面積的擴大更多是依賴政府的勸誘與獎勵政策。雖然臺灣總督府

的研究機構培育出適合不同地區的品種，但從年產量的高度波動可見，棉花並非穩定的作物。

戰後初期，由於政府未延續戰時的獎勵措施，棉花栽培無法持續擴展。來自中國大陸的農業專家在規劃臺灣的棉業政策時，基於中國的棉花種植經驗，對戰前日本總督府的棉花增產計畫提出質疑。

從戰前和戰後初期的棉花種植動機來看，戰前臺灣的棉花生產原本是為了供應日本國內的棉紡織業，後來因戰爭導致運輸能力受限，才轉而供應島內市場，進而促成臺灣棉紡織業的發展。戰後初期，臺灣的棉紡織品主要依賴中國大陸供應，但來自中國大陸的農業專家在規劃臺灣棉花政策時，仍以實現島內自給自足為目標。這一立場不同於戰後普遍希望臺灣與中國市場互補、從中國進口棉花以發展本地棉紡織業的意見。

然而，臺灣能否真正推動棉花自給，除了技術與產量問題外，也涉及國際貿易與政策考量。進入1950年代後，臺灣政府與農業官員開始重新評估棉花的栽培策略，並試圖透過技術革新與病蟲害防治提升生產效率。第六章將進一步探討1950年代臺灣政府在植棉政策上的實際操作，包括農復會的參與、病蟲害防治措施，以及如何在有限的耕地條件下透過間作等方式推動棉花種植。

第六章

1950年代臺灣的棉花栽培

進入1950年代，臺灣政府開始重新評估棉花栽培政策。戰後初期，棉花供應主要仰賴中國大陸，但隨著國際局勢變化與政府發展農業的需求，提升棉花自給率成為政策考量之一。農復會在此扮演關鍵角色，透過示範田試驗、病蟲害防治及技術推廣等措施，嘗試改善棉花產量。本章將探討政府如何透過農復會等機構推動棉作，並評估1950年代棉花政策的成效與限制。

一、1950年代棉花栽植的構想：戰前經驗與技術革新

（一）農復會與蟲害防治

　　1950年代初期，臺灣農業的最高行政機構為中國農村復興聯合委員會（以下簡稱農復會），該機構於1948年11月由中華民國與美國政府依據美國第80屆國會1948年所訂第472號公法第407款《對華經援法案》成立，最初設於南京，負責制定與推動中國復興計畫。值得注意的是，此法案規定，美國對華經援款項的十分之一必須用於農復會主導的農村復興計畫，以確保農業發展獲得穩定資金來源。[1]

　　1949年8月，農復會隨政府遷移至臺北後，開始以務實態度針對臺灣農業提出規畫。該機構在第一本工作報告書《中國農村復興聯合委員會工作報告（民國卅七年十月一日起至卅九

年二月十五日）》中開宗明義指出，戰後初期政府多批評日治時期的政策，指責日本如何剝削臺灣資源。然而，農復會在審視戰前臺灣農業發展後認為，日治時期建立的農業制度已相當完善，惟戰後初期各地農業事業所與推廣機關未獲重視或遭到廢棄，影響農業生產。因此，農復會首要工作之一便是恢復日治時期已實施的農業機構與制度，如農會組織等。[2]

從農復會的報告可見，其職能涵蓋農業生產、行政、新技術推行和土地改革，並與臺灣省政府農林廳分工合作。農復會負責擬定政策方針，臺灣省政府農林廳則負責執行。[3] 在此背景下，農復會推動「作物病蟲害防治計畫」，希望透過大規模示範性種植，向農民推廣病蟲害防治技術，並展示農藥應用的經濟效益，以期農民未來可自行採購農藥進行防治。[4]

該計畫的示範田由臺灣省政府農林廳統籌，最初選定水稻、蔬菜、果樹、菸草為病蟲害防治示範作物，後來又擴及棉花、黃麻、甘薯等。執行初期所需的藥劑與設備，來自美國經合總署中國分署提供的剩餘物資，國府遷臺後則由農復會與臺灣省政府農林廳自行購買。[5]

值得注意的是，1950年代初期臺灣已能生產DDT，農復會希望藉由示範性種植，鼓勵農民採用這類新興殺蟲劑，特別是在棉花栽培上的應用。[6] 戰前困擾臺灣棉花生產的浮塵子蟲害問題，戰後經研究證實可透過DDT解決。[7]

這使得經濟與農業政策制定者認為，透過病蟲害防治技

術,臺灣有機會提升棉花產量,減少對進口棉花的依賴,進而降低外匯支出,符合政府希望提高經濟自主性的目標。此外,臺灣農地面積有限,農業發展上常採用間作方式。戰前農業機構已進行過甘蔗與各種作物的間作試驗,這些研究成果在戰後成為政策執行的重要參考。

1950年代初期,臺灣的棉花產量再次回升,主要是受到外匯短缺與新技術革新的刺激。當時政府希望透過國內生產降低進口需求,減少對國際市場的依賴,以節約外匯。另一方面,DDT的普及使棉作蟲害得以有效控制,讓政策規畫者認為有機會在臺灣大規模推展棉花栽培。

(二) DDT與棉花栽培

如前章所述,戰前臺灣棉花栽培面臨颱風與蟲害的雙重挑戰。颱風屬於不可控的天災,而蟲害則透過二戰及戰後普遍使用的DDT被確認可以有效防治。[8]

1948至1951年間,臺灣開始試驗將DDT應用於棉作,發現DDT能改善不耐蟲品種的生長,使其產量接近耐蟲品種。在防治蟲害方面,DDT對紅鈴蟲、浮塵子、白條甲蟲效果顯著,而對棉蚜蟲、棉象鼻蟲、捲葉蟲的抑制效果較為有限。其中,浮塵子是棉作最嚴重的害蟲,1951年的試驗結果顯示5%DDT粉劑和10%DDT粉劑均有良好成效。[9]1952年,臺灣

省農業試驗所臺南棉麻試驗分所進行小規模試驗,測試不同濃度的DDT粉劑對浮塵子的防治效果,發現施用55公斤的10%DDT粉劑時,籽棉產量最高,每公頃可達1,634.6公斤。[10]

另一個重要問題是:作為當時的新興農藥,DDT在棉花栽培中的成本占比究竟是多少呢?由於噴灑粉狀DDT不需大量勞動力,因此主要成本來自藥品價格。1950年的棉作試驗顯示,DDT原料加上勞動費占總生產成本的7%;到1951年,採用10%DDT粉劑後,相關工料費占總生產成本的16%。當時評估認為,隨著工業發展,DDT價格將下降,未來在棉作成本中的比例亦會降低。[11]

確認DDT對蟲害防治有效後,1951年起農復會開始與農業試驗機關合作,在各地棉田進行小規模的治蟲示範試驗,宣傳使用10%DDT粉劑防治浮塵子。至1953年,示範田的籽棉平均產量達每公頃1,200公斤,為戰前的四倍;其中,嘉義朴子鎮某示範棉田的產量更高達2,100公斤。1954年,農復會和臺灣省政府農林廳進一步在雲林縣東勢鄉、褒忠鄉及嘉義縣朴子鎮舉辦示範試驗,184.64公頃示範田共生產籽棉23萬4,271公斤,平均每公頃產量為1,269公斤,最高者達3,176公斤。[12]

然而,示範田的平均產量仍低於1952年臺灣省農業試驗所小規模實驗所得出的平均值:每公頃1,634.6公斤,顯示實驗室條件下的小規模栽培產量,與實際大規模種植仍有相當落差。

(三)試種的途徑與實績

農復會和臺灣省政府農林廳推動棉花試種,主要透過採種圃、特約田與非特約田三種方式進行。

首先,採種圃的主要目的是培育優良棉種,在栽培過程中全面施用殺蟲藥劑,以確保種子品質,供作推廣棉田所需種源。其次,特約田由政府提供農民優良品種進行種植,產出全數售給紡紗委員會;為鼓勵農民參與,政府負擔三分之二的治蟲費用,棉農僅需承擔三分之一。至於非特約田,則是由農民自行種植,未接受政府輔導,也未施用殺蟲藥劑,導致生長情形較差;這些農民因不瞭解防蟲功效或擔心參與計畫會吃虧,而選擇獨立耕作。[13]

1954年3月,臺灣省農業試驗所臺南棉麻分所編輯的〈棉花參考資料〉,除了記錄當時臺灣棉花的種植情形外,也對戰前和戰後初期的植棉經驗進行檢討。這份資料顯示,1952至1953年間,臺南棉麻分所在各主要棉區設立85公頃示範棉田,進行栽培試驗。從單位產量來看,1952年每公頃平均產棉535公斤,1953年則提升至748公斤,已超越戰前的產量水準。[14]

從市場來看,1952至1953年間,進口棉花以供應新式紗廠為主,而規模較小的製被與紡線工廠則仰賴本地產棉作為原料。在這類中小型工廠對棉花需求穩定、但本地供應棉花有限的情況下,棉花價格上揚,促使棉農增加種植意願。此外,臺

南棉麻分所在農復會的協助下,施用新式藥劑防治棉蟲,並舉辦示範活動,引導棉農觀摩、學習,提高其植棉意願。[15]

如表6-1所示,1952年朴子、臺西、將軍、東勢等示範區的每公頃平均籽棉產量為535.3公斤。根據多數棉農的回饋,示範棉田的單位產出相較於未施用殺蟲劑的棉田提高了約50%。[16]

1953年,臺南棉麻分所擴大防治示範區,範圍涵蓋雲林縣褒忠、東勢、臺西、四湖,嘉義縣朴子、義竹,臺南縣佳里、將軍等八個地區。如表6-2所示,1953年示範棉田的平均籽棉產量為每公頃795公斤,未施用殺蟲劑的對照區則為491公斤,兩者差距甚大。此外,1953年的示範區平均產量亦高於1952年的535公斤。

臺南棉麻分所認為,在各地進行小規模試種後,可逐步推廣至全臺灣。但為減少風災與蟲害的影響,應調整播種期,

表6-1　1952年棉蟲防治示範區每公頃籽棉產量

地區	面積(公頃)	每公頃平均產量(公斤)
朴子	10	871.0
臺西	10	638.7
將軍	10	329.0
東勢	10	302.3
平均產出		535.3

資料來源:臺灣省農業試驗所臺南棉麻分所編,「臺灣省棉花參考資料」(1954年3月),〈臺灣省農業試驗所臺南棉麻分所編「臺灣省棉花參考資料」〉,《行政院經濟安定委員會檔案》,檔號:30-01-01-012-680,藏於中央研究院近代史研究所檔案館。

表6-2　1953年各地示範田種植面積與單位平均產量

地區	示範田面積（公頃）	每公頃平均產量（公斤）	每公頃對照產量（公斤）
褒忠	5	1,124	541
東勢	17	776	362
臺西	20	762	454
四湖	8	624	431
朴子	15	901	472
義竹	5	720	672
佳里	8.10	720	504
將軍	7.06	731	490
平均		795	491

資料來源：臺灣省農業試驗所臺南棉廠分所編，「臺灣省棉花參考資料」(1954年3月)，〈臺灣省農業試驗所臺南棉廠分所編「臺灣省棉花參考資料」〉,《行政院經濟安定委員會檔案》，檔號：30-01-01-012-680，藏於中央研究院近代史研究所檔案館。
說明：原始資料誤計1953年每公頃平均產量為731。

並指導農民摘心、除去蘗芽，以利棉株保留養分。此外，臺南棉廠分所指出，多產且具抗蟲性的長絨棉品種，如Delfos關東119、T.C.R.與臺農10號，最有推廣種植的價值。[17]

如表6-3所示，隨著各地開始試種棉花，1952年起，為便利棉農軋花並回收棉籽①，政府開始將軋花機撥借給各縣市。從棉田種植面積來看，雲林縣規模最大，臺南縣次之，嘉義縣第三。[18]

表6-3　1952年度各縣產額面積與軋花機配置表

地區	籽棉產額（公斤）	棉田面積（公頃）	主要產棉鄉鎮
雲林縣	598,320	1,110	臺西、東勢、四湖、褒忠、麥寮
嘉義縣	116,822	249	朴子、鹿草、六腳、義竹
臺南縣	188,860	321	將軍、學甲、佳里、鹽水
臺東縣	79,367	250	卑南、鹿野
其他	24,350	50	安南、二水、六甲
合計	1,007,719	1,980	

資料來源：臺灣省農業試驗所臺南棉麻試驗分所，《臺灣省農業試驗所臺南棉麻試驗分所概況（1954年11月）》（臺南：臺灣省農業試驗所臺南棉麻試驗分所，1954），頁6。

　　從上述討論可見，DDT的應用與小規模種植不僅提升了棉花產量，也為未來大規模推廣提供了實證基礎。然而，棉花栽培的發展不僅取決於技術突破，還涉及政策規畫與經濟考量。在此背景下，當時的政策制定者如何評估棉花種植的經濟價值？政府又如何在有限的資源與市場需求間權衡植棉政策的推動方向？這些問題，將在下一節進一步探討。

---

① 在棉花加工過程中，籽棉是指剛從棉株上採收下來、尚未經過軋花處理的棉花，裡面包含皮棉和棉籽兩個部分。當籽棉經過軋花處理後，皮棉被分離出來作為紡織原料，而棉籽則可以用於榨油、動物飼料或其他用途，因此棉籽本身也有一定的市場價值。

二、政策官員的想法：錢天鶴與尹仲容

（一）農學專家錢天鶴如何看待植棉？

在中國大陸時期，錢天鶴[2]曾任金陵大學農科教授，後擔任中央農業試驗所副所長、國民政府農林部次長，來臺後則在農復會擔任農業組組長。他專攻蠶絲研究，並關注作物的商品化，強調農業發展應以農民的利潤為核心。他來臺後，持續服務於農業行政部門。

針對臺灣棉花栽培，錢天鶴認為「提供市場比提升單位面積的產量與價格更重要」，主張市場的穩定性才是影響棉花種植發展的關鍵。因此，他主張除了確保市場需求外，也應推進間作與其他經濟作物的種植，以提高農民收益。[19]

1955年9月，錢天鶴撰寫〈臺灣如種棉花可能自給自足嗎〉，探討臺灣植棉的可行性。他認為，決定棉花產量的關鍵不在於當前的耕作面積，而在於氣候條件，尤其是全年溫度與雨量的分布。棉花在幼苗和開花期需要充足雨量，但結桃後若

---

② 錢天鶴（1893-1972），浙江杭州人。1913年畢業於清華學校高等科，1917年取得美國康乃爾大學學士，1918年取得同校農學碩士，返國後曾任金融大學教授兼蠶科主任、浙江公立農業專校校長、浙江省政府農礦處處長、農林部常務次長等，來臺後擔任中國農村復興委員會農業生產組組長和委員等職務。錢理群，《六十劫語》（福州：福建教育，1999），頁88-89、90-91。〈錢天鶴〉，《軍事委員會委員長侍從室檔案》，檔號：129-200000-2821，藏於國史館。

遇到雨水過多,將導致生長中的棉鈴受潮腐爛。新竹以北的雨季大約自每年10月起至隔年3月,其餘為乾季,與棉花的生長需求不符;而新竹以南,包括苗栗、臺中、雲林、嘉義、臺南、高雄和臺東等地,雨量分布相對適合棉作。農民可在6至7月播種,8至9月開花期雨量充沛,9月中旬進入乾季後,氣候溫暖乾燥,有利棉株生長和吐絮,11月起可開始收成。[20]

錢天鶴指出,當時臺產棉的售價已低於進口棉在國內市場的最終價格,因此,推動棉花種植,乃至朝自給自足方向發展,將有利於農民、紡紗廠與消費者。然而,從外交考量來看,棉花是美援物資的重要組成部分,且這些棉花屬於美國的剩餘農產品,因此臺灣能否不再購買美援棉花,仍存在不確定性。但錢天鶴也認為,按理,美援的目的在於協助後進國家發展經濟、增加生產力、增加出口、減少進口,且在援助結束後經濟仍能繁榮自立,所以他主張,臺灣應竭力推廣棉花種植。[21]

當時美國援助的棉花以短絨棉為主,而臺灣具有種植長絨棉的能力,因此錢天鶴認為,臺灣應逐步停止使用外匯購買長絨棉。從市場需求來看,臺灣每年約需1萬包長絨棉,若種植順利,至1956年應能達到自給自足水準。[22]他指出,1954年臺灣治蟲棉田面積為190甲,1955年增至600甲,面積成長約三倍。若1956年能擴大至4,545甲,每甲籽棉平均產量維持1,500公斤(3,300磅),經軋花後可產出約500公斤(1,100磅)皮棉,即每甲約生產2.2包皮棉(每包皮棉的標準重量通常為500

磅）。2.2包乘以4,545甲，全臺總產量可達1萬包皮棉，價值約164萬8,200美元。[23]

錢天鶴進一步指出，若美援棉花供應政策未能逐年減少，臺灣的棉花種植應聚焦於價值較高的長絨棉。長絨棉花可用於紡製高級細紗，具有出口潛力，可不與美援提供的短絨棉相衝突。[24]

過去的討論多聚焦於美國援助的棉花如何促進臺灣棉紡織業，較少關注進口棉的種類差異。事實上，美援棉花主要為短絨棉，而臺灣適合種植的是品質較高的長絨棉。因此錢天鶴認為，臺灣應積極推廣種植長絨棉，既可區隔市場，也能減少對美援短絨棉的依賴。

（二）經濟官僚尹仲容對棉花種植的期待

1950年代，掌理臺灣經濟決策的重要官員尹仲容在1956年的經安會中指出，臺灣耕地面積狹小，農作應採取間作方式提升產量，並提出以棉花作為間作作物的可行性。[25]

選擇間作作物時，需考量其對主要作物的影響程度與綜合收益。1954年，尹仲容開始關注甘蔗和棉花的間作，1955年實地考察桃園與雲林地區棉花種植的成果後，要求中央信託局收購。他也參考孫逢吉[③]和施文標[④]1951年發表的〈各種間作物對早植甘蔗之生育與產量之影響〉，該研究延續戰前織田三郎

與池島奎吉在臺南州進行的間作試驗,分析甘薯、亞麻等作物間作對甘蔗產量的影響。結果顯示,甘薯與亞麻間作會使甘蔗產量減少20%,但棉花或花生的影響較小,顯示棉花適合作為甘蔗間作作物。尹氏認為,過去兩年臺灣進口棉花均達6,000萬磅,約價值2,000萬美元,本地產出卻僅250萬磅。若能成功推行甘蔗間作棉花,不僅能節約外匯,亦可提高農業收益。[26]

孫逢吉和施文標的研究報告整理了五次間作試驗,三次為戰前池島奎吉未發表的資料,兩次為戰後進行的間作試驗。[27]該篇報告提到,1933至1940年間,臺南州農事試驗場以不同甘蔗與棉花品種,搭配不同間作方法,進行38種試驗。結果顯示,以單作甘蔗的收穫蔗莖數量作為基準100,八年間甘蔗與棉花間作的最低產量指數為86,最高達112,平均收穫量與單作甘蔗相差不大。也就是說,間作棉花對甘蔗產量的影響平均僅在5至6%之間。[28]

尹仲容進一步指出,1954年臺南棉麻分所與農復會在西海岸推動棉蔗間作的治蟲示範試驗,採用Delfos關東119品

---

③ 孫逢吉(1904-?),浙江杭州人,1926年畢業於國立東南大學農藝系,1936年取得美國明尼蘇達大學植物遺傳碩士,返國後曾任雲南大學農藝系教授兼主任、水利委員會水利示範工程組組長,1947年9月來臺擔任臺灣糖業試驗所種藝系主任,1947年9月由正中書局出版《棉作學》。〈孫逢吉〉,《軍事委員會委員長侍從室檔案》,檔號:129-210000-4728,藏於國史館。
④ 施文標(1921-?),高雄人,1942年畢業於鳳山園藝專修學校後,進入臺灣總督府糖業試驗所服務。戰後該所於1948年改編為臺灣糖業公司時,於同年擔任助理技術員。以上參孫世欽先生所提供的臺灣糖業公司資料。

種，每公頃平均籽棉產量高達 1,200 公斤。若改用美國新品種 Coker 100 Staple，產量可能更高。即使考量氣候等變數，保守估計每公頃仍可收穫 800 至 1,000 公斤籽棉。[29]

尹仲容認為，臺灣糖業公司的自營農場約有 4 萬公頃土地，若實行三年輪作模式，其中一年種綠肥，另外兩年分別種早植甘蔗與宿根甘蔗，則平均每年約有 1 萬 3,333 公頃用於早植甘蔗；若其中一半適合間作棉花，預計可帶來超過新臺幣 7,000 萬元的收益。[30]

若以棉花自給為目標，臺灣至少需在約 8 萬公頃的甘蔗田間作棉花，才能滿足每年 6,000 萬磅棉花的需求。尹仲容認為，這一構想短期內難以完全實現，且無法僅依賴甘蔗間作達成。然而，若臺灣糖業公司率先種植棉花並獲利，將可能帶動農民仿效，進而推動臺灣棉花生產朝向部分自給的方向發展。[31]

尹仲容主張，臺灣糖業公司可選定幾個農場進行小規模間作試驗，待見成效後再擴大栽培。若棉花產量能順利提升，不僅可供應臺灣紡織業所需，還能帶動相關加工產業，如設立軋棉與棉籽油工廠。與此同時，臺灣糖業公司已透過生產副產品降低成本，並持續改良甘蔗品種與耕作方式，若能將棉花納入間作，便可在不顯著影響甘蔗產量的情況下，額外獲取棉花收益，提升農業經濟效益。[32]

尹仲容的見解建立在戰前與戰後的試驗成果之上，認為推廣棉作具可行性，並建議由公營的臺灣糖業公司率先試行。然

而，從後續發展來看，臺灣糖業公司並未按照尹仲容的構想實施大規模的棉花與甘蔗間作。從所能找到的資料中未能發現直接原因，但考量1950年代臺灣糖業在國際市場仍頗具競爭力，且獲利甚佳，公司可能因此缺乏額外投入人力與資源發展棉花間作的動力，最終未大力推行此計畫。

三、規模經濟與市場價格

（一）規模經濟？：植棉最低經營規模的測定

無論是農業或製造業，達到規模經濟都是降低成本的關鍵。然而，在1954年的臺灣，農業生產仍以小農經營為主，棉花種植面積普遍零星，少有超過1公頃的農戶。由於農地有限，單靠擴大種植規模來降低單位成本並不是一個可行的選項，因此，如何在現有條件下確保棉農的經濟收益，成為政策討論的重點。

從經營模式來看，當時臺灣多數棉農並不進行單作，而是在降低風險與增加收入的考量下，選擇棉花與甘蔗間作。為了探討棉農在有限種植面積內如何獲利，農業試驗所臺南棉麻分所針對農家生產成本進行估算，並評估最低經營規模的門檻。[33]

表6-4列出了每公頃植棉所需的人工與畜工數量（不含甘蔗種植部分）。以當時市場行情計算，男工日薪新臺幣8元、

女工5元、牛工20元,換算後得出每公頃棉花種植的基本工資成本為新臺幣2,734元,加上棉蟲防治的藥劑與機器費用,每公頃約需新臺幣1,000元,合計生產成本約為3,734元(見表6-5)。[34]

從農戶的收入面來看,當時籽棉市場價格為每公斤新臺幣7.5元,棉籽每公斤1.5元,而每公頃棉花收穫後,剩下的棉桿

表6-4 每公頃種棉所需人工數估計　　　　　　　　　　　　單位:人

工作內容	牛工	男工	女工
颱風處理		2	16
整地	5	2	4
播種			4
施基肥	2	1	3
補植			2
勻苗		2	8
中耕除草			30
施肥培土	6	2	4
摘心			1
除蘗芽		2	8
治蟲		6	24
收晒花			60
拔莖	1	1	4
共計	14	18	168

資料來源:臺灣省農業試驗所臺南棉麻分所編,「臺灣省棉花參考資料」(1954年3月),〈臺灣省農業試驗所臺南棉麻分所編「臺灣省棉花參考資料」〉,《行政院經濟安定委員會檔案》,檔號:30-01-01-012-680,藏於中央研究院近代史研究所檔案館。

可作為薪柴使用，價值約新臺幣150至200元。假設農戶將籽棉直接出售，每公頃至少需產出500公斤，才能回本（3,734元）。[35]

若農戶選擇自行軋花，則每公頃可產出400公斤籽棉，經過軋花後可得到約133公斤皮棉，每公斤價格為28元，收入可達3,724元，與直接出售籽棉相當。[36]

總結來說，若農戶欲獲利，每公頃籽棉產量需達500公斤（售出籽棉）或400公斤（自行軋花並出售皮棉）以上。此外，當時臺灣生產的皮棉每公斤價格為28元，仍高於埃及長絨棉

表6-5　每公頃植棉所需費用估計　　　　　　　　　　　　單位：新臺幣元

費用	金額
田賦稅	100
牛工（14人）	280
男工（18人）	144
女工（168人）	840
肥料費	600
水租	100
農具折舊	40
土地資金利息	600
種子	30
除蟲藥劑與機器費用	1,000
合計	3,734

資料來源：臺灣省農業試驗所臺南棉麻分所編，「臺灣省棉花參考資料」（1954年3月），〈臺灣省農業試驗所臺南棉麻分所編「臺灣省棉花參考資料」〉，《行政院經濟安定委員會檔案》，檔號：30-01-01-012-680，藏於中央研究院近代史研究所檔案館。

的21.9元。因此,若要推動臺灣棉花種植,必須同時提升品質與產量,農民才有機會獲利。[37]

臺南棉麻分所提出政策建議,主張整合研究、試驗、繁殖與推廣,形成統一的管理體系。同時,應成立棉麻產銷合作社,在各主要產區設立統一收購點,並集中軋花,以提升產業效率。在原料管理上,應建立棉種供應與消毒制度,確保品質穩定與避免蟲害。此外,各棉花種植區需培訓專業人員,以提升技術水準。在價格政策方面,建議廠商以扶植棉農為出發點,提高收購價格,以激勵農民種植意願。為確保初期推廣順利,臺南棉麻分所也建議農復會在頭幾年補助棉農購買治蟲藥劑與機械設備,以提升單位產量、降低生產成本,同時穩定市場價格,直到棉業達成自給自足目標為止。[38]

(二)本地市場的銷售問題

即使臺灣成功克服種植過程中的蟲害問題,紡紗廠是否願意購買仍取決於價格與品質能否與進口棉花競爭。1955年出版的《紡織界月刊》第60期中,曾於中國大陸紡織廠任職的陳長庚[5]在〈從省產棉花看今年植棉〉一文中,以1953至1954年臺灣棉花生產為例,指出降低生產成本是本地棉花能否與進口棉花競爭的關鍵。

1953年籽棉的收購價格為每臺斤新臺幣4.7元,加上治蟲

費每臺斤0.8元與運輸等相關費用後,每磅皮棉的價格約為新臺幣15.1元。扣除棉籽的市場價值後,每磅皮棉的價格仍達新臺幣14.7元,比進口棉高出約50%。陳長庚認為,棉農應以進口棉花價格為基準,透過擴大種植規模與提升單位產量來降低成本,並確保植棉收益優於其他作物,以提升農民種植意願。[39]

1954年,臺灣紡織業需求約為1萬包棉花,然而國產棉花僅占進口量的十二分之一。從自給自足的角度來看,國產棉花除了可節省外匯,還能提升農民收益與繁榮農村經濟。進口棉花主要分為兩類:紡粗紗所需的短絨棉由美援提供,紡細紗所需的長絨棉則由外匯或易貨方式從埃及等地進口。由於臺灣生產的棉花與埃及棉品質相近,理論上應可取代部分進口需求。[40]

臺灣國產棉花主要由紡紗委員會和中央信託局收購,價格參照當時埃及棉的進口價格。一般來說,紗支愈高者紗線愈細,對原料要求就愈高。當時在臺銷售的埃及棉主要有30支與60支兩種,30支棉原料每磅約新臺幣9元,60支棉則每磅約新臺幣12元。由於市場競爭,臺灣棉花的收購價格無法訂得太高。1954年,政府以每斤新臺幣5元的價格收購當年生產的178萬臺斤長絨棉,總支出達新臺幣890萬元。當時政府希望透過收購政策,提高農民種植棉花的意願。[41]

---

⑤ 陳長庚(1901–?),江蘇南通人,曾任職於江蘇南通大生第一紡織公司機師、江蘇南通縣唐閘報社社長、國民黨江蘇工會候補代表。〈陳長庚〉,《軍事委員會委員長侍從室檔案》,檔號:129-020000-3280,藏於國史館。

這些特約棉田的收購與銷售，農復會扮演了中介的角色。陳長庚認為，收購價格與承銷數量將直接影響植棉政策的成效。1954年，紡織小組委託中央信託局代為處理美援物資小組的墊款，用於收購臺灣本地生產的棉花，並於10月至11月間，與臺北、大秦、中紡、雍興、工礦五大紡織廠及地方農會合作，在嘉義朴子鎮、雲林褒忠鄉和東勢鄉收購190公頃特約棉田產出的23萬4,271斤籽棉。[42]

陳長庚指出，國產棉若要與進口棉競爭，降低成本是關鍵，而這需要透過擴大種植規模與提高單位產量來實現。進入1955年後，棉花收購由臺灣區棉紡織同業公會紡紗委員會統籌，每臺斤籽棉的收購價為新臺幣4.5元，扣除治蟲費0.8元後，農民實得3.7元。與此同時，農林廳確定治蟲範圍、種植區域及棉花種子分配方式，並對指定區域的農民無償配給棉籽。政府將棉花生產集中在東勢鄉、褒忠鄉、朴子鎮、臺西鄉、四湖鄉等地，以利管理生產與收購。[43]這項政策等同於由政府負擔農民的部分生產成本，以提升農戶種植棉花的意願。

1956年，棉紡織同業公會與臺灣省政府農林廳共同公布棉花收購價格，依品質分級收購，低於標準者則不予收購。也就是說紡織廠並非全面收購，而是有選擇性地購買符合原料標準的棉花。棉農若不滿意政府收購價格，仍可選擇自由市場交易。同年，政府雖仍繼續指定栽培區域並分配棉花種子，但治蟲藥物與機器費用則改由農民自行負擔。[44]

政府推動植棉採取由上而下的補助政策,規劃特定的栽培區域與種植面積。除了考量地理與氣候條件外,棉花種植面積的大小,主要取決於政府能提供給棉農的棉籽數量。在價格方面,棉花收購並非完全由市場機制決定,而是參考進口價格制定。由於政府提供棉籽,使得農民生產成本降低,但收購價格也非依據市場供需來決定,而是以進口替代為目標。雖然政府確保了棉農的銷售市場,但棉農仍可選擇是否依政府價格出售,或轉向一般市場。

1957年10月17日,政府召開「商討推廣及收購省產棉花辦法座談會」,與會者包括提倡種植棉花的尹仲容與錢天鶴,以及各大紡織公司代表。[45]

錢天鶴強調,提高單位產量是規模經濟的前提,且國產棉價格必須低於美國棉才能在市場立足。他進一步指出,推動棉花種植的動機在於應對美援減少或美國停止供應原棉的情況。由於當時臺灣外匯有限,他認為紗廠應支持本地棉農種植。當時預估1957年臺灣本地可生產270萬公斤棉花,其中150萬公斤供應棉被和棉絮使用,剩餘120萬公斤市價約為每臺斤新臺幣5.40元。若政府不收購,這些棉花將流入中間商手中販賣,一旦價格過低,恐影響隔年農民的種植意願。因此錢天鶴主張政府應收購剩餘棉花,以鼓勵農民持續耕種。[46]

遠東紡織公司徐有庠認為,以最低價收購本地產棉不足以鼓勵農民種植,應考慮提高收購價格。新臺灣紡織公司李占春

則建議，應採取聯合收購的方式。但錢天鶴認為聯合收購在執行上有困難，並強調應僅購買品質合格的棉花。尹仲容則主張，棉花種植應透過誘導方式推動，並保障棉農利益；此外，棉花交易應先由官方訂立收購價格，但農民可自行決定是否賣給紗廠或其他業者，若無法在市場成交，政府再依預定價格收購。[47]

臺北紡織公司的侯銘恩[6]認為，自由市場成立後，高品質棉花將優先被購買，品質較差者恐滯銷。申一紡織公司的劉文騰[7]則指出，臺灣本地生產的餘棉總量，僅能支撐紗廠不到九天的使用需求，顯示原棉供應不足。雖然當時臺灣產原棉無法完全滿足島內需求，但若不區分品質而制定統一價格，可能導致低品質棉花滯銷的問題。對此，尹仲容回應，紗廠可在自由市場中選購棉花，而未被市場消化的低品質餘棉，其收購價格應低於市場價格，並交由單一機構統籌辦理。[48]換言之，尹仲容仍希望確保農民生產的棉花皆能順利銷售。

此次會議的結論，決定籽棉可由棉農自由出售，若有餘棉

---

[6] 侯銘恩（1910–？），1932年畢業於中央政治學校財政系，曾任浙江省吳興縣政府佐理、江蘇省財政廳科長和會計主任，來臺後擔任臺北紡織公司常務董事兼總經理。〈侯銘恩（侯警齋）〉，《軍事委員會委員長侍從室檔案》，檔號：129-210000-1411，藏於國史館。

[7] 劉文騰（1905–1981），安徽懷寧人，1929年畢業於國立北平大學工學院紡織科，1939年取得英國里茲大學研究院紡織科博士，返國後擔任中央技藝專科學校染織科教授。戰後於1945年11月擔任中國紡織建設公司總工程師，1948年1月擔任全國花紗布管委會製造廠廠長與技術處處長，1949年5月擔任臺灣工礦公司紡織部總工程師，後來擔任申一紡織公司總經理。〈劉文騰〉，《軍事委員會委員長侍從室檔案》，檔號：129-200000-3336，藏於國史館。

則依照政府訂定的價格賣給原棉聯購處,而籽棉的加工則由臺灣省政府農林廳協助。至於農林廳所需的新臺幣50萬元治蟲費用,則由各紗廠依據分配到的美援原棉,每磅額外加收新臺幣1分作為資金來源。[49]

總結來說,1950年代臺灣棉花種植的核心難題在於價格競爭,必須與進口棉花抗衡。政策官員雖提出透過提升單位產能與規模經濟來降低成本,但政府提供的棉種(經過處理的優良棉籽)數量有限,因此棉籽的回收與供應能力也成為棉作能否持續成長的重要關鍵。此外,政府訂立分級制度來收購棉花,並制定收購價格,但根據現有資料,政府如何決定價格的具體過程並不明確,僅知其將原棉收購價設定為低於進口棉,以保持競爭力;推測可能是先對區域內農戶的生產成本進行調查,同時參考國際市場價格,最後確定國內收購價格。

值得注意的是,當時政府所謂的自由市場買賣,並非完全依循市場供需機制,而是先由紡織廠商選購棉花,餘棉則由政府按既定價格收購,以確保棉農的產出能順利銷售。此外,棉農雖需自行支付治蟲費用,但政府規定,各紗廠在獲配美援棉花時,每磅需額外支付新臺幣1分,作為農林廳的治蟲經費。這顯示出政府仍是透過政策手段,要求廠商分擔部分生產成本,以減輕棉農的經濟負擔,確保棉花種植的持續推動。

然而,1957年那場會議後,官方資料中未再見到政府積極推動棉花種植的政策,且1960年代後,臺灣棉花產量也未

如最初政策官員所預期般持續成長。探究其可能原因，主要有以下幾點：第一，1963年尹仲容過世後，原先由他主導的棉花栽培構想未能延續。第二，隨著臺灣經濟成長，外匯儲備逐步改善，原本擔憂美國停止援助原棉後將無法負擔購買進口棉花的情況並未出現，因此政府失去積極擴大棉花種植的動機。此外，如前章圖5-4所示，美國對臺灣的棉花援助在後續逐漸減少，而臺灣在外匯條件改善後，也能穩定從國際市場購買原棉。這使得原先為取代進口而推動的國內棉花種植政策，因需求減弱未能延續發展。

四、小結

無論是戰時經濟下的棉花種植（見第五章討論），或1950年代由官方推動的棉花生產，兩者的核心目標皆是節約外匯。日治晚期，臺灣在戰時經濟體系下，因政府優先將有限的外匯用於購入軍需資材，促成棉花種植的興起。最初，棉花栽培的主要目的在於供應日本國內的紡織業，然而，由於運輸能力在戰時受到限制，最終轉為供應臺灣本地市場。此外，受制於當時治蟲技術與氣候條件的影響，棉花的單位產量始終無法有效提升。

若從臺灣經濟史的角度來審視戰後1950年代的棉花栽培政策，則應如何解釋與評價呢？戰後，臺灣在棉花種植的推動

過程中,充分借鑑日治時期的試驗與栽培經驗,加上新農藥DDT的廣泛應用,促使政府積極推動棉花種植。以往對臺灣經濟發展的討論,常聚焦於戰前、戰後的延續與斷裂,並主要從生產部門的角度進行分析。然而,透過本章對戰後棉花種植政策的探討可見,戰前臺灣農業的試驗與研發經驗並未完全中斷,而是在1950年代成為政策執行者的重要參考依據。政府在推動棉花生產時,既承襲日治時期的農業研究成果,又結合當時的新農業技術,如DDT的應用,以新的政策手段再次推動棉花種植。

當時政府選擇種植經濟價值較高的長絨棉,以區隔美援提供的短絨棉,然而在價格上仍需與進口棉競爭。依據本研究整理的資料,1950年代本地原棉在價格上具一定競爭力,但其中許多生產成本的降低,依賴政府要求廠商分擔部分經費支出。成本控制與否,固然與種植面積是否達到規模經濟高度相關;但即使技術進步足以克服蟲害問題,臺灣多雨的氣候仍是影響農民種植意願的不利因素。在無法避免的降雨風險下,農民難以擴大種植面積,進而限制了棉花生產的發展潛力。

當前全球化經濟體系下,國際貿易多以比較利益的觀點來決定生產方式。然而,回顧戰後後進國家的發展策略,許多政策著重於在地生產,以減少對外依賴並節約有限的外匯。工業部門長期以來強調藉由保護政策推動進口替代,以扶植國內產業;而從本章對棉花種植運動的討論來看,類似的政策思維也

體現在農業部門,試圖透過政府介入推動外來作物的本地栽培,以達到生產自足的目標。政府採取多種干預措施促進棉花種植,但實際成果有限。隨著1960年代臺灣外匯狀況逐漸改善,政府對國內棉花生產的支持減弱,原先試圖減少對國外進口原棉依賴的政策構想,最終未能持續推動。

第二部 組裝性產業

第七章

1950年代自行車產業的孕育與限制

1950年代，臺灣的自行車產業在政府推動下逐步發展，目標是減少外匯支出，促進本土製造。戰前，臺灣的自行車市場主要依賴日本進口，戰後初期因臺日貿易中斷，供應出現短缺。隨著進口恢復，政府開始意識到過度依賴外國產品的問題，於是介入市場，推動國內生產。政策措施包括限制進口、提供貸款補助、設立中心工廠並鼓勵技術引進。這些舉措雖促進了產業發展，但技術能力有限、市場競爭加劇，加上機車產業崛起，使自行車業面臨諸多挑戰。本章將探討1950年代臺灣自行車產業的發展背景、政府政策的影響，以及成長過程中遇到的限制與困境。

一、自行車工廠的設置背景

如圖7-1所示，臺灣的自行車生產始於1952年，至1970年以前，每年產量約數萬臺，1957年達到4萬2,067臺的高峰，隨後逐漸下降，至1964年減少至2萬2,714臺的低點。基本上，1950年代臺灣自行車產業是在政府扶植下興起，但隨著市場急速飽和，加上地下工廠低價產品的競爭，政府扶植的中心工廠廠商開始面臨產品滯銷或資金不足的問題，相繼倒閉。有些產商試圖轉型投入機車生產，但最終未能成功。到了1960年代間，機車產業的興起進一步削弱了自行車在國內市場的銷售競爭力。

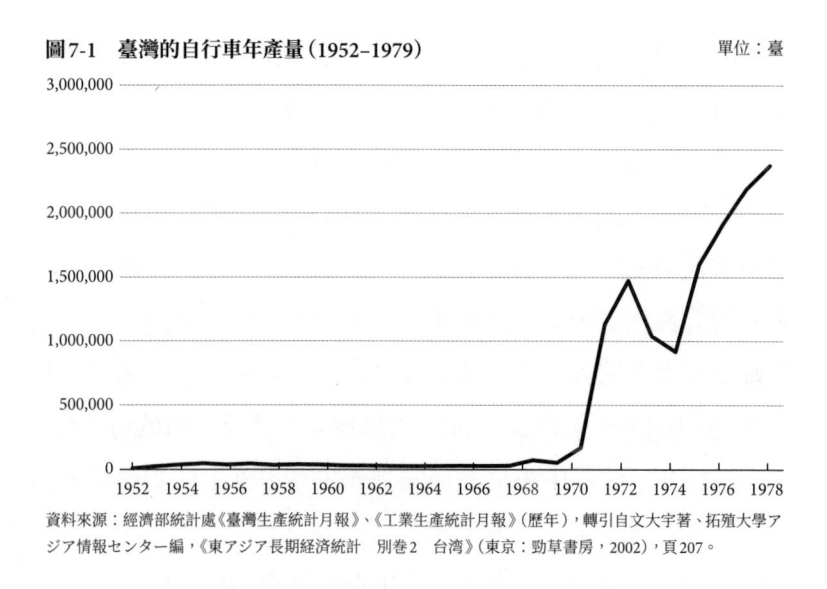

圖7-1　臺灣的自行車年產量（1952–1979）　　　　　　　　　　　　　　單位：臺

資料來源：經濟部統計處《臺灣生產統計月報》、《工業生產統計月報》（歷年），轉引自文大宇著、拓殖大學アジア情報センター編，《東アジア長期経済統計　別巻2　台湾》（東京：勁草書房，2002），頁207。

　　戰前臺灣的自行車完全依賴日本進口，根據統計，1936年自行車進口值為350萬美元，1937年增至397萬美元，1939年達到480萬元。當時，臺灣每年進口5至6萬輛自行車，耗費外匯超過300萬美元，再加上購買車胎所需的100萬美元，每年進口總額達400萬美元以上。[1]然而，戰爭末期由於與日本的聯繫受阻，加上戰後初期臺日貿易幾近中斷，導致臺灣自行車市場供應短缺。1950年，臺日貿易恢復，這一問題才獲得解決。當年臺灣共進口16萬4,145輛自行車，總值新臺幣2,714萬4,885元（約合美金41萬7,614元）；此外，還從日本進口229公噸零件，價值新臺幣992萬2,310元（約合美金15萬2,650元）。1951年，臺灣進口自行車3萬2,502輛，總值新臺幣1,008萬

5,055元（約合美金87萬6,961元）；零件進口增至587噸，總值新臺幣662萬3,439元（約合美金57萬5,951元）。[2]

從自行車的持有量來看，1944年9月臺灣共有47萬5,525輛，至1951年上半年減少至40萬8,165輛。[3]1950年自行車進口量相當於1944年臺灣持有總數的三分之一，反映出戰時至戰後初期因長期供應不足，累積需求爆發而導致大量進口。由於自行車與零件的進口需耗費大量外匯，臺灣區生產事業管理委員會（以下簡稱「生管會」）開始構思在臺生產自行車的可能性。

1951年，時任中央信託局局長兼生管會副主任委員的尹仲容，主導推動國產自行車生產。當時各國的自行車生產模式，通常由零件工廠製造零件，中心工廠負責組裝成車。尹仲容一向提倡管制經濟，並偏好公營事業生產，[4]因此最初構想由民間機械工廠負責生產零件，而公營的臺灣機械公司（以下簡稱「臺機公司」）作為中心工廠，負責最終裝配。政府則透過禁止成品與零組件進口，確保國內市場的銷售。

尹仲容提出了三項生產構想。首先，他建議設立一個專門委員會，調查自行車的樣式與規格，作為未來製造標準的依據，並指導臺灣省機器同業公會會員工廠分工生產零件。其次，為了提升中心工廠的設計能力與設備水準，應與國外廠商合作，引進技術與商業資源，並由對方供應臺灣尚無法自製的零件。最後，為了鼓勵本地廠商投入自行車生產，應暫時停止自行車及部分零件的進口，以保護國內市場。[5]

這些生產構想在1951年9月1日生管會召開的第117次常務會議上獲得討論，會議決議由臺機公司董事長兼生管會常務委員杜殿英負責，邀集臺機公司器材小組、臺灣省工業會、臺灣省機器同業公會及臺灣省建設廳，共同組成委員會，針對尹仲容的提案進行研議。[6]

隨後，1951年9月11日，生管會再次召開「本省自製腳踏車案檢討會議」時，進一步商討自行車生產計畫。會議中，臺灣省政府建設廳指出，全球市場上的自行車大致分為英國式與美國式兩種類型，而日本製零件規格與美國式相同，僅在外觀設計上稍有差異。日本自行車的生產模式，通常採取中心工廠與零件工廠分工的方式運作，由中心工廠負責品牌規畫、檢驗、裝配與銷售，而零件則由外圍工廠供應。建設廳或許考量到臺灣長年依賴從日本進口自行車與零件，認為臺灣可依循日本經驗，建立類似的生產體系。[7]

此次會議討論到，以日本每年汰換十分之一自行車的經驗來推估，戰前臺灣全盛期約有47萬餘輛自行車，因此每年約需補充5萬輛新車，對應的零件需求亦為5萬輛份。但在進入大規模生產前，須先由臺機公司總經理高禩瑾邀集臺灣省政府建設廳、臺灣省工業會、臺灣省機器同業公會等單位，以三週時間調查臺灣島內現有自行車零件廠商的設備、產量、品質等現況後，根據調查結果擬定生產計畫，送交生管會審議，並向經濟合作總署中國分署 (Economic Cooperation Administration, Mission to China, ECA）申請補助。[8]

在技術引進方面，臺灣省工業會建議與日本知名自行車廠富士與宮田等聯繫，於設廠初期由日方供應臺灣本地無法生產的零件，未來再逐步減少對日進口。[9]

隨後，臺機公司邀集各相關單位分工調查主要城市的自行車產業情況，並擬定「自行車廠建廠計畫」。1951年10月27日，生管會第125次常務會議，決議由臺機公司擔任自行車生產研究與推展的中心機構。然而，由於政府在遷臺初期資金拮据，無力立即撥款設廠；同時，生管會或許也考量到向國外廠商申請技術支援將涉及高額權利金支出，且日本富士、宮田等企業也無意提供技術合作。因此，發展臺灣自行車產業的初步計畫調整為：第一步，標準化本地現有零件製造廠的產品；第二步，從日本進口無法生產或供應不足的零件；第三步，再與日本洽談技術合作與設廠事宜。[10]

1951年10月30日，生管會召開「本省自製腳踏車問題第二次檢討會議」時，臺機公司總經理高禩瑾報告臺灣自行車零件產業的調查結果。報告顯示，戰前臺灣自行車零件工廠曾多達百餘家，但1949年秋天對日貿易開放後，日本製自行車的大量進口導致許多零件廠倒閉或轉業。根據1950年4月臺灣省工業會的調查，當時臺灣僅存60餘家自行車零件廠，多因設備簡陋、技術欠佳，難以生產高品質產品。然而，歷經進口衝擊後，仍能生存的業者，其產品品質已較初期有所提升，惟工廠規模

仍小、雇工人數亦少。[11]

　　高禩瑾認為,若能管制外國自行車與零件的流入,則能為本地廠商創造穩定的市場需求,促使其投入生產,進而逐步提升國產零件的供應能力。此外,他建議設立中心工廠,透過與零件工廠合作,推動技術升級與零件標準化。但在中心工廠尚未成立前,應先設立一個機構,負責協調各零件廠的分工與品質管理。會議主席杜殿英則認為,既然政府無法立即成立大規模工廠,應先實行進口管制來推動本地生產,並透過統一檢驗機制,協助各工廠提升產品的標準化程度;在資金方面,可利用美援中的相對基金提供企業貸款。未來,中心工廠將負責生產主要零件,並與各零件廠進行分工。此次自行車會議最終確立,臺灣將於三年內達成自行車國產化的目標。[12]

二、產業政策與外匯節約

　　政府為扶植自行車產業,最早提出的政策可追溯自1950年8月,當時政府將自行車列為管制進口物品。[13]1951年,管制範圍進一步擴大,不僅暫停全車進口,也僅允許12種零件進口。隨著1952年8月臺灣開始生產自行車,車架與輻條已能自給,因此1953年也被政府列為暫停進口項目。後續的國產化進程中,1953年新增貨物架、擋泥板等,1954年開始生產鏈條、前後花鼓及汽門嘴,1955年為大齒盤、腳煞車等關鍵零件。[14]

如前所述,尹仲容最初的構想是希望由公營的臺機公司生產自行車,但事後來看,政府並未完全限制民間設立自行車工廠,而是指定數家工廠為中心工廠,提供較多資源與政策支持。從廠商數量變化來看,1955年,臺灣的自行車工廠數量達到41家。然而,由於市場需求趨於飽和,導致產品滯銷。此外,一些廠商因其產品未能通過品質檢查,無法獲得政府分配的外匯進口配額,最終無法持續經營而倒閉,至1956年減少為29家;1957年回升至32家,1959年則增至39家。[15]

自行車產業的進入門檻較低,使得廠商數量迅速增加。從生產設備來看,除了鋼管與鏈條需仰賴專門機器製造外,大部分零件的生產技術要求不高,甚至可直接從其他工廠採購零件進行組裝。因此,不僅有貿易商分從國外與本地採購零件進行組裝,[16]市場上甚至出現地下工廠,以低價策略與正規車廠競爭。

1952年12月27日,生管會召開第186次常務委員會議中,確立四年經濟建設計畫中的機械工業發展方向。該計畫的主持人為杜殿英,與會人士有高禩瑾、懷特公司葛弗雷(Robert Allen Griffin)、臺灣省機器同業公會理事長林挺生和臺灣鋼廠協理向儁等人。[17]會議決議,政府優先扶植具備一定生產規模與穩定市場的機械工業,並將自行車列為八項重點扶植產品之一,期望透過政策支持提升品質與降低成本。[18]

當時的產業政策執行模式,與1960年代後由經濟部與經合會主導的方式有所不同,而是由臺灣省物資局負責。1949年

國府於遷臺前夕成立的生管會,負責擬定經濟政策,並代行原資源委員會的職權。[19]但或許由於當時臺灣同時存在中央政府與地方政府(臺灣省政府),因此代表中央的生管會僅負責規劃政策,具體的資金放貸、原料購入與產品銷售則交由臺灣省物資局執行。

1952年8月,臺灣省物資局召集相關單位,制定《自行車專案輔導貸款辦法》,針對指定發展的工廠提供充足零件、資金與銷售協助。初期,物資局選定大東、伍順、臺灣自行車、臺灣機械工業等四家公司為中心工廠,但從現有資料不能確定這些工廠的選擇標準。[20]

物資局的政策涵蓋零件供應、資金與銷售三個層面。初期,物資局協助進口臺灣尚無法生產的自行車零件,提供給業者進行裝配;隨著自行車產業逐步成長,對進口零件的依賴降低,物資局於1956年決定停止代為向國外採購零件的業務。在資金方面,1952至1956年間,物資局共貸款新臺幣2,671萬4,412.60元給業者,扶持生產發展;但至1957年,該局認為廠商內銷成績已見成長,企業具備自我周轉能力,因此停止貸款支持。至於銷售方面,物資局與生產廠商簽訂合約,統一採購自行車後,再販賣給民生和公教人員,並提供貸款方案。[21]

如前所述,政府開始推動國產自行車生產後,針對國內已能生產的零件實施進口管制,尚無能力自製的零件則允許進口。根據表7-1,1952年臺灣使用本地與進口零組件組裝一輛

自行車的成本為新臺幣658元，但市場售價還需額外計入裝配費、稅捐、營業費用及合理利潤等成本。若按進口與本地零件的批發價計算，進口零件成本約占51%。[22]

表7-1列出的19種自行車零件中，臺灣當時已能生產9種，但除了車圈與內外車胎外，均為次要零件，主要零件仍仰賴進口。至於臺灣所生產的車圈與內外車胎品質，市場普遍認為其電鍍品質仍有改善空間。[23]

1958年1月的調查結果，因與1952年的調查方式或指標不同，無法直接對比，因此僅能根據兩個時點的可用數據變化進行分析。1958年，每輛自行車所需的進口零件約成本需為10.15美元，國內材料成本則約需要新臺幣130元。以當時的匯率1美元兌換40元新臺幣計算，進口零件的結匯成本約為新臺幣406元；另外，還需加計結匯手續費4.06元、進口稅97.44元、港工捐12.18元，以及報關與到廠運輸費7.31元，使每輛自行車的進口零件到廠總成本達新臺幣526.99元。[24]

倘若依1952年的調查為基準，1958年國內材料成本為新臺幣130元，加上進口零件成本新臺幣406元，若不計入各項稅捐與其他費用，進口零件的成本占比竟達75.7%，遠高於1952年的51%。上述變化顯示，儘管臺灣自行車產業經過數年發展，進口零件在總成本中的比例不降反升，這與政府推動國產化的目標有所落差。造成這一現象的關鍵原因之一，是政府實施的複式匯率政策：對不同類別的進出口商品、資本交易或

表7-1　腳踏車各種零件價格（1952年）

品名	單價(USD)	進口零件批發價(NTD)	本地零件批發價格(NTD)
Frame（車架）	6.50	200	
Front Hub（前花鼓）	0.35	10	
Coaster Hub（後煞車）	1.80	54	
Chain wheel & crank（大齒盤）	0.76	23	
Spoke（鋼絲）	0.35	11	
Fork（前叉）	0.44	12	
Pedal（腳踏）	0.40	12	
Bell（鈴）	0.11	3	
Lock（鎖）	0.25	9	
Chain（鏈條）	0.27	7	
Brake（煞車）			10
Handle（龍頭）			45
Saddle（坐鞍）			50
Case（鏈蓋）			4
Tyre-Tube（內外車胎）			100
Rims（輪圈）			70
Mudguard（擋泥板）			16
Stand（車腿）			13
Carrier（貨架）			10
總價	**11.35**	**340**	**318**

資料來源：「臺灣區生產事業管理委員會第151次常務委員會議紀錄」（1952年4月26日），〈第151次常委會議程〉，《臺灣區生產事業管理委員會檔案》，檔號：49-01-01-009-182，藏於中央研究院近代史研究所檔案館。

特定產業，實施不同的官方匯率，而非採用單一市場匯率。在產業發展初期，政府為扶植自行車生產，提供較優惠的匯率，使業者能以較低成本進口必要零件，降低整體生產成本。然而，隨著政策調整，政府逐步取消匯率優惠，回復至一般市場匯率，導致進口零件成本大幅上升，進而拉高整體生產成本，使進口零件在總成本中的占比反而增加。[25]

至於國內零件的生產成本，1952年為新臺幣318元，至1958年降至新臺幣130元，顯示進口替代工業化推動後，本地零件的生產成本確實降低。[26]大致上，這段時期臺灣能自製的零件種類逐漸增加，進口需求相對減少，理論上應可進一步降低生產總成本。實際上，政府的產業政策最初是透過控制匯率的方式來降低業者的生產成本，但隨著匯率政策調整，優惠條件取消，業者面臨進口成本上升的壓力。此外，如下一節將探討的價格競爭問題，也使企業經營更加困難。

1958年時，自行車的零件成本為：國外零件的到廠費用新臺幣527.53元，加上國內零件成本新臺幣130元，合計為新臺幣657.53元外。此外，業者還需負擔管理、業務、工資、稅捐等各類製造費用新臺幣305.35元，以及融資利息新臺幣189.47元。最終，再加上合理利潤新臺幣57.62元，每輛自行車的總成本達新臺幣1,209.97元。[27]值得注意的是，利息成本約占每輛自行車總成本的15%，反映當時政府的企業金融體系尚未健全，導致業者需仰賴民間融資。

總結來說，在檢討政府對自行車產業的扶植政策時，除了考慮臺灣省物資局提供的支援，還需關注當時匯率制度對產業發展的影響。早期複式匯率制度降低了進口零件成本，使業者受惠，但當匯率回歸一般水準，加上市場競爭激烈，業者無法透過價格調整來反映成本上升，導致財務壓力加劇。下一節將透過個別企業案例，探討1950年代後期自行車業者在此背景下所遭遇的經營困境。

三、廠商規模與品質管理

如表7-2所示，1955至1956年上半年，臺灣共有55家自行車工廠。若以工廠使用馬力作為判斷廠商規模的指標，可以發現，政府扶植的四家中心工廠與四家零件工廠規模較大，而其他多數工廠仍屬於零細工業。中心工廠在裝配自行車的同時，部分零件由自身生產，其餘零件則向其他工廠採購。此外，當時已有少數工廠不從事零件製造，而是直接採購零件進行裝配，生產所謂的雜牌自行車。[28]整體而言，1950年代中期臺灣的自行車生產，大致是由表7-2所列工廠進行分工，但各工廠間的供應關係及具體運作情況，限於現存資料，尚難全面掌握。

品質管控方面，則由經濟部中央標準局負責抽檢。政府認為初期廠商尚無能力自主進行品質管制，因此由官方購置檢驗

表7-2　臺灣自行車產業之工廠（1956年上半）

廠名	位置	產品	使用馬力（匹）
大東工業股份有限公司	基隆市	飛虎牌自行車及零件	800
臺灣自行車股份有限公司	高雄市	福鹿牌自行車及零件	225
臺灣機械工業股有限公司	臺南市	自由牌自行車及零件	78
伍順自行車工廠	臺北市	伍順及雙龍牌自行車及零件	169.8
臺灣伍聯腳踏車製造廠	臺北縣板橋鎮	自行車及零件	103
興國工業股份有限公司	臺北縣南港鎮	腳煞、前後花鼓	250
臺灣西北實業公司松山車鏈場	臺北縣南港鎮	鏈條	170
同合車條廠	臺北縣新店鎮	輻條	17
隆康機械製造股份有限公司	臺北縣樹林鎮	汽門嘴、車鈴	28.75
遠東車輪廠	嘉義市	車圈	40
天源義記機械股有限公司	臺中市	鏈條	125
臺南鐵工廠	臺南市	車鎖	60
萬勝鋁器廠	臺南市	零件	70
合榮車輪製造工廠	臺北市	各種車圈	41
振吉電化廠股份有限公司	高雄市	零件	33
建美五金工廠	臺南市	零件	33
東亞山記工業股份有限公司	臺北縣北投鎮	零件	23
三光鍍金工廠	臺北市	車圈電鍍加工	20
樂安鐵工廠	高雄市	零件	25
臺澎機器廠	嘉義市	零件	15
三東五金加工廠	臺南市	零件	10
臺輪工業廠	臺中市	零件	6
通益鐵工廠	臺南市	零件	6
益億鐵工廠	臺南市	零件	13
清華鐵工廠	高雄市	零件	6
臺鎰鍍金工廠	嘉義市	零件	15
金本鐵工廠	臺中縣清水鎮	零件	5
大榮自行車零件製造工廠	臺中縣太平鄉	零件	5

廠名	位置	產品	使用馬力（匹）
高山機器腳踏車工廠	臺南市	零件	1
東榮腳踏車工廠	屏東市	零件	2
宏大車料五金行車料工廠	嘉義市	零件	5
中國五金製造廠	臺北縣三重鎮	零件	3
大東鐵工廠	臺中市	零件	2
福源板金工廠	臺中市	零件	3
金成鐵工廠	臺南市	零件	3
安然鐵工廠	高雄市	零件	5
益昌鐵工廠	高雄市	零件	2
信雄車料工廠	臺南市	零件	5
福興車料工廠	高雄市	零件	2
大同自行車工廠	臺南縣新營鎮	零件	3
正源腳踏車工廠	臺中市	零件	4
振發鐵工廠	高雄市	零件	3
有發機器廠	臺北市	零件	3
義和鐵工廠	臺北縣南港鎮	零件	5
李氏兄弟機器工廠	桃園鎮	車架、五通管	
大鵬機器廠	高雄市	車頭零件	
三星號	臺南縣新市村	手把	
隆興電鍍工廠	彰化市	前煞車	
大隆車材機械廠	臺南市	前花鼓	
萬盛機器廠	臺北縣	車燈、車鎖	
中美車料廠	臺南市	腳踏、花鼓銅	
新豐車料廠	斗六鎮	大齒輪	
治成機器廠	彰化市	磨電燈	
欽發橡膠廠	臺中市	磨電燈	
平和鐵工廠	彰化市	腳踏、前後煞	

資料來源：路明，〈本省的自行車工業〉，《臺灣經濟月刊》，第14卷第6期（1956年6月），頁18–19。

說明：從李氏兄弟機器工廠到平和鐵工廠，因參閱資料中並未註明馬力數目，也未如天源義記公司註明尚未開工。從生產品目來看，這些工廠或有可能未使用動力，而是從其他廠家中取得零件進行拼裝。

設備,統一進行商品檢驗。1951年7月,經濟部公告符合國家標準的產品可使用正字標記,並規定廠商應依標準檢驗方法,定期對產品進行品質檢驗。[29]

在機械標準的制定方面,政府成立機械業工業標準起草委員會,下設八個小組[①],其中自行車生產被列為獨立的一組。為確保產品符合標準,政府自日本購置檢驗設備,交由工業試驗所使用,並由臺灣省政府建設廳每月派員前往各工廠抽樣檢驗。至1956年上半年,臺灣機械工業公司與伍順自行車工廠生產的零件,以及西北實業公司松山車鏈廠的鏈條,均獲得國家正字標記;另外,前後花鼓、幅條、車鈴、氣門嘴等零件亦通過檢驗。[30]

然而,儘管政府制定了國家標準並對建立檢驗機制,後文將進一步探討,臺灣自行車業至1960年代仍未能顯著提升產品品質,反映出制度與實際執行間的落差。

四、成長與局限:企業史案例討論

前述內容已針對政府推動自行車產業的動機與政策實施進行說明,本節則將進一步考察當時被指定為中心工廠的四家公

---

① 八個小組分別為:串銷小組、基本標準、螺釘通則小組、螺釘之附屬品小組、扳手及螺絲起草小組、銷子小組、傳動設備小組、腳踏車小組。經濟部中央標準局,《經濟部中央標準局成立十週年專刊》(臺北:經濟部中央標準局,1957),頁4。

司。然而,由於自行車工廠屬於私人企業,難以獲取完整的內部經營數據,因此本研究僅能根據有限的官方文獻(例如創業申請書及部分營運資料),來檢討政府產業政策的執行成效與局限性。

(一)從公營到民營事業:臺灣自行車公司

如前所述,臺灣第一家自行車中心工廠,原本計劃由當時機械業中規模最大的公營企業臺機公司負責生產。1950年6月,臺機公司評估後認為僅需添購部分設備即可開始製造自行車的主要零件,其他零件則向民營工廠採購,再於廠內組裝成車。若此計畫得以落實,不但能減少新設自行車工廠的設備投資成本,也可促進民間工廠的發展,帶動自行車零件供應鏈的成長。臺機公司預估,該計畫僅需投資新臺幣90萬元與美金10萬元,即可建立月產3,000輛的自行車生產線。[31]然而,行政院以財政困難為由,對此計畫表示保留,並未批准。[32]

後來,當生管會擬推動自行車工廠計畫時,臺機公司或許因受前次行政院否決案的影響,轉而提出與民間資本合資設立新公司的方案。生管會批准此案後,臺機公司即開始籌劃設立一家民間資本超過50%的企業,並列為該公司的發起人之一。[33]

依據成立前的營業計畫,新公司將作為中心工廠,負責最終的裝配製造。第一期的目標為年產2萬輛自行車及相當數量

的零件,再逐步擴大。在零件生產項目方面,公司本身將負責製造車架、前叉、把手、曲柄、花鼓、齒盤、檔泥板、鋼絲、飛輪等零件,其他零件則向島內各工廠購買。[34]

1952年,臺灣自行車股份有限公司正式於高雄成立,註冊資本額為新臺幣224萬,由陳逢源[②]擔任董事長,該公司的股東涵蓋金融界、實業界及工商企業人士。其中金融界有華南銀行、第一銀行、彰化銀行、臺灣銀行、交通銀行和臺北區合同儲蓄公司等;實業界方面,則有臺機公司、雍興實業公司、大同製鋼機械公司、臺灣機械工業公司,以及新新、齊魯、義堂等橡膠工廠;工商業個人投資者,則有陳逢源和何義[③]等。[35]

從股東組成來看,該公司是一家公私合營的企業。由於政府曾表態不願直接投資自行車產業,因此以公營企業參股的方式介入,既能推動產業發展,也可減少中央政府的財政負擔。

---

② 陳逢源(1893–1982),臺南市人,1907年畢業於臺灣總督府國語學校。戰前,曾擔任大東信託會社調查課和信託課課長、臺灣新民報社記者、臺灣信託株式會社支配人。戰後初期,任職於臺灣信託公司籌備處主任,後來又擔任經理兼常務董事、華南商業銀行常務董事、臺灣機械公司省股董事、臺北區合會儲蓄公司董事長、大公企業股份有限公司董事長、臺灣自行車股份有限公司董事長,以及臺灣省臨時議會議員等職務。〈陳逢源(陳南都)〉,《軍事委員會委員長侍從室檔案》,檔號:129-210000-0539,藏於國史館。
③ 何義(1906–1956),臺南市人,曾服務於日本人經營的安部幸商店,1924年與兄弟共同在臺南創辦永豐商行,1934年創辦永豐商店株式會社。中日戰爭時期前往中國經商,戰後回到臺灣建立永豐造紙,1951年成立永豐化工公司。此外,1948至1951年曾擔任臺灣省參議會參議員。義容集團編輯小組,《臺灣前輩企業家何義傳略》(臺北:允晨文化,2003)。

至於民營企業方面，參與投資者包括當時機械業中規模最大的大同製鋼機械公司、生產自行車零件的臺灣機械工業公司，以及多家橡膠製造公司。這些企業的投資動機，一方面可能是看好自行車產業的成長潛力，另一方面則可能著眼於自行車產業帶來的零件需求增長。總之，作為一項產業，自行車不僅是重要的民生交通工具，也具備成長潛力，對投資者而言具有一定的獲利機會。

值得注意的是，臺灣自行車公司在成立初始的1952年11月，即向日本訂購自動焊接製管設備，可製造2吋以下各種鋼管。這套設備每月可生產50噸鋼管，足以供應約2萬輛自行車的需求。該設備每年的產能可供應20餘萬輛自行車所需鋼管，除了公司自身生產使用外，還能提供給其他車廠。由於產能充足，公司決定將多餘的鋼管用於生產鍍鋅水管和電纜管，提供自來水公司和臺灣電力公司使用。[36] 這項設備的引進，使臺灣自行車公司同時擁有自行車與鋼管兩項主要產品，有利分散市場風險。

至於公司營運狀況與挑戰，可依據1958年5至6月間，中國國民黨所做的調查報告中窺見端倪。[37] 當時，臺灣自行車公司僱用技術工人30名、普通工人90名。生產方面，雖然年產能預估可達1萬8,000輛自行車與200萬呎（60萬公噸）鋼管，但實際年產量僅為1萬2,000輛自行車與80萬呎鋼管。銷售方面，由於市場競爭激烈，公司每月僅能出售約500輛自行車。

公司負責人受訪時指出,自從政府實施單一匯率政策後,新臺幣貶值導致原料成本增加約52.4%,但考量國內市場競爭激烈,業者無法將成本上漲的壓力轉嫁至產品價格,導致公司出現嚴重虧損。[38]

臺灣自行車公司認為,政府應在資金、行銷、技術與規格標準等方面提供支持,以協助企業改善經營困境。首先,當時臺灣銀行對每輛自行車的生產貸款額度為新臺幣600元,但公司實際生產成本已超過1,000元,其中很大部分來自於向民間融資所支付的高額利息與財務費用。因此,公司希望政府能提供長期低利貸款,以降低資金成本。此外,若自行車要走向外銷,每輛價格須降至22美元才具備競爭力,但因生產成本過高而難以實現。

其次,公司希望政府能協助拓展外銷市場,由臺灣省物資局代為接洽國際買家,並提供出口輔導。此外,公司建議政府成立技術輔導小組,協助規模較小的零件製造商提升生產技術與設備。若臺灣自行車產業要成功進入國際市場,還需解決產品規格與國際標準接軌的問題,確保產品品質符合外銷市場的要求。[39]

由上可見,自行車產業受新臺幣大幅貶值影響,使進口原料成本大幅上升,市場競爭激烈又使廠商無法提高售價轉嫁成本壓力,獲利空間大為壓縮。此外,企業訪談顯示,當時政府對自行車零件的生產缺乏統一的標準化規範,導致市場上零件

品質參差不齊,進一步影響整體產業的競爭力。

　　臺灣自行車公司在面對上述困境時,逐步將銷售重心移轉向鋼管外銷。根據1963年2月的資料,該公司生產的薄鋼管有90%出口至國外。[40] 至1965年,鋼管已成為公司的主力產品,除了每年自用的60公噸外,全年銷售量達1,030公噸,其中外銷占77.7%,內銷僅占22.3%。從銷售金額來看,鋼管銷售總額達新臺幣946萬1,560元,外銷收入占75%。

　　與此同時,自行車業務受到機車生產增加的影響,銷售表現相對疲弱。全年內銷為7,070輛,銷售金額為新臺幣951萬7,947.2元,毛利率31.6%。至於自行車零件方面,公司與衛星工廠合作進行出口,外銷金額為新臺幣592萬餘元,內銷僅33萬餘元;但由於新興市場對品質要求較高,提升產品規格增加了成本,加上部分外銷收入需分配給合作工廠,最終公司實際毛利率僅為10.5%。根據1966年7月的資料顯示,公司營業額的60%來自東南亞和美國等海外市場。[41]

　　總的來說,臺灣自行車公司成立初期購置的鋼管製造設備,不僅可供應自行車生產所需原料,還能作為獨立商品對外銷售。至1960年代前期,隨著自行車銷售日漸困難,公司逐步將業務重心轉向鋼管外銷。事後來看,這一策略有效分散了營運風險,避免因自行車業務單一化而遭遇更嚴峻的經營困境。

(二)曇花一現的大東工業公司

1949年,許多資本家隨國府撤退來臺,尋找可能的事業機會。[42]其中,臺灣大東工業公司(以下簡稱「大東公司」)即由中國商人尹致中[④]所創,他在1949年之前便已來臺展開事業。尹氏藉由1947年臺灣工礦公司出售戰前日本人經營的昭和纖維株式會社廠房的機會,得標該工廠(位於基隆七堵區七堵路168號)。最初延續戰前業務,生產蔗板、薄頁紙和道林紙,後來又因應本地市場需求,添購設備製造毛邊紙。尹氏還將其在上海設立的石棉工廠遷至來臺,運用該廠房生產石棉瓦、石棉被和石棉板等產品。[43]

1949年秋天,大東公司開始籌備自行車生產,最初成功製造自行車鋼圈,但因日本進口品的競爭,銷售狀況不佳。隨後,政府對部分自行車零件實施進口管制,大東公司遂購入電鍍設備,以提升鋼圈品質。根據記載,至1952年上半年,該公司每月可生產3,000組鋼圈,同年也開始製造車架、手把、手

---

④ 尹致中(1902-?),山東萊陽人,1924年前往日本廣島高級工業學校留學,1928年回國後曾擔任青島市高級工業學校校長、青島冀魯針廠總經理、大中工業社董事長兼總經理、青島工業協會理事長、中華工業聯合會主席。來臺後,擔任大東工業公司董事長兼總經理;在香港,擔任大中實業股份有限公司董事長兼總經理、中華民國全國工業總會常務理事。此外,還擔任香港中華廠商聯合會理事、香港東華三院總理等職務。〈尹致中〉,《軍事委員會委員長侍從室檔案》,檔號:129-230000-0835,藏於國史館。

煞、瓦、中軸、前後軸等零件,並正式向生管會申請自行車組裝業務。⁴⁴

根據大東公司提交給生管會的申請書,當時臺灣市場上的進口自行車價格如下:英國製自行車的售價為新臺幣1,500元以上;富士霸王自行車售價約新臺幣1,350元。大東公司計劃參考日本富士牌自行車的規格在臺生產,每輛僅需新臺幣785元。⁴⁵

大東公司計劃每月生產600輛自行車,並估算其生產成本:公司自製零件加上裝配工資共占總成本的56%,向日本購買零件占19.5%。若未來能自製前叉,進口金額將降至總成本的13%;若能進一步自製鋼絲與鏈條,則可降至11.2%。⁴⁶

1952年8月,大東公司生產的飛虎牌自行車問世。值得注意的是,大東公司每月可生產6,000組鋼圈,為當時臺灣最大規模的鋼圈供應商,尚能供應其他廠商。此外,公司還生產車架、手把、手煞車、擋泥板、鏈蓋、前叉、皮墊夾、作為接合車體用的三通和五通、螺絲與曲柄腿等,但規模均不大。⁴⁷

1950年代,臺灣工業發展過程中,許多公營企業獲得美援資助,而大東公司作為民營企業,也利用美援計畫取得貸款擴充設備。1954年,在美援的鋼鐵金屬製造計畫中,大東公司獲得新臺幣12萬7,599.73元與5萬9,403.51美元兩筆貸款,用於採購動力壓縮機、車床、沖砂機、彈簧床等設備;⁴⁸以及新臺幣48萬元與1萬6,283美元的小型民營貸款,由彰化銀行與第一銀行提供。⁴⁹除了發展自行車事業外,1955年大東公司還向政府

提出生產機車的計畫。初期規劃先從美國進口引擎、內外胎、皮帶等零件在臺組裝,隨後逐步推動部分引擎零件的本地化生產,以降低對進口的依賴。[50]

然而,受限於臺灣市場規模較小,1956年工業部門開始出現生產過剩的現象,政府因此收緊銀根,導致業者在取得流動資金上更加困難。同年,大東公司獲得物資局同意生產1萬2,000輛自行車,並由物資局負責銷售。公司原希望藉此交易獲取周轉資金,但截至1957年12月,僅售出7,000餘輛,導致財務壓力進一步加劇。為因應滯銷困境,大東公司向臺灣省物資局申請承接自行車零件的配銷業務,並於1957年底開始生產;此外,公司也嘗試拓展外銷市場。[51]

大東公司積欠債務主要來自美援貸款。公司無力償還的原因,除了自行車市場銷售不佳外,1958年新臺幣貶值及單一匯率制度的實施,也使美元借款的償還款成本大幅增加。1958年上半年,大東公司財務狀況未見改善,瀕臨破產。中央信託局、美援會、臺灣銀行等官方債權人開始商討可能的解決方案,初步考量是否比照臺灣農林公司,由經濟部派員組織監理委員會接管;但最終認定大東公司僅為一般民營企業,與因「耕者有其田」政策轉為民營的農林公司不同,因此未採取監管措施。在經濟部與工業委員會均表態不予救濟的情況下,最終僅由提供貸款的公營機構從旁協助解決其債務問題。[52]

1958年時大東公司的生產部門已陷入停擺,政府為協助公

司償還美援貸款,透過美援會和中央信託局等單位協調,將部分以美援貸款購入的設備轉售給裕隆公司、伍順公司、春雨工廠等企業,所得資金除了用於清償債務,也讓原先閒置的設備得以重新發揮效用。[53]

企業創業初期通常需投入大量資金進行設備投資,以支撐生產發展。然而,在政府企業金融制度尚未成熟的情況下,包括大東公司在內的自行車產業,乃至當時臺灣許多新興與中小企業,普遍面臨流動資金短缺的挑戰。大東公司的案例顯示,資金不足對企業經營產生嚴重影響,而這一問題除了金融體制尚未健全之外,也與臺灣市場規模有限、自行車市場快速飽和密切相關。此外,大東公司在短短數年間興起又衰落的經歷,也反映出獲得美援資助的企業並非均能一帆風順,仍須面對市場競爭與資金運作的挑戰。

過去學界普遍將美援視為1950至1965年間推動臺灣經濟發展的重要因素,然而,相關研究多聚焦於公營事業的美援投資,對於民營企業的影響較少討論。大東公司的案例顯示,即使獲得美援資金支持,企業若面臨資金短缺且無法償還貸款,仍可能走向歇業。大東公司最終因財務困難倒閉,其以美援貸款購置的資本財也在政府安排下轉售給其他企業。

進一步對比1958年政府對財務危機企業的處理方式,可以發現不同產業的市場地位會影響政府的應對策略。當時同樣陷入財務困境的唐榮公司,在臺灣鋼鐵業中占據重要地位,且

公營鋼鐵企業的規模尚不足以取代其市場影響力，因此政府選擇介入並提供協助。⁵⁴相較之下，大東公司所生產的自行車，當時市場競爭激烈，且供應過剩，導致政府並未介入救援，而是任由其自行尋求解決方案。

儘管大東公司停止生產，但其公司名號仍延續至1960年代，主要用於處理既有債務。根據1964年行政院國際經濟合作發展委員會的出版資料顯示，大東公司已清償新臺幣貸款，但美元貸款部分僅償還1萬9,800美元，尚有3萬9,603.51美元未償還。最終，在1965年，由生產自行車零件的同合車條廠提出收購大東公司的工廠資產，並接手償還其尚未清償的債務。⁵⁵

(三) 從貿易商到製造商：伍順自行車公司

關於戰後臺灣工業發展的討論中，常提及許多資本家是從商業資本轉向工業資本，⁵⁶伍順自行車公司即是在此脈絡下創立。

伍順自行車的前身為伍順貿易行，由簡五朝⑤創辦，最初為日本丸石商會生產的普利美亞牌（Premier）自行車的總經銷

---

⑤ 簡五朝（1915–？），臺灣雲林人，畢業於臺北第二師範學校，戰前曾擔任教職，戰後開始創業，曾擔任伍順貿易行總經理、伍順自行車工廠總經理、伍順自行車公司董事長和泰安產物保險公司等。〈簡五朝（簡東昌）〉，《軍事委員會委員長侍從室檔案》，檔號：129-240000-1566，藏於國史館。

商。1952年8月,在政府開始管制自行車整車及部分零件的背景下,伍順貿易行向政府申請設立自行車工廠,並由丸石商會派遣日籍技師來臺協助設廠。[57]

伍順貿易行在申請書中指出,自1951年5月政府停止進口整車後,自行車價格持續上漲。該公司計劃以原本進口的普利美亞牌為標準進行本地生產,並將售價控制在新臺幣800元以內,遠低於當時進口普通型車款的1,400元與高級車款的1,600元。[58]

在生產規模上,伍順貿易行預計每年將生產1萬2,000輛自行車。零件供應方面,公司規劃每月生產1,000組包含前叉與檔泥板的車架;座墊、把手、把手套、輪圈、後立、貨架、鏈蓋及其他零星配件則向本地工廠採購;車煞、鋼球、鋼絲、腳踏、鈴、齒盤、鎖、鏈條等則從日本進口。[59]

1952年8月23日,生管會召開第168次常務會議,審查伍順貿易行設立自行車工廠的申請。會中,臺機公司總經理高禩瑾認為,當時臺灣市場每年最多約需5萬輛自行車與零件,而已設立的大東公司每月可生產500至600輛,即將成立的臺灣自行車公司計劃每月生產1,000輛,加上其他零星製造廠商,臺灣整體月產能尚未超過1,800輛。基於供給仍有不足,生管會同意伍順貿易行設立工廠。[60]

1953年4月,伍順自行車工廠成立,以普利美亞自行車作為標準,生產「雙龍伍順號」自行車。工廠聘請日籍技師山登

仁三郎、松本嘉造等四人來臺協助廠房建置與生產技術指導。在零件方面,以生產車架、前叉與擋泥板為主。該工廠自稱其電鍍技術品質較高,會向臺灣其他工廠採購把手、車圈等零件,再於廠內進行電鍍處理,以降低鏽蝕的可能性。[61]

在資本設備方面,1954年伍順自行車工廠獲得新臺幣80萬元的美援貸款,資金用於廠房擴建和購置大齒盤製造機,並於1957年清償貸款。此外,伍順自行車工廠最初由伍順貿易行申請設立,後於1955年改制為股份有限公司,資本額原為新臺幣200萬元,1958和1959年兩度增資,總資本額增至新臺幣1,000萬元。[62]

如表7-3所示,截至1960年,伍順自行車公司僱用員工的人數呈現穩定成長,自行車產量則稍有波動。伍順公司如何看

表7-3　伍順自行車公司員工人數與自行車生產數目(1955–1960)

年分	員工人數	生產輛數
1955	89	3,335
1956	121	9,825
1957	150	15,615
1958	144	18,483
1959	168	20,697
1960	170	18,844

資料來源:行政院美援運用委員會編印,《十年來接受美援單位的成長》(臺北:行政院美援運用委員會,1961),頁92。

待美援對其營運的影響與限制？根據1961年美援會的出版資料，伍順公司認為美援貸款僅限用於建廠與購置機械設備，但生產與企業營運仍需流動資金，因此曾向美援會申請流動資金貸款，以降低向民間或銀行借貸的利息負擔。[63]

進入1960年代後，除了自行車市場競爭加劇，機車產業的興起也對自行車銷售造成衝擊。因此，伍順公司於1962年開始購入機車生產設備，並於1963年自行生產機車。當時，臺灣已有機車業者與國外廠商合作，但多數外商要求臺灣生產的機車不得在非代理經銷區銷售，限制了外銷機會。此外，與國外廠商合作需使用指定進口廠牌的原料，價格通常比市場一般價格高出三成以上。伍順公司認為，採取獨立設計製造模式，既能在國際市場上比價採購原料、降低成本，還能省去支付國外廠商的顧問薪資與技術授權費。[64]

然而，儘管伍順公司順應市場需求進入機車製造業，最終仍因財務困難於1965年向政府申請資金融通。根據1965年3月31日的資產負債表可知，公司固定資產為新臺幣1,357萬3,873元，流動資產為新臺幣3,388萬2,962元，再加上其他資產，總資產合計有新臺幣5,114萬8,133元。但同時期公司的流動負債已高達新臺幣3,596萬9,361元，財務狀況極為嚴峻。進一步分析流動資產組成，包括公司現金、銀行存款、應收票據、扣除呆帳後的應收貨款、有價證券等共計新臺幣1,072萬8,685元，顯示公司已有嚴重的資金周轉不靈問題。當時，

伍順公司的民間借款高達新臺幣700餘萬元，月利率為2.1至3%，因此向政府申請新臺幣200萬元的緊急貸款。[65]但根據現有資料，最終伍順公司仍於1965年停業。[66]

從伍順公司的案例可見，該公司雖能掌握市場趨勢，適時進入機車生產領域，卻因流動資金不足，必須依賴借貸維持營運，導致企業成長與債務呈現並行，最終因無法改善債務問題而告歇業。

（四）多角化經營的摸索：臺灣機械工業公司

臺灣機械工業公司創立於1940年，由畢業於日本大學機械科的辛文蘭[6]創辦。戰前該公司曾參與多項工程業務，包括承造日本海軍第六燃料廠的新竹和高雄廠，以及各地糖廠的儲油庫。1947年，公司開始生產自行車齒輪，但隨著1950年臺日貿易重啟，因無法與進口產品競爭而停止生產。[67]

1952年，臺灣機械工業公司開始生產「自由牌」自行車，辛文蘭並邀請留日時期的同學杉村敏夫來臺擔任總工程師。初期，公司主要生產後腳架、後鏈輪、載貨架、擋泥板，後來逐

---

[6] 辛文蘭（1913–？），臺南縣人，畢業於日本大學工學部，專長為機械工學，畢業後曾擔任日本理研活塞株式會社技師、臺灣總督府交通局鐵道部工作課技術員，1940年創辦臺灣機械工業株式會社，擔任董事長。〈辛文蘭〉,《軍事委員會委員長侍從室檔案》，檔號：129-130000-1006，藏於國史館。

表7-4　1959年臺灣機械工業公司主要產品

產品	年產能力	實際年產量
自行車	18,000	10,000
機器腳踏車（98、25、200cc三種）	1,500	300
機器腳踏車引擎	1,500	300
機器三輪車（半噸載貨用）	200	9月間銷售100輛
耕耘機（200cc）	600	250

資料來源：羅敦偉，《新興工業及農產加工之實際狀況考察報告書》（臺北：中央委員會設計考核委員會，1959），頁4。

步擴展至各種管套、後輪叉、車架、把手、燈架與支架等。[68]

　　除了生產自行車，該公司自1956年起開始生產機器腳踏車。如表7-4所示，至1959年，該公司主要產品有自行車、機器腳踏車及其引擎、機器三輪車、耕耘機等。

　　大致上，臺灣機械工業公司自行車的銷售受到雜牌自行車低價競爭的影響，市場銷路受阻。至於機器腳踏車與引擎、機器三輪車和耕耘機等產品，雖然聘請日本技師指導生產，但多數消費者仍偏好進口產品，銷售同樣不佳。此外，當時市場上有商人以化整為零的方式分批進口引擎零件，規避進口管制，為商品銷售帶來極大衝擊。面對各種市場挑戰，臺灣機械工業公司向政府提出三點建議：首先，公司希望政府規範機關與公營事業機構（如農會、合作社、福利社等）不得辦理雜牌自行車的配售，以保護本地品牌；其次，要求海關嚴格強化檢查，

禁止以零件形式規避進口管制,並對違規進口引擎的業者施以嚴懲;最後,公司要求政府規範發照機構,不得核發使用進口零件組裝而成的引擎牌照,以維護本地業者的市場競爭力。[69]

然而,臺灣機械工業公司最終仍因不敵廉價腳踏車的競爭壓力,繼1958年大東工業公司停業後,亦於1960年結束營運。[70]從經營者的角度來看,辛文蘭作為臺南的地方資本家,以經營興南客運和臺南貨運參與近代化發展。在家族資本尚稱豐厚的情況下,他並未選擇繼續投入資金支持自行車產業,而是決定停業,或可反映當時臺灣自行車產業競爭激烈,經營環境不佳。[71]

五、1950年代進口替代的局限

1950年代,政府透過產業政策扶植數家中心工廠的成立,期望藉此推動國內自行車產業的發展。然而,從現存的企業史資料來看,這些工廠陸續面臨營運困難,反映出產業成長的瓶頸。當時中心工廠在國內市場須應對地下工廠的低價競爭,而試圖拓展外銷市場的成果也極為有限。造成這種情形的關鍵因素之一,即是中心工廠組裝的自行車品質未臻完善。這些工廠的零件主要由零件工廠供應,但現存資料顯示,中心工廠與零件工廠之間的資訊流通並不順暢,零件的標準化程度不高,且同類零件的生產廠商過多,影響品質穩定性。此外,中心工廠

生產的品牌自行車價格較高,且品質未能有效提升,使得地下工廠得以憑藉低價滲透市場,進一步阻礙中心工廠的成長。

(一)中國生產力中心

學界對於1970年代臺灣自行車產業品質改善的研究,往往著重於金屬工業研究中心的貢獻。[72]實際上,在金屬工業研究中心成立前,中國生產力中心(China Productivity Center, CPC)曾在1950年代後期擔任協助公民營企業改善生產與管理的主要機構,並充當產業內部交流意見的平臺。然而,該組織可能因資金與資源有限,未能積極推動產業整合與協作。

中國生產力中心於1955年11月11日在臺北成立,由政府、美援公署及工商業領袖共同籌劃,目標在於提升國內工業生產力。1956年,該中心為協助中南部企業,增設臺南服務處;1959年8月,為推動工業產品外銷,進一步增設貿易推廣部,並更名為中國生產力及貿易中心(China Productivity and Trade Center, CPTC)。[73]

中國生產力中心致力於吸收國內外工業相關的技術與管理資訊,並將最新的觀念引進臺灣。為此,中心設立專人負責審閱與篩選相關資料,將其譯成中文提供給臺灣工廠參考,或直接翻印原文送交相關單位。此外,中心還與美國國外業務署技術協助組合作,協調提供技術文獻與諮詢服務,以幫助臺灣工

廠獲取最新的工業技術資訊與專業建議。值得注意的是，當時中國生產力中心經常舉辦座談會，邀請工廠各級人員參加，希望透過討論傳達最新的知識與工業研究成果。為了更全面掌握工廠的實際運作狀況，中心還成立專門小組，深入各工廠進行實地視察，協助業者改善生產過程中遭遇的各種困難。[74]

依據《生產力月刊》記載，1956年3月6日，中國生產力中心曾召開「自行車製造技術座談會」，會議邀請美國國際合作總署安全分署工業發展顧問柯倫耐（Ernest F. Kroner）參與，並有三光鍍金工廠、西北實業建設公司車鏈廠、臺灣機械工業公司、大東公司、伍順自行車公司、臺灣自行車公司、伍聯車廠、遠東車輛廠、興國工業公司等多家自行車中心工廠和零件廠商派員出席。[75]

會議中，柯倫耐針對工廠的人力、設備運用與技術層面提出意見，認為若技術得以提升，將有助於拓展外銷市場，並提出幾點建議：第一，各工廠應強化工程師、檢驗員及工頭等技術人員的培訓，並派遣人員赴海外受訓，且上述各職級的員工均需實際動手參與生產，才能有效改善技術；第二，他強調工具與夾具（Jigs and Fixtures）的使用與改良對於提升零件精密度及互換性的重要性，建議工廠應投入資源改善相關設計；第三，在生產環境方面，他認為工廠內部應保持整潔，並確保充足光線，以提升工作效率；第四，各工廠應更充分瞭解彼此的產品類別與供應能力，避免重複進口臺灣已能自製的零件。[76]

與會的各工廠代表指出,他們對於同業之間所生產的零件品項瞭解有限,建議應該對材料規格進行統一規範,以提高零件的標準化程度。此外,各工廠應公開生產製程並提供觀摩機會,以促進技術交流。在產品檢驗方面,也應更加嚴格,以確保品質。至於零件工廠的生產策略,與會代表認為應採規模經濟的方式降低成本。例如,當時臺灣生產鐵圈的工廠高達12家,但市場需求僅足以支撐2至3家工廠運作。在外銷策略上,與會代表則指出,由於自行車分為英國式和日本式,且有手煞與腳煞之分,出口前應先進行市場調查。[77]

　　從討論中可以發現,當時自行車零件的品質尚未穩定,產業內部各工廠對彼此可供應的零件類別仍缺乏充分瞭解,資訊流通不夠順暢。但究竟當時各中心工廠如何透過產業網絡協調零件供應,目前尚無充分資料可進一步說明。

　　1960年,中國生產力中心為促進自行車出口,再次召集業者與政府機構進行商討。當時行政院外匯貿易審議委員會指出,過去兩年來自行車外銷表現並不理想,主要受限於品質、價格競爭力不足及產業內部缺乏合作。為提升產品競爭力,促使臺灣自行車進入東南亞和其他國際市場,外貿會表態將支持自行車產業改進計畫。

　　交通器材同業公會理事長簡五朝則表示,國內37家自行車工廠已聯合組成臺灣自行車貿易公司,以推動外銷為目標,並開放未加入同業公會的工廠參與,希望藉此整合整業資源。

臺灣自行車貿易公司將作為臺灣自行車產業的代表，負責與產業內各工廠協調合作，同時期望中國生產力中心能協助改進包裝技術與推廣宣傳。對此，中國生產力中心總經理高禩瑾回應，中心將優先著手改善產品品質，未來再進一步協助包裝、宣傳、推廣等工作，並希望物資局參與，以分擔部分經費，待臺灣自行車貿易公司財務穩健後，再擴大推動其他計畫。[78]

從上述會議內容可見，1950年代中國生產力中心在自行車產業所扮演的角色，仍以聽取與協調意見為主，並未積極採行具體的製程改進與設備升級計畫。從有限資料推測，當時自行車零件的生產尚未達到規格標準化，零件互換性不足，成為產業發展的一大瓶頸。

1962年，中國生產力及貿易中心邀請臺灣大學和成功大學學生，利用暑假在臺北和臺南兩市進行抽樣調查，以瞭解自行車的消費情形。根據臺北市1,124戶的調查結果，每7戶家庭平均擁有6輛自行車；其中，購買伍順牌與幸福牌自行車的比例最高。至於消費者對自行車品質的不滿，集中在幾個方面：20.5%的受訪者認為電鍍容易生鏽，16.7%指出車胎容易漏氣或破損，13.5%認為車體太重，12.5%認為煞車不靈，9.4%則反映零件故障頻率偏高。[79]

總體而言，1950年代開始發展的臺灣自行車產業，至1962年仍未具備大規模外銷的條件，國內消費者亦普遍認為車體零件品質有待提升，主要原因之一，可能與臺灣整體的機械與金

屬工業仍處於起步階段有關。[80]被指定為中心工廠的四家工廠雖然在政府進口替代政策下初步達成滿足國內市場需求的目標，但其產品品質尚未達到較高水準，且價格相對偏高，在此情況下，地下工廠以較低價格進入市場，分食自行車市場份額的現象屢見不鮮。

(二) 地下工廠問題

　　1950年代，政府指定的四家中心工廠，因大量地下工廠陸續興起，市場銷售受到嚴重衝擊。根據1975年由工業技術研究院工業研究所出版的《金屬工業資料庫之建立：運輸工具工業之工業經濟情報系統之研究》，當時臺灣正式工廠生產的自行車產量一度僅占臺灣總產量的10%以下，顯示地下工廠的產品在市場上具有強大吸引力。[81]

　　所謂地下工廠，指的是未依政府規定辦理登記的工廠，這些業者有些是在管制區內設廠，有些則是違反《都市計畫法》，或從事政府限制設廠的產業。[82]從經營者的角度來看，地下工廠能透過規避稅捐降低生產成本，以較低售價在市場上販售商品。然而，由於設備簡陋，加上生產規模有限，導致其產品品質普遍較低。[83]1959年，臺灣省政府建設廳曾對全島地下工廠進行調查，發現全臺共有2,553家未登記工廠，多為家庭副業，甚少具備現代工廠的生產條件。[84]在後進國家經濟發展過程中，

非正式部門的地下工廠生產往往參與新興工業產品的生產,臺灣的自行車產業亦不例外。

地下工廠能與中心工廠競爭的關鍵,在於當時中心工廠的產品品質未臻理想,和地下工廠生產的自行車相比並未形成明顯的品質差距。在此背景下,地下工廠憑藉價格優勢在市場上取得競爭力。

《投資與企業》雜誌1963年8月發表的〈由輪界之爭看工業政策〉一文指出,地下工廠透過逃避政府稅收來壓低成本。一般而言,每輛自行車從出廠到領取牌照前須繳交新臺幣34元的稅金。然而,部分地下工廠藉由行賄公會辦事員,以每輛僅需數元的價格取得「來源證明書」,藉此辦理合法領照,進而進入市場銷售。地下工廠因制度漏洞降低成本,得以提供比正式工廠更優惠的售價,甚至提供分期付款的銷售條件,吸引消費者購買。消費者之所以選擇地下工廠生產的自行車,主要原因在於中心工廠生產的品牌自行車無法有效降低售價,也未能顯著提升品質。[85]

從消費者的角度來看,價格因素是影響購買決策的重要考量。雖然交通工具的選擇涉及人身安全,但自行車作為不具動力配備的代步工具,其安全性顧慮相對較低。因此,價格成為消費者更關心的問題。1963年,臺灣名目人均所得為新臺幣7,137元,相當於每月新臺幣594元。[86]在此收入背景下,購買一輛新自行車所需繳納的34元稅金,相當於當月支出的5.72%。

對於一般消費者而言,這筆支出不是小錢。在中心工廠產品品質有限、價格競爭力不足的情況下,消費者為了節省開支,選擇價格更低的地下工廠產品也就成為合理的行為。

總結來說,自行車中心工廠除了面臨資金籌措困難,還受到廉價地下工廠產品的市場競爭衝擊,最終導致大東工業公司、臺灣機械工業公司、伍順自行車公司相繼停業,臺灣自行車公司則轉向鋼管製造。此外,機車工業的興起逐漸取代部分自行車的市場需求,使得臺灣自行車產業在1966至1967年間陷入低潮[7]。

六、小結

1950年代,政府推動自行車產業政策,透過扶植中心工廠以滿足國內消費需求。然而,臺灣進口替代工業在發展短短數年間即面臨市場規模有限的挑戰。中心工廠不僅須應對國內市場競爭,還因品質提升有限、金融體系不完善及機車產業興起等因素,最終陷入經營困境。

---

[7] 1965年1月政府頒布《工業輔導準則》,政府具體將機車列入自製率規範,並取消原本嚴格的機車業設廠限制,機車工廠相繼設立。在1966年底,即有40餘家向政府登記的工廠;大量國產機車的出現,亦擠壓國內自行車市場的空間。馬難先、李勝欽、甘文瑞,《金屬工業資料庫之建立:運輸工具工業之工業經濟情報系統之研究》(新竹:工業技術研究院金屬工業研究所,1975),頁9。杜文田,《工業化與工業保護政策》(臺北:國際經濟合作發展委員會,1970),頁41。林淑真,《臺灣機車史》(臺北:中華民國機車研究發展安全促進協會,1998),頁41–43。

從企業個案來看，當時臺灣自行車廠商並未選擇與日本廠商合作進行技術移轉，而是仿照日本自行車設計或聘請日本技師來臺指導生產。這種發展模式，除了受政府在遷臺初期外匯短缺的影響外，也與自行車作為不需燃料驅動、結構相對簡單的交通工具有關。

另一方面，臺灣自行車產業發展初期，政府扶植的中心工廠必須面對地下工廠的競爭。進口替代階段政府以提升生產能力為優先，初期或因人力與資源有限，未積極取締地下工廠。再者，中心工廠與地下工廠在品質上的差距不大，而後者具有低價優勢，使得消費者更傾向購買地下工廠產品，影響中心工廠的銷售。此外，地下工廠的存在削弱了政府對中心工廠的市場保護，進一步加劇了其經營壓力。

進一步分析，中心工廠在複式匯率制度的保護下，雖短期內獲得發展機會，但隨著匯率政策調整，仰賴進口零件的成本大幅上升，對生產帶來嚴重衝擊。這顯示產業發展若未能在匯率保護期內提升產品品質，一旦貿易環境變動，將難以維持競爭力。以往對產業政策的討論，多聚焦於禁止進口、關稅與補貼等措施，而自行車產業的案例則凸顯匯率政策對產業發展的深遠影響。

回顧1950年代的產業政策發展，當時政府同時扶植的紡織業屬於素材型產業，而自行車則為組裝型產業，相對來說更為複雜。自行車產業的發展需仰賴零件工廠的配合，才能順利

組裝成車,品質提升亦需零件工廠同步改進。然而,當時政府產業政策的執行主要聚焦於中心工廠,在資金與資源有限的情況下,難以同時支援規模較小的零件工廠,導致整體產業鏈無法有效升級,阻礙了產業邁向出口市場的可能性。同時,為提升企業品質而設立的中國生產力中心,或因政府資金支持有限,未能積極協助自行車產業的技術改良與管理提升。

從制度層面來看,雖然政府曾制定自行車產品標準,但當時標準的技術門檻與執行細節仍缺乏足夠資料說明。此外,1950年代臺灣自行車產業以「滿足國內需求」為主,而1970年代則轉向「出口擴張」,這兩個階段在產業政策的深度與執行方式上存在顯著差異。自行車作為組裝型產業,若要順利進入國際市場,政府不僅需關注中心工廠,還必須同步提升零件工廠的生產能力。1970年代,經濟部、國貿局與金屬工業研究中心聯手推動產業升級,並同時輔導中心工廠與零件工廠,才使得臺灣自行車產業成功轉向出口導向,進入全球市場。[87]

第八章 汽車業的企業經營模式比較

戰後臺灣汽車產業的發展歷程，反映了政府產業政策、國際經濟環境以及市場需求的交互影響。1950年代初期，臺灣政府為促進工業發展，積極推動進口替代政策，並透過外匯管制與貸款支持，鼓勵國內企業投入汽車與零件製造。然而，由於本地技術基礎薄弱，生產成本高昂，汽車產業在初期階段面臨諸多挑戰，進口整車仍占據市場主流。

　　隨著經濟成長與運輸需求增加，政府開始調整策略，引入國際技術合作，推動本土組裝與零件生產。至1960年代，國內企業逐步發展出規模化的製造能力，但仍須面對市場競爭、品質標準與政策導向的限制。本章將探討戰後臺灣汽車產業的發展脈絡，分析政府政策的影響，以及企業如何在資本與技術有限的環境中尋求成長與突破。

一、1950至1970年代臺灣汽車業的產業構造

　　從表8-1可見，臺灣自1957年開始正式生產汽車，至1985年汽車工業自由化前夕，小型車的累計產量僅達15萬6,716臺。無論是1960年代中期前裕隆汽車獨占市場，或是1985年前臺灣已有六家汽車公司，整體產業始終難以達到美、日等國的規模經濟。此外，與紡織、石化產業相比，臺灣汽車業未能順利走向出口擴張，主要仍依賴內需市場。

　　早期臺灣的汽車生產業者只有裕隆汽車，政府採取市場保

表8-1　臺灣汽車生產數量（1957-1990）　　　　　　　　　　　　　　　單位：臺

年分	小型車	卡車、巴士	年分	小型車	卡車、巴士
1957	91	0	1974	28,837	78
1958	46	0	1975	31,158	120
1959	160	260	1976	30,908	105
1960	377	540	1977	44,141	131
1961	590	418	1978	76,634	543
1962	1,094	658	1979	115,462	641
1963	768	523	1980	132,116	464
1964	1,442	355	1981	137,598	303
1965	2,317	944	1982	133,654	538
1966	3,480	1,044	1983	156,761	1,035
1967	4,008	800	1984	169,891	1,323
1968	5,751	919	1985	156,716	2,921
1969	10,248	642	1986	180,425	3,731
1970	7,634	237	1987	258,660	5,849
1971	12,521	70	1988	268,531	7,194
1972	21,997	105	1989	316,261	6,303
1973	23,686	73	1990	353,888	4,333

資料來源：
臺灣省政府主計處編，《中華民國臺灣省統計提要（自民國三十五年至五十六年臺北市改院轄市止）》（南投：臺灣省政府主計處，1971），頁350。(1967年以前資料)
經濟部統計處編，《中華民國臺灣地區經濟統計年報（民國七十六年）》（臺北：經濟部統計處，1988），頁135-136。(1976-1987)
經濟部統計處編，《中華民國臺灣地區經濟統計年報（民國八十二年）》（臺北：經濟部統計處，1993），頁135-136。(1988-1990)

護政策,支持其發展進口替代,並以法規禁止其他廠商加入。1961年《發展國產汽車工業辦法》明確規範,政府將以進口管制、關稅調整與市場保護等措施扶植國內汽車產業。原定的保護期至1964年第三期四年經建計畫結束,但1965年行政院決定延長至1968年第四期四年經建計畫的執行期間。[1]

在此期間,政府於1962年推出《促進機械工業推行方案》,進一步規定五年內不得批准新汽車廠設立或進口整車。[2]同年裕隆汽車和日本日產自動車的技術合作契約到期,但未能達成原訂的100%自製率目標,因此,政府將裕隆公司的自製率要求從原本每年提升20%降至10%,並將最終自製率上限設定為60%。1965年1月,政府頒布《工業輔導準則》,首次明確將汽車生產納入自製率規範,要求國內汽車廠商提升國內生產零件的比例。[3]

自製率是指廠商生產的機械或電器產品中,國內自製部分的價值占產品總價值的比例。其計算方法為:整臺產品的價格扣除進口零件(含毛胚)的成本後所得數值,除以整臺產品的價格。價格計算基準採用國際市場的離岸價格(FOB),即產品在出口港裝船時的價格,不包含運輸與進口國關稅等費用。換言之,自製率即為產品中在國內生產的部分,包括本廠自製的零件、向國內其他工廠採購的零件,以及裝配工資等費用,占產品價格的比率。[4]

雖然政府要求汽車廠商在國內生產重要零件,但汽車零件

的供應涉及衛星工廠與中心工廠之間的連鎖關係，導致自製率的計算存在偏差。早期研究汽車業著稱的產業經濟學者陳正澄的調查顯示，若某特定零件在衛星工廠的自製率為50%，當該零件交由中心工廠組裝後，汽車製造廠往往將其視為100%的國產零件計算，納入整車的自製率計算。也就是說，若中心工廠的自製率標示為50%，實際上整車的國產製造率只有25%。此外，零件的生產價格包含各種成本與費用，當政府規定自製率需達到70%時，若廠商僅能達到60%，可能會以虛報工時或其他費用的方式來達標。[5]因此，自製率政策的執行過程中，存在「上有政策、下有對策」的灰色地帶。

1967年，政府頒布《國內汽車工業保護及進口外國汽車辦法》，放寬新汽車廠的設立條件，但要求新廠自製率不得低於既有廠商。此後，政府陸續核准三富、三陽、六和、進輪、中華等五家公司設立汽車工廠，結束裕隆公司獨占市場的局面。[6]另一方面，1960年代後期，政府考量到國內汽車生產量無法滿足成長迅速的民間需求，自1969年起由中央信託局有限度進口車輛，以調整市場供需。[7]

1979年，行政院頒布《促進汽車工業發展方案》，訂定20萬輛的生產目標，並計劃設立重型車輛工廠。1982年12月23日，經建會通過《發展汽車工業籌建大規模汽車廠以帶動零件及我國工業發展》案，選定日本豐田汽車公司與中國鋼鐵股份有限公司共同投資，籌設年產量30萬輛的大型汽車廠，以外銷

市場為主要目標。然而，由於技術移轉、自製率及外銷比例等問題未能達成共識，該計畫最終於1984年9月被政府中止。

此外，1980年，政府原先批准由臺灣機械公司與美國通用汽車公司合作，成立華同汽車公司，專門生產重型車輛。但因價格過高，政府拒絕持續提供保護政策，最終導致通用汽車於1982年7月宣布撤資，該業務後來由1984年成立的國瑞汽車股份有限公司接手。[8]

可見政府對汽車產業的扶植策略經歷了不同階段。最初，政府支持單一廠商；到了1960年代後期，則放寬市場限制，允許更多企業加入，並在供應量不足的情況下有限度開放進口。1970年代末期，政府雖試圖再次主導汽車產業的發展，但最終未能成功。接下來的章節，將透過現有資料，探討裕隆公司與福特六和公司的創辦與經營歷程，並進一步分析企業對產業政策的需求與回應。

二、本地資本：裕隆公司的創辦與摸索

（一）裕隆公司的成立背景

裕隆公司的創辦者為來自上海的資本家嚴慶齡，其家族早在1902年於中國大陸創辦大隆機器廠，初期主要從事輪船維修及紡織機械的修理與製造，並生產抽水機與碾米機等設備。[9]

嚴慶齡將部分設備資產轉移至臺灣，並以棉紡織產業為起點，創辦專營棉紗生產的台元紡織廠。[10]1953年，適逢蔣介石提出「發動機救國」的口號，嚴慶齡在臺北縣新店鎮設立裕隆機器製造公司，正式進軍機械製造領域。[11]

眾所皆知，1950年代臺灣的公民營企業多曾接受美國援助。在裕隆公司決議進入汽車製造領域前，曾向主導工業發展的行政院經濟安定委員會工業委員會申請美援。然而，美國政府考量當時臺灣的工業基礎仍相對薄弱，且希望臺灣直接向美國進口汽車，因此未支持臺灣發展本土汽車產業。裕隆遂改以製造近海漁船用輕型柴油引擎的名義申請美援，最終成功取得資金，購入精密工具機設備，而這些設備後來也成為裕隆生產汽車引擎的重要基礎。[12]

在正式進入汽車組裝業務前，裕隆公司亦積極參與紡織機械與車輛零件的生產。由於公司早在中國時期已有生產紡織機械，來臺後仍持續製造各類紡織機零件，供應台元紡織及其他業者使用，這在一定程度上延續了大陸時期的業務脈絡。此外，戰前及戰後初期，由於臺灣尚不具備車輛組裝能力，市場上的車輛多仰賴進口，而零件更換亦需依賴國外供應。裕隆察覺到車輛零件的市場需求，於是開始生產福特、雪佛蘭、萬國、吉普、道奇、奇姆西、日野、五十鈴、日產、豐田、朋馳等40餘種品牌的活塞連桿與汽缸套筒，成為當時臺灣重要的車輛零件供應商。[13]

汽車屬於組裝性產業，生產過程需要多種相關產業的配合。那為何1950年代政府在推動以輕工業為主的進口替代工業化時，在鋼鐵、機械、電機等汽車相關產業尚未發展健全之前，就同意裕隆公司發展汽車製造業？這與當時臺灣和中國大陸處於軍事對峙狀態有關。部分工業發展與軍事需求密切相關，政府同意發展汽車產業，主要考量到戰爭時期，汽車工廠可轉為軍用車輛生產基地，而相關的鋼鐵、機械、化學等產業也可支援軍需生產。因此，政府將汽車產業視為戰略性產業，並予以政策扶植，這成為裕隆得以發展的重要契機。[14]

(二) 人力資源的轉用

汽車工業作為高度整合型產業，需要具備專業技術與經驗的高階人才。然而，從臺灣技術教育的發展脈絡來看，戰前的臺北工業學校與臺南高等工業學校主要培養中低階技術人員，而戰時於1943年才開始招生的臺北帝國大學工學部，其第一屆畢業生已進入戰後時期。[15]雖然戰前臺灣已培育出一定數量的技術人員，但其經歷與專業訓練未必能勝任高組裝技術需求的汽車工業；而來自中國大陸的資源委員會成員，在臺灣的工業經驗主要限於造船業，對於整合型工業的實務經驗亦較為有限。[16]因此，裕隆公司成立初期所需的中高階技術人力，主要由軍方技術人員轉任，其中部分成員甚至具有飛機引擎製造的經

驗。由於飛機與汽車在部分零組件的製造上具有共通性，這批人力資源成為裕隆公司發展汽車產業的關鍵。

回顧近代中國早期航空工業的發展，朱霖①是其中的重要推動者。朱霖曾赴美國留學，畢業後於美國飛機製造廠擔任工程師，返國後則在北平交通大學與北洋大學任教。[17]朱霖加入空軍，擔任航空委員會技術處器材科科長，開始推動空軍器材的國產化。他認為可利用中國生產的絲綢製造降落傘，並向航空署署長徐培根將軍提出研究建議。經過三個月的研發，成功製造出第一具國產降落傘，並在筧橋機場進行測試，與進口降落傘同時試投，結果顯示國產降落傘性能良好。此後，航空委員會成立保險傘製造所，專門生產降落傘。當時國產降落傘的製造成本為每具300銀元，遠低於進口品的350美元，顯示本地生產的經濟效益。[18]

---

① 朱霖（1896-1968），江蘇省寶山縣人，1918年畢業於北京大學預科後前往美國留學，1920年於康乃爾大學取得機械工程學士，1921年再於麻省理工學院取得航空工程碩士。朱霖畢業後於麻省理工學院擔任助教兩年，之後轉任紐約州克萊門飛機製造廠（Grumman Aircraft Engineering Corporation）工程師五年。返國後曾任教於北平交通大學、香山慈幼院、北洋大學、北平航空。1931年九一八事變爆發後，開始組織中國航空建設協會，在1933年3月加入空軍，先擔任航空委員會技術處器材科科長，後來又擔任中義飛機製造場監理處兼籌備員、中央南昌飛機製造廠監理處監理、航委第二飛機廠製造廠廠長，以及航空委員會組長、參事，1941年升任工業計畫室主任。戰後在1946年以少將官階出任航空工業局局長，1954年改組為空軍技術局，續任局長，1956年晉升空軍中將。1963年退役後，轉任行政院顧問，並於臺北工專和軍官外語學校任職。〈朱霖〉，《軍事委員會委員長侍從室檔案》，檔號：129-200000-3485，藏於國史館。朱霖將軍紀念編輯委員會編，《朱霖將軍紀念集》（出版地不詳：出版者不詳，1968），頁59。

中日戰爭期間，朱霖進一步參與航空工業計畫，並在獲得航空委員會主委周至柔與軍事委員長蔣介石的支持後，擬定空軍自製飛機的發展方針。當時，朱霖掛階少校，他決議選派大學畢業、具備工廠實務經驗的工程師前往英國與美國進修，並要求學員在美國飛機製造廠內參與實際生產工作半年至一年，以培養實務能力。至日本戰敗時，航空委員會共派遣約258名技術人員赴美國受訓，為中國未來發展航空工業奠定基礎。[19]

1941年，國民政府航空委員會成立發動機製造廠，戰後於1946年改編為航空工業局下的第一發動機製造廠，1948年更名為空軍發動機製造廠。隨著1949年中華民國政府撤退來臺，該廠亦從貴州大定遷移至臺灣，並於1954年進一步改編為空軍第三供應處。[20]

該製造廠歷經多次組織調整，但在1943至1946年間仍成功生產32具賽克隆（Cyclone）發動機，並裝配於運輸機上。原本該廠還計劃生產萊可敏（Lycoming）發動機，但僅完成首具裝配，便因國共內戰而中止。[21]值得注意的是，隨著戰後軍方需求減少，發動機製造廠轉而投入民間市場，開始生產活塞、漲圈等汽車零件，以因應日漸增長的戰後經濟復甦需求。[22]

戰後，朱霖著手籌設航空工業局，當時發動機製造廠由顧光復②擔任廠長，副廠長兼總工程師則為曲延壽③。隨著國共內戰局勢惡化，顧光復在大定主持工廠的搬遷工作，曲延壽則於1949年7月與朱霖一同搭機離開廣州來臺，並在清水籌備設廠

恢復生產。[23]

然而，1950年代美國恢復對臺軍事援助後，政府已毋須自行製造飛機，部分撤退來臺的發動機製造廠高層技術人員遂轉任至裕隆公司。[24]例如，曾擔任發動機製造廠廠長的鄭汝鏞④，在裕隆成立初期擔任協理。[25]同時，曲延壽亦轉任裕隆工廠廠長，他曾是發動機製造廠的副廠長，[26]也是抗戰時期首批赴美學習發動機製造的技術人員之一。曲延壽在《朱霖將軍紀念集》中回憶，朱霖曾囑咐留美技術人員：「中國派遣留學生至歐美學習工業已有多年，其中獲得碩士博士學位者亦不乏之，但罕

---

② 顧光復（1912–2000），江蘇川沙人，畢業於交通大學機械系，後來前往美國麻省理工學院取得航空工程碩士，曾擔任空軍技術局局長，官拜空軍少將，退役後轉任臺灣機械公司總經理，1973年出任工業研究院副院長。〈顧光復〉，《軍事委員會委員長侍從室檔案》，檔號：129-250000-0860，藏於國史館。
③ 曲延壽（1909–2001），山東黃縣人，1933年畢業於北平大學機械工程系，畢業後曾在校擔任助教，後來轉往空軍機械學校擔任教官，並於航空發動機製造廠技士和課長；在此過程，曾在中央大學航空機械研究班和美國紐約大學進行研究。來臺後擔任裕隆機器製造公司廠長。〈曲延壽〉，《軍事委員會委員長侍從室檔案》，檔號：129-050000-1744，藏於國史館。
④ 鄭汝鏞（1909–？），北平市人，1933年畢業於空軍軍官學校機械科第二期，之後擔任空軍軍官學校助教及教官，1935年前往美國，於1936年取得美國紐約大學航空工程學士學位，之後於1937年在美國加州理工大學取得碩士學位。1937年7至12月，曾在美國伏爾梯飛機製造廠擔任工程師，負責飛機設計。1938年返國後擔任中央杭州飛機製造廠工程師，進行飛機設計工作。之後升任至中央航空機器製造廠工檢所主任，1945年9月至1947年8月，擔任航空委員會駐印度辦事處專員和派英國補給部見學。侍從室資料表記載，個人專長為空軍後勤、飛機設計及製造、工廠管理。1947年9月，任空軍航空工業局補給處處長，1948年9月，任空軍第一方機製造廠廠長。〈鄭汝鏞〉，《軍事委員會委員長侍從室檔案》，檔號：129-110000-2977，藏於國史館。

有能負責實際技術工作者,諸君此次出國,務須潛心研習實際製造技術,以發動機製造為終身事業,不容見異思遷或中途申請入學,俾能回國後共同肩負建立中國航空工業之重大責任,此亦即諸君救國報國之唯一途徑。」[27]

裕隆公司創辦人嚴慶齡也在紀念集中撰寫〈懷念至友朱故空軍中將君復先生〉一文,提及自己曾邀請朱霖主持裕隆的汽車技術發展,但朱霖認為應效忠空軍,因而婉拒。文中也提到,裕隆技術部門的主管多數來自大陸時期航空發動機與飛機製造領域,成為裕隆早期發展的技術骨幹。[28]

由上可見,朱霖自己雖未加入裕隆公司,但其許多下屬在政府接受美國軍事援助、未再積極推動軍用飛行機製造的情況下,轉往裕隆,投身同為組裝性工業的汽車製造。

另一方面,汽車零件的製造多涉及金屬鑄造技術。為掌握這項技術,裕隆公司延聘擅長米漢納(Meehanite)鑄造技術的侯國光⑤。侯國光曾在資源委員會體系下的大渡口鋼鐵廠、中央造船公司籌備處與臺灣造船公司任職。1955年,臺灣造船公司聯合臺灣機械公司、機械工程處等公營企業,成立臺灣米漢納金屬公司,並向美國米漢納金屬公司購買專利技術。翌年

---

⑤ 侯國光(1921–2011),南京市人,1943年畢業於武漢大學鑛冶系,之後在大渡口鋼鐵廠擔任助理工程師,戰後擔任中央造船公司籌備處助理工程師,1948年4月來臺後在臺灣造船公司擔任副工程師,後來升任工程師並兼冶金組組長。〈侯國光〉,《軍事委員會委員長侍從室檔案》,檔號:129-110000-0941,藏於國史館。

（1956年），臺灣米漢納公司派遣侯國光前往美國，接受米漢納技術訓練。

然而，在侯國光留美進修那段期間，臺灣造船公司發生變化：該公司被出租給美國殷格斯臺灣造船公司（Ingalls Taiwan Shipbuilding Company）。新接手的美方公司決定，造船所需的主要與附屬機件（如引擎、螺旋槳等）全數從國外進口，不在臺灣當地生產。此外，美方也無意拓展陸上機械製造業務，這使得侯國光學成歸國後，無法發揮原本應用於造船業的技術。[29] 正巧此時，裕隆公司正在尋求提升鑄造技術，並向臺灣米漢納公司申請使用該技術。於是，侯國光在1957年轉任裕隆，設計了兩座米漢納型等吹熔鐵爐，負責生產汽車零件的鑄造與模具製作。[30]

裕隆公司早期的中高階技術人員多來自軍方，隨著企業發展，1954至1955年間，公司開始延聘臺灣大學的畢業生，培養新一代技術人才，以支持汽車產業的長遠發展。[31] 例如，1954年畢業於臺灣大學機械學系的王如鈺⑥，最初進入中國石油公司，負責發票開立工作，後來希望能發揮所學機械專業，於是

---

⑥〈王如鈺先生訪談紀錄〉（2024年6月12日）。王如鈺（1932–2024），臺北縣鶯歌鎮人，畢業於成功高中，1954年臺灣大學機械系畢業後，先進入中國石油公司服務一年，之後進入裕隆公司服務，1960年代離職，參與國賓大飯店的興建工程。後來成立昭源企業有限公司，代理日本神戶製鋼和KHK Stock Gears等公司的業務，從日本進口焊條與齒輪等零件。王如鈺，《微笑：妻と共に歩んだ愛の人生》（東京：近代文藝社，1995），頁272–273。

轉至裕隆任職。進入公司後，時任廠長的曲延壽得知王如鈺的學士論文題目為〈應用於工具機之各種變速機構〉，並熟悉齒輪技術，便安排他參與齒輪的試製工作。王如鈺回憶，當年在臺大機械系就讀時，許多教授曾留學日本，因此課堂授課及參考資料大多為日文，使他對日文機械專業書籍相當熟悉。後來裕隆與日本日產汽車合作進行組裝時，他也負責將日文製圖翻譯成中文，協助技術轉移與生產。

經濟學的生產理論常強調勞動力與資本對工業發展的重要性。在1950年代裕隆公司創立之初，臺灣尚缺乏足夠的高階技術人才，公司便從軍方與公營事業找來技術人員以填補需求，展現出如何在資源有限的環境下有效運用本地生產要素，推動企業發展。而這些1949年來臺、作為創業初期技術骨幹的人才，隨著時間推移，也逐漸由臺灣本身培育的年輕技術人員所接替。

(三)1950年代發展車輛組裝的不利條件

1950年代，裕隆公司的商品大致可分為三類。第一類是與美國威利斯汽車公司(Willys Motors Inc.)技術合作生產的各型吉普車；第二類是與日本日產自動車株式會社(Nissan Motor Co., Ltd.)技術合作生產的大型客車、貨車和小轎車等；第三類是與日本新三菱重工業株式會社(Mitsubishi Heavy Industries,

Reorganized. Ltd.) 技術合作生產的陸地用與漁船用柴油機。[32]

1956年，裕隆公司試製首輛吉普車成功，於1957年正式投產。1959年，裕隆推出大型汽油引擎貨車，1960年擴展至柴油引擎貨車。同時，公司也開始生產大型客車，其中1959年生產的車輛供公路局使用，而1960年則推出「青鳥型」小轎車。[33]

如表8-2所示，裕隆公司的吉普車、客貨車等各類車型的產量皆不高，只有青鳥型小轎車因政府規定計程車須使用國產車輛，才獲得較穩定的市場需求。然而，在當時外匯極度短缺的背景下，企業所需的進口資金皆須向行政院外匯貿易審議委員會（以下簡稱「外貿會」）申請，經審核通過後方能獲得外匯額度。政府因撙節外匯而設立的管制機制，反而成為裕隆擴大生產規模的一大限制。

1958年，裕隆公司原計劃生產904輛汽車，預估所需外匯約170萬美元。在同年5月31日外貿會普通匯款審議小組第166次會議中，由於公司申請的外匯額度超過外貿會的供應能力，最終僅獲批准78萬美元，並將生產數量縮減至460輛。[34]

此外，掌管臺灣工業發展的工業委員會也認為，裕隆1957年生產的吉普車尚未銷售完畢，小轎車也無明確銷售紀錄，因此建議公司應先進行市場調查，而非急於擴大生產。在公司庫貨尚多且不清楚市場規模前，工業委員會也認為應先減少生產數量。[35]

從汽車產業的特性來看，除了技術能力與整體工業基礎，

表8-2　裕隆汽車製造公司各型汽車歷年生產統計（1957-1968）

車款	1957	1958	1959	1960	1961	
吉普車	77	50	162	12	154	
汽油大卡車			230	120	0	
汽油大客車						
柴油大卡車				30	195	
柴油大客車			21	295	198	
汽油中型客貨車						
汽油小卡車						
凱利型小轎車						
青鳥型小轎車				201	427	
勝利型轎車						
合計	77	50	413	658	974	

能否達到規模經濟亦是關鍵。然而，當時臺灣市場規模有限，購買力不足，而政府甚至無法全額提供裕隆生產數百輛汽車所需的外匯，這無疑對裕隆的成長形成重大阻礙。

另一方面，裕隆公司在發展初期即極力爭取政府的政策保護，以確保能有基本的銷售量，但政府以務實的市場需求為考量，未必滿足廠商提出的政策請求。1958年3月8日，裕隆向政府發函表示，公司創立四年以來並未向政府請求鉅額資金補助，但認為公司既已具備大卡車生產能力，政府應停止核發大

1962	1963	1964	1965	1966	1967	1968	Total
142	115	135	149	112	140	138	1,386
132	114	71	96	71	74	84	992
			97	57	55	63	272
90	260	225	280	405	385	490	2,360
302	104	140	390	350	274	259	2,313
			75	168	74	23	340
		35	180	327	298	169	1,009
			50	296	14	117	477
943	620	1,199	1,827	2,456	3,309	4,357	15,339
		60	122	158	152	400	892
1,609	1,213	1,845	3,266	4,400	4,775	6,100	25,380

資料來源：行政院國際經濟合作發展委員會統計，轉引自傅貽椿，〈臺灣之運輸工具工業〉，《臺灣銀行季刊》，第20卷第3期（1969年9月），頁199。

卡車的自用或營業用牌照給進口車輛。裕隆主張，若政府不提供特殊保護，國產汽車將無法抵抗進口車輛的競爭，希望政府能透過限制車輛牌照的方式保障國產汽車的市場。[36]

　　針對裕隆公司希望壟斷國內大卡車市場的請求，政府官員如何回應？1958年3月20日，時任經濟部工礦聯繫組召集人李國鼎與行政院經濟安定委員會工業委員會委員費驊聯名提出簽呈，認為車輛牌照的主要功能是作為稅收依據，若政府以發放

牌照的方式來限制消費者只能購買國產車,將導致關說(政治遊說)或特殊個案處理的問題,增加主管機關的行政負擔。若未來裕隆公司生產的大卡車品質符合市場需求,屆時可以由外匯機關在處理進口車輛的結匯申請時,優先要求申請人向裕隆公司採購國產車輛,而非立即禁止進口車進入市場。也就是說,他們希望等到裕隆汽車的品質真正達到市場標準後,再來考慮進一步的進口限制措施。其次,他們也明確指出,對於裕隆公司當時的生產計畫仍持保留態度,認為在尚未確保產品品質與數量能滿足市場需求之前,不宜過早限制外國車輛的進口。[37]

總的來說,1950年代政府採取較為務實的立場,並未同意透過禁止進口大型車輛來保護裕隆公司。這一決策或可從大型車輛與貨物運輸密切相關的角度來理解,因為若國產大型車輛的品質無法達到市場標準,可能會影響物資運輸的效率與穩定性。與此相對的是,1960年代政府在小型乘用車市場,特別是計程車的銷售方面,則採取了較為積極的保護措施,這部分將在後文進一步討論。

(四)1960年代的市場保護與自製率政策

1. 設備投資與市場保護

如前所述,1950年代裕隆公司的發展受到資金取得與市場銷售的雙重限制,財務狀況一度陷入困境。根據行政院國際

經濟合作發展委員會的檔案記載，1956至1960年底，該公司共累積虧損新臺幣4,779萬4,000元。直到1961年政府頒布《國產汽車工業辦法》，要求計程車業者必須購買國產車輛。由於當時國內唯一的小型乘用車製造商只有裕隆，使其在計程車市場上取得獨占地位，財務狀況才逐漸改善。如表8-3所示，在政府提供市場保護後，裕隆的淨利潤從1961年的新臺幣255萬1,000元，增長至1964年的3,890萬8000元。[38]

表8-4整理了裕隆公司資產負債表中的部分會計科目，並計算出關鍵財務指標，以利更直觀地分析公司的財務狀況。一

表8-3 裕隆公司損益表（1961–1964） 單位：新臺幣千元

科目	1961	1962	1963	1964
營業收入	142,387	222,413	213,665	354,935
商品銷售成本	-107,574	-154,747	-147,518	-246,233
毛利潤	34,813 (24.5%)	67,646 (30.4%)	66,147 (31.0%)	108,702 (30.6%)
銷售與廣告費	-14,471	-29,140	-24,039	-42,422
營業利潤	20,342	38,506	42,108	66,280
非營運費用	-17,791	-24,371	-17,847	27,372
淨利潤	2,551 (1.8%)	14,135 (6.4%)	24,261 (11.4%)	38,908 (11.0%)

資料來源：「MEMORANDUM」（1965年4月27日），Ref No. FR12，〈裕隆汽車製造公司擴充設備貸款美金520萬、南部建廠計畫〉，《行政院國際經濟合作發展委員會檔案》，檔號：36-06-013-013，藏於中央研究院近代史研究所檔案館。

表8-4　裕隆公司重要財務指標(1961-1964)

		1961	1962	1963	1964
營運資金 (單位：新臺幣元)	當期資產−當期負債	(21,343,000)	5,432,000	(18,644,000)	110,371,000
資產構成	淨值 占公司資產比率	9%	13%	17%	23%
	總負債 占公司資產比率	91%	87%	83%	77%
	淨值 占固定資產比率	33%	52%	75%	100%
償還能力	流動比率	89%	102%	94%	143%
	速動比率	23%	36%	19%	35%
獲利能力	毛利率	24%	30%	31%	31%
	淨利率	2%	6%	11%	11%
	淨資產收益率	12%	38%	39%	34%

資料來源：「MEMORANDUM」(1965年4月27日)，Ref No. FR12,〈裕隆汽車製造公司擴充設備貸款美金520萬、南部建廠計畫〉,《行政院國際經濟合作發展委員會檔案》,檔號：36-06-013-013,藏於中央研究院近代史研究所檔案館。

般而言，企業經營常透過借款來投資設備或補充營運資金，進而產生負債。公司的總資產則由負債與淨值(股東權益)構成，淨值即為扣除所有負債後的公司實際資產。

從裕隆公司的財務變化來看，其淨值占公司資產的比例從1961年的9%逐步上升至1964年的23%。這顯示在政府保護政策的支持下，公司負債比例逐漸下降，財務狀況有所改善。然而，若進一步觀察淨值占固定資產的比例，裕隆公司從1961年的33%成長至1964年的100%。這一顯著增長的主要原因，在於公司接受了國際開發協會(International Development Association,

IDA）的60萬美元貸款，並用於購置固定資產，使得固定資產的增長速度遠超負債增加的幅度，進一步提升了公司的財務穩定性。

在償債能力方面，裕隆公司的流動比率（流動資產與流動負債的比值）從1961年的89%提升至1964年的143%，顯示其流動資產相較於流動負債的比例逐步增加，財務結構似乎有所改善。然而，考慮到裕隆公司的存貨比例較高，僅分析流動比率可能無法反映企業的真實財務狀況。因此，若以扣除存貨後的速動比率來衡量，裕隆公司在1961年的速動比率僅為23%，至1964年成長至35%，顯示其財務體質仍偏薄弱，儘管有所改善，但負債水準仍高於資產。

在報酬表現方面，毛利率是衡量企業營運效率的重要指標，計算方式為扣除直接營運成本的毛利潤除以淨銷售額，以反映公司從銷售中獲取的毛利比例。裕隆公司的毛利率從1961年的24%，逐步提升至1964的31%。淨利率則是扣除各項成本與稅收後的最終利潤占淨銷售額的比例，裕隆公司的淨利率從1961年的1.8%成長至1964年的11.0%，呈現穩定上升的趨勢。此外，衡量企業獲利能力的淨銷售報酬率（Return on Sales, ROS），即稅後利潤除以淨銷售額，亦從1961年的2%提升至1964年的11%，顯示獲利能力顯著增強。

至於資本回報方面，淨資產收益率（Return on Equity, ROE）代表企業股東投資的報酬率，即稅後利潤與公司淨值的比值。裕

隆公司的ROE從1961年的12%大幅成長至1962年的38%，在1963年進一步上升至39%，雖然在1964年略微下降至34%，但仍維持在高水準，顯示公司資本運用效率顯著提升，整體經營狀況有所改善。

大型工業在設廠初期往往依賴外部借款來進行設備投資。裕隆公司在成立後亦透過多種方式籌措資金，其中最早的大筆貸款來自1964年國際開發協會提供的60萬美元，專款用於設備購置。此外，裕隆於1964年6月向國際經濟合作發展委員會（以下簡稱「經合會」）申請320萬美元貸款，計劃從美國採購二手機械設備，並於1965年1月追加申請200萬美元，總額達520萬美元。[39] 為確保該計畫的合理性，政府委託匯集機械與鋼鐵業專家的金屬工業發展中心（以下簡稱「金屬中心」），負責進行評估。

裕隆公司計劃以520萬美元購買美國二手機械，以擴充生產設備。最初，經合會希望美國進出口銀行能提供貸款，但該行並不針對二手機械提供融資，同樣專為發展中國家提供資金支持的世界銀行也不願將貸款用於購買舊設備。另一方面，作為本土投資銀行的中華開發公司，則因外匯短缺，無法協助裕隆籌措資金。在此情況下，經合會轉而協調國內銀行團，包括中國銀行、交通銀行及臺灣銀行等，共同提供貸款支持裕隆的擴建計畫。[40]

1965年4月22日，經合會統籌召開「裕隆汽車製造公司擴

充計畫請貸美金五百二十萬元案」會議。會中，裕隆公司總經理嚴慶齡表示，汽車製造業必須採用大量生產的機械設備，才能符合規模經濟原則。選擇購買美國二手機械的原因在於，其成本僅為全新設備的70%，且美國市場龐大，每三個月就會更新一次設備型錄。同時期，義大利Fiat和日本等汽車廠亦廣泛使用美國二手機械。會議上，金屬中心總經理齊世基則認為，在裕隆公司能有效控制成本的前提下，購買美國的二手機械設備來擴充生產線將有助於顯著降低製造成本，因此他建議應該支持這項貸款計畫。[41]

1965年4月27日，金屬中心提交報告指出，裕隆公司當時資本額為新臺幣6,000萬元，年產4,300輛各型汽車。若能順利執行廠房擴建計畫，年產量可望提升至8,000輛，自製率增加4.8%，並改善產品品質與精確度。[42]

金屬中心審查後認為，裕隆公司的技術能力具備發展潛力。在財務方面，截至1964年底，裕隆的流動資產與流動負債比已達143%，即每100元負債對應有143元流動資金可供償還，顯示資金周轉狀況漸趨穩定。如表8-4所示，由於政府實施汽車進口管制與關稅保護政策，裕隆公司的毛利率、淨利率及淨資產收益率皆有所提升，財務狀況明顯改善。[43]

金屬中心評估認為，如果政府持續實施小型車進口管制與高關稅等保護政策，裕隆公司的市場銷售應能穩定成長，財務體質也將足以支撐借款的償還。然而，當時裕隆公司的資本額

僅新臺幣6,000萬元，截至1964年底，公司淨值為新臺幣1億1,330萬元，約占總資產的22%，尚未達到合理的財務標準。因此，金屬中心建議，裕隆公司在進行生產擴張計畫的同時，應同步提高資本額至新臺幣2億5,000萬元，以強化財務結構。[44]

此外，金屬中心指出，裕隆自1961年開始獲利，可進一步透過貸款來改善「流動負債高於流動資產」的情形。必須注意的是，金屬中心對裕隆未來銷售與獲利的增長預測，是建立在政府持續提供貿易保護的前提上。[45]也就是說，如果政府政策發生變動，裕隆的市場成長與財務穩定性可能面臨挑戰。

在1965年8月11日的第二次評估報告中，金屬中心的中級機械工程師劉曾适[7]，從生產線配置的角度指出，裕隆公司當時仍採用「分批零工」的傳統生產方式，而非先進國家汽車工業所使用的現代化生產線。這種生產方式不僅造成資本浪費，也導致成本上升。因此，他認為裕隆應加速設備更新。劉曾适強調，購入二手機械的成本僅為新機械的一半，且能快速取得生產所需設備，同時提升產品品質與製造精度。按照他的估算，設備更新後，裕隆的年產量將能從4,000臺提升至8,000臺，並具備承接軍方軍用車輛製造訂單的能力。此外，他認為

---

[7] 劉曾适（1913-2017），江蘇青浦人，1936年畢業於交通大學機械學系，畢業後任職於中央航空公司、中央機器廠，來臺後任職於臺灣造船公司，1965年擔任行政院國際經濟合作發展委員會高等機械工程師，參與一貫性鋼鐵廠籌備工作，1981年擔任中國鋼鐵公司董事長。劉曾适，《重工業之路：劉曾适百歲回顧》（臺北：松慧有限公司，2013），頁125-139。

設備更新後,自製率將提升14%,遠高於裕隆公司原先提出的4.8%。[46]

綜觀政府的決策,最終雖然批准了裕隆公司的貸款計畫,但後續政策卻未持續給予裕隆公司小型車市場的獨占保護。尤其是1969年以後,隨著本地生產的汽車供應無法滿足市場需求,政府開始逐年以特案方式開放轎車進口,使裕隆失去市場壟斷的優勢,更難以實現規模經濟。換言之,政府在汽車產業政策上頗為矛盾:一方面透過貸款支持企業擴大設備投資,另一方面卻在市場競爭與進口政策上放寬限制,使得裕隆的發展面臨不確定性。

2. 技術引進與自製率政策下的發展

裕隆汽車最初生產吉普車時,並未獲得國外技術支持,而是先行少量試製,後來才從美國威利斯公司引進技術。[47]當時,工業委員會機械工業小組曾提出「臺灣自製汽車計畫」,建議以裕隆公司為核心工廠,先行試製100輛吉普型客貨用汽油車,未來再進一步發展大型車輛生產。雖然工業委員會支持裕隆公司生產吉普車,但也明確表達政府不保證提供財務支援。[48]

在技術來源方面,裕隆創辦人嚴慶齡最初希望從其曾留學的德國引進技術。為此,他與妻子親自前往德國洽談,但當地車廠以對臺灣市場陌生及市場規模太小為由拒絕合作。之後,裕隆透過與日本關係密切的永太貿易公司牽線,由該公司董事

長張添根⑧的弟弟——張建安（亦任職於永太貿易）負責聯絡，促成了裕隆與日產自動車株式會社的技術合作。根據協議，裕隆裝配與製造的日產汽車將由永太貿易公司負責銷售。此後，張添根另外成立國產汽車實業公司，專門負責裕隆汽車的銷售業務。[49]

永太貿易公司的創辦人張添根戰前畢業於臺中一中，曾於農會服務，1949年擔任鄉民代表會主席，1950年當選臺中縣議員。與此同時，他開始轉向商業，先在臺中成立永太行，從事交通運輸與貿易業務，1953年事業遷至臺北，1958年藉由與日產自動車的合作契機創立國產汽車實業公司。[50]由此可見，戰後來自上海的嚴慶齡在引進日本技術時，仍需仰賴臺灣本地貿易商的對日人脈網絡。最終，裕隆與國產汽車公司形成「產、銷分工」的模式：裕隆負責製造，國產汽車公司負責銷售，這顯示出當時來自中國的資本與本地資本在生產與商業網絡上的合作現象。

在技術合作條件上，裕隆公司與日產自動車簽定合約時，原本承諾五年內可完全生產所有零組件。從實際發展來看，第

---

⑧ 張添根（1914–1995），臺中縣人，戰前畢業於臺中第一中學校，戰後曾服務於大雅鄉農會與擔任合作社理事主席，1949年在臺中設立永太行從事貿易，1953年將公司遷至臺北，改組為永大貿易股份有限公司。中華徵信所企業股份有限公司編，《對臺灣經濟建設最有貢獻的工商人名錄》（臺北：中華徵信所企業股份有限公司，1973），頁324。〈張添根先生行誼暨訃告〉，《個人史料檔案》，檔號：128-005288-0001-001，藏於國史館。

一年達成20%自製率,第二年目標提高至40%,裕隆公司藉由擴充設備勉強達成。然而,當第三年需提升至60%自製率時,裕隆與日產雙方均認為計畫難以執行,因此於1962年6月向政府申請修正,將自製率增長幅度調整為每年增加10%,最高上限訂為60%。[51]

此外,根據裕隆與日產的技術合作協議,除了支付技術權利金外,裕隆公司還需承諾進口至少500輛日產大客車與貨車(其中汽油車不得少於340輛),以及200輛以上的小轎車。[52]透過這項協議,日產不僅提供技術支援,還能確保在臺灣市場維持一定規模的出口銷售。

作為組裝型工業,裕隆公司在生產零件方面需要仰賴衛星工廠的配合。然而,在臺灣整體工業水準尚低的背景下,要大幅提升自製率,裕隆公司只能自行投資設備進行生產,對於當時財務狀況尚不穩健的裕隆而言,這無疑是一項艱鉅的挑戰。裕隆公司最初提出五年內達到國產化的計畫,從今日產業發展的角度來看,這樣的目標幾乎無法實現。《吳舜文傳》中曾提及裕隆當時設定五年內完全自製汽車的背景:

> 那時裕隆在缺乏原料、人才(基層工人與高級工程師皆然)的情況下,尚未具備裝配能力,蔣公一心以「擁有中國自己的發動機」為念,參觀完畢,出口便問嚴慶齡,何時可以自行製造汽車?工程師出身的他一向只知埋頭苦幹,

不諳權通應變之術，他未經仔細計算，便沸起滿腔熱血答道：「五年」。53

汽車產業屬於組裝工業，涉及電機、機械、鋼鐵等多個產業的支援，才能達成零件的高自製率。在臺灣工業基礎尚未健全的時期，裕隆公司竟提出五年內完全自製的構想，這令人不禁質疑，日產自動車為何會接受這樣的合作條件？政府的審查單位又為何未對此計畫提出質疑？這些問題實在費解。

1962年1月9日，時任總統的蔣介石召見嚴慶齡，聽取國內機械與汽車工業發展的簡報。當時，嚴慶齡向蔣介石表示：「機械工業與一般輕工業不同，為了培養機械工業技術，政府及人民均需有更大的忍耐性，在發展初期，即是產品不及國際標準，亦應優先採用，給予改良機會，使其能逐漸達到國際標準，否則，如一切產品均以國產品質不好為由而花費外匯向國外採購，則國內機械工業將永無發展改良之機會。」此外，他也提到：「裕隆公司對於發動機現已可完全自己製造，各種汽車零件，在今後一年內將可達到大部分可以自製的目標，預計再增加二至三百萬美元的機器設備，省內年銷量如可以達到六千輛，該公司即可不再依賴外國技術，而完全由自己的技術工人負責製造，屆時並可以出口外銷。」54

然而，裕隆公司的發展是政府策動下的產物，因此，嚴慶齡向蔣介石提出的發展目標，未必符合當時產業發展的實際情

況。這樣的表態，或許更多是企業爭取政府支持的一種策略性說法。

進入1960年代後期，隨著政府逐步開放其他汽車廠設立，裕隆公司選擇透過擴大設備投資作為因應對策。此外，裕隆公司也陸續成立多家零件工廠，以強化供應鏈。例如，1969年1月開始籌備的友聯車材公司，由裕隆公司、第一機械公司、協亨貿易公司及日本發條株式會社共同投資設立，董事長由裕隆公司的曲延壽擔任。該廠於1971年完工投產，主要生產汽車葉片彈簧鋼板、彈簧座椅與汽車水箱等零件。[55]同年，裕隆公司也成立裕盛公司，作為裕隆的子公司，主要生產汽車安全帶，後來陸續擴展至汽車地毯、地布等零件，供應國內汽車裝配廠。[56]

1965年1月，日產自動車株式會社社長川又正二訪臺，嚴慶齡向其提出工廠擴建計畫與技術合作的請求。同年2月，日產自動車副社長五十嵐正也來臺訪問，雙方進行進一步協商。12月，日產自動車在臺北設立駐在員事務所，以強化在臺業務與技術合作。1967年3月，日產派遣技術顧問團來臺，指導裕隆工廠的擴建計畫。1970年4月，裕隆新工廠正式啟動，組裝能力提升至每月1,500輛，期望藉此有效提升生產品質並降低製造成本。[57]

裕隆公司為了落實臺灣汽車產業的國產化政策，除了大型卡車外，小型車則需達到60%的自製率標準，並自製發動

機零件。為此，1968年12月，日產自動車採購部門的橫山能久取締役率領衛星工廠組織調查團來臺，拜訪政府官員並進行國產化零件的評估。隨後，日本多家汽車零件企業，如鬼怒川ゴム、ナイルス部品、市光工業、橋本フォーミング工業、大井製作所、日本ダイアクレバイト等，陸續以合資或技術輸出的方式進入臺灣市場。[58] 另一方面，原本為裕隆公司特約銷售的國產汽車公司與太子汽車公司，也開始進口卡車底盤進行組裝，並能生產部分卡車車身零件，進而成為裕隆公司的衛星工廠之一。[59]

日本汽車產業的中心工廠與衛星工廠之間的關係，並非單純的商業交易，而是在生產、技術與財務層面提供支援與輔導。當時，提供裕隆技術支援的日產自動車，在日本擁有寶會與晶寶會兩大系統。1970年，裕隆公司仿效日本模式，成立「裕隆協力工廠協力會」，至1982年已有72家協力工廠，並分為五個工作小組。[60]

根據有限的資料可知，裕隆協力工廠協力會的主要功能包括技術資料交流、生產技術指導、品質改進與新零件開發。此外，協力會也針對檢驗與試驗設備進行互助交流，並向裕隆公司提出技術支援的需求。每個工作小組每月輪流在會員工廠召開會議，討論生產流程與技術改進，並安排現場觀摩，以提出改進建議。除每月的例行會議外，協力會還分成三個專案小組，分別負責「裕隆產品標準規範」、「降低成本計畫推行」與

「提升品質與檢驗設備互助」等項目。其中,產品標準規範小組根據日產自動車制定的NES(Nissan Engineering Standard),制定出裕隆公司專屬的技術標準YES(Yue Engineering Standards)。[61]

自1960年代中期以來,隨著裕隆公司擴大設備投資,以及臺灣汽車生產廠商數量的增加,許多日產自動車的衛星工廠也開始來臺投資,進一步促進臺灣汽車零件產業的發展。同時,裕隆公司在汽車生產規模擴大的過程中,不僅建立起衛星工廠協力會制度,還提出了符合日產標準的技術規範,這些發展可視為日產技術引進後的本地化應用。

3. 價格過高與品質問題

1950至1960年代,裕隆汽車的生產規模較小,未能達到規模經濟,因此生產成本較高。一般而言,後進國家的工業產品在保護政策初期,生產成本往往高於先進國家,但關鍵在於消費者是否能夠接受高於國際市場的價格。

根據1968年經濟部的調查(表8-5),裕隆公司生產的青鳥型小轎車,在臺灣的售價為2,778美元,而同車型在日本國內的售價僅為1,778美元。若從日本出口該車型至臺灣,其離岸價格(FOB)僅為1,350美元。換言之,臺灣市場價格相較於日本國內售價高出56%,相較於日本出口的離岸價格更是高出一倍。造成裕隆售價偏高的原因之一,在於產量有限,導致每輛車需分攤較高的固定成本。此外,進口零件與部分自製零件的

原料須負擔運費、關稅及各項附加費用，亦進一步推高成本。[62]

在政府要求達到60%自製率的政策下，裕隆公司需自行生產或向國內供應商購買零件。但如表8-6所示，1971年裕隆生產的青鳥型小轎車，其國產零件價格普遍高於日本國內價格，究其原因，應在於臺灣工業水準與產量均不及日本，技術尚未成熟，且無法形成規模經濟。

裕隆公司於1960年開始生產青鳥型小轎車時，受限於國民平均所得仍然偏低，私人乘用車市場尚未成熟，因此銷售主要集中於政府保護的計程車市場。1964年，裕隆推出勝利型（1,900cc）轎車，1965年又增加凱利型（3,600cc）轎車，但這

表8-5　青鳥型小轎車臺灣與日本之售價比較表

各項指標	青鳥小轎車
日本國內售價	64萬日圓=1,778美元
日本出口臺灣FOB價格	1,350美元
臺灣售價	新臺幣11萬1,000元=2,778美元
臺灣售價 較日本國內市價高出之金額與比例	1,000美元(56%)
臺灣售價 較日本出口臺灣FOB價格高出之金額與比例	1,428美元(100%)
同型日本車之臺灣進口成本	新臺幣10萬6,700元

資料來源：經濟部物價問題專案小組編，《物價問題專案小組總報告》（臺北：經濟部物價問題專案小組，1968），頁204。
說明：臺灣售價不含貨物稅。

兩款車因性能未達市場期望,生產數量有限(如前述表8-2所示),未能擴大市場規模。[63]

裕隆汽車的國產化進程,在價格高於日本同型車且品質尚待提升的情況下,引發消費者與民意代表的批評。1971年出版的《教育與交通》雜誌中,有兩名計程車司機以具名方式投書,抱怨高價購入的國產車品質不佳,甚至出廠數日即出現漏油問題。[64]同年2月22日,在立法院第46期第二次會議上,立法委

表8-6 青鳥型小轎車零件價格與日本國內比較　　　　　　　　　單位:新臺幣元

名稱	日本國內市價折合為新臺幣價格	臺灣市價
整套輪胎	1,009	2,750
整套玻璃	765	1,700
後彈簧鋼板	194	370
電瓶	285	650
發電機	552	990
起動馬達	564	1,100
分電盤	200	410
電壓調整器	95	175
綜合燈	100	140
電纜(引擎部分)	152	230
電纜(儀表部分)	83	154
空氣濾清機	154	173

資料來源:臺北市銀行徵信室編,《臺灣區汽車工業調查報告》(臺北:臺北市銀行徵信室,1971),頁46。

員徐中齊亦對政府給予裕隆公司的保護政策提出質疑。

徐中齊首先批評，政府允許裕隆公司以新臺幣200萬元的低資本額創立，並提供過多優惠政策，卻最終未能實現全面國產化，這是政府的第一大失誤。其次，他指出，政府允許裕隆公司以高於國際市場的價格向計程車業者與退伍軍人出售車輛，形成市場壟斷，這是政府的第二大失誤。此外，他認為政府缺乏對汽車與零件製造廠的有效監督，未制定並公布具體的督導辦法，應透過定期與不定期檢查，並公布結果，使國人瞭解國產化進度。徐中齊還質疑，政府對汽車製造業的監督不夠透明，可能放任企業虛報成本。例如，進口零件可能被低報，而本地生產的零件可能被高報，甚至可能發生貿易商轉售進口零件冒充自製，以符合政府自製率標準。他認為，臺灣汽車業的自製率計算方式存在許多灰色地帶，而政府官員未能有效監管。基於以上批評，徐中齊認為，裕隆公司依靠法律保障壟斷市場，獲取高額利潤，應該收歸國有，由政府直接經營。[65]

總結來說，過去對於1960年代後期臺灣汽車業發展的討論，多聚焦於政府如何打破裕隆公司的市場壟斷，例如核准新車廠成立與有限度開放進口。然而，當時除了供不應求的問題外，國產車還面臨品質不佳的挑戰。由上可見，市場對裕隆汽車的批評，主要集中在價格過高與品質堪憂兩方面。值得注意的是，針對政府高度保護裕隆公司的政策，民意代表並未主張透過開放市場競爭來改善產業發展，而是傾向由國家直接經營

汽車產業。他們的立場可能反映出當時官員與民意代表普遍偏好由政府主導重工業發展的政策思維。

三、六和汽車公司的自動車事業：從豐田到福特

如今廣為人知的福特六和集團，其經營者宗仁卿兄弟早年在中國大陸山東青島經營三和紡織廠，來臺後創立六和紡織公司。[66]1960年代中期，六和紡織公司開始嘗試多角化經營，利用與豐田紡織機業務往來所建立的商業網絡，引進豐田自動車的技術，進入臺灣汽車製造業。然而，1970年代初期，兩岸政經局勢變動，恰逢美國福特公司計劃擴展亞洲市場，六和公司在政府的促成下，將部分股權出售給福特，轉型為美國福特公司的子公司。

(一) 六和汽車的成立

六和紡織進軍汽車業的契機，來自其與日本豐田自動織布機株式會社的業務往來。該公司社長石田退三，同時也是豐田自動車工業株式會社（以下簡稱「豐田自動車」）的社長。1967年，六和汽車與豐田自動車多次洽談，確立技術合作的原則，由豐田自動車提供建廠設備與生產技術，而資金與營運則由臺灣方面負責。[67]

1966年2月，六和紡織向政府申請成立一家汽車製造公司，[68] 獲准後，該公司正式成立，命名為六和汽車工業公司（以下簡稱「六和汽車」）。1968年起，六和汽車與豐田自動車簽定為期五年的技術合作協議，確定在臺灣生產豐田牌汽車。[69]

　　在經營團隊方面，六和汽車公司聘請劉大柏[9]擔任董事長，副董事長為張武[70]，總經理由孫照臨擔任，廠長為謝文壇[10]，經理為劉夢熊[11]。董事成員包括宗仁卿、吳三連[12]、鄭旺[13]、李崇年[14]、張武、劉大柏、宗圭璋、馬積善[15]、吳尊賢[16]、孫照臨、

---

[9] 劉大柏（1914-？），湖南衡山人，1936年畢業於中央政治大學，1941年擔任財政部業務處長，負責全國田賦徵收實物。1953年擔任實施耕者有其田案有關問題處理委員會執行祕書，1961至1963年擔任行政院改進財務行政聯合委員會執行祕書，1970年轉任六和汽車公司董事長。〈劉大柏（劉鑑湘）〉，《軍事委員會委員長侍從室檔案》，檔號：129-210000-2825，藏於國史館。中華民國當代名人錄編輯委員會編，《中華民國當代名人錄》（臺北：臺灣中華書局，1978），頁1636。

[10] 謝文壇（1904-？），遼寧遼陽人，1941年畢業於旅順工科大學後，進入瀋陽日新機械工業株式會社負責機械設計。1944年轉任大陸工業株式會社技師。1946年擔任遼寧省政府茌原製作所代理廠長，後該機構改組為東北生產管理局瀋陽機器廠，續任工場主任。1948年來臺後，任職於臺灣工礦公司機械分公司第一機器廠副工程師。1950年轉任臺灣天源機械股份有限公司副廠長。1952年任臺灣電力公司松山修理場副工程師，後升任機械組及工務組組長。〈謝文壇〉，《軍事委員會委員長侍從室檔案》，檔號：129-240000-0046，藏於國史館。

[11] 劉夢熊，1956年曾任空軍訓練司令部中校科長。〈劉夢熊〉，《軍事委員會委員長侍從室檔案》，檔號：129-170000-4239，藏於國史館。

[12] 吳三連（1899-1988），臺南人，畢業於臺灣總督府國語學校，1925年畢業於東京商科大學後曾擔任大阪每日新聞社和《臺灣新民報》記者，戰後擔任臺北市市長和省議員，並曾擔任臺灣化學製藥公司總經理、臺南紡織公司董事長等職務。中華民國工商協進會主辦工商徵信所編，《自由中國工商人物誌》（臺北：中華民國工商協進會，1955），頁43。吳三連口述、吳豐山記錄，《吳三連回憶錄》（臺北：自立晚報社文化出版部，1991）。

劉夢熊等人,監察人則有宗祿堂、王志堅[71]、張林翰。[72]

外界普遍認為六和汽車主要由來自山東的宗家經營,但其董事會中亦有來自其他背景的股東,例如經營輪胎事業的馬積善、臺南幫資本代表吳三連與吳尊賢,以及曾旅居日本的華僑鄭旺等。由於當時六和汽車尚未上市,各股東持股比例不詳。

1968年10月,六和汽車在桃園縣中壢市動工興建工廠,初步規劃生產車款包含0.6噸小卡車、小轎車、2.5噸以上卡車及堆高機等。[73]根據政府規範,新的汽車生產業者需達到既有廠商的最高自製率(60%),並須在臺灣生產部分關鍵零件。當時,日本因國內生產成本上升,從1950年代末期便逐步將勞力

⑬ 鄭旺(1914-？),臺南人,曾任鄭旺真珠有限會社社長、東豐紡織股份有限公司董事長、世華聯合商業銀行常務董事。〈鄭旺〉,《軍事委員會委員長侍從室檔案》,檔號:129-250000-2532,藏於國史館。
⑭ 李崇年(1909-1989),江蘇淮陰人,1931年畢業於國立中央大學,後來前往英國愛丁堡大學和倫敦大學進修,返國後曾服務於昆明市財政局局長兼昆明銀行經理,來臺後擔任中央信託局常務理事、裕豐紗廠股份有限公司董事長、交通大學常務董事、裕臺公司常務董事等職務。〈李崇年(李重岩)〉,《軍事委員會委員長侍從室檔案》,檔號:129-210000-1318,藏於國史館。
⑮ 馬積善,山東牟平人,為馬岐山之弟。馬岐山過去在上海從事貿易業,1950年馬岐山來臺後設立源昌貿易行,投資五金的進出口貿易。1955年馬積善協助馬岐山在中壢創辦泰豐輪胎公司,最初為生產皮帶和三角帶,1958年馬岐山過世後事業由其弟馬積善接手,1959年開始生產輪胎。于宗先、孫震、陳希沼編,《山東人在臺灣:工商篇》(臺北:財團法人吉星福張振芳伉儷文教基金會,2000),頁161。
⑯ 吳尊賢(1916-1999),臺南人,戰前曾在新復興布莊擔任學徒,後來與兄長吳修齊創業成立新和興商行,主要從事布匹貿易。戰後成立三興行,1950年代後陸續創立臺南紡織公司、環球水泥公司等,並與其他人共同投資多家公司之創立。吳尊賢,《吳尊賢回憶錄》(臺北:遠流,1999)。

密集產業移往海外。豐田自動車在規劃六和汽車的廠房與生產資材時,即將其納入國際分工體系,計劃由臺灣供應部分汽車零件。[74]根據記載,1971年4月2日,豐田自動車向六和汽車採購曲軸箱和汽缸頭等零件,從基隆港出口至日本,這是戰後國外汽車廠首次向臺灣採購零件。[75]

值得注意的是,戰後豐田汽車在臺灣的銷售一直由本地企業和泰公司總代理,因此即使六和汽車在臺組裝國產豐田汽車,仍須透過和泰公司進行銷售。[76]

豐田自動車與六和汽車的技術合作原本在市場上反應良好,然而,1970年代初期,隨著兩岸分治下臺灣的國際認同問題浮現,日本企業在臺投資的前景變得不確定,美國福特汽車則趁勢介入,逐步取代豐田在六和汽車的技術合作角色。

1970年4月,中共總理周恩來訪日時提出「四原則」,其中要求日本企業在中華人民共和國與臺灣之間只能擇一投資。[77]而就在此時,美國福特公司提出「亞洲車」的構想,計劃在亞洲各國生產符合當地需求的汽車。1971年3月2日,福特汽車董事長亨利・福特二世(Henry Ford II)訪臺,前往行政院拜會副總統兼行政院院長嚴家淦,以及行政院副院長蔣經國,針對在臺設立汽車零件製造工廠交換意見。為進一步瞭解臺灣汽車產業環境,福特二世還與多家本地汽車相關企業接觸,探索合作機會。

福特公司有意在臺投資,生產汽車引擎和鋁鑄件,作為其

「亞洲車」計畫的一部分。原本經濟部推薦裕隆公司參與這項計畫，福特二世也與裕隆公司董事長嚴慶齡進行多次洽談。然而，由於雙方均希望在合資企業中保有50%以上的股權，最終未能達成共識。[78]

當時政府考量到，若豐田自動車接受周恩來提出的「四原則」，可能影響六和汽車獲取技術的穩定性，因此建議六和汽車評估與美國福特汽車合作的可能性。1971年7月，六和公司高層先與豐田自動車確認該公司是否有意進入中國市場，並告知其與福特接觸的情形，以確認豐田自動車對六和汽車的投資意向。豐田自動車回應表示，公司確有訪問中國的計畫，但將尊重六和汽車的決定，不會干涉其與福特的合作談判。[79]

1972年11月，六和公司正式與美國福特汽車簽署合資協議，福特取得六和汽車76%的股份，政府亦核准此項投資計畫。同年12月，六和汽車通知豐田自動車不再續約，雙方的技術合作協定於1973年4月到期，隨後六和汽車轉型為福特六和，開始生產福特汽車。[80] 為配合福特汽車的銷售，宗氏家族另成立九和汽車股份有限公司，專責福特品牌汽車的經銷業務。[81]

至於豐田六和時期的市場表現，根據當時負責銷售豐田汽車的和泰公司資料，六和汽車自1971年開始生產國產豐田車，當年銷量為970輛，1972年成長至4,104輛。然而，由於六和汽車終止與豐田的合作，1973年國產豐田車的銷量驟降至910輛。整體而言，這段期間國產豐田車的總銷量僅5,984輛，市

場規模有限。[82]

總的來說，豐田六和的實際生產階段僅維持兩年多，產量規模有限，生產實績並不顯著。但日本豐田願意提供臺灣廠商技術，顯示其將臺灣納入全球零件供應鏈的一部分。當時，政府對汽車製造業的自製率設有嚴格規範，加上六和汽車投入設備建置，使其在零件生產的初期階段，即能達到技術母公司所要求的品質標準，迅速融入日本豐田的國際分工體系。但由於雙方合作時間過短，這一關係未能持續深化。隨後，在福特六和時期，臺灣的汽車產業發展模式與豐田時期大致相同，仍是國際汽車零件供應鏈的一環，成為美國福特汽車生產體系的重要組成部分。

(二) 福特六和公司的改組成立

1. 衛星工廠體系的創立

福特六和公司成立後，除了在臺組裝車輛外，更重要的是提升汽車零組件製造水準，使臺灣的衛星工廠生產的零件能出口給美國福特汽車，供應原廠需求。

在建廠期間，美國福特汽車從海外各工廠派遣40名技術專家至臺灣，直接在本廠培訓員工，並巡迴指導各衛星工廠的零件生產。技術輔導的重點包括夾具和模具的製造、汽車座椅、車門板等艤裝車件的生產技術。[83]

此外，福特六和公司提供水箱、鋼輪、後軸、圈狀彈簧、發電機（Alternator）、起動馬達、點火線等精密零件的藍圖，協助衛星工廠製造。同時，塑膠和油漆等較為低階的零件也交由國內廠商製造，且提供採購資料與品質管制訓練，以確保衛星工廠產品品質。至1977年春天時，上述產品已能符合國際規格，在臺灣自製。[84]

在人才培訓方面，至1976年底，福特六和公司派遣12名技術人員前往海外福特工廠，學習汽車裝配工程、引擎加工與裝配、鋁件冶鑄、汽車工具製造與開發等技術。[85]此外，公司也對本地廠商與衛星工廠提供技術訓練。自1973年建廠至1976年底，福特六和共開辦57個訓練班，涵蓋汽車構造、保養維修、銷售管理、經營分析等課程，受訓人數超過3,000人次，涵蓋公司內部員工、零件供應商及經銷商等各層級人員。[86]

福特六和公司不僅在臺灣組裝車輛，也逐步發展汽車零件的生產與出口。1976年，臺灣整體汽車零件出口總額約3,000萬美元，其中福特六和公司透過福特汽車的全球體系出口了771萬美元，占臺灣汽車零件出口總額的26%。這些外銷零件主要包括福特六和自行生產的引擎，以及由臺灣衛星工廠製造、再經由福特六和轉售給美國福特汽車的零件。[87]

根據截至1977年3月的統計，福特六和公司的自製零件已達420種，其中最重要的引擎由福特六和公司的引擎工廠製造，並外銷至澳洲、菲律賓和英國等地。[88]1977年該公司共

表8-7　1976年福特六和汽車零件外銷實績　　　　　　　　　　　　　單位：美元

項目	外銷金額
引擎	3,100,000
其他部品	10,000
小計	3,110,000
代購外銷美國福特零件	4,600,000
合計	7,710,000

資料來源：福特六和汽車公司編，〈國內汽車工業簡報〉（1977年3月28日），頁12。《福特六和汽車公司擴建計畫》，李國鼎先生贈送資料影本重工業類(十二)，國立臺灣大學圖書館臺灣研究特藏區。

出口超過1萬具引擎。此外，福特六和不僅協助衛星工廠技術升級，也推動管理改革，促使200多家供應商達到國際品質標準。1977年，福特六和公司透過衛星工廠外銷至美國福特公司之零件總額達1,100萬美元。[89]在車輛生產方面，1978年福特六和的年產量達1萬6,721輛，主要產品包括小轎車、小貨車及零件等。[90]

在市場價格方面，福特六和公司與裕隆公司的車輛價格存在一定差異。以1977年6月為基準，裕隆公司的1,200cc速利型價格依款式不同，介於新臺幣17萬9,000至18萬9,800元之間；福特六和的1,000cc雅士售價為18萬3,000元，1,300cc雅士GL則為19萬9,000元。同樣是1,600cc車款，裕隆的萬利系列售價介於19萬3,000至20萬3,000元，而福特六和的跑天下系列則為20萬7,000至25萬1,000元。[91]

整體而言，福特六和公司的車輛價格普遍比裕隆公司高出約20%。根據1978年臺北市銀行的調查報告，這主要是因為福特六和的車輛零件除了部分由臺灣本地製造外，仍有不少零件需從福特公司的國際體系進口，導致成本較高。相比之下，裕隆公司經過近20年的發展，到1970年代末期，除了車身與部分精密零件外，大部分零件皆可在臺灣生產或進行最終加工，因此生產成本相對較低，使其車輛售價較具競爭力。[92]

2. 從福特六和看臺灣汽車業政策

1978年8月，福特六和公司總經理陳其蕃在一份針對臺灣汽車產業的報告中指出，政府缺乏長期發展計畫與政策穩定性。報告強調，政府早期曾禁止汽車進口，後來又局部開放，政策的搖擺不定導致汽車製造廠與零件衛星工廠對於未來市場的不確定性感到憂慮，進而不敢積極投資設備擴張。[93]

報告中還提到，1978年7月政府將汽車自製率標準提高至70%，然而本地鋼鐵業與零件衛星工廠未能及時提升品質，以符合汽車工業的需求，顯示政府在推動汽車產業政策時，未充分考慮周邊產業的發展情況。此外，報告也建議，若要讓衛星工廠成長，政府應提供長期低利融資方案；[94] 當時臺灣的金融體系主要由省營銀行（即政府經營的銀行）主導，而這些銀行普遍認為中小企業的財務管理與帳務紀錄不夠透明或健全，擔心貸款給這些企業可能會有較高的風險。[95] 因此，中小企業主導

的汽車周邊產業較難獲得資金支持。

　　一般而言，決定零件是否國內自製，需考量技術、品質與成本等因素。技術層面上，國內工廠必須具備按圖製造零件的能力，並確保關鍵零件的品質能達安全標準。然而，臺灣本地生產的零件價格普遍高於進口價，且相關事業的投資成本相當高。例如，生產某些零件需購置特定模具，但由於產量有限，導致單位成本過高，難以符合經濟效益。[96]

　　因此，福特六和公司建議，政府在推動自製率政策時，應同時考量規模經濟，確保生產條件與品質標準都能達到合理水準。例如，車身製造需要大量沖壓設備，若產量過小，則設備投資成本過高，反而增加整體生產成本。陳其蕃也在報告中指出，當時英國的汽車業自製率僅35%、澳洲為60%，可見許多汽車製造先進國在大規模生產的模式下，並未強求零件完全國產化。[97] 上述意見顯示當時政府為提升本地工業能力，可能過度追求自製率，忽略了汽車產業發展的實際成本考量。

　　就福特六和公司的自製能力而言，公司設有鑄造、引擎與裝配三大工廠，可生產約420種零件，包括引擎、汽缸體、汽缸蓋與排氣管等，除了供應自身需求，部分零件也外銷至海外市場。[98] 至於零件供應鏈方面，福特六和公司認為政府應對當時臺灣約500間家族企業經營的零件工廠進行輔導，協助其在組織架構、制度建設、財務管理、營運效率與品質控管等方面提升競爭力。[99]

福特六和公司主張，零件自製與否，應回歸成本面，每項零件的自製成本應以不超過進口成本的15%為原則。國內採購零件的總平均成本則應不超過進口總成本的5%，否則將形成不經濟的生產模式。[100]例如，表8-8顯示，1,600cc排氣量的福特跑天下L車型的後軸與傳動軸，在國內採購的價格遠高於進口成本。後軸的國內自製價格比進口價格高出約57.8%，而傳動軸則高出約24.9%。在政府自製率政策的要求下，生產成本大幅增加，這些額外成本最終轉嫁到市場售價，使消費者需支付較高的價格購買汽車。

　　如表8-9所示，福特生產的跑天下L型在臺灣的售價與菲律賓相近，但低於亞洲其他國家的同款車輛。例如，當時新加坡的售價折合新臺幣約為30萬1,000元，而臺灣僅賣20萬7,000元，約為新加坡的69%。若將整臺跑天下L型從英國進口並依據臺灣稅率計算，售價將高達新臺幣33萬1,000元，比臺

表8-8　跑天下L（1,600cc）後軸與傳動軸的國內採購與進口成本比較　　單位：新臺幣元

零件名稱	國內自製品採購價格 (A)	進口成本 (B)	進口與自製價格差與比例 (A-B)
後軸 （Rear Axle）	9,158	5,802	3,356 (57.8%)
傳動軸 （Drive Shaft）	2,318	1,856	462 (24.9%)

資料來源：福特六和汽車公司編，〈國內汽車工業簡報〉（1977年3月28日），頁11–12。《福特六和汽車公司擴建計畫》，李國鼎先生贈送資料影本重工業類（十二），國立臺灣大學圖書館臺灣研究特藏區。

表8-9　跑天下L型的國內售價和與各國之比較

國家	美元	新臺幣元
臺灣	5,447	207,000
新加坡	7,910	301,000
澳洲	6,378	242,000
韓國	6,040	230,000
紐西蘭	5,695	216,000
菲律賓	5,438	206,600

資料來源：福特六和汽車公司編，〈國內汽車工業簡報〉，頁13。《福特六和汽車公司擴建計畫》，李國鼎先生贈送資料影本重工業類（十二），國立臺灣大學圖書館臺灣研究特藏區。

灣本地生產的價格高出60%。[101] 由此可見，在臺灣進行汽車生產仍具一定程度的價格競爭力。

　　值得注意的是，1968年裕隆公司生產的汽車價格遠高於日本原廠的售價，但福特六和在短短數年間便能生產出價格低於亞洲其他國家的車輛。雖然兩家公司同樣仰賴臺灣的廉價勞動力，但福特六和受惠於福特公司的全球供應鏈體系，能夠有效控制生產成本；相比之下，裕隆公司在成立初期需要自行投資建構零件供應鏈，導致成本較高，而本地零件供應商的品質與產能尚未達到規模經濟的要求，使其在市場競爭中處於劣勢。

　　福特六和公司雖對政府的自製率政策提出諸多批評，但同時也建議政府應根據臺灣的技術水準與衛星工廠的生產能力，制定更具彈性的短、中、長期計畫。實際上，對於設計較為簡

單的車輛，自製率可能遠超過規定標準，但若是新開發的車款，短期內難以達到高自製率，因此以單一車型為標準來計算自製率並不合理。福特六和公司建議，政府應以汽車製造廠商所有車型的平均自製率作為評估基準，並鼓勵企業研發新車款。[102]

從產業政策的角度來看，汽車產業屬於資本密集且以組裝為核心的行業，政府若僅關注提升自製率，可能會忽略對衛星工廠的資源支持。福特六和公司強調，政府應考量市場需求與成本因素，而非一味追求高自製率，因為自製率的提升不一定能降低生產成本，反而可能影響市場價格與產業競爭力。

綜觀1970年代，政府要求新進的汽車製造商達到與先進廠商相同的自製率標準。福特六和公司在此背景下，投入大量資源提升衛星工廠的產品品質，使零件達到國際標準，並透過美國福特汽車的全球網絡，突破臺灣市場規模的限制，進入更具競爭力的零件出口市場。然而，福特六和公司對政府的自製率政策仍有所保留，認為應綜合考量生產成本與市場價格，以確保產業政策不會因過度強調自製率而忽略最終市場競爭力。

四、小結

過去對於早期臺灣汽車業的討論，多集中在1960年代末期政府開放新汽車廠商進入市場後，放棄對裕隆汽車的獨占保護，導致臺灣汽車產業無法發展規模經濟。透過本章的分析，

我們可以從整體環境、資源基礎及產業政策等方面進行更全面的總結。

　　從環境脈絡來看，裕隆公司與福特六和公司在臺灣發展汽車產業的歷程，展現出後進國家發展工業的典型特徵。裕隆公司源於隨中華民國政府撤退來臺的資本背景，其創立可視為近代中國推動民族工業與軍事動員經濟的一環。而福特六和公司則是在臺灣逐步邁向出口導向發展的過程中，由政府開放外資進入市場而成立。儘管兩家公司均獲得政府政策支持，但汽車產業受限於規模經濟的特性，加上臺灣內需市場有限，無法如紡織等輕工業般仰賴本地市場支撐成長。雖然臺灣自1960年代起開始出口各類工業產品，但汽車業並未順利走上出口擴張的道路，其中一個重要因素在於零件工廠的生產能力仍處於萌芽階段，此點將於下章進一步探討。

　　在資源基礎方面，本土企業裕隆公司直接從日本引進技術，在臺灣尚未具備完整工業基礎的情況下，初期多仰賴自行生產零件，以補足國內零件供應的不足，這與已開發國家的汽車組裝產業模式不同。值得注意的是，裕隆公司雖由上海資本創立，但其技術來源仍需透過本地貿易商的對日網絡來取得與日產自動車的合作機會，顯示戰後臺灣人在日臺經濟鏈中扮演了重要角色，也促成裕隆公司與國產汽車公司之間的產銷合作模式。另一方面，外資企業福特六和公司則是在臺灣車輛零件產業已初具規模的1970年代進入市場，仰賴日本豐田的設備

投資，加上福特母公司提供技術支援，迅速提升中心工廠與衛星工廠的生產能力，甚至具備零件出口的條件。從福特六和的發展可以看出，除了後進國家藉由技術引進促進工業發展的模式外，外資企業因其國際商業網絡的優勢，能更快地打入國際市場。

從產業政策與企業經營策略的角度來看，政府政策對於兩家企業的發展產生了不同影響。首先，1960年代中期，政府透過貸款支持裕隆公司進行設備投資，以促進規模化生產。但由於市場供應不足，政府後續改變策略，開放新汽車廠商進入市場，並允許部分進口車輛進入臺灣。這一政策轉變，使裕隆無法在臺灣經濟成長帶動的汽車需求上升中維持獨占地位，進而走向規模經濟發展的道路。此舉也顯示政府在汽車產業政策上的前後不一致。然而，裕隆仍透過政府提供的貸款擴充產能，在1970年代建立衛星工廠體系，並統一零件標準，奠定大規模組裝生產的基礎。

同時，政府要求後進汽車製造商達成與先進廠商相同的自製率標準，這促使外資企業福特六和公司在短期內迅速利用母公司的技術與國際經驗，帶動衛星工廠生產零件，並成功進入出口市場。比較兩家公司的發展歷程可以發現，裕隆公司在進口替代政策的背景下，主要以滿足國內市場需求為導向，而福特六和公司則不僅瞄準國內市場，更進一步成為美國福特體系全球生產分工的一環，發展出更具國際競爭力的產業模式。

戰後臺灣在扶植產業時，採取與同時期先進國家不同的策略。當時，許多先進國家強調國際分工，以降低成本並提升生產效率，而臺灣則透過產業政策積極推動國內製造，試圖建立完整的工業體系。然而，對於以組裝為核心的汽車產業而言，除了中心工廠負責組裝，還需配合零件工廠的發展，才能形成完善的供應鏈。臺灣的汽車產業在整體工業基礎尚未成熟的階段即開始發展，政府卻以自製率作為核心指標，要求裕隆等廠商達到一定程度的國產化，卻未同步提供周邊零件工廠相應的支持。

　　在這樣的政策背景下，裕隆公司初期主要依靠自行生產零組件，甚至成立子公司來達成政府的自製率要求。然而，這種做法並未能有效帶動整體零件供應鏈的發展，反而引發社會對於裕隆是否真正達成自製率目標的質疑。換言之，政府透過自製率規範來推動產業發展，但這一政策設計本身存在結構性的盲點，使得整體產業鏈的發展受到限制。

　　1970年代的福特六和公司雖能運用母公司既有的國際技術，在臺灣進行組裝，並輔導零件工廠提升製品品質，使其成為福特汽車國際生產體系的一部分。然而，儘管福特六和公司在短期內達成政府設定的自製率目標，該公司仍批評政府過度強調提高自製率，卻未考慮這一政策對中心工廠設備投資的影響。由於汽車產業具有高度的規模經濟特性，若在產量尚未達到經濟規模前就要求高自製率，可能會導致生產成本上升，使

整體競爭力受限。

　　汽車製造屬於組裝性產業，除了中心工廠外，還需仰賴零件供應商的支援，才能建立完整的產業體系。但政府的政策主要關注提高中心工廠的自製率，卻未同步推動周邊零件工廠的發展與技術升級。從這點來看，政府的汽車產業政策過度聚焦於提升國內生產比例，卻忽略了產業鏈整體協同發展的需求，顯示出其在組裝性產業發展策略上的局限性。

第九章

車輛零件與中小企業

一、零件工業的出現

作為後進國家的臺灣，汽車產業是在整體工業基礎薄弱的條件下發展，因此初期的衛星工廠在技術與產能上提供的支援極為有限。如前所述，1950年代後期，裕隆公司開始在廠內投資設備，自行生產關鍵零件，以降低對外部供應商的依賴。然而，當時臺灣的汽車零件業仍以中小企業為主，受限於產品品質與經營規模，早期所生產的零件主要供應修車廠維修使用，尚未進入規模化量產的階段。

隨著1960年代後期臺灣汽車製造業者的增加，汽車零件的需求也隨之成長。部分零件廠開始引進日本技術，以提升產品品質，並逐步進入供應鏈體系。同時，也開始有外資企業來臺設廠，除了看準臺灣的廉價生產成本與潛在市場外，這些外資企業還透過技術轉移與指導，提升本地相關產業的製造水準。

值得注意的是，這些外資企業在臺投資汽車零件生產的同時，往往也生產機車與家電產業所需的零組件，供應對象主要為來臺設廠的日本企業或與日本技術合作的本地企業，逐漸形成一個以日本工業體系為主的供應鏈網絡，成為日本工業圈的一環。

(一)1950年代的輪胎工業

1950年代，臺灣汽車零件工業的發展從輪胎生產起步。其

中,1955年隨著土地改革推動四大公司民營化,臺灣工礦公司旗下的南港橡膠廠因「分廠出售」政策,由許金德接手經營。在擔任廠長的黃崑耀建議下,工廠開始投入卡車與汽車輪胎的生產。1958年,工廠引進日本橫濱輪胎公司的技術與設備,並於1959年以原橡膠廠為基礎成立南港輪胎公司,正式生產卡車與汽車輪胎。[1]

與此同時,來自中國青島的馬岐山原先從事五金零件買賣,1955年收購位於中壢的一家生產皮帶的工廠,並成立泰豐橡膠股份有限公司,開始涉足橡膠製品生產。1958年,泰豐橡膠開始自行生產卡車、機車與農用車輪胎。1960年後,該公司與日本石橋公司合作,並於1964年更名為泰豐輪胎股份有限公司。至1965年,泰豐輪胎所生產的飛達牌輪胎已開始外銷國際市場。此外,外資企業也開始進入臺灣輪胎市場,例如美國固特異公司 (Goodyear Tire & Rubber Company) 在臺設立臺灣固特異輪胎公司,擴大當地輪胎產業規模。[2]

值得注意的是,輪胎產業可視為臺灣最早發展起來的汽車零組件產業。其興起的原因,可能與輪胎作為消耗品市場需求龐大,且生產技術門檻相對較低有關。從企業發展的歷程來看,早期廠商多從生產自行車與機車輪胎起步,再隨市場需求擴展至汽車輪胎生產。另一方面,部分從業人員在習得生產經驗後,選擇自行創業,進一步壯大輪胎產業。例如,原本服務於生產自行車內外胎的華豐輪胎公司的楊金豹,於1962年創

立建大輪胎公司，1982年開始生產汽車輪胎。1966年，原本從事自行車輪胎生產的羅結，另創立正新輪胎公司，專注於機車輪胎生產。[3]

(二)中小企業政策下的車輛零件業

1964年9月，時任行政院院長的嚴家淦在立法院第34會期第一次施政報告中提出，臺灣的經濟發展不僅要振興大型工業，還需扶植中小企業，以達到資本大眾化的目標。[4]

為此，1966年2月，行政院國際經濟合作發展委員會（以下簡稱「經合會」）成立中小企業輔導工作小組（以下簡稱「工作小組」），希望建立一套完整的中小企業輔導制度。當時政府認識到，中小企業因規模受限，在技術和資金方面需要額外支持，因此計劃透過技術輔導提升企業競爭力，並邀集銀行共同參與貸款計畫，以提供資金援助。[5]

1967年，行政院認為經合會工作小組所推動的中小企業示範輔導工作已初具成效，決定擴大規模。同年9月7日，在行政院第1035次會議中正式通過《中小企業輔導準則》，確認於經合會內設立中小企業輔導處，負責規劃與執行相關政策。[6]

隨後，1969年8月，經合會進行組織調整，將中小企業輔導處業務改隸經濟部管理，並設立三個月的過渡期，確保業務順利銜接。[7]然而，經濟部工業局成立初期，未能延續經合會的

企業診斷與貸款業務,使得政府自1960年代末以來嘗試推動的中小企業金融政策面臨中斷,未能持續發揮影響力。[8]

整體而言,經合會的輔導政策主要聚焦於改善中小企業的生產技術、財務管理與市場行銷能力,顯現出法人機構在技術輔導上的協力角色。1966年3月,經合會進一步規範了「經合會中小企業輔導小組與生產力中心業務聯繫事項」,確立與中國生產力中心、金屬工業發展中心及手工業推廣中心的業務分工,並共同參與中小企業的示範輔導計畫。計畫的診斷調查項目涵蓋經營管理、生產技術、銷售市場及財務等四大面向,其中財務診斷調查由經合會專責負責,經營管理與市場行銷由中國生產力中心承擔,生產技術部分則由經合會、金屬工業發展中心與手工業推廣中心共同執行。[9]

當時經合會所輔導的中小企業以機械與金屬產業為主,而正處於發展初期的臺灣汽車零件工廠,由於資本與營運規模普遍較小,也歸類為中小企業。經合會進行輔導與提供融資的中小企業中,即包含三家專門生產汽車零件的工廠。

(1)大光活塞環股份有限公司

大光活塞環股份有限公司成立於1957年,由具汽車修配從業經驗的賴銀海創辦。至1966年中期,公司主要生產各類汽車與漁船引擎用的活塞環,僅次於裕隆公司,為當時同業中規模第二大的企業。此外,公司還生產農耕機、冷凍機的活塞

環、汽缸套及其他機械零件。由於訂單供不應求，公司計劃於臺中縣太平鄉購地400餘坪以興建新廠房，並向輔導小組申請財務協助。經診斷調查後，輔導小組同意由華南銀行提供新臺幣230萬元的中小企業輔導貸款。[10]

同時，大光公司於1966年引進數臺日本新式機器，導入當時臺灣尚屬罕見的萬能太平床，以提升產量與品質。經合會輔導小組考量到汽車與漁船業的發展需求，同意提供資金協助設備投資，促進生產技術升級。[11]

(2) 民豐汽車配件廠股份有限公司

民豐汽車配件廠股份有限公司於1959年在臺北縣泰山鄉成立，負責人田銀春曾於中國大陸戰車部隊服役，具備汽車修理經驗。來臺後，他先從事汽車修理業，後轉向零件製造。至1960年代中期，公司主要生產各類活塞連桿銷，並以軍方為主要客戶。1966年，公司計劃開始製造載重車輛用彈簧鋼板，但因設備不足，遂向經合會輔導小組申請貸款協助。[12]

當時，臺灣對彈簧鋼板的需求日益增加。1965年，全臺進口此類產品（不含新車底盤附帶者）總值約20餘萬美元，民豐公司預測，隨著汽車工業的成長，市場需求將進一步擴大。民豐公司每月可生產50噸彈簧鋼板，逐步將業務從軍方拓展至民間貨運業，自行製造後，進口量估計約減少了50%。至1960年代中期，公司年營業額已達新臺幣500萬元。[13]

民豐公司經經合會輔導小組診斷調查後，接受建議將資本額由新臺幣100萬元增至200萬元，並率先購買部分關鍵機器，以強化生產能力，員工人數也由40人增至50人。同時，輔導小組建議彰化銀行提供新臺幣160餘萬元的長期設備貸款，該行隨後同意核貸，協助公司擴充產能。[14]

(3) 永華機械工業股份有限公司

　　永華機械工業股份有限公司前身為永華機械廠，由曹正華於臺北縣板橋鎮（今新北市板橋區）創立，主要生產機車避震器與鋼珠盤，客戶包括三陽、鈴木、光陽等大型機車廠。經合會輔導小組考量到機車製造工業方興未艾，決定將永華機械納入示範輔導對象，提供技術與資金支援。[15]

　　1965年，永華機械的年營業額約為新臺幣900餘萬元，至1966年已增長至新臺幣2,000餘萬元。為提升產品品質，公司與日本萱場工業株式會社簽定技術合作協議，由萱場工業分三期提供廠房擴建所需的新式機械設備。該公司規劃分三個階段擴大避震器生產，第一期月產6萬支，第二期月產10萬支，最終第三期完成後，月產量可達16萬支，並將產品線擴展至汽車避震器領域。[16]

　　經合會輔導小組除建議臺灣銀行儲蓄部提供新臺幣130萬元貸款外，亦邀集金屬工業發展中心協助改善品質管制、新產品研發、成本會計及行銷管理等。[17]

根據1972年資料，永華機械年營業額已達新臺幣9,400萬元。1973年，公司進一步引進萱場工業技術，開始生產適用於農村的二輪車前叉、油壓避震器和汽車緩衝器，成為臺灣汽機車零件產業的重要供應商。[18]

　　綜觀上述三家汽車零件公司，在開發新產品與市場擴張期間均面臨資金短缺的挑戰，這是中小企業發展過程中的常見困境。此外，這些創業者多具有基層技術背景，反映出早期臺灣中小企業的技術傳承模式。從產品類別來看，當時國內市場規模有限，企業普遍採取少量多樣化生產策略，以提高競爭力。永華機械的成長經驗則顯示，部分企業從機車零件起步，逐步拓展至汽車零件製造。但因資料有限，難以評估每家企業在獲得政府援助後的具體成效。

二、1960年代的外資參與

　　1960年代，由於臺灣開始放寬外資法規，加上具備廉價勞動力的優勢，此時汽車市場也逐漸擴大，因此吸引不少外資企業來臺投資汽車零件產業。當時政府推動出口導向投資，使得外資常以出口為名義來臺設廠，隨後再申請變更為內銷，顯示出外資企業在應對臺灣政府政策上的靈活性。

(1) 臺灣矢崎股份有限公司

1970年，日本矢崎總業株式會社來臺投資成立臺灣矢崎股份有限公司，最初向經濟部申請生產「汽車用各種電信組件」、「機械用各種電線組件」，並承諾產品將100%外銷。但在1972年，因國內汽車製造廠商與聯勤軍車廠的需求增加，該公司向政府申請調整10%的產品比例改為內銷。[19]

1971年3月，臺灣矢崎公司在屏東建廠完工，初期僱用600名員工。自同年5月至1972年7月，公司共生產92萬7,733組汽車用電線組件，全部出口至日本日產汽車公司與澳洲福特汽車公司，創造銷售額達234萬6,655.87美元。至1972年，臺灣矢崎公司開始與美國福特公司接洽，計劃將產品拓展至美國市場。[20]

1972年，臺灣矢崎公司向經濟部申請調整銷售比例，允許部分「汽車用各種電線組件」內銷，主要因應國內汽車製造廠與聯勤軍車廠的需求。當時，臺灣本地的汽車電線組件製造仍處於家庭工業階段，未實現機械化生產，也缺乏自動化電子檢測技術，導致產品品質不穩定且供應量不足。此外，交貨時間無法有效掌控，使得本地生產的汽車電線僅能供應修車廠使用，而較具規模的汽車製造廠則依賴進口電線，或是進口零件後在臺組裝。雖然進口產品品質較佳，但因需負擔關稅、運輸費等額外成本，使得價格偏高，進而影響國內汽車的整體售價。

為改善供應鏈穩定性，1972年8月，六和汽車公司要求臺

灣矢崎公司就近供應電線組件，以降低成本並確保供貨穩定。此外，聯勤軍車廠為強化國內軍用車輛的零件自製能力，向臺灣矢崎公司提供設計藍圖，委託試產樣品並投入量產，以滿足軍需工業的需求。[21]

值得注意的是，臺灣矢崎公司在生產過程中，大部分原物料由本地廠商供應，同時也透過技術輔導，提升這些供應商的生產能力與產品品質。例如，在電線生產方面，臺灣矢崎公司與華新麗華電線電纜股份有限公司合作，協助其製造汽車用電線；絕緣膠帶則由四維企業股份有限公司生產，專門供應汽車電線組件所需的特種絕緣膠帶。這兩項材料（電線與絕緣膠帶）合計占汽車電線組件生產成本的53.8%，加上其他如PVC套管等少量零件，使得臺灣矢崎公司生產的電線組件中，約有55.4%的原料來自本地製造。[22]

總體而言，日本矢崎公司來臺設廠，主要目的是為供應汽車公司原廠零件，對產品品質要求較高。在此過程中，公司透過技術輔導本地零件供應商，提升其製造能力，使臺灣相關產業的技術水準得以提升，達成技術擴散的效果。

(2) 臺灣史丹雷電氣公司

本地資本對於外資來臺投資始終存在疑慮，主要擔憂外資憑藉強大的資本實力與品牌優勢，對國內相關產業造成衝擊。以生產汽車燈泡與電裝品的臺灣史丹雷電氣公司為例，在設廠

前便遭遇本地廠商聯合向政府陳情,反對日資企業進入市場。

　　1967年9月,臺灣區電工器材同業公會理事長林挺生向政府提出陳情,表示若日本史丹雷電氣會社在臺投資設立汽車燈泡製造廠,將對本地相關企業的生存發展造成嚴重影響。如表9-1所示,當時臺灣已有七家廠商從事汽車燈泡生產,月產量總計超過80萬只,而全臺市場需求僅約50萬只,意味著至少60%的產量必須出口,才能避免供過於求。此外,中國電器公司已與日本來福燈泡會社技術合作,正式運轉後,燈泡產量將再增加40萬只,且該公司初期規劃40%的產品供應海外市場。

表9-1　本國汽車燈泡製造廠名單(1967年9月)

名稱	位置	負責人	製造設備	月產能力
東明電器廠	新竹市	陳加福	1套	12萬只
金星電器廠	新竹市	金楊秀嫣	1套	12萬只
東盛實業有限公司	新竹縣香山鄉	李忠民	1套	12萬只
大和電器廠	新竹市	林火星	1套	12萬只
興中電器股份公司	新竹市	許秋波	1套	12萬只
新竹真空工業社	新竹縣香山鄉	蔡媚香	1套	12萬只
修寶商號有限公司	臺北縣士林鎮	陳俊佑	1套	12萬只
中國電器公司	新竹市	陳全生	4套	40萬只

資料來源:臺灣區電工器材工業同業公會(申請書),「為日本史丹雷電器會社擬來臺投資設立汽車燈泡製造廠勢將阻礙民族工業發展懇請准予免議由」(1967年9月23日),〈電子工業與電信工業〉,《行政院國際經濟合作發展委員會檔案》,檔號:36-19-004-028,藏於中央研究院近代史研究所檔案館。
說明:中國電氣公司預計1967年10月開工。

林挺生推斷，臺灣的燈泡生產能力已是國內市場需求的兩倍以上，若再引進日本史丹雷電氣會社，恐將更加劇市場競爭，對本地企業造成衝擊。此外，日本史丹雷電氣會社在設廠前，已透過代理商將產品銷售至臺灣市場，若進一步在本地生產並使用其商標，本地企業將在競爭中處於更不利的地位。[23]

或許在本地資本反對的情況下，臺灣史丹雷電氣股份有限公司成立後，初期生產的「電動車用電球」與「自動車電裝部品」全數外銷。但到了1973年，公司開始向政府申請，希望能將其產品的30%銷售至臺灣市場。當時公司向政府提出的理由是，其產品商譽良好，許多出口至海外的產品最終仍經由國內貿易商進口回臺，顯示市場對其產品有一定需求。因此，公司計劃以應分配股利新臺幣100萬元進行增資，以擴充設備投資。[24]

從表9-2可見，1973年臺灣史丹雷公司生產的汽車用電燈與電裝零件，並非供應汽車製造廠作為原廠零件，而是以汽車售後修護市場（After Market, AM）為銷售對象。其生產所需的原料部分來自臺灣，部分來自日本，而產品則以日本、美國和東南亞地區為主要銷售市場。這種策略與其他外資企業如臺灣矢崎公司相似，先以全數產品外銷獲得政府投資許可，稍後再申請部分產品於國內銷售。

(3) 臺灣原田工業股份有限公司

1968年，日本原田工業株式會社在臺投資成立臺灣原田工

表9-2 臺灣史丹雷公司投資產銷說明書（1973年） 　　　　　　　　　　單位：千個

產品名稱		汽車用電燈	汽車電裝零件
規格		客戶指定	客戶指定
單位		個	個
每年產能		5,500	100
預計年產量		5,200	80
國內市場銷售	銷售量	1,560	24
	單價（新臺幣元）	3	40
	銷售總值（新臺幣元）	4,680	960
	主要客戶	汽車材料行	汽車材料行
國外市場銷售	銷售量	3,640	56
	單價（美元）	0.058	0.90
	銷售總值（美元）	211,120	50,400
	主要市場	日本、美國、東南亞	日本、美國、東南亞
原料	名稱	鎢絲、導絲、燈頭	凸玻璃、銅片、電球
	主要來源	國內、日本	國內、日本
	每年用量	5,200	80

資料來源：「預計產銷說明書」,〈經濟部華僑及外國人投資審議委員會〉,《行政院國際經濟合作發展委員會檔案》, 檔號：36-19-001-013，藏於中央研究院近代史研究所檔案館。

業股份有限公司，專門生產汽車、收音機和電視機用的伸縮型天線及各類天線用金屬管。設廠初期，公司計劃將所有產品外銷，銷售至美國、加拿大、日本及東南亞市場。但隨著臺灣汽車製造業與電子產業的發展，收音機與電視機的普及率上升，使得各類天線與金屬管的需求持續增長。因此，公司於1972年向政府申請將原本全數外銷的產品中，10%轉銷至國內市場。[25]

臺灣原田公司指出，當時國內汽車產量穩定增加，而收音機與電視機的生產規模亦迅速擴大，導致天線與金屬管的市場需求上升，可能出現供不應求的情況。基於此考量，公司希望能在臺銷售部分產品，使國內市場也能使用與國際市場相同品質的天線產品。根據表9-3，臺灣原田公司計劃每年在臺銷售7,000支汽車收音機用天線桿、7,000支汽車收音機用天線、20萬支收音機與電視機用天線，以及100噸各類金屬管，預計銷售總額達新臺幣830萬4,040元。此外，由於公司產品具備共通性，其天線與金屬管不僅可供應汽車工廠，也可提供收音機與電子產品製造商作為原廠零件使用。[26]

(4) 臺灣扶桑工業股份有限公司

1968年，日本扶桑輕合金株式會社與本地資本合資成立臺灣扶桑工業股份有限公司，專門生產鋁合金高壓噴射鑄造產品，後於1973年更名為中國精密壓鑄股份有限公司。設廠

表9-3　臺灣原田生產能力、市場銷售和原料供應（1972年）

	名稱	汽車收音機用天線桿	汽車收音機用天線	收音機電視用天線	各種天線用金屬管
產品	單位	支	支	支	噸
	每年生產能力	6,000,000	1,200,000	2,000,000	1,000
	預計年產量	2,407,000	700,000	2,000,000	1,000
國內市場銷售	銷售量	7,000	7,000	200,000	100
	單價（新臺幣）	9.82	22.90	9.82	61,110
	銷售總額	68,740	160,300	1,964,000	6,111,000
	主要顧客	汽車製造商	汽車製造商	收音機和電視機製造商	收音機和電視機製造商
國外市場銷售	銷售量	2,400,000	693,000	1,800,000	900
	單價（美金）	0.25	0.57	0.25	1,527.78
	銷售總額	600,000	395,010	450,000	1,375,002
	主要顧客	美國、加拿大	美國	美國	美國、東南亞
原料	主要來源	日本、臺灣	日本、臺灣	日本、臺灣	日本、臺灣

資料來源：「產品內銷計畫書」,〈經濟部華僑及外國人投資審議委員會〉,《行政院國際經濟合作發展委員會檔案》, 檔號：36-19-001-006, 藏於中央研究院近代史研究所檔案館。

初期，公司向政府申請，以90%的產量外銷至日本和美國，僅保留10%供應國內市場，主要提供機車、汽車及電器工業製造商，作為這些產業的衛星工廠。[27]

然而，從表9-4中1972年的銷貨分析可見，實際運營後，內外銷比例與原始規畫有所出入，內銷金額占比達77%，外銷僅占23%。[28] 此一現象或許顯示當時臺灣市場對鋁合金壓鑄產品的需求快速成長。其中，臺灣扶桑公司的主要客戶幾乎皆為日資企業或引進日本技術的本地企業，可見其成長動能頗為仰賴在臺日資產業圈。

以往對於1960年代外資投資臺灣的討論，往往歸因於本地廉價勞動力的吸引力，並認為這些企業主要將產品出口至美國市場。我們應如何從外資投資的視角，更全面地理解當時臺灣汽車零件市場的發展？首先，作為組裝性產業，汽車零件工業具備高度的零件共通性，許多工廠除了生產汽車零件外，還同時生產機車、收音機、電視機等相關零件，展現多元化發展的特性。其次，從本節探討的四家企業案例來看，這些公司在最初向臺灣政府申請設立時，均以外銷為主要目標，這一方面是因為本地市場規模有限，使企業更傾向將臺灣作為生產加工基地，並將產品出口至其他國家。但值得注意的是，這些原本以出口為導向的企業，後來陸續向政府申請擴大國內銷售的比例，這可能與本地市場需求成長有關；另一方面，也可能是這些企業為降低本地業者的反彈並順利通過政府審批，因此在設

表9-4　1972年中國精密壓鑄股份有限公司銷貨狀況　　　　　　　　　　　單位：新臺幣元

廠商名稱	提供類別	內銷或外銷	顧客別累計	比率
羽田機械股份有限公司	機車零件	內銷	636,890.80	3%
臺灣松下電器有限公司	洗衣機、電扇、電冰箱等零件	內銷	1,324,084.17	5%
功學社股份有限公司	機車零件	內銷	5,630,049.81	24%
臺隆工業股份有限公司	機車零件	內銷	6,459,752.70	27%
聲寶電器股份有限公司	洗衣機零件	內銷	196,843.00	0.8%
日本扶桑輕合金株式會社	電腦室、機車、汽車零件	外銷	3,056,046.00	13%
六和汽車工業股份有限公司	汽車零件	內銷	85,864.00	0.4%
東菱工業股份有限公司	機車零件	內銷	2,431,047.15	10%
臺灣車樂美縫衣機股份有限公司	縫衣機零件	外銷	1,875,878.77	8%
泰和音響股份有限公司	機械基板	外銷	187,650.00	0.62%
其他	電腦室地板	內銷	1,741,428.00	7%
中國電子工業股份有限公司	電腦零件	內銷	20,260.00	0.08%
臺灣王安電腦股份有限公司	電腦零件	外銷	53,675.00	0.1%
日本扶桑輕合金株式會社	藝術燈零件	外銷	252,000.00	1%
合計			23,951,469.40	100%

資料來源：中國精密壓鑄股份有限公司，「民國六十一年度銷貨狀況比較表」，〈經濟部華僑及外國人投資審議委員會〉，《行政院國際經濟合作發展委員會檔案》，檔號：36-19-001-012，藏於中央研究院近代史研究所檔案館。

廠初期以外銷為主要訴求，待開工後再逐步擴大內銷。

此外，這段時期來臺投資的外資零件廠商，作為原廠零組件供應商，為確保產品品質達到國際標準，除了提升自身的生產技術外，也對本地原物料供應商提供技術指導，促使其改良生產技術，以符合原廠標準。

三、「中心—衛星工廠」體制

一般而言，汽車製造所需的零件與組件約有60至80%來自衛星工廠。在生產過程中，汽車製造廠會提供設計圖給零件工廠，必要時也會進行技術指導。零件工廠根據汽車製造廠的需求規格進行生產，並須經過汽車製造廠的檢驗通過後，才能正式供應使用。汽車製造廠則將各種零組件匯集至生產線，透過電腦控制進行裝配，最終組成完整車輛。因此，汽車製造廠與零件工廠的關係相當緊密，彼此相互依存。[29]

到了1970年代末期，由於臺灣的汽車生產量仍很有限，且車型變更頻繁，使得國內零件衛星工廠的生產規模普遍較小。此外，當時臺灣的機械工業發展相對緩慢，鑄造工業仍處於研究開發階段，進而影響汽車工業的整體發展。[30]

1979年8月，行政院通過《促進汽車工業發展方案》，正式宣示臺灣汽車工業發展政策。該方案明確指出，汽車產業發展的首要目標是「積極發展汽車零組件之製造，推動國內汽車

零組件工廠生產專業化、產品標準化,大量生產以降低汽車零組件之成本,除供應國內需要外,並積極拓展外銷,建立汽車工業之基礎」,堪稱為戰後政府對汽車零件產業的重大政策宣示。[31]然而,由於該政策原本是配合前章所述的大汽車廠計畫所推動,但隨著大汽車廠計畫受挫,政府自上而下推動汽車零件產業發展的成效也受到限制。

在政府推動大汽車廠政策的同時,1980年底,行政院經濟建設委員會經濟研究處的陳寶瑞提出了一份〈我國汽車零件工業報告〉,以問卷調查與現地調查為基礎撰寫而成,勾勒出1970年代末期臺灣汽車工業零組件工廠的發展情況。這份調查共發出314份問卷,回收率約為80%。其中,有84份因停業、合併或轉業而無法填寫,最終有效問卷為230份。但由於部分受訪者填寫資料不完整,最終僅204份問卷可供分析。為了深入瞭解產業現況,研究團隊進一步挑選具代表性的35家零組件工廠進行實地參觀與訪談。[32]

根據調查結果,當時的汽車零組件工廠可分為「專業化」與「非專業化」兩種類型。專業化零件工廠僅生產汽車零件,而非專業化零件工廠則同時生產汽車零件與其他產品。該報告以1978年工廠的汽車零件收入占總收入的比例作為專業化指標,並將其分為五個等級,分別為100%、75-99%、50-74%、25-49%和24%以下。從表9-5可見,在204家受訪工廠中,有79家達到完全專業化,占總樣本數的38.7%。此外,共有26家

表9-5　1978年按照專業化程度別各種營業額汽車零配件廠商家數　　　　　　　單位：家

營業額	100%	75%–99%	50%–74%	25%–49%	24%以下	合計
250萬以下	9	3	4	5	13	34
250–500萬	8	8	3	1	10	30
500–1,000萬	11	5	3	3	9	31
1,000–2,000萬	13	3	3	2	8	29
2,000–3,000萬	5	3	0	0	2	10
3,000–4,000萬	5	2	3	0	3	13
4,000–5,000萬	10	3	2	1	1	17
5,000–10,000萬	7	3	1	1	2	14
10,000萬元以上	11	4	5	4	2	26
合計	79	34	24	17	50	204

資料來源：行政院經濟建設委員會經濟研究處陳寶瑞，〈我國汽車零件工業報告〉（1980年12月），檔號：(69) 234.245，頁40。

廠商營業額超過新臺幣1億元，但其中僅11家為完全專業化的零件工廠。由此可見，當時大多數專業化零件工廠的經營規模並不大。

從上述有限的樣本調查結果可見，臺灣的汽車零件工廠整體專業化程度並不高。至1980年代初期，臺灣約有2,000多家汽車零件工廠，但其中僅300至400家有能力供應原廠零組件（即OEM廠商），成為汽車製造中心工廠的一環；其餘大多數工廠則以供應國內外售後修護市場為主，生產替換用零件。[33]

汽車由上萬種零件組成,當時調查顯示,臺灣約能自製其中半數以上的零件。技術取得方式可大致分為四類:一是國內廠商自行研究與模仿,二是汽車公司派遣技術專家進行輔導,三是外資直接投資並引進技術,四是透過技術移轉或專利授權。[34]

首先,從國內廠商的研究與模仿來看,1978年的調查結果顯示,受訪的204家工廠中,共有91家投入內部研發,總經費僅約新臺幣78萬元,顯示中小企業普遍缺乏研發資源。[35]例如,鑫榮公司生產的煞車總泵和分泵即透過仿製的途徑逐步改良,最終獲得中央標準局的「正」字標記。義興活塞公司則在長達十餘年的生產經驗累積下,成功製造出卡車用耐磨環。正道公司初期引進日本技術生產耐磨環時,開發連桿等鍛造品仍面臨高不良率的挑戰,經過改良後雖有下降,但不良率還是高達40至50%。[36]

其次,204家受訪工廠中,共有23家屬於外資,其中僅臺灣矢崎公司與臺灣史丹雷電氣公司為純外資企業。臺灣矢崎公司擁有完善的生產管理系統,外銷產品供應美國通用汽車的裝配線。同時,裕隆公司與美國DANA公司合資成立的中華臺亞公司,也曾由美方派遣技術專家來臺指導後軸生產。[37]

此外,在技術合作方面,共有42家工廠從國外引進技術,涵蓋75項產品,其中67項與日本企業合作,顯示臺灣汽車零件產業與日本之間的密切關係。調查亦顯示,廠商最迫切需求

的技術協助依序為:「對方提供一般技術資料」、「提供藍圖」、「選送人員出國訓練」、「派遣技術人員駐廠指導」、「提供原料、零組件或半成品」、「授與專利權」、「使用對方商標」、「使用對方機械設備」。[38] 這反映出當時臺灣汽車產業尚未具備獨立設計能力,仍需依賴外國公司技術合作,進口主要零組件,透過設計圖與技術指導,在臺灣進行生產或委託零件工廠代工。[39]

臺灣的汽車零件廠大多屬於中小企業,至1978年時,每家廠商的平均營業額約為5,400萬元,產品主要分為國內銷售與外銷兩類。在國內市場方面,零件可分為兩種:一類是品質較高、供應中心工廠的「原廠零件」(Original Equipment Parts & Accessories);另一類則是品質相對較低、供應汽車售後修護市場的「修護零件」(Replacement Parts)。從銷售結構來看,國內銷售中72%為原廠零件,主要銷售給中心工廠,少部分則供應車身打造廠與公路局修護廠;其餘28%則為修護零件,主要透過零售商、代理商與批發商銷售至市場。[40]

在外銷市場方面,僅有少數如福特六和的引擎及臺灣矢崎公司的線路產品能銷售至國外汽車中心工廠,成為原廠零件供應商,大部分臺灣生產的汽車零配件仍主要出口至國際修護市場。1970年代後,臺灣汽車零件業開始發展外銷市場(如圖9-1所示),但出口產品多為修護零件,而非品質較高的原廠零件。[41] 這一發展模式顯示,臺灣汽車產業在初期受限於組裝工廠的建立先於零件產業發展,導致周邊機械、電機、鋼鐵等產業

圖9-1　汽車零件的國內外銷售金額　　　　　　　　　單位：新臺幣百萬元

資料來源：《工業生產統計月報》、《中華民國進出口貿易統計月報》。

未能同步成長。此外，國內市場規模有限，也使得產業難以達到經濟規模支撐大量出口。但從汽車零件產業的角度來看，後進國臺灣選擇從層次較低的零件生產切入市場，這類產品相較於整車組裝技術門檻較低，因此許多中小企業得以參與，並逐步進入國際市場。

四、中心與衛星工廠間的互動關係

(一) 機械工業會議與衛星工廠

1978年4月4日，行政院研究考核委員會召開「我國衛星工廠體系之研究」座談會，邀請來自產官學界的代表參與討

論。會議中,中國生產力中心代表傅貽椿表示,「衛星工廠」一詞最早由他於1963年提出,並於第四期經濟建設計畫中正式列入「中心衛星工廠制度」,後來改稱「衛星工廠體系」。但傅貽椿認為,若衛星工廠缺乏中心工廠的領導與協調,則無法形成完整的產業體系。[42]

從汽車工業的角度來看,至1978年,臺灣的汽車零件生產仍以標準零件、通用零件和配件為主,專業化生產汽車零件的工廠數量不多,更遑論建立成熟的「中心—衛星工廠體系」。這種狀況可能與臺灣汽車自製率長期停滯在60%左右有關,導致產業發展受限。傅貽椿指出,若要推動汽車工業發展,應建立專業化的零件工廠,以完善中心—衛星體系。[43]

回顧1965年,政府在第四期經濟建設計畫中,將發展金屬機械工業列為重要工作項目,並於1966年針對臺灣機械公司、臺灣造船公司、臺灣鋁業公司等公營企業,訂定生產營運計畫。同年2月,政府邀集工業界人士、政府主管官員、專家學者與外籍顧問約200人,召開為期三天的「機械工業發展會議」。隨後在3月,政府成立「經濟部工業發展小組」,專責研究並解決機械工業發展過程中遇到的問題。[44]

機械工業發展會議的結論指出,為推動機械工業化並建立關鍵產業鏈,應強化中心—衛星工廠制度,並建議「請大同機械製鋼公司、裕隆汽車製造公司、三陽工業公司及勝家縫紉機公司示範推行衛星工廠制度,請經合會中小企業輔導工作小組

及金屬工業發展中心協助辦理,並請公營工廠加強推行衛星工廠制度,以為倡導,其有關衛星工廠之發展制度,應予研究改善」。[45]

依據會議結論,經合會中小企業輔導工作小組邀請上述四家公司提供資料。從該小組的出版品《一年來的中小企業輔導工作》,可看到大同、三陽和勝家三家公司與衛星工廠之間的合作情況。當時,大同公司共有60家衛星工廠,負責生產電冰箱、電鍋、電表、電扇、電視等零件,以及螺絲母、開關等相關零組件。三陽公司則與20家衛星工廠合作,產品涵蓋方向柄、變速踏板、煞車驅軸管、整流器、彈簧、輪胎、座墊、後緩衝、消音器等。勝家公司則有21家衛星工廠,生產針車板、針車腳、水平傳送軸組、傳送調節器、大梭盤等零件。由於家電、機車、縫紉機等產業的組裝過程相對汽車產業較為簡單,因此在1960年代後期已開始蓬勃發展。這份出版品並未列出裕隆公司與衛星工廠的合作情形,可能因為當時臺灣的汽車零件工業處於起步初期,尚未形成完整的衛星工廠體系。[46]

(二)中心—衛星工廠間的協力關係

1980年經建會的報告中說明了中心工廠對衛星工廠的支援,涵蓋經營管理、生產技術與品質管制、財務融通以及協助外銷等層面。

首先,在經營管理方面,中心工廠曾設立短期經營管理會,並舉辦衛星工廠負責人聯誼會。但事後來看,前者成效不佳。[47] 可能原因在於中小企業的管理需求與大型企業有所不同。相較之下,衛星工廠之間因規模接近,透過聯誼會交流經營經驗,更能獲得實質幫助。[48]

中心工廠為了協助衛星工廠建立成本管理概念,要求其負責人根據中心工廠提供的估價單,列出詳細的成本報價與分析,作為定價的參考依據。藉由這項制度,產業鏈內各生產單位的價格得以趨向合理化。然而,這也反映出當時多數衛星工廠仍未具備完善的成本計算與定價機制。[49]

此外,中心工廠也會派遣技術人員至衛星工廠進行生產技術指導,提供必要的藍圖、樣品、材質與規格,確保零件符合標準。同時,還安排衛星工廠負責人組團赴國外考察,觀摩先進工廠的生產模式,期望能藉此提升模具開發能力、優化生產流程管理,並改善廠房設備配置。品質管制方面,中心工廠則透過開設講習班、派遣品管專員輔導、要求衛星工廠設置檢驗設備,以及建立獎勵制度等措施。[50]

在財務融通方面,由於衛星工廠規模較小,且當時銀行對中小企業放款較為保守,資金取得較為困難。因此,裕隆公司採取轉投資方式設立衛星工廠,進行垂直整合,對表現優良的衛星工廠提供現金支付貨款,以減少票據支付的不確定性,或協助引薦銀行貸款。此外,裕隆公司還協助衛星工廠採購原

料,並預先支付模具開發費用,以降低衛星工廠的資金壓力。

綜合而言,至1970年代末期,汽車業的中心工廠在管理、技術、品質管制與財務方面,對衛星工廠提供了不同程度的支援。從中心工廠的經營角度來看,衛星工廠的經營健全與產品品質提升,也是中心工廠能穩定運作、維持競爭力的重要條件之一。

以當時臺灣汽車產業規模最大的裕隆公司為例,1972年的資料顯示,裕隆公司合作的衛星工廠可依技術來源分為兩類。第一類工廠,如表9-6所示,是透過裕隆公司引薦取得生產技術,並將生產的零件供應給裕隆。其中,友聯車材與三光齒輪為裕隆與外資合作創設的零件工廠。第二類工廠,如表9-7所示,則是直接與國外企業取得技術後,生產零件供應給裕隆。這些衛星工廠的資本額多集中在新臺幣20至29.9萬元間,員工人數則以50至99人為主。[51]

為提升零件品質,裕隆公司指派專業團隊定期前往各衛星工廠進行技術與品管輔導,每年並舉辦兩次品質管理講習會。此外,部分衛星工廠受限於設備與技術,無法獨立完成材料化驗、物理試驗、銑刀與特殊刀具的研磨、熱處理及輪胎蓋電鍍等工序,因此需仰賴裕隆公司提供協助。[52]

在選擇合作衛星工廠時,裕隆公司會先對潛在供應商進行評估,再由衛星工廠進行首次零件試製與成本分析,經過雙方確認後簽約,確定交貨時程。試作品須通過裕隆的檢驗後,才

表9-6　裕隆公司介紹國外零件廠投資衛星工廠或提供技術

工廠名稱	國外廠商	外資參與形態	主要產品
友聯車材有限公司	日本發條株式會社	投資	鋼板彈簧、散熱器、座椅
三光齒輪有限公司	日本淺野齒車製作所	投資	變速器、後軸
中光橡膠有限公司	日本鬼怒川橡膠株式會社	投資	汽車重要橡膠零件
信昌機械有限公司	日本株式會社大井製作所	技術合作	汽車門鎖
信泰機器有限公司	日本橋本成型株式會社	技術合作	各種成型、窗扇蓋
臺灣引擎波司有限公司	日本NDC株式會社	技術合作	汽車各種波司
五洲汽門有限公司	日本富士汽門株式會社	技術合作	汽車進排汽門
臺灣耐勞斯機電股份有限公司	日本ナイルス株式會社	技術合作	汽車各種開關
臺灣日光燈公司	日本市光工業株式會社	技術合作	汽車各種燈類

資料來源：〈裕隆汽車製造廠與衛星工廠〉(1972)，《工業局》，資料編號：第32冊，藏於財團法人嚴慶齡工業發展基金會。

能正式進入量產。[53]裕隆公司積極推動零件國產化，以降低對國外供應的依賴。然而，由於裕隆的轎車車型與技術來自日產，因此臺灣製造的零件仍須通過日產的品質檢驗才能用於整車組裝。例如，1977年，外包廠商「源大中」生產的汽車車輪組件（Road Wheel Assy）獲得日產認可，日產並從1978年4月起停止供應該零件，改由臺灣製造供應鏈提供。[54]

表9-7 非由裕隆公司引薦技術的衛星工廠

工廠名稱	國外技術合作廠商	主要產品
士林電機股份有限公司	日本三菱電機株式會社	汽車用 起動機雨刮機分電盤
亨通機械有限公司	日本千齒製作所	主缸、輪缸
臺灣理研工業有限公司	日本理研株式會社	活塞環
永華機械工業有限公司	日本萱場株式會社	汽車避震器
正道工業股份有限公司	日本ART活塞株式會社	汽車活塞
今仙電機股份有限公司	日本今仙電機株式會社	汽車喇叭
臺灣三櫻電機有限公司	日本三櫻株式會社	煞車管
東洋培林股份有限公司	日本東洋培林株式會社	軸承
臺和交通公司	日本NPR株式會社	活塞環
大明電池有限公司	日本神戶電機株式會社	汽車電瓶
臺灣保來得有限公司	日本保來得株式會社	各種燒結合金

資料來源：〈裕隆汽車製造廠與衛星工廠〉(1972)，《工業局》，資料編號：第32冊，藏於財團法人嚴慶齡工業發展基金會。

（三）中心—衛星工廠間的交易（1984年）

根據1984年工業研究院執行的《臺灣區汽車零組件工業發展策略研究：成立汽車及零組件測試研究中心之探討》調查報告，可瞭解裕隆汽車和福特六和汽車在與衛星工廠的交易關係上採取不同的購買方式。

裕隆汽車與衛星工廠之間的交易主要以正式契約為基礎，合約期限依零件種類而異。對於單價較高或需求量較大的零件，裕隆採用3至6個月的固定訂購（Fixed Buyer Order）方式批量採購；至於單價較低或需求量較小的零件，採購期則延長至6至12個月。付款方式則為2至3個月期的支票支付。[55]

　　相較之下，福特六和汽車採取的是較具彈性的空白契約（Blank Order Contract），通常以車款的產品生命週期（Model Life），約3年為契約期限。訂貨模式則採取每月訂購（Monthly Shipment），並設定3至6個月的交貨期，付款方式則為2個月後支付即期支票。[56] 在衛星工廠與中心工廠的定價方式上，雙方多以協議價格進行，即根據零件的生產成本加成後決定價格。[57]

　　表9-8根據1982年裕隆與福特六和兩家公司在國內的採購金額，整理出兩家主要汽車公司五大衛星工廠的分工模式。

　　首先，裕隆公司前五大交易額的衛星工廠中，中華臺亞、友聯車材和裕盛三家公司皆為裕隆的子公司，展現出明顯的垂直整合趨勢。此外，這五家衛星工廠均與國外企業存在資金與技術合作關係。例如，中華臺亞公司由美國DANA公司投資50%股份，並引進該公司技術，生產汽車後軸總成、傳動軸總成及變速箱總成等零組件。臺灣厚木工業公司則由日本厚木自動車部品株式會社投資30%股份，並提供生產離合器總成、機油泵、燃油泵、轉向連桿總成、避震器、轉向接頭、汽門搖臂及前輪殼總成的技術支援。友聯車材公司由日本發條公司持股

表9-8　1982年裕隆與福特六和汽車國內採購金額前五大衛星工廠

汽車中心工廠	衛星工廠
裕隆汽車	1. 中華臺亞：子公司 2. 臺灣厚木：固定訂貨關係 3. 友聯車材：子公司 4. 裕盛：子公司 5. 銘國：固定訂貨關係
福特六和汽車	1. 全實工業：技術協助、未正式簽約的長期商業關係 2. 中華臺亞：技術協助、未正式簽約的長期商業關係 3. 臺灣汽車冷氣：技術協助、未正式簽約的長期商業關係 4. 南港輪胎：技術協助、未正式簽約的長期商業關係 5. 林商行強化玻璃：技術協助、未正式簽約的長期商業關係

資料來源：顏錫銘主持，《臺灣區汽車零組件工業發展策略研究：成立汽車及零組件測試研究中心之探討》（工業技術研究院工業經濟研究中心、工業技術研究院機械工業研究所委託，1984），頁210。

30%，並取得葉片彈簧、座椅與螺旋彈簧的生產技術。裕盛公司則由日本セントラル株式會社提供安全帶與玻璃製造技術，而銘國工業則與日本プラスト株式會社合作，生產汽車方向盤總成。[58]

　　另一方面，福特六和汽車的衛星工廠體系中，中華臺亞公司同時為裕隆公司供應零件。此外，福特六和的衛星工廠也引進國際技術，形成完整的技術支援網絡。例如，南港輪胎公司與日本橫濱輪胎株式會社合作，獲取技術支援；林商行強化安全玻璃廠則引進日本旭硝子公司的技術，生產汽車用強化玻璃。[59]至於臺灣汽車冷氣公司，其前身為1966年成立的美生實業公司，當時主要代理美國MARK IV汽車冷氣並負責安裝。

至1972年，公司轉型為臺灣汽車冷氣公司，並與福特六和合作，開發臺灣第一款汽車冷氣系統。[60] 從臺灣汽車冷氣公司的發展過程來看，其初期並未與外國企業合作，而是由福特公司直接派遣技術人員指導，這也與1970年代福特六和進入臺灣市場後，透過技術輸入帶動本地衛星工廠發展的策略相呼應。

綜觀裕隆與福特六和兩家公司對衛星工廠的經營策略，展現出不同的資本運作模式。裕隆汽車透過持股的方式，直接投資上游零件工廠，形成垂直整合的供應鏈，確保零件的穩定供應，並與國外資本與技術緊密合作，以提升生產能力。而福特六和則仰賴母公司在全球的技術支援與跨國商業網絡，直接協助臺灣本地的衛星工廠提升技術水準，並幫助這些工廠將產品銷往海外市場。

此外，裕隆與外資共同投資成立的中華臺亞公司，除了供應裕隆，也同時為福特六和提供零件。這種模式使該公司得以充分利用臺灣市場的需求，擴大生產規模，達到規模經濟的效益，降低生產成本，提高競爭力。

五、小結

從戰後組裝產業的發展歷程來看，臺灣汽車零件工業的成長軌跡與中小企業的發展模式相符。初期，零件工廠多以技術門檻較低的零件作為生產起點，並以國內市場為主要銷售

對象。值得注意的是，汽車市場的發展需要較高的國民所得支撐，而當時臺灣內需市場有限，因此多數零件工廠並未專注於汽車零件的生產，而是靈活經營，兼顧其他零件製造。部分工廠依市場需求變化，先後投入自行車、機車及汽車零件的生產，這種產業轉型的歷程，反映出戰後臺灣產業發展中對新市場的探索與製造能力的逐步提升。

從外國資本來臺投資的情形來看，初期申請設廠時，大多以全數產品外銷為名義，以符合政府吸引外資、促進出口的政策導向。但隨著本地市場需求的成長，許多外資企業調整銷售策略，將部分產品轉為內銷，進入臺灣市場。這種投資申請方式，一方面配合政策要求，另一方面也為日後拓展國內市場預留空間。

戰後臺灣的機械與金屬工業水準相較先進國家仍顯不足，1970年代的汽車零件工廠多屬中小企業，主要供應品質較低的售後修護市場，而非直接提供汽車製造商作為原廠零件。由於國內市場規模有限，這些工廠多選擇將產品出口至海外，而品質較高的原廠零件則仰賴福特六和公司的體系進行外銷。整體而言，當時臺灣的汽車零件出口仍以售後修護市場為主，但這一階段的發展，為後續零件產業轉向出口導向奠定了基礎。

第三部 經濟統計與經濟學教育

第十章

國民所得體制的摸索

戰後臺灣的國民所得估算體系，歷經數十年探索與調整，逐步確立。由於初期統計數據有限，早期的國民所得計算主要依賴生產面估算，並參考戰前資料以建立基期。隨著行政院主計處與美國顧問團的介入，臺灣開始引入更精細的統計方法，希望能提升資料的準確性與可比性。1950年代，美國顧問沈博（Theodore A. Sumberg）與臺灣經濟學者張果為等人，對統計制度提出改革建議，並進行各種家計與所得調查，以補足統計缺口。1960年代，政府成立國民所得工作小組，透過國際標準改進統計體系，使國民所得數據能更有效地反映臺灣經濟發展。本章將回顧這一系列的改革與挑戰，探討臺灣國民所得體制的建立過程。

一、戰後臺灣國民所得的起源

　　在經濟學中，國民所得可以從生產、支出、收入三個角度來計算，這三種計算方式應得出相同的結果，此即「三面等價原則」。但要做到這一點，前提是要有完整的統計數據。然而，戰後初期臺灣統計資料不足，只能用「生產面」來估算，無法從「支出面」與「收入面」的角度來確認計算結果是否正確。

　　戰後，國民政府為復興與重建經濟，開始規劃國民所得的估算。1946至1947年間，國民政府主計處制定了一套估算方案，採用產業支付法來計算1937年全國的國民所得，這項數據

將作為向聯合國與國際復興開發銀行繳交費用的依據。此外，主計處還與中央研究院、中央銀行及其他相關機構合作，組織國民所得聯合研究會，希望藉由專業合作與資料共享，提升統計數據的準確性。然而，這項計畫尚未真正實施，中華民國政府便已撤離中國大陸。[1]

戰後臺灣的國民所得統計工作，始於1949年臺灣省政府主計處擬定的《臺灣省國民所得調查方案》。由於行政院主計處在遷臺初期人力與物力有限，因此最初由臺灣省政府主計處負責蒐集資料，並於1949至1953年間完成臺灣國民所得的初步估算。[2]

原先，臺灣省政府主計處計劃從生產、消費、分配三個面向來估算國民所得，以完整呈現所得的來源、使用與分配。雖然這種估算方式與國際通行的國民會計標準不完全相同，但透過不同數據的交叉比對，能較為全面地呈現臺灣的經濟活動情況，因此在精神上是一致的。若能依此方式進行，將有助於各面向數據的相互比對，提高統計結果的可靠性。但由於當時統計數據不足，僅能從生產面進行統計，並採用價值增加法來計算各產業的淨產值。計算方法是先根據生產統計資料算出各產業的生產總價值，再扣除生產過程中消耗的原材料等成本，求出各產業的淨產值，最後將各產業的淨產值加總，得到國內國民的淨生產總額，再加上國外淨收入，估算出臺灣的可支配國民所得總額。[3]

值得注意的是，臺灣省政府主計處在開始統計工作前，選擇參考戰前的統計資料，而非戰後初期的數據。這樣的選擇主要有以下幾個原因。首先，戰前的統計資料相對完整，因此作為計算戰後國民所得時的重要參考基礎，有助於建立穩定的基期，確保統計數據的連續性。其次，國民所得的計算需要依據穩定的價值標準，但戰後初期臺灣經歷嚴重的通貨膨脹，財貨與勞務的價格大幅波動，無法反映正常的經濟狀況，政府只能選擇經濟較為穩定的1937年作為基準。再者，1937年是戰前臺灣經濟最接近充分就業的時期，當年的國民生產毛額可以作為衡量臺灣潛在生產能力的參考。[4]

從國民所得統計的角度來看，基期的設定對分析各年度的變化至關重要，必須有一個固定的年分作為基準，才能準確比較不同年度之間的變化幅度。1937年是中日戰爭爆發前，臺灣在殖民地時期的經濟發展已達到較為成熟的階段，因此選擇該年的物價指數作為基期，並以當年價格計算各年度的財貨與勞務價值，使戰後的統計數據具有可比性。[5]

然而，以1937年為基準的計算方式仍可能存在一些問題。首先，1937年臺灣的經濟結構與戰後已有明顯變化，若過度依賴當年的數據而未考慮戰後的實際情況，可能導致統計結果產生偏差。其次，在將固定價格換算為當年價格時，理論上應使用以國民生產統計為加權基礎的物價指數，以確保計算的合理性。但當時所採用的卻是公教人員生活費指數，這種做法缺乏

理論上的依據，可能影響統計的準確性。[6]

　　1949年秋天，政府參考日治時期的統計資料，採用價值增加法來編製國民所得。具體做法是先依據生產統計，按照生產者的原始交換價值（即商品的市場價格）計算各行業的總產值，然後從總產值中扣除生產過程中消耗的中間產品（例如農業生產所需的種子與肥料，或工業生產所使用的原材料與能源），從而求出各行業的淨產值。最後，將所有產業的淨產值加總，再加上或扣除國際淨收入，以計算出國民所得。但在統計過程中，由於部分數據無法取得，統計人員只能以估計方式補足缺漏，這可能影響結果的準確性與可靠性。[7]

　　如表10-1所示，1937年臺灣的淨國民生產額為842百萬圓，其中財貨淨生產額為720百萬圓，占86%，服役淨生產額為122百萬圓，占14%。在財貨淨生產的推算過程中，先依據生產者價格計算出總生產額為955百萬圓，再扣除生產過程中消耗的物料成本410百萬圓，得出當年度的淨生產額為545百萬圓。[8]

　　戰後臺灣的國民所得估算主要依據戰前出版的統計資料，或參考戰後初期出版品中記載的戰前數據。由於部分資料缺失，統計人員需透過估算補足，或對某些不合理的數據進行調整，以提高計算的準確性與可信度。以農林漁牧業為例，估算時主要參考1947年出版的《臺灣農業年報》，其中記載1937年各部門的產值。但農業與畜牧業的生產成本，如肥料、種子、農舍、農具、飼料與動力等，理論上應以作物或農場為單位進

行詳細估算。然而,當時的統計工作,僅依賴戰前臺灣總督府殖產局的《農家經濟調查報告書》,以30戶農家的生產總值與原料消耗情形作為基準。[9]

較為理想的計算方式,應該是先求出每戶農家的平均生產數據,再乘以全臺灣的農戶總數,以推算全臺灣的農業總產值。但戰前所調查的30戶可能多為規模較大的農家,因此調查結果顯示其原物料消費占生產總值的比例超過50%,存在高估的問題。為了避免高估,統計人員假設全臺農家在農舍與農具的折舊及修理費上的差異不大,因此不特別調整。至於種苗費、飼料費、農藥費,則根據這30戶農家生產成本占生產總值的比例,推算全臺農畜生產的中間消費總額(指生產過程中消耗的原材料、能源及其他投入成本)。[10]肥料費部分,參考1947年《臺灣農業年報》的數據,但排除人糞和堆肥等自給肥料,僅計入實際購買的肥料部分。電氣費方面,根據1937年《電氣事業要覽》中灌溉、排水、養蠶、穀類調整等項目的用電量,乘以當年電價來推算成本。[11]

過去的研究多強調,戰前日本在臺灣建立的統計制度,成為戰後政府施政時的重要參考。然而,國民所得的估算需要完整的統計體系作為支撐,而戰後臺灣在進行國民所得估算時,發現戰前留下的統計數據僅涵蓋生產面,缺乏支出面與分配面的資料,因此無法形成完整的國民會計制度。這也顯示,當時的統計體系距離「統計治國」的理想仍有很大差距。

表10-1　臺灣之國民所得與分配比率（1937年）

		淨產值 （單位：百萬圓）	比例 （%）
國民所得額		724	
國內淨國民生產額		842	100.00
(A)財貨淨生產額	合計	720	85.54
	(a)淨生產物	545	64.68
	・農畜產物	288	34.17
	・林產物	5	0.54
	・水產物	11	1.36
	・礦產物	31	3.66
	・工業製品	182	21.65
	・電力瓦斯及自來水供應	13	1.55
	・營造工程	15	1.75
	(b)儲運集銷淨服役	175	20.86
	・貨物運輸	30	3.62
	・貨物儲藏集銷	145	17.24
(B)服役生產額	合計	122	14.46
	交通業	20	2.35
	金融業	8	0.92
	自由職業	24	2.80
	生活供應業	24	2.85
	家事服務	3	0.40
	軍公教服務	43	5.14
國際淨收入		-118	

資料來源：行政院主計處編，《中華民國臺灣之國民生產與國民所得》，（臺北：行政院主計處，1955），頁129。

二、美國顧問如何看統計制度

1953年，美國共同安全分署(Mutual Security Agency, MSA)派遣美籍顧問沈博來臺，為期三個月，協助檢討臺灣的國民所得統計工作。他建議，國民所得統計制度的改善可分兩個階段進行，首先著重於政府與公營事業部門的資料蒐集與整理，隨後再擴展至民間部門。

沈博在臺期間，關注物價指數、生產指數與國民所得三個面向。訪問結束後，他建議行政院主計處設立三個專責小組，分別負責物價指數、生產指數與國民所得統計。[12]

在物價統計方面，沈博對當時臺灣使用的15種物價指數進行全面檢討，認為臺灣省主計處編製的指數較具代表性，但仍需調整調查品項、調查地區、權數與計算公式。沈博離臺後，物價指數小組在與共同安全分署顧問安德(K. M. Armder)及署內社會組雷柏爾博士討論後，決定將原本的躉售物價指數、零售物價指數、公務員生活費指數及機關辦公用品指數，簡化為躉售物價指數與消費者物品價格指數，並另行編製農民所得與所付物價指數。

當時的改革重點在於調整納入物價指數計算的品項與權數，並研議從統一發票中，篩選出最具代表性的商品類別，根據其銷售比重來調整物價指數的計算方式。此外，消費者物品價格指數的技術問題則計劃透過家計調查來解決。由於上述規

畫都需要美國安全分署的資金支持,因此在正式調查啟動前,政府先利用共同安全分署社會組對城市與工業區工人進行生活調查的機會,額外增加查問項目,並派遣調查員參與,以獲得可供臨時應用的資料。[13]

當時,生產指數的編製工作由臺灣省政府建設廳、財政部及共同安全分署三個單位負責。沈博批評臺灣省政府建設廳與財政部的生產指數編製方式過於零散,在產品項目的選擇、調查與數據編製方面都存在問題,使生產數據的準確性受到影響。此外,臺灣從未舉辦過大規模的生產普查,導致政府難以掌握完整的生產概況。

沈博離臺後,生產指數小組的成員認為,應由主管生產業務的單位統一負責生產指數的編製,因此行政院決定將這項工作改由經濟部主辦。隨後,經濟部成立專責統計機構,並依據1952年遠東經濟委員會第二屆統計專家區域會議提出的生產指數方案進行修訂。經濟部亦與共同安全分署工業資源組顧問勞幹 (Dr. A. Logen) 保持聯繫,交換統計編製技術,最終確立生產事業常態編製的統計報告制度,使生產指數的統計更加制度化與標準化。[14]

至於國民所得統計,沈博認為戰前的統計數據在成本面上可能不夠可靠,應重新檢視其準確性。此外,1947年經濟波動劇烈,當年的成本比率不適合作為1951年估算的依據。因此,在估算方法上,不應直接將相同的成本比率套用於不同年度的

統計。同時，農業部門內部包括農業、林業、漁業和畜牧業，各部門的生產特性不同，不應使用相同的比率來估算整體農業產值。[15]

沈博建議國民所得統計應先縮小範圍，第一階段以政府與公營事業部門為重點，第二階段則擴展至公營事業的利潤、耐久性設備的收入，以及城市與鄉村的家計調查。在執行層面，他建議先向美援的相對基金申請新臺幣10萬元作為開辦經費，以支持統計工作的推動。[16]

整體而言，沈博認為，在臺灣的統計數據尚未在質量上全面提升之前，不宜進行完整的國民所得估算。他建議初期應先整理九項統計資料，包括政府薪資支出、政府對外採購、公營事業薪資支出、社會保險補助、公營事業淨產值、煤礦業淨產值、營造工程、交通事業淨收入，以及公營事業資本形成，以確保國民所得計算的基本數據完備。[17]

行政院主計處採納沈博的建議，於1953年8月設立國民所得組，並將原在臺灣省政府負責此項工作的人員調入該組，[18]同時聘請邢慕寰與孟慶恩指導統計作業。在執行上，國民所得組以聯合國國民會計體系為標準，作為編算臺灣國民會計的依據，並計劃建立永久性的資料報告制度。

在此基礎上，國民所得組開始回溯1951年的國民所得計算，並要求各機關辦理相關調查，如臺灣省政府農林廳負責《農家經濟調查報告書》，臺灣省政府主計處辦理《四十三年

四十四年薪資階級家計調查》。此外，國民所得組還與共同安全分署合作，進行《民營林業經營成本費用調查》及《民營漁業經營成本費用調查》。[19]

在國民所得組運作的七年間，受到經費與人力的限制，僅能逐步蒐集相關資料，最終國民所得的編算工作由行政院主計處第三局（統計局）第四科接手。[20]1950年代，臺灣主要採用生產淨額法來計算國民所得，這與先進國家因課稅、社會安全及就業資料較為完備，而能採用個人所得法的做法有所不同。由於臺灣缺乏相關社會經濟數據，只能依賴生產統計與成本分析，但成本面統計資料仍不完整，導致國民所得編算面臨一定的困難。[21]

1960年代，劉泰英自大學畢業後先進入行政院美援運用委員會，後來轉任行政院主計處，負責經濟統計工作。1962年，他奉命進行國民所得統計的專題研究，歷時一年多，並於1963年由國際經濟合作發展委員會出版其研究成果《臺灣現行編算國民會計之資料、方法及其檢討》，對當時臺灣的國民所得編算方式做出全面評述。[22]

在這份報告中，劉泰英指出，從生產面來看，公營企業、公共行政與國防的數據相對完備，但民營企業與家計部門的統計仍高度依賴查報制度或課稅資料。由於查報制度不健全，加上逃稅現象普遍，這些數據的可靠性存在不少問題。[23]雖然臺灣的農業統計相對成熟，但因缺乏支出面與所得面的數據，僅能

從生產面來推算,這使得對價格資訊的準確掌握尤為重要。至於尚未納入統計的部分,只能透過農業普查來補充。同時,查報制度本身亦有待改進。[24]

以往學界對戰前臺灣經濟統計的調查多持肯定態度,認為其統計制度在當時已達一定水準。然而,若僅依賴戰前的生產面數據來支撐戰後的國民所得統計,顯然不足。戰後的經濟結構與產業發展已有重大變化,而查報制度與調查機制仍存在諸多不足,亟待改善。當時,美國顧問對臺灣的統計制度進行調查並指出其中的問題,但受限於人力、資源與預算,1950年代並未能大規模改革國民所得統計體系。

三、經濟學者張果為與統計調查

1950年代,臺灣推動國民所得制度的過程中,國立臺灣大學經濟學系教授張果為除了指出統計調查可能存在的問題,也在資源有限的情況下,帶領學生進行統計調查,為國民所得統計制度的發展貢獻專業知識。

張果為生於1900年,安徽人,1922年前往德國柏林大學留學,師從瓦格曼(E. Wagemann)學習經濟學與統計學,並曾在德國國家統計局工作。1929年返回中國後,在東北交通委員會委員長高紀毅的引薦下擔任統計籌備員,並參與1931年出版的《東北年鑑》交通篇編輯工作。同時,他在東北大學夜間部

教授財政學與統計學。1933年，東北地區落入日本控制後，他應廈門大學法學院院長曾天宇（同為柏林大學經濟學博士）之邀，赴廈門大學教授經濟學，並於1937年8月出任福建省財政廳長。1945年日本戰敗後，張果為擔任華北特派員，負責接收當地的財政與金融事務。[25] 大致上，他在中國大陸的經歷橫跨學界與政界。

1949年1月13日，張果為抵達臺灣。他的學生王師復[①]曾在廈門大學修習財政學與統計學，當時任職於臺灣大學經濟學系，便邀請張果為至系上擔任教授。[26] 來臺後，張果為積極運用其統計專長，帶領學生在資源有限的環境下進行各項統計調查，並在國民所得制度的建立過程中，對基礎統計數據的可靠性提出質疑。後來，他更進一步參與政府推動的國民所得制度改革。

（一）編製敏感物價指數

1950年代初，臺灣經歷幣制改革後，政府統計機關在物價上漲的情況下，並未公布躉售物價指數。張果為認為，當民

---

① 王師復（1910–？），福建林森人，畢業於廈門大學，曾前往英國倫敦大學研究，大陸時期曾在貴州農學院擔任副教授，南華大學、湖南大學、復旦大學擔任教授。1947年8月來臺後，在臺灣大學經濟學系擔任教授。〈王師復〉，《軍事委員會委員長侍從室檔案》，檔號：129-230000-0944，藏於國史館。

眾無法得知物價指數時，可能會因過度預期物價上漲，進一步推高市場價格，導致通膨惡化。因此，他在法學院院長的同意下，成立「經濟統計研究室」，帶領助教與學生，每月編製並發布一種「敏感」物價指數，試圖提供更即時的價格變動資訊。[27]

當時金融界有經濟學者從躉售物價指數的角度出發，對「敏感」物價指數提出批評。該學者認為，躉售物價指數涵蓋範圍廣泛，分類合理，而張果為編製的「敏感」物價指數則僅選擇對物價變動較敏感的商品，樣本數較少，可能不足以反映整體物價變動情況。對此，張果為回應指出，兩種物價指數的用途與結構不同，單月的成長率未必一致，但在物價上漲時，兩者的變動趨勢應當相符。從學術角度而言，他認為「敏感」物價指數能滿足研究經濟問題的人士所需，為市場提供另一種衡量物價變動的工具。[28]

由於當時統計資料有限，現今難以確認張果為如何透過非官方管道蒐集數據並編製這項物價指數。但不久後，政府即正式公布躉售物價指數。[29] 過去在討論政策時，經常強調輿論或學者對政府決策的影響，而本案例顯示，張果為以學者身分主導物價指數編製的行動，使官方承受壓力，進而促使政府公開更多經濟資訊，提升市場透明度。

(二)參與評論統計調查

1950年代初期,張果為曾在《財政經濟月刊》撰文,檢討政府及美援機構所進行的統計調查,並指出其中可能存在的問題。

首先,他關注的是1950年3月至1951年2月期間,由臺灣省政府農林廳主辦的農家經濟調查。該調查針對全臺84個市鄉鎮的稻作與雜作農家,依農地經營方式區分為自耕農、半自耕農及佃農,並透過記帳方式蒐集樣本,共選定391戶(其中稻作農家360戶,雜作農家31戶),記錄各戶的收支情況。但調查期間因記帳戶出現遷居、分居、死亡、從軍等各種變化,有90戶出現紀錄中斷的情況,最終僅301戶完成調查。[30]

如表10-2所示,在完成調查的樣本中,稻作農家者為281戶,雜作農家者為20戶。透過此次「計畫代表調查」所得的結果顯示,自耕農每戶所得為新臺幣10,849元、半自耕農為9,852元、佃農為8,229元。雜作農家而無「自耕」者,收入相對較少,其中半自耕農每戶所得為新臺幣8,032元,佃農為5,123元。若將調查結果依表10-2中的戶數加權計算,可求出每戶平均所得為新臺幣9,133元。[31]

張果為認為,這次調查原本計畫讓稻作農家與雜作農家的樣本比例為12:1,但實際調查完成後,這個比例變成了14:1。因為樣本中所得較高的戶數較多,導致最終計算出的1950至

表10-2 臺灣農業所得及農家所得（1950年3月1日至1951年2月底）　　單位：新臺幣元

農家類別		調查戶數	農業所得	農家所得
稻作農家	自耕農	89	9,047	10,849
	半自耕農	88	8,302	9,852
	佃農	104	6,809	8,229
	合計	281		
雜作農家	半自耕農	10	6,633	8,032
	佃農	10	4,240	5,123
	合計	20		
兩者總計		301		
平均農家所得				9,133

資料來源：張果為，〈臺灣所得分配樣本調查之可能性〉，《財政經濟月刊》，第4卷第7期（1954年6月），頁8。
說明：平均農家所得數字可能有誤，應為9,368。

1951年每戶平均所得9,133元可能偏高。但隨著耕者有其田政策的推行，更多小農戶獲得土地，收入可能因此增加，再加上物價上升，原本被認為偏高的所得數據，最終可能與現實情況趨於一致，甚至可能翻倍增長。[32]

張果為引用1950年7月至8月《財政經濟月刊》提供的物價指數，指出自1949年6月15日至1952年7月至8月，該雜誌公布的物價指數已上漲一倍。雖然農家所得的成長幅度未必能與物價指數完全對應，但平均每戶所得應不至於低於新臺幣1萬5,000元。[33]

從整體來看,臺灣農戶占全臺總戶數的43%,其所得水準高於工人階級,低於工商業者。因此,僅根據這次調查的樣本所得平均數,尚不足以證明調查結果有偏高的問題。由此可見進行統計調查時樣本數選取的重要性,因為調查後所得出的樣本分布,將直接影響數據的解讀與分析結果。

此外,張果為也分析並評論美國國際合作總署駐華安全分署(前身為共同安全分署駐華辦事處)與國立臺灣大學共同主辦的「城市與工業地區調查」,對該調查的統計方法與結果提出討論。

戰後臺灣的統計調查,除了由政府統籌推動,部分調查也延續戰前的調查模式。1952年起,農復會在美國顧問雷柏爾(Arthur Raper)的指導下,運用分層抽樣法對臺灣農村進行調查,並於1953年出版《臺灣目前之農村問題與其將來之展望》,呈現調查結果。[34]隨後,1953年雷柏爾主持美國國際合作總署駐華安全分署與國立臺灣大學聯合進行的調查計畫。該計畫由臺灣大學經濟系系主任全漢昇負責調查表的統計,社會學系教授陳紹馨負責蒐集與分析社區及團體組織資料,並有本地及美籍人員參與實地調查與統計資料整理。[35]

1953年,該調查針對17個鄉鎮行政單位,共選取1,383戶進行調查。調查採用分層隨機抽樣法,首先依據各市鎮的人口規模選定調查里行政單位,然後再依據職業分布、地形特性及工商業發展狀況,將多個里合併為一組,作為調查範圍。在實

地調查完成數週後，研究團隊撰寫初步報告，並分送給數百名政府機構及美援機構相關人員。最終，該調查於1954年出版為《臺灣之城市與工業》。[36]

基本上，這項調查主要是由美國提供資金與部分人力支持，而非臺灣政府體系內固定執行的調查計畫，因此並不屬於政府的常態性統計工作。張果為在《財政經濟月刊》中，根據表10-3的數據，對這項調查結果進行分析並提出個人見解。然而，需要注意的是，表10-3的數據並未收錄在1954年正式出版的調查報告《臺灣之城市與工業》中。所以，張果為的討論可能是基於該調查的初步報告，而非最終出版的正式數據。他的分析重點在於說明不同職業類別的人口比例，以及這些受訪者在調查期間內的所得情況。[37]

張果為指出，這項以工業為主要對象的調查，其範圍僅限於城市與工業地區。調查結果顯示，工人家庭占總樣本的31%，每月所得為新臺幣390元，全年共計新臺幣4,680元。而在工業城市中的農戶則被歸類為自傭者，其中自耕農占3%，佃農占5%，兩者合計占總樣本的8%。[38]

張果為認為，這份調查的樣本數可能不足，導致對全臺灣的實際情況有所低估。原因是，當時臺灣農戶約占總戶數的43%，遠高於本次調查的取樣比例。此外，調查結果顯示，農戶的年平均所得達新臺幣1萬5,000元，約為工人家庭所得的三倍。而傭工者雖然收入較高，平均每戶年所得為新臺幣2萬

表10-3　1,383戶按照戶長職業類別一月所得統計

戶長職業類別	各業所占戶數比例（%）	1953年6月所得（新臺幣元）	一年所得估計（新臺幣元）
傭工者（Employers）	2	2,066	24,792
自傭者（Self-employed）	32	697	8,364
工人（Laborers）	31	390	4,680
專門職業者（Professionals）	3	887	10,644
民事服務（Civil servants）	16	695	8,340
其他（others）	16	540	6,480
合計或平均	100	585	7,020

資料來源：張果為，〈臺灣所得分配樣本調查之可能性〉，《財政經濟月刊》，第4卷第7期（1954年6月），頁8。
說明：1953年6月所得平均應為609，一年所得估計平均應為7,314。

4,792元，但在此次調查的1,383戶樣本中僅占2%（約35戶），其影響不足以大幅拉高整體平均所得。[39]

大致上，張果為認為，在臺灣早期統計調查尚未健全的情況下，不應完全依賴政府主導的調查結果，而應透過多種資料與資訊相互比對，以審慎評估各項調查結果是否存在高估或低估的問題。

（三）評論國民所得制度

張果為評論戰後臺灣省主計處編製的國民所得統計（表10-4），指出該統計是透過各行業的生產額來計算要素成本，並且納入政府勞務與國際往來，以呈現財貨與勞務的淨生產情況。然而，從國民所得的內容構成（表10-5）來看，這份統計只能反映出各行業的淨生產估計、國際往來的結算及政府勞務的估算，卻缺少其他重要的經濟數據。具體來說，統計中缺乏各行業的存貨統計、私人儲蓄、公司未分配盈餘與投資，甚至完全沒有家計部門的個人所得與支出。此外，產業部門的所得與生產帳戶資料也不完整。因此，張果為認為，從國民會計的角度來看，這樣的統計結果不足以作為分析經濟問題的依據。[40]

戰後1950至1952年的統計中，財貨的生產額是透過各行業的實際產量乘以1937年的平均價格來計算，然後再扣除平均生產成本，以求得各行業的實際增值。這種計算方式在生產數據方面相對可靠，因此整體計算沒有太大問題。但在某些行業，由於缺乏完整的統計資料，只能透過間接推估來計算。例如，營造工程、貨物運輸、貨物儲藏等三個行業，因為沒有直接的統計數據，調查人員只能使用推算方法，可能是根據財貨淨生產或人口自然增加率來推估這些行業的生產額。這類推估行業的生產額，在1952年約占國民所得的7.3%，而在1937年則占8.1%，由於比例不高，影響相對有限，不會造成整體國民

所得的計算產生重大誤差。[41]

　　1937年，軍公教勞役支出為4,300萬元，占國民所得的6%。到了1952年，軍公教勞役支出雖然增至15億7,000萬元，但占國民所得的比例僅為10%。張果為據此判斷，戰後臺灣的國民所得成長並非依靠軍費支出填補，因為軍公教支出的占比未見顯著上升。在國際收支方面，1937年臺灣的對外收支為負1億1,800萬元，顯示當年對外支付大於收入。這與當時日本在臺經濟活動密切相關，許多在臺日本人的薪資收入回流日本，日本企業在臺的投資利息與紅利也匯回本土，這些資金外流成為臺灣國內淨生產額的負擔，導致當年臺灣出現貿易出超的現象。戰後，國際收支的情況發生變化，1952年轉為淨收入9億5,600萬元。[42]

　　戰後的貿易入超包含美援進口，部分用於資本性質的運用或作為所得收入。如果美援被用於購置資本設備，則不應計入當年的國民所得，但當時用於資本設備的比例較少。1952年，臺灣省政府主計處計算美援總額為新臺幣9億元，若按當時匯率1美元兌新臺幣15.6元換算，約為6,000萬美元。[43]

　　張果為透過有限的公開資料觀察，認為當時國民所得編製的最大問題在於統計資料的不完整，導致國民所得的構成內容不夠完備。許多關鍵的經濟數據缺失，使得國民所得統計結果無法準確反映臺灣經濟的實際狀況。要解決這一問題，僅能透過選取樣本進行調查，以修正過去統計所得的結果。[44]

總的來說，1950年代臺灣大學經濟學系教授張果為在雜誌發表文章，針對政府調查彙整的統計數據與國民所得制度提出質疑與分析。同時，他也與政府單位合作，進行小規模統計調查，協助統計工作。

表10-4　臺灣國民所得統計

	1937	1950	1951	1952
國民所得 （萬元）	72,410	758,490	1,099,913	1,494,066
折合1952年新臺幣金額 （萬元）	1,310,621	1,592,829	1,319,896	1,494,066
人口總數 （千人）	5,609	7,554	7,869	8,128
人均所得 （元）	2,337	2,109	1,677	1,838
戶口總數 （戶）	968,519	1,368,654	1,440,797	1,492,476
每戶平均所得 （元）	13,532	11,638	9,161	10,011

資料來源：張果為，〈臺灣所得分配樣本調查之可能性〉，收於張果為教授八秩文存編纂委員會主編，《張果為教授統計理論論文集》（臺北：中國文化大學出版部，1980），頁49。
說明：
1. 國民所得為根據「臺灣經濟論叢」，以當年臺幣表示。
2. 人口及戶口總數根據「臺灣省統計提要」。
3. 人口及每戶平均所得，以1952年新臺幣表示。
4. 1937年的人口數不包含現役軍人，其他三年人口數則未包含軍人。

表10-5　臺灣國民所得（當年價格）　　　　　　　　　　　　　　　　　單位：臺幣千元

項目				年分所得實數	
				1937年	1952年
（一）國內淨國民生產額（依要素成本）	（一）合計			842,150	13,984,870
	（A）財貨淨生產額（依要素成本）	（A）合計		720,340	10,809,710
		（a）淨生產物	（a）合計	*544,690（544,750）	8,035,070
			1. 農林產物	303,790	5,262,890
			2. 礦產物	30,890	550,210
			3. 工業製品	182,320	1,736,080
			4. 電水煤氣	13,050	150,050
			5. 營造工程	14,700	335,840
		（b）儲運集銷淨勞務	（b）合計	175,650	2,774,640
			6. 貨物運輸	30,440	632,490
			7. 貨物儲藏集銷	145,210	2,142,150
	（B）服務淨生產額	（B）合計		121,810	3,175,160
		1. 交通業（貨物運輸除外）		19,760	496,190
		2. 金融業		7,710	143,730
		3. 自由業		23,620	519,770
		4. 生活供應業		24,030	393,140
		5. 家事服務		3,380	49,140
		6. 軍公教服務		43,310	1,573,190
（二）國際淨收入				(118,080)	955,790
（三）國民所得額				*724,100（724,070）	14,940,660
（四）人口總數				5,609,042	8,666,995
（五）平均每人所得				129	*1,685（1,723）

資料來源：張果為，〈臺灣所得分配樣本調查之可能性〉，收於張果為教授八秩文存編纂委員會主編，《張果為教授統計理論論文集》，頁48。

說明：加星號者為原始資料計算有誤，於括號內補上正確數字。

四、國民所得工作小組的成立

(一)改革的契機

　　1960年春，美國籍統計顧問周富瑞（Leon S. Geoffrey）在美國國際合作總署駐華分署的資助下來臺，擔任政府統計顧問。當時政府正推動經濟加速發展計畫，他向政府當局說明國民所得統計與經濟政策實施之間的密切關聯，建議成立專案研究小組。周富瑞認為，應當先檢討基本統計，以提升資料的精確度，使既有的統計數據能更合理地應用於國民所得統計。[45]

　　1960年8月，在主計處的籌備下，正式成立國民所得工作小組，並於同年8月3日召開「行政院主計處國民所得工作小組第一次會議」。會議中，時任主計處第三局局長的李慶泉[②]表示，自沈博來臺後，國民所得小組即已成立，並改採聯合國國民會計法編算臺灣國民所得。但由於主計處人力與資金有限，導致基本統計資料與最終統計結果仍不夠完善。周富瑞來臺後，進一步強調國民所得統計的重要性，並建議設置專門小組以推動改進。行政院主計處為廣納意見，於1960年8月3日召

---

② 李慶泉(1911-？)，河北安國人，1935年畢業於中央政治學校經濟系後，先於該系擔任助教，後進入考試院擔任統計員、調查科長，又轉任社會部統計處專員第二科科長。來臺後，擔任內政部統計長、行政院主計處主計官兼統計局局長。〈李慶泉(李子淵)〉，《軍事委員會委員長侍從室檔案》，檔號：129-210000-2050，藏於國史館。

開國民所得小組第一次會議,邀請各相關機關派員參與,共同討論國民所得統計的改進方向。[46]

周富瑞指出,隨著臺灣經濟發展逐漸受到國際關注,國民所得統計就如同「計分牌」,能讓社會大眾掌握最新且完整的經濟資訊。一旦主計處能夠提供具公信力的統計數據,這些資料將可作為財經政策制定的重要依據。周富瑞認為,國民所得工作小組的成立,主要是希望促使各機關改善國民所得會計編算所需的基本資料。然而,小組的首要任務應是先釐清國民會計所需的統計資料中,哪些部分尚不健全,並確認缺漏的數據,進行補充與修正。唯有深入追溯國民所得統計所依據的基礎資料來源,才能確保原始數據與最終發表的統計結果一致,並檢視資料蒐集方法與統計程序是否完整且合理。同時,也必須對各類基本統計數據的準確性進行評估,以提升統計品質。為了順利執行這些工作,爭取充足的經費支持將是不可或缺的關鍵。[47]

與會的臺灣大學經濟學系教授張果為表示,他願意為國民所得工作小組的運作貢獻心力,但在提供具體意見前,應先對現況進行深入研究,再與各方共同討論改進方案。統計長芮寶公則認為,臺灣的國民所得統計在計算方法與程序方面大致無誤,主要問題在於基本資料的缺乏與準確性不足,因此,應優先從基本資料的蒐集與驗證著手,確保統計基礎數據的完整與可靠。[48]

時任農復會農業經濟組技正的李登輝則指出，除了提升基本資料的品質，還應重視基本資料的應用方式。例如，在計算農業所得時，應考慮是否應根據整體農業經濟調查資料進行估算，或是分別依照各類作物的調查數據計算，這部分仍有進一步探討的必要。[49]

　　擔任行政院主計處科長的張宗利③認為，臺灣統計工作的主要問題之一，是最終統計結果的發表時間延遲一年，導致數據的時效性不足。此外，各項統計數據的準確度參差不齊，尤其是政府與家計部門的資本調整帳尚未納入私人消費與私人儲蓄資料，可能造成國民所得統計的偏差。進一步而言，私人企業的資本形成可能被低估，農家消費的詳細內容也未依照規定格式進行統計，住宅所有權應計入的利息成本亦尚未被估算，而政府收支中的資本性支出與消費性支出仍未能清楚區分。這些問題的根本原因，在於統計工作人力不足、經費有限，以及各單位間的協作尚未充分。[50]

---

③ 張宗利（1921-？），廣東揭陽人，1938年畢業於廣東省立高級水產學校漁撈科後，曾擔任該校教員，後轉任財政部食糖專賣局海豐業務所專員與主任。1943年進入福建省立農學院農業經濟系就讀，畢業後於1947年7月後來臺，在臺灣省政府統計處擔任科員，主辦農林財政統計。1949年8月任臺灣省政府統計處股長，負責政治統計。1949年9月後，擔任臺灣省政府主計處科長兼股長，主辦國民所得編算。1956年1月轉往中央，擔任行政院主計處科長，1971年1月任臺灣省政府主計處副處長，1980年11月任行政院主計處主計官，1983年7月升任行政院主計處主計官兼第四局局長。〈張宗利〉，《軍事委員會委員長侍從室檔案》，檔號：129-220000-0842，藏於國史館。

張宗利主張,應改進私人消費與民營企業投資的估計,在可能的範圍內進行所得分配調查,並運用商品流通法來估算國民消費與投資,以改善現有的基本資料與編製方法。51

　　該次會議決議由孟慶恩④、李登輝與張宗利三人共同擬定國民所得統計檢討意見初稿。52然而,從現存資料中,並未找到這份檢討報告的正式版本。

　　由於周富瑞來臺的主要目的之一,是向國際社會呈現臺灣經濟成長的實況,因此促成了1960年8月至1963年6月間執行的「國民所得改進計畫」。該計畫的總經費為新臺幣311萬2,200元,其中政府負擔部分人力與經費,而美援則提供新臺幣306萬2,200元的資金支持。53

　　政府願意投入資金來檢討基本統計,不僅是為了提升數據的精確度,更希望能使現有的基本資料更合理地運用於國民所得統計。值得注意的是,當時政府進行的各項統計工作,多數是為施政需求所辦理,僅有少部分專門針對國民所得統計而設計。因此,這些以施政為目的的統計資料,需要經過適當的調

---

④ 孟慶恩(1909-?),遼寧營口人,1943年畢業於日本東京商科大學,後曾前往美國耶魯大學進修。戰後於1945年10月擔任東北行轅委員會專員,負責金融商務與統計研究,1946年10月起擔任財政部東北區財政金融特派員辦公處專門委員,來臺後在1949年7月於臺灣省政府統計處擔任專員,負責國民所得統計。1949年10月升任臺灣省政府主計處第四科科長,1951年8月擔任臺灣省政府主計處主任專員。1961年擔任中央銀行經濟研究院副處長,後來升任至處長。〈孟慶恩(孟天民)〉,《軍事委員會委員長侍從室檔案》,檔號:129-230000-0096,藏於國史館。

整,才能使其適用於國民所得統計。為確保這兩類統計資料能密切配合,必須全面檢視其內容與性質。[54]

(二)改革途徑

1960年10月,國民所得小組制定〈國民所得統計研究發展計畫綱要〉,針對現有的基本統計資料進行全面檢討,並關注統計數據的編製與調查動機、資料蒐集與統計方法、統計範圍、統計分期計畫、統計結果編製所需時間、人員配置與經費需求等。透過這些檢討,確認現有統計數據是否符合國民所得編算的需求,若有不足之處,則提出具體改進方案,使國民所得統計更趨完善。除檢視既有統計數據外,該計畫亦確定將辦理重要商品存貨調查、攤販營業狀況調查、民營林業生產成本報告、民營水產業生產成本報告、民間新建築物調查等,以補充統計上的缺口。[55]

在估計方法上,原本行政院主計處主要採用支出法來估算國民消費與資本形成,即從需求面出發,依據政府預算、決算及一般會計記錄進行推算。然而,國民所得小組計劃推動商品流通法,以供給面為基礎,並與支出法相互對照,以獲取更精確的國民消費與資本形成數據。此方法不僅能更清楚地掌握各種商品的實際供需狀況,也可作為制定生產目標與貿易政策的重要參考。[56]

此外，為了瞭解個人所得在不同社會經濟類別中的分配情形，國民所得小組規劃進行個人所得分配調查。該調查將依照所得水準、職業類別、年齡、性別、地區及家庭構成等不同面向，分析所得分配的情況，作為經濟政策與課稅制度的參考依據。[57]

　　大致上，國民所得統計的改革計畫預計在三年內完成，主要方向包括檢討與改善基本統計資料、透過專項調查補足統計缺口，並運用商品流通法估計國民消費與資本形成，以與支出法進行對照。同時，藉由個人所得分配調查，深入掌握所得結構，以利財政與租稅政策的規畫。[58]

　　由於國民所得統計所需的資料繁多，因此小組先選定36種統計資料作為第一階段研討對象。如表10-6所示，1961年4至6月間，國民所得小組以分組方式進行研討，將這36種資料依據性質劃分為四組。每組由六名研究人員負責，並採取分工方式，由特定人員專門研究某一項或數項統計資料，再將個別研討結果提交至組內會議進行討論，形成初步報告，最後送交國民所得工作小組審議決定。研討內容聚焦於各項統計資料的編製與調查目的、報告程序、蒐集與整理方法、統計範圍、分期計畫與時間需求、統計結果的發布方式、優勢與不足，並據此提出具體的改進建議。[59]

　　從參與調查成員的背景來看，涵蓋當時政府與學界的統計專業人士，其中有部分人員來自行政院主計處與臺灣省政府，

表10-6 臺灣國民所得重要基本資料分組研討工作分配表

研討人員		研討資料		
		項目	來源	關係機關
第一分小組	李登輝	1.農業生產統計	臺灣農業年報	農林廳、糧食局
	張宗利	2.林業生產統計	林業生產統計	林務局
	顏明智⑤	3.漁業生產統計	漁業生產統計	漁營處
	周義祥	4.農業生產成本分析	農家經濟調查報告書	農林廳
	馮鳳娥	5.農家消費支出	農家經濟調查報告書	農林廳
	汪士穀	6.民營林業生產成本分析	民營林業經營成本調查	行政院主計處
		7.民營漁業生產成本分析	民營漁業經營成本調查	行政院主計處
		8.農業部門資本形成	農業部門資本形成估計	農復會

（續下頁▼）

⑤ 顏明智（1928–？），臺灣澎湖人，1945年畢業於臺南第一中學校。1947年10月，進入澎湖縣政府祕書室擔任辦事員。1948年7月，轉任林產管理局統計室擔任辦事員，同年11月調任彰化市政府祕書室擔任股長，負責統計行政。1949年3月，擔任臺東縣稅務稽徵處主辦統計員，負責統計業務。1950年9月，進入臺灣省政府主計處擔任科員。1952年至1954年間，轉任高雄市政府主計處，擔任主技士股長。1954年9月，進入臺灣省政府主計處擔任科員，1956年3月，轉至省政府建設廳擔任科員兼股長，同年9月，再次調回臺灣省政府主計處。顏氏的工作經歷皆與統計職務相關，後進入行政院主計處第三局擔任視察，並升任科長。1978年3月，擔任行政院主計處勞工統計調查評審委員會專門委員兼執行祕書。〈顏明智〉,《軍事委員會委員長侍從室檔案》，檔號：129-250000-1769，藏於國史館。

⑥ 黃子貞（1919–？），福建安溪人，1936年畢業於安溪縣立簡易師範學校。曾擔任教員，後進入福建集美高級農業職業學校進修。1941年畢業後，任職於福建省立農業改造處林務所，擔任技佐和技士。1944年進入福建省立農學院進修，1948年畢業後，先在中國農民銀行福州分行任行員。1949年1月來臺，擔任臺灣省政府統計處科員，負責農林調查統計。同年10月，轉任臺灣省政府主計處科員，繼續從事相關工作。1949年11月至1952年12月，任臺灣省合作事業管理處合作農業指導員，兼任虎尾、九如合耕農場副場長和場長。之後，回任臺灣省政府，擔任主技術

研討人員		研討資料		
		項目	來源	關係機關
第二分小組	周宗瑞	1.民營製造業生產統計	臺灣生產統計月報、自由中國工業	建設廳、經濟部、美援會
	趙新民	2.民營礦業生產統計	臺灣生產統計月報、自由中國工業	建設廳、經濟部、美援會
	張宗利	3.民營製造業成本分析	營利事業成本分析統計	財政廳、行政院主計處
	黃子貞⑥	4.民營礦業成本分析	營利事業成本分析統計	財政廳、行政院主計處
	汪士穀	5.民營製造業資本形成	民營工礦業資本形成調查	建設廳、行政院主計處
	王平章⑦	6.民營礦業資本形成	民營工礦業資本形成調查	建設廳、行政院主計處
		7.公營事業資本形成	公營事業資本形成調查	行政院主計處
		8.工礦業生產指數	臺灣生產統計月報	經濟部、建設廳
		9.民營營造業成本分析	民營營造業調查	建設廳、主計處
		10.民營營造業資本形成	民營營造業調查	建設廳、主計處

（續下頁▼）

科員兼股長，並進入行政院主計處擔任視察，升任第三局科長。1974年4月，擔任行政院主計處第三局副局長，1978年2月升任局長，同月兼任勞工調查統計評審委員會召集人。〈黃子貞（黃指津）〉，《軍事委員會委員長侍從室檔案》，檔號：129-230000-2226，藏於國史館。

⑦ 王平章（1912-？），安徽懷寧人，畢業於上海滬江大學政治系。大陸時期曾擔任後方勤務部副官處第一科科長。來臺後，擔任聯勤總部運輸署財務科科長。1957年1月，擔任國防部預算局財務上校專員，後轉任美援運用委員會會計處會計委員，並於國際經濟合作委員會會計處擔任專門委員兼幫辦。〈王平章（王靜波）〉，《軍事委員會委員長侍從室檔案》，檔號：129-210000-3872，藏於國史館。

研討人員		研討資料		關係機關
		項目	來源	
第三分小組	張果為	1.營業額統計	營利事業營業額統計	財政廳
	孟慶恩	2.民營商業成本分析	民營商業調查	行政院主計處
	孫師宋[8]	3.國際收支	國際收支平衡表	中央銀行
	袁度元[9]	4.中央政府收支	中央政府預決算	行政院主計處
	李旭華	5.省政府收支	省政府預決算	省主計處
	蘇南毅	6.各縣市政府收支	各縣市政府	省主計處與各縣市政府
		7.民營小規模運輸業人數及所得	各類民營交通運輸服務工人及工資所得	省總公會
		8.民營公路運輸公司產值及成本分析	民營公路運輸公司營業決算報告	省公路局監理處

(續下頁▼)

---

[8] 孫師宋（1920–？），浙江吳興人，1937年6月畢業於南京成美中學高中部。同年12月，畢業於軍事委員會第六部無線電訓練班，之後擔任中央黨部調查統計局助理通訊，負責通訊工作。1941年至1943年，進入私立東吳補習學校學習商業會計，後於中央銀行資料室擔任主任及經濟研究處研究員，並曾任交通銀行調查研究處處長。〈孫師宋〉，《軍事委員會委員長侍從室檔案》，檔號：129-240000-0917，藏於國史館。

[9] 袁度元（1925–？），江蘇東臺人，大陸時期就讀於英士大學，隨師長來臺。1950年來臺後，在臺灣省政府主計處擔任科員，負責國民所得統計，後進入臺灣省政府農林廳檢驗局擔任課長，1954年進入財政部統計處擔任科員，1958年升任專員，1960年4月擔任科長。1956至1958年於臺灣省立法商學院會計統計學系進修。1967年轉任中央銀行經濟研究處擔任副研究員，負責資金流量統計，1978年升任研究員。〈袁度元（袁淑衡）〉，《軍事委員會委員長侍從室檔案》，檔號：129-250000-1847，藏於國史館。

研討人員		研討資料		關係機關
		項目	來源	
第四分小組	芮寶公[10]	1.非農業家庭消費	都市消費者家計調查	省主計處、臺灣銀行
	嵇昌先[11]	2.躉售物價指數	物價統計月報	省主計處
	顏明智	3.農民所得所付物價指數		省主計處
	盧敦義[12]	4.都市消費者物價指數	物價統計月報	省主計處
	李旭華	5.機關辦公用品物價指數	機關辦公用品物價指數	省主計處
	黃子貞	6.工業產品價格指數	自由中國之工業	經濟部、建設廳、美援會
		7.工業原料價格指數	自由中國之工業	經濟部、建設廳、美援會
		8.自由職業就業人數	自由職業就業人數統計	財政廳、社會處
		9.工業就業人數	自由中國之工業	經濟部、建設廳、美援會
		10.特種營業就業人數	特種營業就業人數統計	省警務處

---

[10] 芮寶公（1906–1985），江蘇江都人，1926年畢業於復旦大學工商管理系，曾在系上擔任助教，講授統計學。後來先後服務於江蘇省立教育學院、中央政治學校、中央政校計政學院講師，在中央大學法學院擔任教授。1933年8月擔任國民政府主計處統計科長，1941年轉任內政部統計處科長，並升任幫辦。戰後曾於復旦大學擔任教授與總務長，並曾任統計專修科主任。1949年2至7月，擔任臺灣省立農學院教授；同年9月至1954年4月，擔任省立嘉義中學校長。1954年4月起，出任臺灣省政府主計處副處長；1961擔任內政部統計處統計長。〈芮寶公（芮曉綠）〉，《軍事委員會委員長侍從室檔案》，檔號：129-210000-1412，藏於國史館。

(續下頁▼)

負責國民所得統計與相關調查業務,另有部分成員曾參與地方層級的統計調查,具備豐富的實務經驗。

　　至於個人所得的分配統計,原本計劃調查1961年的資料,以分析不同所得水準與社會經濟特質的分布情形。但由於過去缺乏這類調查經驗,決定先進行試驗性研究,以驗證調查方法的可行性與所得數據的可靠性。待試驗結果證實能獲取準確資料,並確立有效的調查方式後,再推動全面性調查。這項試驗調查委託臺灣大學教授張果為辦理,經研究後確認可透過家庭收支調查達成調查個人所得分配的目標。[60]

　　計畫預計執行期間為1960年8月至1963年6月,由行政院主計處邀集中央與地方機構推派高級人員代表,並聘請專家組成國民所得工作小組。計畫的第一年,先針對36種重要的基本統計資料進行檢討,並於1961年6月完成,撰寫《臺灣國民所得基本統計資料研討總報告》與《國民所得基本統計研討意

---

⑪ 嵇昌先(1906–?),江蘇漣水人,1932年畢業於安徽大學教育系,1934年畢業於中國國民黨中央政治學校計政學院統計班後,進入全國經濟委員會土地委員會擔任土地調查專員,並在第三戰區司令部服務,後轉任地政署統計室,並升任至地政部統計主任。來臺後在1950年1月擔任內政部統計長,1954年3月擔任臺灣省政府主計處副處長,1956年5月擔任臺灣省戶口普查處三組組長。〈嵇昌先〉,《軍事委員會委員長侍從室檔案》,檔號:129-210000-2388,藏於國史館。

⑫ 盧敦義(1931–),福建林森人,1952年畢業於臺灣省立行政專科學校,1953年進入行政院主計處主計局擔任科員,負責國民所得統計工作。1959年調任主計處第三局科員,負責經濟統計,並於1960年升任科長。1978年晉升為行政院主計處第三局副局長。〈盧敦義〉,《軍事委員會委員長侍從室檔案》,檔號:129-250000-4512,藏於國史館。

見改進辦法綜合報告》。報告認為能立即改善的部分，即指派各機關統計人員進行修正與調整。此外，為了彌補統計缺口，開始規劃並推動攤販經濟概況調查、自由職業所得調查、民營林業生產成本調查、民營漁業生產成本調查、民營企業商品存貨調查及民間新建築物調查等專門調查。計畫執行期間，除民間新建築物調查因臺灣省政府已籌辦住宅普查計畫，為避免重複調查而取消，其餘各項調查皆已完成或正在進行中。[61]

（三）以農業統計改進為例

國民所得工作小組針對36種統計數據進行全面檢討，範圍廣泛且規模龐大。本節將以農業生產部門為例，簡要介紹當時農業統計與調查所面臨的問題。

在農業部門的統計工作中，較為重要的統計類別包括農業生產統計、農業生產成本分析、農業消費支出、林業生產統計、林業生產成本、漁業生產統計、漁業生產成本分析及農業部門資本形成等八項。[62]

就統計來源而言，當時農產與畜產的資料中，除了食米的生產數據是由臺灣省糧食局依據米穀生產調查獲得外，其他農產品的生產數據，則由臺灣省農林廳透過農情報告制度蒐集，並整理為年度統計資料。漁業統計由臺灣省漁業局根據調查資料整理後報送，林業統計由臺灣省林務局依據查報制度提供。

然而，由於這些資料多屬於查報性質，數據的準確性與完整性難以達到理想標準。[63]

1. 農業生產統計

當時的農業生產統計涵蓋全臺灣所有農作物和畜產品的生產數量與價值，由臺灣省政府農林廳負責統計，結果刊載於每年出版的《臺灣農業年報》。該年報的編製主要是為政府施政提供參考，統計數據的來源繁雜。米穀、甘蔗、煙草與黃麻的統計數據分別來自臺灣省糧食局、臺灣糖業公司、公賣局與物資局，而其他多數作物的資料則是透過農情報告制度蒐集彙整。[64]

然而，戰後至1960年左右，每年出版的《臺灣農業年報》存在多項問題。首先，年報未標明各項數據的來源、定義與統計方法，使用者難以正確理解並應用。其次，年報的發布時間較晚，往往須至次年10月才公開，不具備即時性。此外，農情報告制度作為主要數據來源，其執行方式仍待改進，特別是蛋類等重要農畜副產品未納入統計，導致農業生產數據低估。[65]

臺灣農業生產統計的多數數據來自1947年開始實施的臺灣農情報告制度。最初，該制度依賴基層工作人員憑個人觀察與判斷填報土地利用與生產情形，未採用統計學上的選樣估計方法。1954年，在農復會的協助下，對這項制度進行改革，建立標準化報表，整合調查、登記、報告、考核獎懲等機制，並

涵蓋作物與耕地臺帳、耕地略圖、整理表與集計表等，使主要作物的種植面積與產量、禽畜存量能被快速統計。報告頻率方面，農業生產每年提交六次定期報告及一次全年總報告，禽畜統計則每年報告四次。[66]

然而，這項制度仍存在人力資源不足的問題。許多地方的農情報告員由農校畢業生或獸醫兼任，因同時負責其他行政業務，無法投入足夠精力，影響報告的準確性與執行效率。[67]

國民所得工作小組在檢討臺灣農業生產統計的問題後，建議《臺灣農業年報》應明確說明農業生產數據的來源、調查方式及統計方法，並提前出版，以利國民所得統計的應用。為提升數據的完整性，應將重要的副產品及公民營機關附設農場的生產量納入統計。此外，農情報告制度可由農林廳成立專案小組加以強化，以提高原始數據的準確性。[68]

米穀生產統計作為農業統計的一環，亦是此次改革的重點之一。過去的米穀產量估算採坪割調查法，即透過抽樣選取特定地點測量單位面積產量，進而推算全臺總產量。然而，由於坪割點數過少，代表性不足，影響統計的準確性。此外，農作物生產價值的估算是以收穫旺季的市場價格為基準，因當時供應量大、價格較低，可能導致農業產值被低估。[69]

為改善此問題，國民所得工作小組建議，米穀生產調查方面，除由糧食局負責外，可由各機關共同組成「糧食生產統計輔導委員會」，透過加強視察制度，提高米穀及其他糧食統計

的準確性。坪割調查的點數應適當增加,但選樣區域可改採分區制度,以提高代表性並減少執行困難。由於現行以鄉鎮為單位的調查已使人力緊張,若再增加坪割點數恐難執行,因此建議在縣市層級劃分區域,每區涵蓋數個鄉鎮,再於各區內選取更多坪割點,以兼顧效率與準確性。至於各鄉鎮的生產數據,則可在必要時採取估算方式補充。[70]

針對米穀生產調查的改革,1962年11月,臺灣省糧食局接受國民所得工作小組的建議,並在農復會與臺灣省政府主計處的協助下,選定桃園縣與高雄縣作為試驗地區,以推動未來的全面改革。與此同時,臺灣省農林廳出版的民國51年版《臺灣農業年報》,亦於1962年9月公開,較往年提前。此外,農林廳每年舉辦的農家經濟調查中,農家家計費調查的內容與分類標準亦參考國際標準進行調整,使統計結果更適用於國民所得計算。[71]

2.農業生產成本分析

農業生產成本的統計對於評估農業部門的經濟貢獻至關重要。然而,戰後臺灣的農業生產成本分析,無論在調查方法或樣本代表性方面,都有許多待改進之處。

當時,農業生產成本的估算主要依據《農家經濟調查報告書》與《農家記帳報告資料》,用以推算農畜生產中的中間產品。但這兩項報告的生產過程差異頗大。[72]

戰前臺灣曾在1919、1931和1937年進行農家經濟調查，戰後，1950年起，臺灣省政府農林廳陸續針對稻作、蔗作與雜作農家進行調查，並於1955、1958、1959、1960、1961和1962年重複舉辦。農復會則在1953、1958和1962年進行了類似的農家調查。[73]

　　1955年的農家經濟調查主要採取訪問方式進行，以1954年為觀察年度，選擇從事稻穀、茶菁、鳳梨、香蕉等農作物生產的農家為調查對象，重點關注農家的人口結構、土地利用情況、資產狀況、經濟收支及家計費用等。調查對象的選取標準涵蓋多個面向，包括資產狀況、經營面積、經營能力、經營集約度及耕地生產能力，確保受調農家能代表當地該作物的經營狀況。此種選樣方式在1958年至1960年間的調查中仍被沿用。1959年2月進行的調查選取了200戶農家作為樣本，並依據各縣的耕地面積比例進行分配，以提高樣本的代表性。整體而言，戰後的農家經濟調查主要目的在於蒐集農家收益的樣本資料，以作為國民所得研究的重要參考。[74]

　　在調查方法上，考量到農家種植作物種類差異較大，不適合單純採用隨機抽樣，而是以分層抽樣的方式進行。然而，以比例配置法（proportional allocation）分配樣本，未必能確保統計精確度，因此1958年農復會改採最適配置法（optimum allocation），即根據各層的變異程度與調查成本（如訪查人員的薪資、交通與管理費用），調整樣本數分配，以降低統計誤差。調查設計

則進一步採用分層兩段抽樣,即先將臺灣劃分為13個農業區(第一層樣本單位),再於各農業區內抽取若干鄉鎮(第二層樣本單位),最後從抽中的鄉鎮內選取農戶作為調查對象。這種方法相較於比例配置法,不僅能提升調查代表性,也更能兼顧統計準確度與執行成本。[75]

《農家經濟調查報告書》是以選樣訪問的調查方式,由農林廳派員協同鄉鎮工作人員前往所選定的農家進行實地訪問,並將資料依據規定表式填列後,由農林廳統計發表。這項調查從1958年起開始逐年舉辦,以理解農家經濟狀況,作為發展農村經濟與訂立農業政策時的參考。這項調查在臺灣各地共選取160戶農家為樣本,其中的農業經營費調查即作為農業生產成本分析的基礎。[76]

農作物的生產成本調查方面,則由農林廳、糧食局、臺灣糖業公司、公賣局等機構分別負責不同作物的調查工作。農林廳主要負責雜作物,糧食局負責稻穀,臺灣糖業公司負責甘蔗,而公賣局則負責煙草的生產成本統計。[77]

大致而言,臺灣省政府農林廳所進行的農家經濟訪問調查與農作物成本調查,仍停留在立意選樣階段(即由研究者主觀挑選特定樣本,而非透過隨機抽樣),調查結果僅能反映受訪樣本農家的經濟狀況,難以推及整體農業情況。即使1962年的收益調查已改採分層隨機抽樣,但樣本數僅有350戶,在有限的樣本條件下,若要細分對應各農業區,統計代表性仍顯不

足。此外,該調查未明確說明分層隨機抽樣的設計方式,導致抽樣方法的合理性與適用性難以評估。[78]

至於《農家記帳報告資料》,最初是以教育為目的,旨在提升高級農校學生的記帳能力。該調查由農復會農村經濟組組長詹森(B. M. Jenson)於1953年發起,選定10所省立農業職業學校為中心,由高級部學生協助其父母或親屬記錄農家的經濟收支,並將過帳作業委託私立開南商工處理。1955年7月,為使農家記帳工作制度化,改由臺灣省政府農林廳主辦,並由農復會、教育廳與臺中農學院協助推動。自1958年起,為配合農家的生活習慣與耕作週期,記帳期間調整為與農曆年一致。1959年,原本參與記帳的農戶共377戶,但因部分農戶中途退出或八七水災導致資料遺失,最終僅有209戶完成。[79]

1960年起,農家記帳制度改由鄉鎮農會負責推動,尋找對記帳有興趣的農民自行記錄日記帳,並由臺灣省政府農林廳聘請專人辦理過帳。此一制度對記帳農家的選擇標準規定,參與者須為農業經營者,且農業收入須占全年總收入的50%以上。此外,記帳農戶的戶長或成年家屬中,至少有一人須為國小畢業,並具備基本記帳能力。在選定記帳農家時,應注意樣本的均衡分布,而非集中於一兩個村里,以確保統計資料的代表性。在記帳年度開始與結束時,需對各記帳農戶的家族人口與財產狀況進行清查,並記錄於財產帳中。[80]

根據記載,1960年2月,全臺選定礁溪、新屋、草屯、埔

鹽、西螺、麻豆、內埔等七個地區,每個地區各選取15戶農家進行記帳,使樣本總數達到105戶。至1961年1月底,共有95戶完成記帳。而自1961年起,為配合國民所得工作的需求,記帳週期統一調整為1月1日至12月31日。[81]

基本上,雖然1960年起記帳工作從學校移轉至鄉鎮農會辦理,但樣本選取方式仍以立意選樣為主,即由農校學生的家庭與親友轉變為自願參與記帳的農戶,這種方式無法有效代表整個農業群體。樣本的連續性亦是一大問題,1959年僅有10%的樣本能提供連續數據,然而至1963年,這一比例已提升至68%,顯示記帳制度的穩定性有所改善。[82]

國民所得小組認為,上述兩項調查若要作為國民所得統計的基礎,仍有許多方面需要調整與改善。首先,1959年底臺灣共有78萬餘農戶,但《農家經濟調查報告書》僅調查160戶,樣本比僅為萬分之二,代表性明顯不足。因此,在農家選樣上,應改採分層隨機抽樣,以確保樣本能更全面地反映農業經濟情況,避免估計結果產生偏差。

其次,當時的調查主要採訪問方式進行,但由於農家普遍教育程度較低,且收支內容繁雜,受訪者可能無法提供準確資料,影響數據可靠性。為改善這一問題,除了應加強調查人員的培訓外,還需改進調查技術與設計更完善的調查方案,以提高數據準確度。

此外,調查項目的分類仍存在諸多不足,部分內容無法有

效應用於經濟分析。例如，農業的經常費用與資本形成支出未明確區分，存貨增加與折舊費用的表達方式不清晰，且未將利息與租金區別計算。[83]

至於《農家記帳報告資料》的樣本選取範圍僅限於具備記帳能力的農戶，而非透過抽樣方式選出，資料代表性不足，建議應改採分層隨機抽樣方式選取記帳農家。若遇無法記帳者，可由學生輔導協助。這項調查每年記帳的農戶僅500餘戶，僅占全臺農家總戶數的萬分之六，應考慮增加樣本數。此外，整理時間過長、帳目科目過多，使其難以直接應用於國民所得統計，建議改為每季整理發表一次，以提高時效性。[84]

由上可知，農家經濟調查主要透過農家記帳和訪問調查兩種方式收集資料，但這兩種方法在適用於國民所得統計時仍存在諸多問題。1960年以前，農家記帳的主要目的為教育訓練，缺乏統計代表性，且之後雖持續推行，因樣本數過少且採立意選樣，導致記帳結果的應用價值受到限制。至於訪問調查，無論是在調查規模或選樣方式上，農復會的設計仍有許多缺陷，未能提供足夠準確、具代表性的數據。[85]

3.農家消費支出

農家消費支出的統計方式，主要依據前述的《農家經濟調查報告書》與《農家記帳報告資料》進行抽樣。然而，除了這兩項調查本身在方法與數據蒐集上已存在問題外，農家家計支出

的分類亦未依國民所得統計的需求進行細分,導致項目過於籠統,使其應用價值受限。加上調查與記帳農戶樣本數過少,且採主觀標準選取樣本,缺乏統計代表性。

　　針對這些問題,國民所得工作小組建議,應提高樣本比例,並改採分層隨機抽樣法,以確保樣本能更具代表性。此外,日記帳的填寫應詳細記錄每筆支出的品項、數量與金額,並在分類統計時以物品別為主、用途別為輔,以提升數據的分析價值。同時,記帳資料應依季節整理統計,以確保統計結果能更精確地反映消費模式,並提升其對國民所得統計的實用性。[86]

　　本節透過1950年代仍占臺灣經濟重要地位的農業部門,檢討其統計制度的運作,指出若要使這些數據作為國民所得統計的基礎,在抽樣方法與數據公布時效等方面仍需進一步調整與改善。過往的論述常強調臺灣自日治時期建立的統計制度在戰後獲得延續,並對其發展給予高度評價。然而,透過本節討論可見,日治時期與戰後初期雖已奠定統計制度的基本框架,但在調查方法、統計項目與資料運用等方面,仍難以充分支持國民所得統計的需求,這樣的評價或許應重新審視。

五、小結

　　戰後統治臺灣的中華民國政府,早在中國大陸時期便已開始重視國民所得的概念,來臺後即著手規劃建立國民所得統計制度。而國民所得統計的基礎,必須建立在完整且準確的統計調查數據之上。過去常強調戰後臺灣的統計制度繼承自日治時期日本殖民政府所奠定的基礎,但從1950年代的統計數據與調查成果來看,這些資料僅能勉強提供國民所得的生產面數字推估,難以全面支撐完整的國民所得統計制度。

　　美國顧問來臺考察後,認為臺灣當時的統計數據無論在品質或數量上皆未達足以支撐全面推動國民所得統計的水準,因而建議暫緩實施。然而,這一評估反而促成行政院主計處國民所得組的成立,為後續國民所得統計制度的發展奠定基礎。另一方面,**臺灣大學經濟學系教授張果為**則透過時論性經濟雜誌,向社會大眾解析政府公開的統計資料,並釐清其所存在的局限性,使統計數據的問題逐步受到關注。回顧1950年代臺灣的統計調查,政府在缺乏大規模改革條件的情況下,僅能有限度地修補統計制度的缺陷。此一時期,透過美國顧問的指導與學者的評論,主要仍處於發現問題與提出觀察的階段。直至1960年,政府在美援的支持下成立國民所得工作小組,大規模動員專家學者,針對主要統計數據的調查過程進行檢討與調整,才真正開始提升臺灣統計數據的可信度。

總結來說，戰後臺灣的經濟統計制度發展，雖承襲了日治時期的統計體系，但過往論述對於這一承襲的評價可能有所誇大。1940年代國民所得統計的概念逐步興起，加上美國顧問的技術協助與美援資金的支持，才使得臺灣得以推動國民所得統計工作，並在既有統計基礎上進一步完善，豐富臺灣的統計資料。

此外，經濟統計的發展需仰賴受過專業經濟學教育的人才投入，因此，下一章將進一步探討戰後臺灣現代經濟學教育的發展歷程，並分析統計數據如何在海外華人學者的協助下，成為建構經濟預測模型的重要基礎。

第十一章

戰後臺灣的現代經濟學教育與經濟模型設置

戰後臺灣的經濟學教育發展，深受國際學術潮流與政策需求影響。1950年代初，臺灣大學經濟學系的師資背景多元，涵蓋中國、美國、日本、德國等地，但仍缺乏傳授最新經濟理論的專業師資。隨著1952年施建生的加入，凱因斯學派開始被引入臺灣，影響日後經濟政策思維。同時，邢慕寰在臺大商學系推動美式經濟學教育，並促成中央研究院經濟研究所的設立，為臺灣培養出首批受正統訓練的經濟學者。在政府支持下，1960年代臺灣開始發展總體經濟模型與產業關聯表，為經濟規畫提供科學依據。本章探討戰後臺灣經濟學教育的演變、主要學者的貢獻及數量方法的應用，呈現臺灣如何逐步與國際經濟學接軌，奠定未來發展基礎。

一、1950年代臺大現代經濟學課程的出現

(一) 施建生：臺灣大學經濟學系

如表11-1所示，1950年臺灣大學經濟學系共有九名教授，分別曾在中國、美國、日本、德國和英國等地接受經濟學教育，年齡多集中在40至50歲之間。其中，林葭蕃、張漢裕、趙蘭坪曾留學日本，主要接受日本經濟原論與馬克思經濟學的訓練。1920年代赴德國柏林大學留學的張果為，專長統計學，大陸時期曾任福建省財政廳廳長，戰後則擔任財政部華北財政金

表11-1　1950年臺灣大學經濟學系師資與畢業學校

職級	姓名與畢業學校
教授	王師復：1910–？，廈門大學法學士，英國倫敦大學研究。 全漢昇：1912–2001，北京大學史學系學士。 林一新：莫斯科中山大學 林葭蕃：明治大學法學修士（1931） 林霖：1905–1970，俄亥俄州立大學經濟學博士（1934）。 張果為：1901–1985，柏林大學哲學經濟學博士（1929）。 張漢裕：1915–1998，東京大學經濟學博士。 趙蘭坪：1898–1967，慶應義塾大學經濟學士。 鄭學稼：1906–1987，南京東南大學農學院畢業。
副教授	黃錫和：1919–？，福建協和大學農業經濟系。 黃玉齋：1903–1975，廈門大學法律系畢業、經濟系研究。 劉純白：1912–？，京都帝國大學學士。
講師	蕭其來：1914–？，臺灣總督府臺南師範學校。 王祥：南京中央大學 林海達：京都帝國大學經濟學部

資料來源：黃紹恆，〈臺灣大學經濟學系系史〉，頁51，國立臺灣大學經濟學系網站：https://econ.ntu.edu.tw/wp-content/uploads/2023/10/hist.pdf。教育部科學教育委員會編，《中國科學人才研究工作調查錄 第二輯（國內部分）》（臺北：教育部，1955），頁477、478、481、483。〈趙蘭坪〉，《軍事委員會委員長侍從室檔案》，檔號：129-210000-2725，藏於國史館。〈林霖〉，《軍事委員會委員長侍從室檔案》，檔號：129-210000-4112，藏於國史館。〈蕭其來〉，《軍事委員會委員長侍從室檔案》，檔號：129-240000-1570，藏於國史館。〈張漢裕〉，《軍事委員會委員長侍從室檔案》，檔號：129-240000-1517，藏於國史館。〈林一新〉，《軍事委員會委員長侍從室檔案》，檔號：129-230000-0943，藏於國史館。〈王師復〉，《軍事委員會委員長侍從室檔案》，檔號：129-230000-0944，藏於國史館。〈全漢昇〉，《軍事委員會委員長侍從室檔案》，檔號：129-210000-4008，藏於國史館。
說明：林海達原資料誤植為林海建。

融特派員。[1] 林霖則於1934年取得美國俄亥俄州立大學經濟學博士，專攻貨幣經濟學，大陸時期曾任中央大學教授和中山大學校長，並在經濟學重要期刊《美國經濟評論》（*American Economic Review*）發表論文，兼具行政與研究經驗。[2]

上述背景顯示，正如黃紹恆在〈臺大經濟系系史〉中所述，1950年代初期臺大經濟系的師資來源多元。[3]然而，當時臺大經濟系尚缺乏能教授最新經濟學知識的師資。戰後，凱因斯學派成為非共產國家主流的經濟政策依據，美國也逐漸發展為現代經濟學理論的中心。這一學派源自英國經濟學者凱因斯（John Maynard Keynes）的理論，他的思想在美國1930年代經濟大蕭條期間影響深遠，並在羅斯福總統推行新政後成為主流。1950年代的臺大經濟系尚未引入這一學派的理論與教學。

戰後，凱因斯學派成為全球主要經濟政策的理論基礎，1948年薩繆森（Paul A. Samuelson）撰寫的《經濟學》（*Economics*）是第一本成功推廣凱因斯學派的教科書。1952年，施建生（1917–2020）加入臺大經濟系，成為推動凱因斯學派進入臺灣的關鍵人物。

施建生1939年畢業於中央大學，曾在軍事委員會政治部及湖北省政府工作。1944年，他赴美國哈佛大學留學，1946年取得哈佛大學經濟學碩士，後又前往芝加哥大學跟隨奈特（Frank Knight）學習，並曾在加州大學柏克萊分校及史丹佛大學短暫停留進修。值得注意的是，當時哈佛大學支持凱因斯學派，而芝加哥大學則支持新古典學派，這使得施建生能掌握兩種經濟學流派的發展。[4]

1947年，施建生返回中國，在中央大學與浙江大學任教。1950年來臺後，他於行政專科學校擔任教授，1952年轉入臺大經濟系，開設「經濟政策」課程，並為法律系與農業經濟系

學生開設「經濟學」課程。1953年起，他開始教授經濟系專業的「經濟學」課程。⁵

1954年，施建生出版《經濟學講話》。⁶這本書的出版可追溯至他在哈佛大學留學期間，當時他認識了浙江大學教授張其昀①。張其昀時任中國國民黨改造委員會祕書長，並負責「國民基本知識叢書」的編輯計畫，希望出版各學科的要義書籍，遂邀請施建生撰寫經濟學部分。施建生認為，1930年代的凱因斯革命使經濟學體系與內容發生重大變化，而臺灣各大學的經濟學教學並未及時更新，因此他以筆名「施康平」撰寫《經濟學講話》。⁷1955年，他進一步參考薩繆森教科書的編排方式，出版《經濟學原理》，成為臺灣第一本介紹凱因斯學派的經濟學教科書。⁸

1960年進入臺大經濟系的邱正雄回憶，大一時施建生在課堂上使用自己撰寫的《經濟學原理》作為教科書，但實習課則採用薩繆森的《經濟學》原文書。當時，施建生特別強調薩繆森的教科書先介紹總體經濟學，再講解個體經濟學，目的是讓讀者理解經濟政策的重要性，並掌握1930年代總體經濟問題

---

① 張其昀（1901-1985），浙江鄞縣人，畢業於南京高等師範學校，大陸時期曾任教於中央大學、浙江大學、中央政治學校等，並擔任監察委員和國民參政會參政員等。來臺後，擔任中國國民黨中央改造委員會中央改造委員兼祕書長、國民大會代表、教育部部長、總統府資政等。李國鼎口述、劉素芬編、陳怡如整理，《李國鼎：我的臺灣經驗——李國鼎談臺灣財經決策的制定與思考》（臺北：遠流，2005），頁654-655。

的背景。然而，施建生自己的《經濟學原理》則採取相反編排，先講解個體經濟學，說明產品的價格決定過程，再進一步討論總體經濟的波動。[9]

施建生在臺灣大學經濟學系主要專注於教學，少見研究發表，他最大的貢獻在於引進現代經濟學至臺灣。透過他的課程訓練，臺大經濟系畢業生得以順利前往美國留學，銜接當時主流的美式經濟學教育。

1956學年度，臺灣大學法科研究所設立經濟理論組，至第二學期起擴充規模，並獨立為法律學、政治學與經濟學三個研究所。經濟學研究所成立後，依靠既有師資基礎招收碩士生。1958年，該所迎來首批畢業生，包括游來乾、侯金英、王業鍵、蕭聖鐵、孫震、周宜魁與梁國樹，成為臺灣現代經濟學教育的重要里程碑。[10]

（二）邢慕寰：臺大商學系與中研院經濟所

1. 留學經歷

1950年代，除了施建生在臺大經濟系講授凱因斯經濟學外，臺大商學系的邢慕寰亦選用薩繆森的《經濟學》，作為經濟學課程的教科書。

邢慕寰1942年畢業於中央大學經濟系，隨後進入資源委員會經濟研究所任職。中日戰爭期間，該委員會派遣多名員工

赴美受訓，以學習最新經濟知識。[11]1945年9月，邢慕寰獲得資源委員會獎學金，先赴芝加哥大學經濟學系進修，1946年7月至1947年7月，再轉至美國國民經濟研究所（The National Bureau of Economic Research, NBER）學習。[12]

邢慕寰回憶，在芝加哥大學進修時，他深受奈特（Frank Knight）、范納（Jacob Viner）與海耶克（Friedrich Hayek）影響。奈特專精經濟思想史，范納則擅長經濟理論與國際貿易政策，兩人皆認為政府干預會降低經濟效率。此外，他也參加海耶克的專題討論，透過個案分析認識到美國企業壟斷的現象。[13]之後，他前往專研國民所得與景氣循環的國民經濟研究所，向提出國民所得概念的顧志耐（Simon Kuznets）學習。[14]

返國後，邢慕寰繼續在資源委員會經濟研究組工作，1949年來臺後進入臺灣糖業公司擔任副管理師，1953年8月轉任臺灣大學商學系副教授。[15]1950年代，他將在美國所學的最新經濟理論應用於經濟學教育與國民所得研究，並積極發表評論，強調自由市場的重要性。例如，1954年10月，他以筆名「邢杞風」在《自由中國之工業》發表〈經濟較量與經濟政策〉一文，透過甘蔗與稻米的種植、工業生產與進出口，以及外匯匯率為例，論證臺灣應遵循市場經濟，而非實施管制政策。[16]該文發表後，引起當時主導臺灣經濟政策的尹仲容關注，兩人晤談。邢慕寰認為，尹仲容受其影響，在1950年代末逐步放寬臺灣的匯率與貿易管制政策。[17]

2. 經濟學教育與國民所得研究

邢慕寰初來臺灣時，服務於臺灣糖業公司，並於臺灣省立行政專科學校教授經濟學。1954年進入臺灣大學經濟學系的劉克智，畢業後擔任邢慕寰經濟學課程的助教。當時，邢慕寰採用薩繆森的教科書，而劉克智則負責每週兩小時的輔導教學。[18]

自1953年起，邢慕寰運用在國民經濟研究所習得的國民所得研究經驗，協助行政院主計處國民所得編算小組進行臺灣國民所得估算。[19]他開始投入該領域的契機，源於在臺灣糖業公司工作時接觸到戰前糖業與相關統計資料。來臺後不久，他便著手編製1936年臺灣國民所得的估算，但因病中止。[20]

1951至1952年間，邢慕寰獲得聯合國同志會補助部分研究經費，開始整理臺灣糖業公司所保存的戰前四大製糖會社會計帳冊。然而，由於資料數量龐大且缺乏固定人員協助，研究未能完成。1959年，國家長期發展科學委員會成立後，他再次提出「日據時代臺灣國民所得的研究」計畫。透過資料整理，他發現戰前臺灣1929至1939年（或1940年）的國民所得大致能估算出來，並可延伸至1944年。[21]

臺灣大學圖書館典藏的邢慕寰手稿〈四十年至四十七年臺灣國民所得生產與所得之新估計〉(1960)顯示，他採用著重支出的商品流通法估算國民所得，與主計處所採用的生產淨額法不同。在實際操作上，除參考主計處的政府消費與公營企業存

貨變動資料外，他亦引入新的方法，估計各類商品在消費、投資、出口等方面的中間消耗與最終用途。只是受限於研究經費與可取得的數據，他仍無法完全釐清商品的實際流向，也難以準確評估其細微變動對整體國民所得估算的影響。[22] 但總體而言，邢慕寰從學術角度探討國民所得估算方式，並在方法上做出創新，為臺灣的經濟研究帶來新的視角。

二、中央研究院經濟研究所籌備處

(一) 設立背景

1950年代，邢慕寰在臺灣大學商學系任教，1962年轉任中央研究院，擔任經濟研究所籌備處主任。在此期間，他以「師徒制」的討論方式，幫助新進人員建立經濟學基礎，隨後這些學者再赴國外留學進修，逐步培養出臺灣的經濟學研究人才。

中央研究院經濟研究所的創立可追溯至1960年，當時擔任中央研究院院長的胡適與邢慕寰會面，討論設立經濟研究所的可能性。胡適最初希望該研究所研究大陸經濟，但邢慕寰認為，資料蒐集困難，加上政治時局不穩，難以推動。此外，他判斷以臺灣當時的人才與條件，即便十年後仍難以建立高水準的研究機構。胡適則回應，可先設立研究所，作為培養與訓練人才的組織。1962年2月，胡適過世後，接任院長的王世杰堅

持推動經濟研究所的創立,並於同年10月4日成立中央研究院經濟研究所籌備處,由邢慕寰擔任主任。[23]

如表11-2所示,籌備處成立時,設立「設所諮詢委員會」,成員包括何廉、李卓敏、李榦、劉大中、蔣碩傑、楊樹人、施建生、邢慕寰與萬又煊。至1970年2月1日,籌備處完成相關工作,經濟研究所正式成立,由邢慕寰擔任所長,于宗先擔任副所長。[24]

從委員會成員的學習背景來看,他們皆曾在歐洲或美國接受經濟學教育。居住於臺灣的成員包括李榦、施建生、邢慕寰與楊樹人,其餘五人則任職於海外的經濟學研究機構。居住海外的華人教授透過集中講義的方式,引入西方經濟學新知,並運用自身學術網絡,邀請外籍學者來臺進行諮詢與指導。

當時在臺灣的成員中,除了上一節提及的施建生與邢慕寰外,楊樹人(1909-2004)任職於臺灣大學商學系,與邢慕寰為同事。楊樹人畢業於上海復旦大學商學系,後擔任外交官。1930至1934年間派駐德國時,他曾於柏林大學哲學院修讀政治經濟學,並接受宋巴特(Werner Sombart)的指導。戰後,他離開外交界,短暫參與中國東北的接收工作,隨後擔任經濟部商業司司長。來臺後,他在臺灣大學商學系任教,講授貨幣理論與國際貿易等基礎課程,並開設動態經濟與宋巴特思想專題等進階課程。[25]

李榦(1902-?)為哈佛大學經濟學博士,大陸時期擔任中

表11-2　中央研究院經濟研究所設所諮詢委員會成員（1962年）

姓名	學歷	當時職務
何廉	耶魯大學經濟學博士（1926）	中央研究院院士（1962）
李卓敏	柏克萊大學經濟學博士（1936）	美國加州大學柏克萊大學教授
李榦	哈佛大學經濟學博士	中央銀行副總裁（1961）
劉大中	康乃爾大學經濟學博士（1940）	中央研究院院士（1959） 康乃爾大學經濟系教授
蔣碩傑	倫敦政經學院經濟學博士（1941）	中央研究院院士（1958） 羅徹斯特大學經濟系教授
楊樹人	柏林大學政治經濟學系研究	臺灣大學商學系教授
施建生	哈佛大學經濟學碩士（1946）	臺灣大學經濟學系教授
邢慕寰	芝加哥大學經濟學系研究（1946）	中央研究院經濟研究所籌備處主任
萬又煊	麻省理工學院經濟學博士（1961）	臺灣大學經濟學系副教授

資料來源：〈楊樹人〉,《軍事委員會委員長侍從室檔案》,檔號：129-210000-2862,藏於國史館。〈李榦〉,《軍事委員會委員長侍從室檔案》,檔號：129-210000-4443,藏於國史館。〈何廉〉,《軍事委員會委員長侍從室檔案》,檔號：129-200000-3615,藏於國史館。〈萬又煊（萬柚軒）〉,《軍事委員會委員長侍從室檔案》,檔號：129-240000-2553,藏於國史館。〈蔣碩傑〉,《軍事委員會委員長侍從室檔案》,檔號：129-220000-0178,藏於國史館。〈李卓敏〉,《軍事委員會委員長侍從室檔案》,檔號：129-210000-2730,藏於國史館。〈邢慕寰〉,《軍事委員會委員長侍從室檔案》,檔號：129-230000-3158,藏於國史館。

國駐美技術團團員與行政院輸出入管理委員會副主委。1949年後，他曾被派駐國際貨幣基金組織與國際復興開發銀行，並於1961年出任中央銀行副總裁。[26]

何廉（1895–1975）為耶魯大學經濟學博士，大陸時期擔任南開大學經濟系教授，創立南開經濟研究所，並編製南開經濟指數。此外，他亦曾擔任行政院政務處長、經濟部次長與中央設

計局副祕書長等職。1949年後，他轉赴美國哥倫比亞大學任教，並於1958年11月起擔任中央研究院近代史研究所通信研究員，1962年當選中央研究院人文組院士。[27]

蔣碩傑（1918–1993）為倫敦政經學院經濟學博士，大陸時期曾任東北行轅經濟委員會調查研究處處長與北京大學經濟學系教授。1949年後，他轉至臺灣大學任教，隨後進入國際貨幣基金組織工作，1958年當選中央研究院院士。[28]

李卓敏（1912–1991）於加州大學柏克萊分校取得博士學位，大陸時期任教於南開大學、西南聯合大學與中央大學經濟系。戰後，他曾擔任善後救濟總署副署長及行政院善後物資保管委員會主席。1951年，他轉赴美國，在加州大學柏克萊分校擔任教授。[29]

萬又煊（1931–）於1948至1952年就讀於臺灣大學商學系，畢業後擔任商學系高等會計與成本會計實習課程助教。之後他赴美國賓州布克納大學（Bucknell University）留學，在1958年取得碩士學位，並於1961年在薩繆森指導下獲得麻省理工學院經濟學博士學位。畢業後，他曾於臺灣大學商學院擔任副教授，講授數理經濟、作業研究與國際貿易。同年，他轉任中央研究院經濟研究所研究員，1963年離開臺灣，赴澳洲與美國任職。[30]

從諮詢委員會的組成來看，當時最年輕的成員是剛從麻省理工學院畢業的萬又煊，此外，還包括來自臺大經濟系與商學系的施建生、邢慕寰與楊樹人，以及在政府部門任職的李榦，

並由多位旅居海外的華人學者共同參與。這些成員皆曾在美國或歐洲留學或進修，並透過在海外任教的華人教授網絡，為臺灣經濟學界與國際學術社群的連結奠定基礎。

值得注意的是，擔任委員會成員的何廉在大陸時期，自1926年起即任職於南開大學，並於1931年將商學院、經濟系與大學社會經濟委員會合併為經濟學院，創立南開經濟研究所。在他的帶領下，確立了將西方經濟學教育融入中國經濟問題的教學模式，並與同事共同調查天津及華北地區的經濟活動。此外，李卓敏在中日戰爭期間亦曾參與重慶時期的南開經濟研究所。[31] 從何廉與李卓敏的經歷來看，他們在大陸時期即已參與西方經濟學的教育與研究工作，1960年代成為資深學者後，即運用自身經驗與人脈，協助中央研究院經濟研究所籌備處的設立。

(二) 人才育成

經濟研究所籌備處成立時，邢慕寰要求新進人員在兩年內學習統計資料分析與經濟問題的理解，同時提升英文能力。他也在籌備處開辦講習班，由成員輪流研討經濟學經典著作，以培養理論基礎。此外，邢慕寰要求員工到臺大經濟系旁聽由海外歸國的萬又煊教授的作業研究課程，以及劉榮超講授的計量經濟學。從1963年起，籌備處開始每年選派兩名人員赴國外

進修,希望取得碩士學位或通過博士班資格考。通過資格考者須先回籌備處一年,撰寫博士論文初稿後,再出國完成學位。[32] 在此制度下,一些籌備處員工因而選擇申請國科會獎學金或其他獎學金出國留學,有人順利取得碩士或博士學位返國,但也有人留在海外就職。[33]

1961年畢業於臺大經濟系的李庸三,在學期間曾選修邢慕寰於商學系開設的「經濟分析」課程。他回憶,大學畢業前,邢慕寰便向他提及即將成立經濟研究所籌備處。1962年10月,李庸三退伍後,放棄進入臺大經濟研究所的機會,選擇加入籌備處擔任助理員。[34]

在籌備處期間,李庸三依照邢慕寰指定的教材自學,並旁聽臺大多門課程。邢慕寰希望同仁除了研讀一般經濟理論外,也能自行鑽研不同學派的經濟理論。[35] 原本,邢慕寰建議李庸三專攻貨幣理論,但李庸三對計量經濟學更感興趣,因此選擇赴美國威斯康辛大學經濟學系深造。[36]

1965年9月,李庸三前往美國留學,並於1968年與1970年分別取得碩士與博士學位。[37] 他回憶,出國前,邢慕寰曾要求他詳讀《個體經濟學理論》(*Microeconomic Theory*, Henderson & Quandt)、《就業、利息與貨幣的一般理論》(*The General Theory of Employment, Interest and Money*, John M. Keynes),以及《價值與資本》(*Value and Capital*, John R. Hicks),以便在美國能更快適應學術訓練。例如,他在威斯康辛大學第一學期的個體經濟學課程即使用

《個體經濟學理論》作為教科書,因為他在臺灣已經先行預習,大幅減少適應時間。[38]

1968年1月,李庸三取得碩士學位,同年8月回臺服務並完成博士論文。當時正值臺灣大學經濟研究所博士班成立,他以兼任講師身分開設「經濟理論(一)」與「數量方法(一)」課程,將國外最新的經濟學理論與研究方法引進國內。[39]

整體而言,1960年代,中研院經濟研究所籌備處透過邢慕寰的「師徒制」模式,成功培育了李庸三與陳昭南,使其順利前往美國並取得博士學位。然而,當時研究單位主要依靠非正規的教學方式進行知識累積,而非體制內的正規學術訓練,這也反映出當時臺灣經濟學教育體系仍處於發展初期,無論是師資或課程設計,都尚在建構階段。

(三)留學生返國服務:于宗先

經濟研究所籌備處成立後,除了透過助理員的招募管道延攬人才,1966年,于宗先自美國學成歸國,在劉大中的推薦下加入籌備處,擔任副研究員,成為該單位聘用的第一位博士。[40]

于宗先於1956年畢業於臺大經濟系,大學四年級時曾修習施建生與邢慕寰的課程,進而對經濟學產生濃厚興趣。1959年,他前往美國印第安那大學深造。[41]取得博士學位後,他進入經濟研究所籌備處,邢慕寰指派給他兩項重要任務。第一,主

持大臺北區經濟學討論會。自1966年冬季起,經濟研究所籌備處與臺北地區的經濟學者合作,每兩到三週舉辦一次討論會,成員在會中報告讀書心得,並分享研究成果。第二,負責經濟預測工作。于宗先在此領域投入三年,才將預測結果出版。[42]

值得注意的是,邢慕寰在于宗先返國前,於1966年已完成〈五十四—六十年臺灣經濟預測〉,並首次嘗試建立臺灣的經濟預測模型。日後,他將這項研究工作交由于宗先延續。[43]

1969年,中央研究院經濟研究所籌備處出版《臺灣經濟預測》(第一卷第一期)。該刊物由于宗先與李庸三擔任主編,運用1952年至1968年的年度資料,提出短期經濟預測模型,奠定中央研究院經濟預測研究的初步基礎。[44]

(四)臺灣經濟發展會議與臺大經濟學博士班設立

戰後臺灣現代經濟學的建立,除了仰賴赴美留學返國的學生外,本地教育也依靠旅美華人教授的支援。在此過程中,中美人文社會科學合作委員會的居中穿線,促成不少臺灣與美國學者之間的交流。

該委員會的設立可追溯至1964年,當時中央研究院院長王世杰與美國國家科學委員會合作,召開中美科學合作會議。最初,兩國間的學術合作僅限於自然科學、工程科學與農業領域。至1965年第二次會議時,與會學者認為應進一步涵蓋人

文與社會科學，於是由中央研究院、美國學術團體聯合會與社會科學研究會共同成立中美人文社會科學合作委員會。[45]

該委員會的臺灣成員涵蓋社會科學領域的專家，在1965年10月1日召開的中美科學合作委員會人文及社會科學設計小組第五次會議中，邢慕寰代表經濟領域參與。[46] 1966年，中美人文社會科學合作委員會在臺北舉行，美國經濟學者葛倫生（Walter Galenson）首次來臺，並參訪中央研究院經濟研究所籌備處。會談中，葛倫生向邢慕寰與施建生提出，為配合臺灣經濟發展，應考慮設立經濟學博士班，以培養高階經濟人才，並建議將此議題納入次年的臺灣經濟發展會議。葛倫生返美後，與劉大中商討此事，並達成初步共識。[47]

1967年1月4日，《中央日報》報導即將召開的臺灣經濟發展會議，說明該會議將檢討臺灣十餘年來的經濟發展與未來趨勢，並探討臺灣經濟學的研究與教學現況，提出改進計畫。報導中，一位經濟學者表示：「臺大原本計劃設立經濟學高級研究所，授予高級學位，由於師資和人手的不夠，使這項計畫一直不得實現。希望這次會議舉行後，雙方聯繫更形密切，相信不久，臺大就可以成立經濟學研究所了。」[48]

1967年6月19日至28日，臺灣經濟發展會議由中央研究院中美人文社會科學合作委員會與美國中美人文社會科學合作聯合委員會共同舉辦，與會者涵蓋國內學者與官員、旅美華人學者與外籍學者。國內代表包括經濟部、經合會、農復會與中

央銀行等機構官員,以及臺大經濟系與農經系教授;旅美華人學者則有劉大中、蔣碩傑、顧應昌、葉孔嘉等人;外籍學者則包括顧志耐(Simon Kuznets)、葛倫生、雷尼斯(Gustav Ranis)等研究經濟發展的學者。[49]

會議各場次由臺灣的官員與學者報告四年經建計畫下的產業發展與資本、農業人口與勞動力、貿易與政策、民間投資、貨幣與財政、教育等議題,外籍與旅美學者則負責主持與討論。[50]透過這場會議,外籍學者不僅能更深入理解臺灣經濟發展情況,也可對政府政策可能面臨的問題提出建議。

在會議期間,劉大中、蔣碩傑、顧志耐與葛倫生等人特別討論了1968年秋季將成立的臺灣大學經濟學博士班。[51]依據鄒至莊的回憶,當時葛倫生主張博士班應設立於中研院經濟研究所籌備處,但邢慕寰認為中研院無教學部門,亦無法單獨設立博士班,因此較可行的方式是在美國社會及人文科學院的支持下,由中央研究院與臺灣大學合作設置博士班。會後,雙方代表多次討論此議題,最終成立「中央研究院、國立臺灣大學合作設置經濟學博士班委員會」,由劉大中擔任主任委員。[52]

會議召開前,劉大中向邢慕寰提出已在美國完成博士班設立的初步規畫,但邢慕寰認為當時臺灣尚不具備設立博士班的條件。後來,在會議期間,邢慕寰受到他於美國研修半年時所師從的顧志耐勸說,最終同意設立博士班。隨後,由劉大中擔任籌備處主任委員,臺灣大學經濟學系系主任林霖則擔任執行

祕書。⁵³

　　臺灣大學方面的籌備工作,由經濟系的施建生、林霖、邢慕寰、張漢裕,以及農業經濟系的張德粹等五名教師負責,經費則由中美基金撥款新臺幣500萬元,用於協助興建臺灣大學經濟學系系館。⁵⁴在這五名委員中,除經濟系教師外,或許因農業經濟系當時已開始採用現代經濟學作為教學基礎,因此特別延聘農業經濟系系主任張德粹②參與籌備工作。

　　就執行面而言,由於本地師資條件有限,決議延聘外籍教師來臺授課。1967年秋季,邢慕寰前往美國哈佛大學訪學一年,期間劉大中為籌備經濟學博士班,在美國舉行了兩次討論會。第一次會議的參與者包括劉大中、蔣碩傑、邢慕寰、顧志耐與葛倫生;第二次會議則未見顧志耐出席,但費景漢及博士班成立後首位訪問教授羅塞特(Richard Rosett)亦與會參加。⁵⁵

　　1968年,臺灣大學經濟研究所博士班正式成立,初期課程以「經濟理論」、「貨幣理論」、「貿易政策」及「數量方法」四門

---

② 張德粹(1900-1987),出生於湖南,1927年畢業於東南大學農學院(1928年改制為中央大學)。1936年9月赴英國南威爾斯大學(University of South Wales),師從A. W. Ashby研究農業經濟與農業合作,以〈英國與丹麥之農業合作金融比較分析〉論文取得碩士學位。1938年11月返回中國,於陝西國立西北農學院擔任農業合作與農業經濟學教授,1941年轉任重慶中央大學新成立的農業經濟學系擔任教授。之後,他曾短暫轉任貴州的國立浙江大學農學院。戰後,張德粹前往新創的國立蘭州大學擔任教務長,後來回到中央大學。1948年11月底,他抵達臺灣,並自1949年起擔任臺灣大學農業經濟系主任,任職長達20年。作者、出版地、出版者不詳,《張故教授德粹先生紀念集》(1988),頁68-71。

課為核心，碩士班與博士班第一年皆為必修課程，博士班第二年則須修習這四門課的進階課程。然而，當時教授這些必修課的教師多為剛取得博士學位返國不久的合聘教授，這引發部分臺灣大學經濟學系資深教授的不滿。[56]

依據于宗先的記載，當時他在中央研究院經濟研究所任職，同時受聘為臺灣大學經濟學系副教授，參與博士班的籌建。臺大經濟研究所的碩士與博士課程開始採取美國大學的教學方式，教材選用國外最新出版的學術期刊，並邀請外籍學者來臺進行短期講學。[57]博士班成立第一年，即聘請羅塞特教授計量經濟學課程。[58]

自1950年代起，臺灣大學經濟學系的部分學生在大學畢業後留校擔任助教，隨後取得獎學金赴國外進修並取得博士學位。至1960年代末期，該系從美國留學歸國的教師逐漸增加。以梁國樹為例，他於1952年自臺灣大學經濟學系畢業後，在系上擔任助教，並獲得傅爾布萊特獎學金（Fulbright Program），赴美國范登堡大學（Vanderbilt University）攻讀經濟發展。1965年，他以博士候選人身分回國，受聘為臺灣大學經濟學系副教授，並參與經濟研究所博士班的籌備工作。1969年，他獲國科會補助，再次前往范登堡大學深造，同年8月取得博士學位後返國，繼續於臺大經濟系任教。[59]

臺灣大學經濟學研究所博士班成立後，學生的學習情況如何？以趙捷謙為例，他於1968年在臺灣大學經濟學研究所碩

士班完成論文〈臺灣運輸的統計觀測〉，由張果為指導，取得碩士學位後，隨即進入博士班就讀。趙捷謙回憶，碩士班期間，他已開始撰寫程式，並將資料送至新竹交通大學的IBM電腦進行運算。在博士班就讀期間的暑假，他前往經合會工讀，參與工商普查的抽樣設計與調查，並負責製作投入產出表。換言之，他的研究過程涵蓋從表格設計、資料整理到推論母體的完整學術訓練。[60]

趙捷謙通過博士班資格考後，考量到臺灣的期刊資源相較美國仍顯不足，便自行申請獎學金，前往美國羅徹斯特大學（University of Rochester）經濟系攻讀一年博士班課程，隨後返臺撰寫博士論文。然而，在指導教授的選擇上，經濟研究所的年輕教師對於指導首位博士生仍抱持謹慎態度，因此趙捷謙曾與多位任教於美國的學者聯繫，但因距離與研究主題未能契合，未能找到合適的指導人選。最終，他由梁國樹、孫震與陳昭南共同指導，並於1973年以〈雙重缺口理論的探討及臺灣的實證分析〉為題，完成博士論文並取得學位。[61]

1960年代就讀臺灣大學經濟學系大學部的薛琦，適逢博士班成立並延聘外籍教師來臺，因此該系的大學部課程也開始由來訪的外籍教師授課。例如，大學三年級的「中等統計學」即由外籍教師Borford授課。薛琦進入碩士班後，所修的「數量方法（一）」由中央研究院經濟研究所籌備處的李庸三講授，而「貨幣理論」則由甫自美國取得博士學位的柳復起授課，他當

時亦任職於中央研究院經濟研究所籌備處。[62]

　　由此可見，臺灣大學經濟學研究所博士班成立後，不僅讓碩、博士班學生有機會向美國留學歸國的學者學習最新的經濟學知識，也促使外籍學者進入臺灣學術體系參與教學，進一步強化本地經濟學教育的國際化發展。

　　總結來說，臺灣大學經濟學研究所博士班的創立，主要是在海外華人學者與外籍教授的協助與推動下得以實現。但由於當時經濟系本身師資有限，博士班初期的教學，除了依靠系內剛自美國留學歸國的年輕學者外，亦需借助中央研究院經濟研究所籌備處的年輕研究員參與授課。

　　從這一發展歷程來看，臺灣的高等經濟學教育，可說是從邢慕寰於經濟研究所籌備處推動的「師徒制」培訓模式逐步演進，在制度與課程安排上，逐漸建立起具有美國經濟學教育與學術訓練特質的雛形。

三、個體與總體部門的連結：產業關聯表與總體經濟模型的建置

(一) 經建計畫與經濟模型

　　在臺灣現代經濟學教育逐步扎根的同時，以現代經濟學為基礎的數量方法與計量經濟學模型，也開始應用於經建計畫。

前章已介紹臺灣國民所得制度的建立,其中,統計數據的精確度與豐富性對國民所得的估算影響深遠。而透過統計資料的整理,結合經濟學概念與經濟模型的建置,則有助於理解各產業間的關聯性與總體經濟概況。

臺灣自1953年起開始實施四年期的經建計畫,最初的規畫方式是分別制定各部門計畫,最終再加總。但當時受限於資料處理技術,無法全面考量產業間的相互關係,更遑論整體總體經濟規畫與經濟成長率的目標。隨著1960年代臺灣經濟成長率逐步上升,政府在美援結束前規劃了1965年起實施的第四期四年經建計畫,同時提出涵蓋1965年至1974年的「中華民國十年長期經濟發展計畫」,將四年計畫納入更長遠的發展藍圖,以確立臺灣未來經濟發展的願景。[63]

在產業發展與經建計畫的配合上,各部門須提供基礎資料。農業數據由農復會負責,工礦業資料則由經合會進行檢討,評估生產單位是否已具適當規模、設備是否需要更新、產品品質是否達出口標準、零組件的自製率是否能提升,以及政府的輔導措施是否需調整。經合會亦參考同業公會及專家建議,編製「第四期四年計畫工業部門計畫基本資料」,作為決策依據。

在需求預測方面,企業或業務主管單位須提供原始資料,包括投資計畫與生產技術選擇,由生產小組與交通小組等聯繫單位負責管理。經合會則依產品需求規模評估投資可行性,

並研判國內外市場需求。在比較各類產品的初步生產目標、產能與設備利用狀況後，決定是否增設或調整生產設備。各聯繫單位隨後召開審議小組或座談會，討論並修正各產業計畫的內容，最終經合會依據討論結果調整與確定計畫目標。[64]

1940至1950年代，經濟學者提出產業關聯表與計量經濟學中的總體經濟模型，並陸續應用於西方國家的政府政策。美國成為現代經濟學發展的核心，並透過電腦技術進行統計運算，使事後統計數據得以作為政策制定的參考。

臺灣的官員與學者也開始引入這些經濟學概念，嘗試建置相關經濟工具，以提供施政參考。然而，這不僅需要經濟學知識的養成，還須仰賴高可信度的大範圍統計調查與電腦計算的支援。戰後，臺灣的經濟模型設置主要由政府經濟專家、大學教師、中央研究院經濟研究所籌備處的學者，以及旅美華人教授共同探索，逐步建構產業關聯表與總體經濟模型。

(二) 產業關聯表的製作

產業關聯表的主要功能在於分析各產業間的相互依存關係。透過交易表的解讀，可以了解各類商品的流向，以及各部門與最終需求對不同商品的需求情形。要編製詳盡的產業關聯表，除了需要完整的統計調查數據外，還需充足的經費與人力投入。

1. 邢慕寰的試驗（1960年）

戰後臺灣產業關聯表的編製，最早可追溯至1960年，當時邢慕寰向行政院美援運用委員會（以下簡稱「美援會」）的經濟研究負責人王作榮提議，進行臺灣經濟的投入產出分析試驗。王作榮對此計畫表示支持，美援會隨即發起臨時調查，以釐清1954年與1958年間超過1,500家主要工礦與交通企業的銷售產品數量，並分析各類產品的生產過程中所需的主要原物料與服務。[65]

這項調查的目的，是為瞭解1950年代臺灣規模較大的企業在生產與運行過程中，各部門間的原料來源與數量，以及商品銷售的去向與規模，以作為產業運行的重要參考。但1,500多份調查問卷最終僅回收約三分之一，由當時擔任臺灣大學助教的劉克智、王冠群、柳復起、許日和等人於工作閒暇時間協助整理。整理過程中，發現許多企業未按照調查要求填報，且數據錯誤頻繁，影響資料的可參考性。為了彌補調查數據的缺陷，研究團隊只能改為分析美援會內部持有的1954年企業會計報表，並輔以1954年工商普查資料中的工商統計與家計調查數據作為補充。[66]

然而，將這些資料整合時，尚需同時涵蓋農、畜、林、漁業及其他經濟部門，過程極為耗時。此外，部分數據無法應用，甚至有部門完全缺乏直接資料的情形，因此只能透過相關數字推估，但這些數據的可靠性難以確保。邢慕寰認為，研究

的最大挑戰在於各部門統計資料零散不齊，又須展現部門間的相互關係。而且，由於多數數據彼此關聯，任何一個部門的估計一經修正，或某項數值變動，整體結果都可能隨之改變。[67]

為解決人力問題，美援會於1960年6月15日至11月15日期間短期聘請許日和負責調查中的會計統計資料整理與分析。許日和任期結束後，未完成的部分由劉克智義務協助，但每週六下午與週日，許日和仍持續前來協助整理，最終使邢慕寰得以完成初步研究報告。邢慕寰認為，這項產業關聯研究雖具開創性，屬試探性研究，但因編製過程受限於資料不足與統計限制，難以順利推進。[68]

邢慕寰在編製產業關聯表時，發現各行業統計資料需進一步調整。首先，對於產業部門內的兼營業務，應歸併至經營相同業務的主要部門。例如，臺灣糖業公司的自家用發電應納入電力部門，其與林管局經營的鐵路則應歸入交通及服務部門。[69]

此外，進口商品應先歸入與其相關的產業部門，再依實際生產與使用情況分配至最終需求部門。例如，進口肥料應先歸入肥料生產部門，與國內生產數據合併計算後，再分配給農業部門。[70]

在價格計算方面，國內生產部分應按生產價格計算，進口貨品則採用到岸價格（CIF），以排除海外運輸與商品服務費用，並避免包含間接稅。同時，各類商品的運輸、商業服務費用及間接稅，應盡可能直接由購買方承擔。[71]

在計算過程中，邢慕寰假設企業僅有固定資本消耗（指企業設備與資產因使用而產生的折舊）與毛儲蓄（企業在扣除經營成本與折舊後的盈餘），而不考慮淨儲蓄（毛儲蓄中扣除再投資後剩餘的部分）。這一假設意味著，企業部門需承擔直接稅（如營業所得稅），而不會累積盈餘作為內部儲蓄。企業盈餘則透過稅收轉移至政府，或以股利、薪資等形式流向家計部門，反映出盈餘在經濟體系中的流動方式。[72]

邢慕寰認為，若產業關聯表要作為經濟決策的依據，應至少涵蓋50個產業部門。但以1954年政府所掌握的統計資料來看，當時僅能將臺灣的經濟活動劃分為29類。如表11-3所示，分類項目除了涵蓋農業、工業與礦業等生產部門外，也納入交通、政府、家計服務、資本形成，並考量對外的投資與援助。此外，第29項「不能分配部門」則用來容納各別部門無法確定分配數額的產出或投入，以調整統計誤差。[73]

值得注意的是，1954年政府的統計分類仍沿用戰前架構，尚未與聯合國標準統計分類接軌，因此依據既有統計資料編製的產業關聯表內容較為簡略。再加上統計人力與資料不足，邢慕寰的研究成果難以直接用於政策制定，僅能視為一次試驗。

2. 經合會編製（1964年）

1963年9月，美援會改組成立經合會，並於1964年決定以當年為基準編製投入產出表。為此，年底開始籌備，除了選擇

表11-3　臺灣產業關聯表編製涵蓋部門（1960年、1964年）

邢慕寰 （1960年）	(1)米；(2)甘蔗；(3)其他農作；(4)畜產；(5)漁；(6)林(用材)；(7)林(薪炭材)；(8)金屬礦；(9)煤；(10)其他礦業；(11)糖(包含副產)；(12)水泥；(13)紡織；(14)煙；(15)酒；(16)化學肥料；(17)石油；(18)鋁；(19)其他製造；(20)電力；(21)營造；(22、23)交通及其他服務(簡稱交通及服務)等產業部門；(24)政府(收入方面另分為移轉和財產報酬兩部分，前者包含各種稅捐及其他移轉收入，後者則容納公營事業的盈餘)；(25)家庭(包括民間非營利團體)；(26)資本形成；(27)國外；(28)相對基金等產業以外部門；另在產業部門裡面加上(29)不能分配部門，以容納各別部門無法確定分配數額的產出或投入，並在所有部門以外加上(29)不明部分。
國際經濟 合作發展委員會 （1964年）	**農業部門：** (1)米；(2)其他普通作物；(3)甘蔗；(4)農產加工原料；(5)其他園藝作物；(6)毛豬；(7)其他畜產；(8)林產；(9)漁產。 **礦業部門：** (10)煤；(11)金屬礦；(12)原油及天然氣；(13)鹽；(14)其他非金屬礦。 **製造業：** • 食品工業—(15)糖業；(16)鳳梨罐頭；(17)洋菇罐頭；(18)其他食品罐頭；(19和20)菸酒；(21)味精；(22)其他食品及飲料。 • 紡織工業—(23)人造及合成纖維；(24)紡織品。 • 木材與製品—(25)製材及合板；(26)木竹藤製品。 • 紙及紙製品—(27)紙漿、紙及製品。 • 皮革與製品—(28)皮革及其製品。 • 其他化學製造業—(29)橡膠及其製品；(30)化學肥料；(31)醫療藥品；(32)塑膠製品；(33)石油製品；(34)其他化學製品。 • 非金屬礦製造業—(35)水泥；(36)水泥製品；(37)玻璃及其製品；(38)其他非金屬礦製品。 • 金屬製品—(39)鋼鐵；(40)鋼鐵製品；(41)鋁；(42)鋁製品；(43)其他金屬品；(44)機械；(45)電機及電器；(46)運輸工具。 • 其他製造業—(47)其他製造。 **營造業及其他建築業：** (48)營造及其他建築。 **水電、運輸及其他公用事業：** (49)電力；(50)煤氣；(51)自來水；(52)運輸；(53)通信。 **其他服務業及分類不明：** (54)其他服務；(55)分類不明。

資料來源：邢慕寰，《臺灣經濟的投入產出關係》（臺北：行政院美援運用委員會，1961），頁4–5。經合會第三處綜合經濟設計工作小組編，《民國五十三年臺灣投入產出表之編製》（臺北：國際經濟合作發展委員會，1968），頁135–159。

產業部門與準備抽樣調查,還委託農復會農業經濟組整理1964年農業部門的相關資料。經過一年多的數據整理,至1965年底初步完成,1966年2月完成初稿,歷經兩次修正後,最終於1967年4月完成涵蓋55個類別的產業關聯表。[74]

經合會編製的投入產出表採用聯合國式的開放體系,將經濟活動區分為中間部門與最終部門,並分別運用不同的計算方法。在中間部門部分,採用投入面估計法,先獲得各部門以購買價格計算的成本結構資料(包含企業購買原料、設備等支出),再進一步拆分其中的運費與商業毛利(如運輸費、經銷商加價等)。這些費用剝離後,各項成本即能以生產價格(商品出廠時的價格)表示,使產業關聯表能更準確反映生產過程中的真實成本。在最終部門部分,則採用商品流通法,追蹤商品從生產者到最終使用者的流通過程,並估算各商品在不同流通階段的價格變化,以計算最終消費者實際支付的價值。[75]

然而,當時的統計資料仍不足以支撐產業關聯表的編製,主要問題在於缺乏完整的成本數據,且現有會計資料與抽樣方法未必符合投入產出表的需求。因此,為了獲取更精確的成本結構資料,經合會決定依據各產業特性設計調查方式,並邀請相關部會共同推動1964年度的工礦業成本調查、運輸業成本調查、商業成本調查及營造業成本調查,以補足所需數據。[76]

首先,「臺灣省工礦成本調查」由行政院主計處、經濟部與經合會共同組成工礦業成本調查工作小組,調查1964年工

礦業的營業狀況，包括應攤費用明細帳、產銷情況（含銷售對象）、固定資產明細表、個別產品生產成本（原材料與燃料使用情況），以及全年存貨狀況。[77]

其次，「臺灣省交通運輸業成本調查」由交通部與經合會共同成立交通運輸成本調查工作小組，調查各運輸業者的營運狀況（含管理費用明細）、固定資產明細表、物料燃料消耗與修護維持費用等。[78]

「臺灣省民營商品買賣業成本調查」則由行政院主計處、經濟部與經合會組成商品買賣業及建築業合組工作小組，針對損益狀況、資產負債情形、銷售管理費用明細、固定資產配置、銷售淨收入（按商品類別及其銷售對象分類）與銷貨成本等項目進行調查。

最後，「臺灣省民營營造業成本調查與建築物地區抽樣調查」的執行單位與前項調查相同，主要針對營造業的工程成本進行調查。內容包括各類工程的材料使用明細（含業主自行提供材料的估價）、工程業主所屬部門的營運狀況，以及未經營造廠商辦理的建築工程，以掌握不同類型的建築活動與成本結構，確保產業關聯表能完整反映營造業的經濟狀況。[79]

經由上述調查，政府得以深入分析這些企業生產單位的營運、資產、財務狀況，以及生產與銷售數據，為產業關聯表的編製提供關鍵資料。

1959年畢業於臺灣大學經濟學系的劉泰英，退伍後於1962

年進入美援會工作。他回憶,在編製產業關聯表的過程中,因為既有資料不夠完整,許多商品的進口原料來源無法確定,因此必須實地前往各地調查,以補足數據缺口。[80]

李高朝③則於1963年取得臺灣大學農業經濟碩士學位後進入美援會。他回憶,經合會在開始編製產業關聯表時,首先邀請劉泰英參與,後來發現他具備良好的統計學基礎,並且熟悉農業統計,因此在他尚未完成碩士論文口試前,即延攬其進入經合會工作。[81]

李高朝指出,購買價格可細分為生產價格與運銷價格,而服務業的運輸成本中還包含商人利潤,因此在分析時必須將這些價格拆解,過程極為繁瑣。當時,經合會邀請臺灣大學農業經濟系教授許文富參與,協助釐清農業部門的購買價格中哪些屬於生產成本,哪些為運銷成本。透過對農產品運輸流程的調查,他們進一步拆分了中間運輸價格與批發市場價格,使數據更為精確。[82]

總體而言,1964年在國家資源的投入下,政府單位與大學教師合作,成功編製出可信度較高、可供政策參考的產業關聯表。從參與者背景來看,多為接受現代經濟學教育的年輕政府

---

③ 李高朝(1938–),臺灣雲林人,1961年臺灣大學農業經濟系畢業,1964年6月取得臺灣大學農業經濟研究所碩士學位。1972至1973年間,赴美國范登堡大學(Vanderbilt University)經濟系進修取得碩士。1964年7月進入經合會擔任薦派專員,主編投入產出表,後升任專門委員,最終以經建會副主任委員職位退休。〈李高朝〉,《軍事委員會委員長侍從室檔案》,檔號:129-250000-4929,藏於國史館。

專家與學者，這反映出1950年代臺灣現代經濟學教育培養出的新一代人才，在政府的支持下，運用現代經濟學理論與統計方法，推動產業關聯表的調查與編製工作，為經濟政策提供更科學的基礎。

(三)總體經濟模型的建立

1. 國內專家學者的摸索階段

1950年代末期，時任美援運用委員會擔任薦派處員的葉萬安④回憶，1961–1964年政府推動第三期四年經建計畫前，由他負責擬定《中華民國加速經濟發展計畫》初稿，並估算該時期臺灣的國內生產毛額、國民所得、人均所得與就業人數的成長。[83] 葉萬安在擬定初稿時，是運用哈羅—多瑪（Harrod-Domar）模型進行計算。[84]

哈羅—多瑪的經濟成長模型是以凱因斯經濟學為基礎，假

---

④ 葉萬安（1927–），浙江紹興人，1948年畢業於國立上海商學院銀行學系。1948年9月至1953年12月在臺灣糖業公司擔任副組長，專司統計工作。1954年1月轉任行政院經濟安定委員會工業委員會擔任專員，負責工業統計及分析。之後在行政院美援運用委員會祕書處擔任薦派處員，1962年12月升任專員。1965年1月升任行政院國際經濟合作發展委員會第三處副處長。1969年8月擔任綜合計畫處副處長，之後升任處長。在經濟設計委員會時期擔任綜合計畫處處長，1963年8月擔任經濟研究處處長。1985年2月擔任行政院經濟建設委員會副主任委員，1992年5月退休。〈葉萬安〉，《軍事委員會委員長侍從室檔案》，檔號：129-250000-1233，藏於國史館。葉萬安，《臺灣經濟再奮發之路：擷取過去70年發展之路》（臺北：天下文化，2020），作者介紹頁。

設經濟成長取決於儲蓄與投資的關係。只要儲蓄能轉化為投資，經濟就會成長，且儲蓄率愈高，經濟成長率也會愈高。然而，經濟成長同時受到資本產出比的影響，若每單位產出所需的資本投入變高，成長速度可能因此放緩。

過去曾服務於美援會的王作榮[5]在回憶錄中提到，1957至1958年留學美國期間，曾蒐集各國經濟計畫的設計技術與資料，希望返國後加以應用。[85] 1960年8月至1963年6月，美援會執行「國民所得改進計畫」時，[86] 借調謝慎初[6]與劉泰英[7]協助修正國民所得，後來劉泰英負責編製產業關聯表。[87]

值得注意的是，在國民所得改進計畫執行期間，1962年經合會邀請從美國密西根大學取得博士、並任職於臺灣大學經濟學系，專長計量經濟學的劉榮超[8]副教授設計總體經濟模型，

---

[5] 王作榮（1919-2013），湖北漢川人，1939年畢業於中央大學經濟系。大陸時期曾服務於中央設計局，擔任研究員和專員。1947至1949年留學美國華盛頓州立大學，取得碩士學位。1949年11月至1950年7月，在省立地方行政專科學校擔任教授，之後至1952年3月，服務於最高法院檢察署，擔任會計主任。隨後進入行政院經濟安定委員會擔任專門委員，並在臺灣大學及東吳大學兼課。1963年9月升任經合會第三處處長，1967年2月擔任聯合國亞洲及遠東經濟委員會工業經濟組組長。〈王作榮〉，《軍事委員會委員長侍從室檔案》，檔號：129-220000-1018，藏於國史館。

[6] 謝慎初（1920-？），廣東梅縣人，1944年畢業於國立廈門大學經濟學系，1947年畢業於國立政治大學高等科，之後曾前往美國密西根大學和美利堅大學學習統計。大陸時期曾擔任福建省長江縣合作辦事處主任指導員和中學教師。戰後來臺，先服務於善後救濟總署臺灣分署，擔任技士，負責統計和編輯工作。之後轉任臺灣工礦公司，主辦統計工作並監理玻璃廠廠務。後擔任行政院主計處科長，1961年8月任臺灣省財政廳諮議。〈謝慎初（謝文蔚）〉，《軍事委員會委員長侍從室檔案》，檔號：129-230000-0378，藏於國史館。（續下頁▼）

並由薛天棟擔任助理，但最終結果未達預期。其後，時任副總統兼經合會副主任委員的嚴家淦認為可邀請在美國任教的劉大中回國負責設計，並由劉榮超與薛天棟協助，最終建立出包含九條方程式的總體經濟模型，成為臺灣最早的總體經濟模型。[88]

2. 劉大中的研究與經濟預測

劉大中的學經歷涵蓋工程與經濟領域。大陸時期，他畢業於交通大學唐山工學院土木工程系，後赴美留學，1937年取得康乃爾大學土木工程碩士，1940年獲得經濟學博士學位。此後，他在美國布魯金斯研究院（Brookings Institution）擔任研究員，後轉任中華民國駐美國大使館商務參事處副參事，並曾擔任政府代表團祕書，參與國際貨幣基金及布列敦森林會議

---

[7] 劉泰英（1936–），苗栗縣人，1959年畢業於臺灣大學經濟學系，1967年取得美國羅徹斯特大學碩士，1971年取得美國康乃爾大學博士。1961年4月至1962年6月在行政院主計處擔任幹事，負責國民所得統計。1962年6月至1965年8月，擔任經合會薦派專員，負責經濟設計。1968年5月至1970年8月，擔任行政院賦稅改革委員會主任，負責關務改革。1961年8月至1972年1月，在私立淡江文理學院擔任副教授兼系主任。1972年1月至1976年8月，在財政部關務署擔任副署長。1976年9月起，任臺灣經濟發展基金會臺灣經濟研究所副所長。〈劉泰英〉，《軍事委員會委員長侍從室檔案》，檔號：129-260000-0722，藏於國史館。

[8] 劉榮超（1930–），1950年畢業於臺灣大學政治系，1960年取得美國密西根大學經濟學博士，主修計量經濟學、國際貿易與金融、經濟成長。1959至1960年擔任東海大學副教授，1962至1963年轉任臺灣大學經濟學系擔任副教授。1963年至1970年前往加拿大麥基爾大學（McGill University）任教，之後轉往美國紐約賓漢頓大學。賴彰能，〈嘉義市第一位經濟學博士：劉榮超〉，《嘉義市文獻》，第11期（1995年11月），頁59–60。〈劉榮超〉，《軍事委員會委員長侍從室檔案》，檔號：129-250000-3674，藏於國史館。

（Bretton Woods Conference）的相關事務。[89]

戰後，劉大中於1946至1948年間返回中國，任教於清華大學，隨後因國共內戰局勢不穩，轉往美國，擔任國際貨幣基金經濟研究處專家。他亦在約翰霍普金斯大學擔任客座教授，並擔任蘭德公司（Rand Corporation）顧問。1958年起，劉大中任職於康乃爾大學經濟系，1960年當選中央研究院院士。[90]

劉大中在美國的研究領域涵蓋中國經濟與計量經濟學。他最早的學術著作為1946年布魯金研究所出版的《中國的國民所得：1931–1936年，一項探索性研究》（China's National Income: 1931–1936, An Exploratory Study），探討中國的國民所得。1950年代，共產黨接管中國大陸後，美國政府對中國經濟的統計資料和內部實況瞭解有限，遂委託民間蘭德公司研究。劉大中擔任該公司顧問，憑藉其對中國國民所得的研究經驗，運用力所能及的有限統計數據進行估算，並於1963年與葉孔嘉合著兩卷《中國大陸經濟：國民所得與經濟發展（1933–1959）》（The Economy of the Chinese Mainland: National Income and Economic Development, 1933–1959），由蘭德公司出版。[91]

1950年代計量經濟學在經濟學界逐漸發展，劉大中亦開始投入該領域的研究，並受聘為約翰霍普金斯大學客座教授。[92] 1950年，他與Chin-Gwan Chang在《美國經濟評論》（American Economic Review）期刊發表論文，利用1930至1948年美國的統計數據，分析美國的消費與投資傾向。[93] 1955年，他進一步提出美

國的經濟預測模型。此後,他陸續發表多篇論文,探討經濟估計與預測方法,並於1969年發表以美國月度資料為基礎的經濟模型。[94]

戰後,劉大中與臺灣的淵源可追溯至1954年,當時他與蔣碩傑受邀來臺,針對新臺幣對外幣值過高與外匯存底不足的問題,提出金融與外匯制度的改善建議。[95]1964年,經合會再次邀請劉大中來臺,憑藉他在美國的學術背景與研究經驗,為政府建立以量化分析為基礎的經濟計畫評估方式。劉大中運用其專長的計量經濟學與經濟預測模型,開啟臺灣以計量方法作為政策制定的評估標準。但當時臺灣的經濟統計資料仍不夠完備,距離能有效配合計量經濟學進行政策評估,尚有相當差距。

3. 劉大中的批評

1964年8月12日,劉大中抵臺後,與經合會、行政院主計處、中央銀行、農復會、中央研究院經濟研究所籌備處、交通大學電子研究所等機構會談,討論如何改善國民所得統計。[96]會談中,劉大中對臺灣統計行政的問題提出了具體批評。

劉大中指出,臺灣自1951年起公布國民所得統計,雖為亞洲最早依照聯合國標準帳目編製國民所得的國家,但統計人員普遍將統計數據視為固定報表,一經公布即不再修正,避免顯得前期估算有誤。負責業務的官員認為,修正數據可能意味著過去的估計錯誤,因此傾向維持原數據不變。然而,劉大中

認為，隨著資料來源的增加與數據的更新，統計估算應進行動態調整，並定期檢討估算方法，全面修正過去的數據。這種做法已是先進國家的通行標準，臺灣卻仍缺乏這種修正機制，導致統計結果未能充分反映真實經濟狀況，也凸顯統計行政的落後。因此，他建議政府應建立統計數據修正的制度，使統計工作人員能有明確的指引與標準可依循。[97]

劉大中進一步指出，部分年度的國民所得估計偏低，而某些年分的經濟成長率則異常偏高。行政院主計處在比較生產面與消費面所得數據時，經常發現兩者不符。然而，由於人力與資源有限，主辦單位只能依據一般經濟狀況對數據進行調整，使其表面上趨於一致。這種主觀修正導致各年度的經濟成長率變動極小，呈現高度穩定的趨勢，與國際上其他國家的統計結果明顯不同，顯示臺灣的統計行政存在問題。他強調，當生產面與消費面的統計估算出現矛盾時，不應單憑主觀判斷調整數字，而應研擬更科學的修正方法。[98]

此外，劉大中建議應利用電腦輔助統計分析，以減少傳統人工計算可能產生的錯誤。當時，經合會採用商品流通法，結合生產數據、成本調查、服役調查與住宅調查等資料，重新估算國民所得。劉大中認為，這種方法的優點在於減少主觀調整的影響，但部分數據因時間限制無法進行完整的複核與驗證，可能影響準確性。他建議，經合會既然掌握完整的原始數據，應投入1至2個月，運用IBM計算機進行重新運算。[99]

劉大中指出，中央研究院經濟研究所籌備處雖然擁有的統計資料不多，但在部分估算項目中引入了較新的方法與假設，因此具有參考價值。然而，該研究所在某些項目上的計算仍存在錯誤，若能進行修正，統計結果將更接近經合會的數據。為確保統計工作的準確性與可追溯性，他建議，各單位應完整保存計算過程表格（work sheets），並詳細記錄所有估算時所依據的假設條件，避免數據的錯誤或誤解影響最終結果。[100]

劉大中在五週的考察後，於1964年9月向李國鼎提交備忘錄，對臺灣的經濟與統計研究工作提出具體建議。備忘錄中除了指出技術層面的問題外，還建議應增加行政院主計處國民所得科的人力配置，並每年定期進行家計與企業資本支出抽樣調查。此外，他認為與國民所得統計相關的研究人員應定期召開會議，討論估算方法。[101]

如前所述，當時經合會根據所得調查整理出的商品流通資料，編製涵蓋44個產業的投入產出表（用於分析各產業間的供應與需求關係），並同步推動總體計畫（針對整體經濟政策的規畫）與部門計畫（針對各產業發展方向的規畫）的整合。劉大中認為，應同時採用投入產出表與最終需求估算（包括消費、投資、政府支出與出口等）的方法，使部門計畫與總體計畫能相互對應，避免後續因數據不符而需進行調整，增加執行上的困難。[102]

劉大中認為，儘管當時有人質疑投入產出表作為經濟規畫

工具的有效性,但考量當時臺灣可用的統計數據與估算技術,並無更合適的替代方案。他指出,經合會運用商品流通法估算國民生產所得的數據,結合投入產出表來制定短期與長期發展計畫,仍是一種可行的方式。[103]

劉大中強調,臺灣的統計行政應建立統計數據修正的機制,並在透過不同方法估算時,詳細分析各自產生的誤差,而非單憑直覺調整最終數據。此外,經合會在劉大中返國提供諮詢後,進一步確認以產業關聯表和國民所得等統計資料作為經建計畫的基礎是可行的。而這一決策或許因獲得海外華人學者的背書,使國內對此方法的質疑有所減弱。

4. 劉大中的模型與國民所得統計評審委員會

總體經濟模型的編製,旨在透過消費、投資及全國總生產等主要總體經濟變數之間的關係,預測經濟體系的未來發展趨勢,從而確定經濟成長目標及應採取的政策方向。[104]

總體經濟模型的設計與部門計畫密切相關。各產業部門可先確定其成長率與產銷關係,並以產業關聯表為基礎,進一步與總體計畫對照。換言之,若能同步推動部門計畫與總體計畫,即可降低兩者之間出現差異後需重新調整的可能性。[105]

過去作為主流的哈羅—多瑪成長模型,假設經濟成長率取決於兩個關鍵變數:邊際儲蓄傾向(Marginal Propensity to Save, MPS)與邊際資本產出比(Marginal Capital-Output Ratio, MCOR)。簡

單來說，該模型認為經濟成長的速度取決於一國的儲蓄能力與資本投資的效率。當儲蓄率提高或資本投入能更有效轉化為產出時，經濟成長率就會提高。在這個框架下，若希望達成特定的經濟成長率，則可依此估算所需的投資規模，進而推算對外來資金的需求。

然而，劉大中認為哈羅―多瑪模型過於簡化，因為它假設邊際儲蓄傾向和資本產出比是固定的，這在現實世界中並不一定成立。他主張應該建立一個更複雜的模型，透過計量方法來計算出實際可達成的儲蓄率和資本產出比，而不是直接假設它們的比例。這樣可以更準確地評估經濟成長所需的條件，並據此制定更符合實際情況的經濟政策。[106]

1964年，劉大中在臺灣期間，在有限的時間內對基本經濟數據進行考察，並提出總體經濟模型的設計方法。在劉榮超的協助下，他建立了一套包含九條方程式的總體經濟模型，以描述臺灣經濟中的主要經濟變數及其相互關係。[107]

$$C(t)=9.151+0.610Yd(t)+0.170C(t-1)$$

$$Ip(t)=-4.01\pm.132GNP(t)-0.125\bar{R}+0.320Ip(t-1)$$

$$Ig(t)=-1.605+0.018GNP(t)+1.051Ag(t)+0.667Ig(t-1)$$

$$M(t)=-3.106+0.115GNP(t)+0.519M(t-1)$$

$$V(t)=0.020GNP(t)$$

$$T(t=1964)=0.144GNP(t=1964)$$

$$Sb(t=1964)=0.070GNP(t=1964)$$
$$Yd(t)=GNP(t)-Sb-T(t)+Tr(t)$$
$$GNP(t)=C(t)+Ip(t)+Ig(t)+V(t)＋G(t)+X(t)-M(t)108^{108}$$

與當代較為複雜的總體經濟模型相比,劉大中的模型相對簡單。但考量到當時計量經濟學的發展水準、電腦運算能力的限制,以及戰後臺灣統計數據有限,該模型仍具參考價值。為提高準確性,他以過去11年的年資料作為基礎,並結合臺灣當時的經濟環境,試圖建立一個適用於政策規畫與經濟預測的總體模型。[109]

這些變數涵蓋了消費(C)、私人投資(Ip)、政府投資(Ig)、出口(X)、進口(M)、存貨變動(V)、政府經常性收入移轉(T)及企業的折舊與儲蓄(Sb)。值得注意的是,當時臺灣仍接受美援,因此 Ag 代表美國援助資金在政府及公營企業的固定投資。此外,由於當時臺灣的銀行多為公營,利率(R)由政府決定,因此在模型中被視為外生變數(即不受模型內部變數影響)。所有變數均以1964年物價計算,單位為新臺幣10億元。[110]

但一個良好的預測模型,應能運用過去的歷史資料進行推估,並確保結果符合經濟直覺與現實情況。劉大中所設計的總體經濟模型是否能支持實務運作?葉萬安回憶,當時該模型透過交通大學的IBM電腦計算,結果顯示未來四年臺灣經濟將呈現高度成長,然而就經濟直覺來看,這種預測顯然不切實際。

劉大中認為模型的設計並無問題,但為何結果會出現不合理的預測?葉萬安發現,1964年的國際糖價處於高點,若直接採用當年糖價作為基期,將導致經濟成長預測過於樂觀。因此,他改以六年平均糖價進行調整,才使模型的預測結果更為合理。[111]

劉大中認為,臺灣的國民所得估算以主計處的方法最為先進,且其編算方式最為完整。然而,由於國內多個機關分別採用不同方法進行國民所得估計,可能導致數據不一致。因此,他建議由經合會、中央研究院、中央銀行及其他相關單位的專家共同組成國民所得統計評審委員會,協助行政院主計處統計局改進國民所得統計的方法,並審查統計結果的合理性與準確性。[112]

1965年4月,行政院主計處設立「國民所得統計評審委員會」,召集政府各機構的統計專家與學者,透過定期會議審查國民所得統計的各項變數,包括估計方法、編算程序、基本資料來源及結果的合理性與可靠性。必要時,委員會亦會召開分組審查或研討會,提供具體改進建議,並引入國際最新理論與先進的編算方法。[113]

如表11-4所示,委員會成立前三年,修正案在討論案件中占較高比例,主要針對已發布的資料進行修正。至1965年底,委員會共召開34次會議,具體改進內容包括調整自有住宅租金、利息及銀行手續費的設算方式,補充農業副產品價值與政府建築物折舊的估算。此外,還調整產業分類,改良農業與製

表11-4　國民所得統計評審委員會討論案性質（1965-1979）　　　　　　　　　　單位：案

年分	案數	性質			
		估計案	修正案	預測案	其他
1965	54	3	45	0	6
1966	38	2	34	0	2
1967	18	0	16	0	2
1968	40	4	34	0	2
1969	25	5	19	0	1
1970	21	6	15	0	0
1971	17	6	11	0	0
1972	18	7	10	0	1
1973	17	3	7	4	3
1974	12	2	4	3	3
1975	10	2	2	0	6
1976	6	2	2	0	2
1977	9	3	3	0	3
1978	14	4	2	5	3
1979	16	4	4	6	2

資料來源：行政院主計處，《行政院主計處國民所得統計評審委員會：三十週年紀念特刊》（臺北：行政院主計處，1995），頁161。

造業產值的計算方式，優化固定資本消耗設備與民間消費的估算方法。[114]

而前章提及的國民所得三面等價原則，即國民所得可以從「生產面」「支出面」「所得面」三個角度來估算，在產業關聯表製作過程中藉由各項調查，支出面的估算得以實現。至於所得面估算，則始於1964年行政院主計處舉辦的家庭收支調查，1966年改由臺灣省政府接辦。然而，1968年臺北市改制為院轄市後，1970年起這項調查由臺灣省政府主計處與臺北市政府分別負責各自轄區。由於兩者在樣本抽取比例與調查範圍上存在差異，數據難以整合，導致無法全面掌握臺灣整體的家庭收支與所得分配情況。[115]

為解決上述問題，1974年行政院主計處研擬「臺灣地區個人所得分配調查統計方案」，經委員會審議通過後，統一臺灣地區的抽樣方法，建立完整的調查制度，並將調查結果整理出版為《臺灣地區個人所得調查報告》。自此，臺灣的國民所得統計正式符合三面等價原則，使各部門的經濟活動得以相互對照，進而提升國民所得數據的精確度。[116]

四、體制化：總供需模型的建置

除了運用產業關聯表與總體經濟模型聯繫個體與總體層面，以及將國民所得制度作為施政參考外，透過總供需模型

的建置，可使政府統籌全國生產資源，達到合理分配與有效運用。也就是說，每年依據全國總產量的供需情況，分別針對政府、企業、家庭部門及對外交易等進行有系統的預測，以掌握未來一年內國民經濟的運作，並作為政府財經單位施政規畫的參考。[117]

1967年9月，經合會成立總供需小組，由于宗先[⑨]、林海達[⑩]、陸民仁[⑪]、陳超塵[⑫]等人組成，定期開會討論臺灣經濟計量模型的建立。該小組最初以劉大中設計的計量模型為基礎，並參考克萊因（Lawrence Klein）為美國所設立的計量模型。[118]

[⑨] 于宗先（1930–2019），山東平度人，1956年畢業於臺灣大學經濟學系，1966年取得美國印第安那大學經濟學博士。返國後，於中央研究院擔任助理研究員，並在臺大經濟系擔任兼任教師。1976年任中央研究院經濟研究所所長，1977年任行政院經濟諮詢委員會委員，1981年任中華經濟研究院副院長，1988年當選中央研究院院士，1990年任中華經濟研究院院長。〈于宗先〉，《軍事委員會委員長侍從室檔案》，檔號：129-250000-4184，藏於國史館。吳惠林編，《于宗先院士追思紀念文集》（臺北：中華經濟研究院，2019）。

[⑩] 林海達（1920–？），臺灣臺北人，1943年10月在京都帝國大學經濟學部取得學士學位，隨後於同年11月進入大學院（研究所）就讀，至1945年12月。1947年9月至1948年6月，擔任臺灣大學法學院講師；1948年9月至1952年10月，任香港錦源公司經理。1952年11月至1962年11月，於美國安全總署臺灣分署工業組擔任專員；1952年11月至1965年5月，轉任經濟組從事分析工作。1965年7月起，加入經合會設計小組；1967年，在經合會第三處擔任專門委員，負責經濟設計。〈林海達（林宜秋）〉，《軍事委員會委員長侍從室檔案》，檔號：129-260000-0257，藏於國史館。

[⑪] 陸民仁（1926–？），江蘇鹽城，1948年畢業於政治大學經濟學系。來臺後，先在臺北成功中學任教。1956年起，於臺灣省立法商學院擔任講師。1960至1961年赴美國加州州立大學進修，取得碩士學位，並開始在政治大學銀行擔任副教授。1962年，任職中央銀行經濟研究處，擔任研究員。〈陸民仁〉，《軍事委員會委員長侍從室檔案》，檔號：129-230000-2402，藏於國史館。

（續下頁▼）

1968年，行政院於第1053次會議中通過《行政院國民經濟預算工作小組設置辦法》，將經合會原本的總供需工作小組改組為「行政院全國總供需估測編審小組」，由張導民擔任召集委員，李國鼎、俞國華⑬、蔣彥士、李幹、陶聲洋⑭為委員，葉萬安和張宗利則擔任祕書。[119]

　　編輯委員方面，由臺灣大學經濟學系教授郭婉容⑮擔任召

---

⑫ 陳超塵（1929–2011），江蘇興化人，1954年畢業於臺灣大學農業經濟學系，隨後留系擔任助教與講師。1958年前往美國賓州州立大學學習統計學，取得碩士學位，後來再前往康乃爾大學取得博士。1977年，擔任臺灣大學農業經濟系教授兼系主任，並擔任農學院院長。〈陳超塵〉，《軍事委員會委員長侍從室檔案》，檔號：129-240000-4268，藏於國史館。

⑬ 俞國華（1914–2000），浙江奉化人，清華大學畢業。大陸時期，曾任軍事委員會委員長侍從室祕書。1947年赴美出任國際復興開發銀行；1951年任國際貨幣基金組織副執行董事。來臺後，歷任中央信託局局長（1955年）、中國銀行董事長（1961年）、財政部部長（1967年）、中央銀行總裁兼行政院政務委員（1969年）、行政院經濟建設委員會主任委員（1977年）、行政院副院長（1981年），1984年接任行政院院長。李國鼎口述、劉素芬編、陳怡如整理，《李國鼎：我的臺灣經驗——李國鼎談臺灣財經決策的制定與思考》，頁628。

⑭ 陶聲洋（1919–1969），江西南昌人，畢業於上海聖約翰大學土木工程系，之後前往德國柏林工業大學留學取得工程師資格，1947年來臺後，任教於臺灣省立工學院。1952年，轉任美國共同安全總署駐華安全分署擔任視察主任，並服務於美援會，1963年，轉至行政院國際經濟合作發展委員會服務，1965年升任祕書長。1969年出任經濟部長。李國鼎口述、劉素芬編、陳怡如整理，《李國鼎：我的臺灣經驗——李國鼎談臺灣財經決策的制定與思考》，頁677。

⑮ 郭婉容（1930–），臺灣臺南人，1952年畢業於臺灣大學經濟學系，後留校擔任助教，並升任至教授（1966至1987年）。1960年取得美國麻省理工學院碩士學位，1984年取得日本國立神戶大學經濟學博士學位；1970年9月至1972年6月，以及1982年9月至1983年6月，曾赴美國麻省理工學院短期進修。1973年任行政院經濟設計委員會副主任委員，1979年8月任中央銀行副總裁，1988年7月任財政部部長。〈郭婉容〉，《軍事委員會委員長侍從室檔案》，檔號：129-250000-3677，藏於國史館。

集人,成員包括行政院主計處第三局局長李慶泉、經合會顧問邱士燁、中央銀行經研處副處長孟慶恩、中央研究院經濟研究所于宗先、中央銀行經濟研究處研究員陸民仁、經合會第三處副處長葉萬安、行政院主計處第三局幫辦張宗利、經合會簡任技正林海達等人。[120] 從成員構成來看,小組結合了大學及研究機構的學者與政府相關單位的人員。

在總供需估測的編製方法上,主要依據國民會計資料呈現歷年經濟變動趨勢,並運用總體經濟模型中的多個變數進行計算。由於全國總供需估測的考察期間採用曆年制(1月至12月),而當時政府財政預算則採行會計年度(每年7月至次年6月),因此估測採用固定價格與當年價格兩種基準,以符合不同政策需求。[121]

執行上,每年6月底前須完成下一年度全國總供需估測初稿,呈報行政院,作為確定施政方針與計畫的參考。政府相關機構則需於每年11月底前,提交已確定的下一年度財經政策目標數據,提供全國總供需估測編審小組作為修正依據。該小組則於12月底前完成最終報告,送交行政院供各部會參考。[122]

臺灣的總供需模型建構過程,雖然參考了國外計量模型,但也依據臺灣經濟特性進行修正。首先,臺灣經濟與對外貿易高度連結,因此模型設計時將臺灣經濟視為對外開放體系。其次,由於公營事業在國民生產毛額中占比較高,因此政府部門的影響力設定大於民間部門。再者,當時臺灣實施固定匯率

制度，新臺幣對美元匯率由中央銀行決定。此外，銀行多為公營，利率由政府訂定，且存在高於官方利率二至三倍的黑市利率。儘管利率偏高，但因出口獲利可觀，廠商若能獲得貸款，仍可透過出口獲利。最後，臺灣因擁有廉價勞動力，使其在加工製造業具有競爭優勢，成為當時國際市場的重要參與者。[123]

在上述前提下，總供需模型將出口視為外生變數（即由外部條件決定的變數），作為影響國內生產與出口趨勢的關鍵因素。此外，在模型的考察期間，假設匯率固定不變，並將利率視為政策變數，由政府決定而非市場調整。此模型於1968年9月至1969年11月底完成修訂，運作方式是透過固定價格計算供給面，決定經濟成長率；同時從需求面推算當期的國內生產毛額。供給面與需求面的結果比對後，得出國內生產平減比率，用以反映整體物價水準的變化。當總供給大於總需求時，物價下跌；當總供給小於總需求時，物價上升。[124]

截至1971年，總供需估測模型已完成第一至第五號模型。其中，第二至第五號模型在主要結構上與第一號模型相似，均由30條聯立方程式組成。自第三號模型起，加入貨幣金融因素，以解釋民間消費支出、企業固定資本形成及存貨變動。第五號模型則進一步將存貨變動改為存貨周轉率。[125]

1972年，隨著行政院主計處組織法修訂，行政院全國總供需估測編審小組併入行政院主計處，正式納入政府體制。原小組設計委員則改聘為國民所得統計評審會內的估測小組設計委

員，使總供需估測成為行政院主計處的法定職責。[126]

　　大致而言，臺灣在戰後以國民所得編製為起點，透過美國華人教授劉大中的協助建立總體經濟模型，進而由本地政府經濟學者與專家接手運作，先成立國民所得統計評審委員會，再進一步將總供需模型納入政府體制。從發展路徑來看，臺灣先由海外華人學者提供基礎框架，隨後由國內經濟學界接手推動，最終實現制度化。

五、小結

　　戰前，馬克思主義學說傳入日本後，當地學者在觀察本國經濟現象的基礎上加以理論化，發展出具有日本特色的馬克思經濟學。這一學派在戰後日本經濟學界一度占據主導地位。相較之下，戰前臺北帝國大學文政學部所設立的以馬克思經濟學為基礎的經濟學講座與殖民政策講座，在戰後臺灣大學經濟學系成立後並未延續。

　　民國時期，中國大陸有許多知識分子赴歐美等國留學，取得學位後回國任教。[127]過去徐振國曾提及何廉創立南開大學經濟學院的過程，但未進一步探討1949年後何廉參與中央研究院經濟研究所籌備處的情形。[128]此外，1927年成立的中央大學，歷來多被強調其與國民黨的關係，但從學術史的角度來看，該校是當時中國科系最為齊全的大學之一，經濟學系也延聘了不

少留學歐美的學者。[129]

　　1949年兩岸分治後，擁有歐美博士學位的學者多選擇留在中國大陸或前往歐美，來臺的資深經濟學者相對有限。[130]本章所探討的臺灣現代經濟學教育建立者，多為中央大學的校友，而在中央研究院經濟研究所籌備處成立時，何廉與李卓敏均曾任教於南開大學經濟學院。整體而言，1949年後，大陸的資深或著名經濟學者大多未隨政府來臺，而是由較資淺的學者及年輕一代的中央大學畢業生，奠定了臺灣現代經濟學教育的基礎。

　　若從大陸時期的師資成員與1950年代初期臺灣現代經濟學的發展歷程來看，戰後的情形與戰前臺北帝國大學經濟學講座在人員上的斷裂狀況相似。但需要注意的是，戰後臺灣現代經濟學的建立精神，實際上延續了1920年代中國大學經濟學教育向歐美調整的發展路徑。這一過程主要由1940年代曾赴海外留學或研修的年輕學者，以及後來從臺灣赴美深造並歸國的留學生共同奠定基礎。然而，與日本不同的是，戰後臺灣並未發展出獨立的本土經濟學理論，而是快速接受並移植現代經濟學，呈現出典型的第三世界學術移植特徵。

　　此外，從臺灣編製產業關聯表與總體經濟模型的建構過程來看，除了臺大經濟系與中研院經濟研究所籌備處的教員參與之外，還需關注當時參與的政府內部專家多為戰後接受經濟學教育培養出的畢業生。換言之，現代經濟學在臺灣的發展，從最初的知識傳授，到1960年代逐步轉向政策應用，這一過程

中,學界人士、資深官員以及臺灣本地培養的經濟學人才共同推動了統計行政改革與經濟模型建置,使計量經濟學成為政府經濟政策的重要參考工具。

以往對於新知識的引進,往往強調外國教師與顧問的角色,而戰後臺灣的經濟學界則高度依賴海外華人教授。1949年底中華民國政府撤退來臺後,任職於美國大學的華人教授不僅提供政府統計諮詢與技術支援,還協助成立中央研究院經濟研究所籌備處與臺大經濟系博士班。當政府在建構總體經濟模型面臨困難,或統計行政受限於過去制度難以調整時,亦仰賴在美華人教授的協助與建議進行改進。從戰後臺灣對外聯繫的脈絡來看,這些華人教授既有戰後「中國—臺灣」的學術與人脈基礎,後來更透過「美國—臺灣」的學術網絡,將新知識與研究方法傳播至臺灣。

本章的考察不同於戰後臺灣經濟史研究中常見的觀點,即著重於後進國家透過保護政策促進新興工業發展,或探討經濟官僚如何推動經濟從統制轉向自由市場的過程。相較之下,臺灣在引進以美國為主體的現代經濟學後,各大學經濟系的教員漸趨單一化,幾乎皆接受現代經濟學的訓練,1950年代尚存的多元學術背景逐漸消失。然而,在這一過程中,接受現代經濟學教育與訓練的學者與政府官員,在海外華人的協助下,使臺灣得以建立起以國民所得為基礎的總供需模型,成為政府理解國內資源配置與經濟運作的重要工具。

第十二章

結論

本書從產業與知識發展的角度,探討戰後臺灣經濟的複雜變遷。首先,分析石油與棉花產業如何從日治時期延續至戰後,並對戰後興起的自行車與汽車產業進行討論。此外,經濟學模型的建立與現代經濟學在臺灣的引進過程,也是本書關懷之一。

除了內部產業與政策的變化,本書亦關注臺灣的對外經濟連繫,試圖從更宏觀的層次,梳理戰後經濟體系的重組與發展。針對社會科學界過去對臺灣經濟發展的各種論述,本書透過對第一手檔案資料的整理與分析,除回應既有討論,更提出新的詮釋,希望能拓展我們對戰後臺灣經濟的理解。

一、殖民地經驗的傳播與限制

戰前臺灣在日本殖民統治下建立了各種近代化基礎,然而殖民地與母國在經濟規模與發展程度上仍存在一定差距。以往的研究多認為殖民地單方面從母國引進技術與知識,但本書透過石油產業的案例指出,臺灣在某些領域的技術發展甚至超越日本本土,顯示技術傳播並非總是單向。這種產業發展的經驗,不僅促成殖民地內部技術的積累,也可能反向影響母國的產業體系。

戰時經濟的發展雖帶動臺灣新興工業,但因戰爭末期資源短缺,許多新設的生產單位只能採用舊有設備與簡易工法,與

日治前、中期引進先進設備有所不同。因此,海軍第六燃料廠在1950年代為了生產高品質汽油,必須將這些戰時急就章建置的設備全數汰換。本書認為,應重新評估日治時期生產單位對戰後經濟的影響,特別是戰爭末期倉促設立的工廠與設備,並非所有都能在戰後發揮作用。有些戰前生產單位在戰後歷經組織重整、設備淘汰或技術更新,影響程度需進一步考察,不應簡單視為日治時期經濟體系的延續。

從戰前到戰後初期,臺灣經濟經歷重大變化,不僅政府組織與企業經營層出現人事地震,對外經濟關係也從依附日本經濟圈轉向與中國經濟體系接軌。當前對戰後臺灣經濟重建的討論,多集中於企業內部的人事變遷與技術傳承,但這一視角可能過於局限,忽略了戰後初期臺灣與美國之間的經濟交流。從石油產業的案例可知,日本戰敗後不久,美國技術人員即透過中日戰爭時期資源委員會建立的中美合作網絡來臺考察,並提供修復資材。這顯示,美國對戰後臺灣經濟的介入,並非始於正式美援,而是在重建階段就已發揮影響,促成戰後產業的恢復與發展。

對殖民地產業技術史的討論,除了關注基礎技術在生產面的研發與應用,也應考察這些技術如何影響戰後發展型國家的經濟決策與政策擬定。然而,戰前培育出的產業技術在戰後並非單純延續,而是在新技術的引入下,克服了部分過去的技術障礙,進一步推動產業升級。

以往石田浩強調，戰後臺灣的工業發展能順利推動，主要得益於日治時期奠定的產業基礎，使政府能以較低成本實施工業化政策。然而，本書指出，除了戰前遺產，戰後初期的中國接收、美國技術支援與技術革新，同樣深刻影響臺灣經濟內部條件與產業發展路徑。因此，在討論戰前體制的影響時，不僅應關注制度與技術的延續，也需考量技術革新如何改變生產設備與產業模式，形成與戰前不同的發展方向。

從長期視角來看，臺灣在日本殖民統治下累積了現代化基礎，戰後初期則在接收過程中融入中國要素，發展路徑既有延續，也出現斷裂。要更完整理解這段歷程，需重新審視殖民時期的開發經驗與技術遺產，並分析其對戰後經濟轉型的影響。此外，除了強調本地技術與資本的內生發展，也應關注1949年前後隨國府遷臺的資本與人才如何融入臺灣經濟，進一步影響產業結構與成長動態。

二、1950年代體制的建立：中國、日本與美國因素

戰後臺灣歷經從日本殖民統治的結束，到1949年底國府遷臺，進入獨立經濟體的初始階段，隨後又與日本恢復交流，並接受美國援助。研究這段時期的臺灣經濟史時，往往容易落入二分法的陷阱，或過度強調日治時期的延續，或片面認為中國政權的接收為主導力量。

本書不以單一線性的方式看待臺灣經濟發展,而是採取分期分析的方式,以1950年代為臺灣邁向後進國家的起點,並將日治遺產與國府遷臺視為既有基礎,探討臺灣經濟如何在內外變局中調整發展方向。

　　此時的臺灣經濟匯集了兩條脈絡的生產要素,包括來自日治時期及中國大陸遷臺的人力資本、生產設備與知識經驗,作為產業發展的基礎。在此背景下,臺灣經濟一方面接受來自國外的援助、技術轉移與外資挹注,另一方面,政府積極推動產業發展政策,企業則透過設備投資提升競爭力,促使整體經濟活絡。

　　透過這樣的分析框架,可避免1950年代後的臺灣經濟史被簡化為單一軸線的討論,而能更全面地理解政府組織與經濟體系的演化。本書認為,1950年代後的臺灣經濟發展,並非單純承襲日治或中國經驗,而是日本、美國、中國三股力量交錯影響的結果,呈現高度的複雜性。

三、發展型國家的摸索

　　本書透過產業史研究與經濟學知識的建立,試圖回應發展型國家理論與新古典經濟學理論,並反思這兩種學派在解釋臺灣戰後經濟發展時的適用性。然而,在進行這類理論探討前,仍須警惕社會科學研究可能陷入「理論先行」的風險,導致對

歷史事實的忽略。新古典經濟學強調市場機制的作用，並依賴統計數據進行分析，但若僅從這類框架出發，很難真正理解1950年代臺灣政策摸索的複雜過程。本書透過第一手資料，重現當時的產業結構、政府介入方式、企業運作與市場機制，並檢視發展型國家產業政策的局限性。

從本書第一部的討論，可以發現戰前日本帝國殖民統治下的臺灣，以及戰後一段時間內的石油資源開採與棉花栽培，均未遵循新古典經濟學所強調的比較利益原則。這一歷史現象顯示，政府試圖擺脫對外資源依賴，展現自主發展的企圖心，但其政策未必符合國際貿易理論所揭示的邏輯。

戰後政府在苗栗推動以天然氣為原料的石化產業，試圖利用本地資源建立工業基礎，然而，此一政策帶有短視性，未充分考量資源的永續利用。相較之下，戰前由於天然氣資源的大量湧出，當時政府曾評估是否應將其作為普及性電力來源，並進行成本效益分析，甚至對資源的永續性提出質疑。至於棉花栽培，發展型官僚秉持「生產至上」的原則，在推行「進口紗不如進口棉花」的「代紡代織」政策時，進一步提出「進口棉花不如自行生產棉花」的構想。但從經濟官僚推動棉花增產的各類資料來看，政府政策僅著重於提升產量的目標，與扶植新興工業的做法類似，以提供補貼為主要方式，卻未事先審慎評估廠商是否願意購買較高成本的本地棉花。臺灣的多雨氣候也成為棉花種植過程中無法控制的風險，可能更加降低農民的種植意

願。

再者,政府補助棉花產業的對象是農民,但農民會根據不同作物的獲利高低來決定種植選擇,並且還需承擔氣候變化帶來的風險,因此政府提供的補助政策未必能夠有效吸引農民投入。此外,臺灣棉花生產規模較小,必須面對產棉大國的規模經濟競爭,且本地收購價格難以與低廉的進口棉花相比,在缺乏足夠補助的情況下,很難在國際市場上取得競爭力。因此,政府在推動農業與工業發展時,補貼政策的適用方式與影響效果存在差異,兩者所面對的挑戰也不盡相同。

新古典經濟學在討論石油與棉花產業這兩個案例時,可能會主張應依循比較利益原則,並直觀地認為這些政策路線是錯誤的。但從發展型國家的視角來看,這可解釋為戰後臺灣的官僚在極度缺乏外匯與資源的情況下,尚未建立以比較利益為導向的國際貿易概念,因此只能透過單線思維,匆促制定各類產業開發政策,以緩解經濟困境。雖然這些政策並非最有效率的選擇,但仍顯示出當時官僚對資源短缺問題的高度警覺與應對。

從發展型官僚的經濟決策來看,雖然可以理解這些政策是基於資源危機感所提出的應對策略,但最終並非所有政策都能順利落實。換言之,即使這些官僚具備瞿宛文所提及的「發展意志」,但受限於資源條件與過度集中的決策權力,並非每項政策都能成功。因此,透過更多案例的檢討,對照官僚當時的決策與最終政策的執行績效,將有助於更深入理解臺灣經濟發

展過程中的內在限制與挑戰。

以自行車產業為例，1950年代後期，由於政府調整複式匯率制度，使原本以優惠匯率進口的原料價格回歸市場成本，導致生產成本上升，最終使得本地自行車價格過高。這一案例顯示，除了產業政策本身，政府對各種管制政策的實施與調整，也會對產業發展造成衝擊。此外，在臺灣整體工業能力尚未提升前，中心工廠與地下工廠的產品品質差距不大，政府對中心工廠生產的車輛課徵稅收，反而使其產品價格無法與地下工廠競爭。由此可見，儘管產業政策能促成工廠設立，但若未能在保護期間內提升產品品質，終究仍需面對市場現實。而在提升品質方面，受限於當時臺灣整體工業能力，短期內難以有所突破。

就汽車產業而言，臺灣在基礎產業尚未健全的情況下即設立汽車工廠，而這一產業自創立之初即面臨市場規模狹小的挑戰。政府透過指定廠商的方式扶植汽車業，並推行自製率政策，但政策重點過度集中在中心工廠，而忽略了對零件工廠的支持。此外，臺灣的產業發展模式是先建立中心工廠，再逐步發展零件供應體系，這種發展順序導致產業鏈難以完善，無法順利達成政府的預期目標。當產業政策過度聚焦於大型中心工廠時，反而削弱了整體產業的發展效果，顯現出發展型國家產業政策的局限性。在臺灣市場規模有限的條件下，政府仍執意提升自製率，結果導致零件工廠只能進行小規模生產，無法實

現規模經濟，進而推高成本，削弱產業競爭力。

從汽車業的案例可以看出，政府的產業政策雖強調生產面的發展，卻未能有效控制或擴展至市場的商業銷售層面。換言之，早期發展型國家的政策主要著重於保護生產者，而對於需要零件工廠支援的組裝性產業，其政策效果遠不及生產製程較為簡單的紡織業，這也顯示出產業政策效力存在的邊界性。

從分散型工業化的觀點來看，由於缺乏自行車產業相關零件工廠的詳細資料，目前無法確認其是否形成分散型工業化模式。不過，在汽車產業中，與中心工廠配合的零件工廠仍主要依賴中心工廠的技術支援，或是透過中心工廠的國外技術母廠引介外部零件工廠提供技術。至1970年代，臺灣汽車業的原廠零件工廠已發展為日產與福特兩大體系，從現有檔案文獻來看，尚未顯示出明確的分散型工業化跡象。

也就是說，政府透過自製率政策扶植產業的方式，主要著重於最終產品的生產者，而未充分關注零組件供應鏈的發展。另一方面，當時本地工業水準仍處於起步階段，且生產者在自製率的計算上存在「上有政策、下有對策」的模糊空間，最終導致產業發展的速度未能如政府所預期。在這種情況下，發展型國家所採行的政策，除了明確的進口管制與高關稅措施外，對於廠商的各類規範工具是否真正發揮效用，值得重新思考。

然而，戰後臺灣的統計制度日益精確，並逐步與電腦技術相結合，使得各種經濟學模型的運算更加便利。輔以現代經濟

學教育的普及,也使後續主政者在執行各項政策時,不論是採用新古典經濟學還是產業政策的方針,都能透過歷史統計數據進行事前評估,以降低政策執行的不確定性。

四、留待解決的課題

本書透過企業史、產業史及經濟學知識的建立等不同層面的探討,分析各個行動者之間的互動關係,並以1950年為中心提出一套有別於政治史的認識框架,有助於掌握不同階段經濟發展的特徵。這樣的視角,不僅能夠超越傳統僅關注政府政策或透過統計數據驗證產業政策有效性的研究方式,也提供了更全面的經濟史理解。然而,本研究仍有許多問題尚待進一步探討。

例如,本研究關注的公營企業,即中油公司,普遍被認為早期存在冗員過多及經營效率低落的問題。值得再深入探究的是,政府是否曾正視這些問題並提出改革方針,以提升公營企業的運作效率。此外,1950年代臺灣農業與工業正處於成長階段,兩者之間的合作關係如何運作,以及在各部門間配置生產要素時是否存在無法充分協調的情況,尤其在棉花栽培領域,這些問題仍需從農業部門的角度進一步梳理。

在產業史方面,臺灣汽車產業從進口替代階段起步,1970年代政府介入,試圖推動大型汽車廠的發展,但這一政策構想

與既有汽車廠商的利益發生衝突，最終產業發展方向逐步轉向自由化。這一過程中，政府政策的變化、企業間的競爭關係，以及市場開放的影響，都是未來研究可以持續探討的議題。

後記

　　本書的順利出版,可以追溯至本人在博士階段的知識學習、學位論文撰寫,以及期刊投稿經驗的累積,並延伸至後來邁向學術書出版的歷程。這段期間,我有機會向多位背景訓練各異的資深教授學習,這對我而言是極為珍貴的經驗。

　　在博士論文階段,承蒙指導教授黃紹恆教授指導,我開始閱讀石井寬治教授的《日本經濟史》教科書,奠定了日本經濟史的學習基礎。回想當年撰寫尚不成熟的博士論文初稿,經由黃老師逐字逐句的檢討與修改,內容與品質才能獲得大幅提升。黃老師時常提醒,除了掌握史料外,還應勤於閱讀學術書籍,以培養問題意識並提升提出有益論點的能力。

　　博士班最後兩年,我獲得中央研究院人社中心博士生獎助,得以在瞿宛文教授的研究室學習修正學派與產業政策。透過長時間的討論,我學習到如何整理資料與歸納論點。此外,中央研究院豐富的圖書館藏書與資料庫資源,也為博士論文的順利完成提供了極大助益。2008年於成功大學系統系博士後研究階段,陳政宏教授提供機會,讓我能訪問數名1920年代出生的技術人員,使我對戰前出生的日本語世代在戰時與戰後的經歷有了更深刻的理解與體會。這段時期也有機會與機械系的褚晴輝教授進行交流,見識到系史館籌建過程的辛勞。

　　2009年前往東京大學社會科學研究所進行博士後研究的

兩年間，在田島俊雄教授的建議下，我旁聽日本經濟史、近代中國史與中國經濟等大學院課程，使視野得以拓展。武田晴人教授在第一學期的課堂上提供了一系列日本經濟史的經典書單，當時我如同瞎子摸象般研讀各類書籍，之後又花費數年時間持續閱讀與思考。這段日本的研究經驗，使我進一步思考如何循序漸進地拓展臺灣經濟史研究。

在田島老師的課堂中，我研讀並與師友討論從民國成立到新中國建立後的中國經濟研究書籍，這使我學習到如何從產業組織的角度進行歷史研究，並深入瞭解不同產業之間的特性。我仍記得田島老師在課堂上提到：「不要讓博士論文成為學術生涯的巔峰，就職後仍要持續認真研究」，這句話我一直銘記在心。當時，田島老師主持的東亞經濟史研究會中，湊照宏、加島潤、門闖、峰毅、王穎琳與松村史穗等成員，也在我的學習與研究生涯中提供了許多寶貴的援助。

2011年，本人的博士論文獲得出版獎助後，如何籌劃下一步的研究成為極大的挑戰。當時考量到臺灣資料公開化的趨勢，因此決定先從案例研究著手，再藉由資料的累積提出更宏觀的論點。這樣的研究途徑需要耗費大量時間，而且未必所有研究課題都能獲得成功。

2014年，我加入陽明大學（今國立陽明交通大學）人文與社會教育中心。當時主管邱榮基教授認為，年輕老師應該盡量減少會議、避免雜務和行政工作，才能專心進行研究；並建議

升等論文應盡力集中在同一系列的研究上。儘管在助理教授階段，我始終感受到限期升等所帶來的焦慮，但我仍按部就班地將博士後期間開始整理的資料及半成品撰寫成學術論文，最終於2020年升等為教授。

升等後不久，一位已退休的資深教授以其過來人的經驗提點，建議我在成為教授後，即便再忙碌，也應持續進行研究。這幾年，由於各種會議的增加及家務瑣事占用了大量時間，我開始學習如何利用清晨、搭捷運、搭高鐵的時間進行思考、閱讀資料及撰寫。

教職工作初期，肩負著沉重的教學任務，我仍幸運獲得不少機會與資深學者進行討論與學習。從個人經驗看，要學習一位學者的論點與方法，不僅需要閱讀其從過去到當前的研究成果，更應藉由近距離的討論與交流，才能獲得更大的啟發與收穫。

2014至2017年間，我受邀參與京都大學經濟學部堀和生教授主持的研究計畫，期間學習到東亞資本主義的概念，並透過與萩原充教授等參與者的討論，豐富了自己的視野與想法。當時與我一同參與計畫的復旦大學歷史學系朱蔭貴教授，在每次交流時常以其求學歷程勉勵我，並在研究上給予啟發。

2017至2023年間，我參加了立教大學經濟學部林采成教授主持的研究計畫，見識到他對研究的熱情與持續拓展研究領域的決心。值得一提的是，當時已從東京大學退休的武田晴人

教授也參與該計畫,讓我聽到了許多精闢且發人深省的見解。另外,在2017至2019年間,我與臺灣大學經濟學系名譽教授吳聰敏在搭乘飛機時的討論和閒聊中,學習到了以總體經濟作為經濟史研究思考與推論的模式。2020年,受疫情影響無法自由出國,林采成教授每兩個月召開一次線上研究會,激發了我開展1970年代臺灣經濟史研究的決心。

2018年,我參與了東京大學東洋文化研究所松田康博教授的訪談計畫,這使我萌發出嘗試以口述訪談與檔案史料相互對照的研究方法,並促成我升等教授後著手針對工程師、退休官員進行訪談的構想。

在臺灣學界方面,除了與經濟史研究者交流外,我也與一群研究外交史的同儕互動,這使我能夠理解臺灣經濟對外關係在遭遇外交問題時的協商與折衝過程,並進一步認識不同研究取向的學者各自關注的重點。在舉辦外交史年會時,東京大學總合文化研究科的川島真教授也曾對我的日臺經濟研究提出建議。此外,與謝斐宇、鄭志鵬等經濟社會學學者的討論與對話,也讓我在研究觀點上獲得新的啟發。近年來與黃俊銘教授、黃玉雨老師等文化資產研究學者的交流,以及實地走訪,則使我對於臺灣石油業的研究有了更深入的瞭解。

本書的構想早在2017年便已浮現,主要思考如何為戰後臺灣經濟史提供新的認識。對於戰後臺灣經濟史的歷史詮釋,長期以來存在兩條不同的論述路線:一派認為戰後發展承襲

了日治時期殖民地近代化的基礎；另一派則強調1949年來臺的中國大陸財經官員所扮演的角色。這兩種觀點往往局限於本位性的單方立場，而忽略另一方的重要性。此外，帶有歷史意識的社會科學研究者，有時可能會依據片段或少數資料推論全貌，影響對歷史的完整理解。我從日本經濟史的研究經驗中學習到，資深學者往往投入大量時間整理與解讀經濟史料，而當臺灣開始有大量公開資料可供研究時，即能透過兼顧兩方因素的實證研究，一步步回應這場歷史論爭。這也成為我對自身研究的期許。

2018年春天，陽明大學提供了一學期的研究休假，讓我得以在中央研究院臺灣史研究所完成部分稿件。然而，由於資料限制與自身能力所及，仍有許多篇章未能順利完成。2020年疫情期間，我的學術交流模式發生轉變，開始將重心轉向專書寫作。然而，在寫作過程中，仍面臨資料不全與論點闡述的難題，因此一度暫時停筆，轉而整理就職後累積的研究成果，出版了《商人、企業與外資：戰後臺灣經濟史考察（1945-1960）》與《企業、產業與戰爭動員：現代臺灣經濟體系的建立（1910-1950）》兩本書。前者透過本地與外國資本的案例，探討戰後臺灣民間與外國資本的積累模式；後者則以產業與企業史的框架，分析臺灣從戰前過渡到戰後的變遷，並勾勒國民黨政府撤退來臺後的經濟發展初貌。

在完成兩冊書籍的出版後，我最終仍回到原本應完成的

「債務」──繼續撰寫本書。在國科會學術專書寫作計畫「現代臺灣經濟體系的形成（1930–1960s）：資源、產業與政策」（110-2410-H-A49A-505-MY2）的支持下，我於2023年完成書稿。本書的研究範疇涵蓋農業與工業部門，聚焦於農業作物、礦業資源與製造業，並同時考察日治時期與中國大陸的經驗。第三部則探討戰後臺灣的國民所得制度，以及現代經濟學在臺灣的奠基過程，這部分內容的完成，有賴於過去經濟系的學術訓練，使我具備足夠的基礎與信心來撰寫。而在整理資料與尋找訪談對象的過程中，我也獲得許多資深經濟學者與退休官員的協助，使研究得以順利推進。

在查詢與蒐集各類研究資料時，我受到了多個機構的熱情協助，包括中央研究院圖書館、國立臺灣大學圖書館、東京大學經濟學部圖書館、日本自動車工業會自動車圖書館、中央研究院近代史研究所檔案館及財團法人嚴慶齡工業發展基金會等機構。這些單位的支援，使得資料收集過程更加順利，對本書的完成貢獻良多。

在本書的撰寫期間，春山出版社總編輯莊瑞琳以資深編輯者的角度提供了寶貴的建議。書稿完成後，我提交至春山學術編輯委員會，並由外審委員進行審查，隨後根據審查意見修改內文，使論點更加清晰。本書的部分章節內容，亦曾刊登於下列期刊與論文集中，並經過改寫後納入書稿之中。

第二章：洪紹洋，〈1930年代臺灣油氣的鑽探與運用〉，《臺灣學研究》，第27期（2022年7月），頁119-146。

第三章：洪紹洋，〈戰後中國石油公司在臺灣的事業經營（1945-1949）〉，收於朱蔭貴、楊大慶編，《世界能源史中的中國：誕生、演變、利用及其影響》（上海：復旦大學出版社，2020），頁228-247。

第四章：洪紹洋，〈国家と石油開発政策：1950-1970年台湾における中国石油公司を例に〉，收於堀和生、萩原充編，《世界の工場への道：20世紀東アジアの経済発展》（京都：京都大学学術出版会，2019），頁373-399。

第七章：洪紹洋，〈進口替代的摸索與困境：以1950年代臺灣的自行車產業為例〉，《國史館館刊》，第66期（2020年12月），頁205-248。

第八章：洪紹洋，〈產業政策與企業經營：1950-1970年代臺灣汽車工業的發展〉，《臺灣史研究》，第27卷第4期（2020年12月），頁137-176。洪紹洋，〈台湾自動車産業の形成：產業政策と企業経営〉，林采成、武田晴人編，《企業類型と產業育成：東アジアの高成長史》（京都：京都大学学術出版会，2022），頁53-90。

第九章：洪紹洋，〈台湾自動車産業の形成：產業政策と企業経営〉，收於林采成、武田晴人編，《企業類型と產業育成：東アジアの高成長史》，頁53-90。

在書稿撰寫的後期，我曾受邀在國立臺灣大學經濟學系的「經濟史學術討論會」、國立臺北大學經濟學系的「專題討論」、國立陽明交通大學科技與社會研究所的「科技與社會專題討論」、中央研究院臺灣史研究所與日本經濟思想史學會共同舉辦的工作坊，以及侯嘉星教授主持的「近代中國與東亞研究群」進行報告。承蒙吳聰敏、黃景沂、樊家忠、劉崇堅、簡明哲、官德星、鄭仲棠、汪澤民、鄭力軒、劉維開、侯嘉星、池尾愛子等教授提供寶貴意見，使本書的論述更加完整。美國賓州州立大學經濟學系博士候選人王人寬先生亦協助閱讀部分書稿，在此衷心表達感謝之意。

書稿完成後，陳慧宜小姐協助整理參考文獻，國立臺灣大學臺灣文學研究所博士生阮芳郁進行初稿的閱讀與校對。專書出版前夕，資深編輯盧意寧小姐以專業的角度校對和潤飾，大幅提升本書的可讀性。內人施姵妏與家母呂容如女士對繁瑣的學術與校內工作給予支持，亦是我最大的鼓勵。

注釋

第一章　導論

1. 澤井實、谷本雅之,《日本經濟史：近世から現代まで》(東京：有斐閣,2016),頁152-155。呂寅滿,《日本自動車工業史：小型車と大衆車による二つの道程》(東京：東京大学出版会,2011),頁7-10。
2. 黃紹恆,《砂糖之島：日治初期的臺灣糖業史1895-1911》(新竹：交通大學出版社,2019),頁234-237。
3. 洪紹洋,《企業、產業與戰爭動員：現代臺灣經濟體系的建立(1910-1950)》(臺北：左岸文化,2022),頁19-22、282。
4. 洪紹洋,〈1950-60年代台湾における石油化学工業・鉄鋼業の発展——地域資源の利用による小規模生産〉,收於加島潤、湊照宏編,《冷戰期東アジアの経済発展：中国と台湾》(京都：晃洋書房,2024),頁172-177。
5. 堀和生,《東アジア資本主義史論〈1〉形成・構造・展開》(京都：ミネルヴァ書房,2009)。
6. 杉原薰,《アジア間貿易の形成と構造》(京都：ミネルヴァ書房,1996)。杉原薰,《世界史のなかの東アジアの奇跡》(名古屋：名古屋大学出版会,2020),頁10-13。
7. 吳翎君,〈英文學界關於「跨國史」研究新趨勢與跨國企業研究〉,《新史學》,第28卷第3期(2017年9月),頁207-239。吳翎君,《美國大企業與近代中國的國際化》(臺北：聯經,2012)。
8. 劉進慶著,王宏仁、林繼文、李明峻譯,《臺灣戰後經濟分析》(臺北：人間,1992),頁350-351。
9. 林滿紅,〈臺灣與東北間的貿易,1932-1941〉,《中央研究院近代史研究所集刊》,第24期(1995年6月),頁653-696。
10. 鍾淑敏,〈臺灣拓殖株式會社在海南島事業之研究〉,《臺灣史研究》,第12卷第1期(2005年6月),頁73-114。周婉窈,〈從「南支南洋」調查到南方共榮圈：以臺灣拓殖株式會社在法屬中南半島的開發為例〉,收於王世慶等撰,《臺灣拓殖株式會社檔案論文集》(南投：國史館臺灣文獻館,2008),頁103-173。林蘭芳,〈臺灣與日占區的電力事業(1938-1945)〉,收於朱蔭貴、楊大慶編,《世界能源史中的中國：誕生、演變、利用及其影響》(上海：復旦大學出版社,2020),頁138-165。
11. 李力庸,〈日本帝國殖民地的戰時糧食統制體制：臺灣與朝鮮的比較研究(1937-1945)〉,《臺灣史研究》,第16卷第2期(2009年6月),頁67-108。
12. 石田浩著、石田浩文集編譯小組譯,《臺灣經濟的結構與開展：臺灣適用「開發獨裁」理論嗎？》(臺北：自由思想學術基金會,2007)。
13. 洪紹洋,《企業、產業與戰爭動員：現代臺灣經濟體系的建立(1910-1950)》。
14. 松田康博,《台湾における一党独裁体制の成立》(東京：慶應義塾大学出版会,2006)。薛化元編,《中華民國在臺灣的發展》(臺北：國立臺灣大學出版中心,2021)。若林正丈著、洪郁如等譯,《戰後臺灣政治史：中華民國臺灣化的歷程》(臺北：國立臺灣大學出版中心,2016)。陳翠蓮,〈戰爭與去殖民：美國政府對戰後初期臺灣獨立運動的試探與評估(1947-1950)〉,《臺灣史研究》,第26卷第3期(2019年9月),頁91-138。陳翠蓮,〈一九五〇年臺灣問題國際化與國民黨政府的因應對策〉,《臺灣史研究》,第28卷第1期

（2021年3月），頁129–178。
15. 陳翠蓮，〈臺灣戒嚴時期的特務統治與白色恐怖氛圍〉，收於張炎憲編，《戒嚴時期白色恐怖與轉型正義論文集》（臺北：吳三連臺灣史料基金會，2009），頁43–69。陳進金、陳翠蓮、蘇慶軒、吳俊瑩、林正慧，《政治檔案會說話：自由時代公民指南》（臺北：春山，2021）。
16. 林桶法，《1949大撤退》（臺北：聯經，2009）。
17. 洪紹洋，《商人、企業與外資：戰後臺灣經濟史考察（1945–1960）》（臺北：左岸文化，2021）。
18. 陳家豪，《近代臺灣人資本與企業經營：以交通業為探討中心（1895–1954）》（臺北：政大出版社，2018）。
19. 瞿宛文，《臺灣戰後經濟發展的源起：後進發展的為何與如何》（臺北：中央研究院、聯經，2017）。
20. William C. Kirby, "Continuity and Change in Modern China: Economic Planning on the Mainland and on Taiwan, 1943-1958," *The Australian Journal of Chinese Affairs*, No. 24 (July 1990), pp. 121–141. 田島俊雄，〈中国・台湾2つの開発体制——共産党と国民党〉，收於東京大学社会科学研究所編，《20世紀システム（4）開発主義》（東京：東京大学出版会，1998），頁171–206。
21. 謝國興，〈1949年前後來臺的上海商人〉，《臺灣史研究》，第15卷第1期（2008年3月），頁131–172。
22. 謝國興，〈雙元繼承與合軌：從產業經營看1930–1950年代的臺灣經濟〉，收於財團法人臺灣研究基金會策劃，《三代臺灣人：百年追求的現實與理想》（臺北：遠足文化，2017），頁343–377。
23. 川島真、清水麗、松田康博、楊永明，《日台関係史〔増補版〕》（東京：東京大学出版会，2020），頁36–37、42–46。
24. やまだあつし，〈1950年代における日本の台湾輸出〉，《人間文化研究》，第16號（2011年12月），頁119–132。やまだあつし，〈1950年代日本商社の台湾再進出〉，《人間文化研究》，第18號（2012年12月），頁213–222。
25. 洪紹洋，《商人、企業與外資：戰後臺灣經濟史考察（1945–1960）》，頁109–139。洪紹洋，〈外資、商業網絡與產業成長：論出口擴張期臺灣的日資動向〉，《臺灣史研究》，第26卷第4期（2019年12月），頁97–141。
26. 周琇環，〈美國的經援與軍援（1945–1965）〉，收於呂芳上編，《戰後初期的臺灣（1945–1960s）》（臺北：國史館，2015），頁289。
27. 周琇環編，《臺灣光復後美援史料第一冊：軍協計畫（一）》（臺北：國史館，1995），頁68–69。
28. 中國農村復興聯合委員會編，《中國農村復興聯合委員會工作報告（民國卅七年十月一日起至卅九年二月十五日）》（臺北：中國農村復興聯合委員會，1950），頁2。
29. 文馨瑩，《經濟奇蹟的背後：臺灣美援經驗的政經分析（1951–1965）》（臺北：自立晚報社文化出版部，1990），頁86–88。
30. 周琇環，〈美國的經援與軍援（1945–1965）〉，頁285、291。
31. Neil H. Jacoby, *U.S. Aid to Taiwan: A Study of Foreign Aid, Self-Help, and Development* (New York: Frederick A. Praeger, 1966).
32. 趙既昌，《美援的運用》（臺北：聯經，1985），頁257–259。
33. 趙既昌，《美援的運用》。

34. 周琇環,〈美國的經援與軍援(1945–1965)〉,頁285–322。
35. Robert H. Wade, *Governing the Market: Economic Theory and the Role of Government in East Asian Industrialization* (Princeton: Princeton University Press, 1990).
36. Alice H. Amsden, "The State and Taiwan's Economic Development," in Peter B. Evans, Dietrich Rueschemeyer, and Theda Skocpol, eds., *Bringing the State Back In* (Cambridge: Cambridge University Press, 1985), pp. 78–106.
37. Gregory W. Noble, *Collective Action in East Asia: How Ruling Parties Shape Industrial Policy* (Ithaca: Cornell University Press, 1998).
38. Alice H. Amsden, *Asia's Next Giant: South Korea and Late Industrialization* (New York: Oxford University Press, 1989).
39. 瞿宛文,《全球化下的臺灣經濟》(臺北：臺灣社會研究叢刊,2003)。
40. Michelle F. Hsieh, "Hollowing Out or Sustaining? Taiwan's SME Network-based Production System Reconsidered, 1996–2011," *Taiwanese Sociology*, 28 (December 2014), pp. 149–191. Michelle F. Hsieh, "Learning by Manufacturing Parts: Explaining Technological Change in Taiwan's Decentralized Industrialization," *East Asian Science, Technology and Society*, 9:4 (2015), pp. 331–358.
41. 吳聰敏,《臺灣經濟四百年》(臺北：春山,2023),頁367–368。
42. 吳聰敏,《臺灣經濟四百年》,頁376–379。
43. 洪紹洋,《企業、產業與戰爭動員：現代臺灣經濟體系的建立(1910–1950)》,頁241–247。
44. 朝元照雄,〈台湾の自動車産業育成政策と産業組織〉,收於谷浦妙子,《産業発展と産業組織の変化：自動車産業と電機電子産業》(東京：アジア経済研究所,1994),頁150–151。
45. 顏錫銘主持,《臺灣區汽車零組件工業發展策略研究：成立汽車及零組件測試研究中心之探討》(新竹：工業技術研究院工業經濟研究中心、工業技術研究院機械工業研究所委託,1984),頁17。
46. テッサ・モーリス-鈴木著、藤井隆至譯,《日本の経済思想》(東京：岩波書店,2010),頁74–75、119–124、225–228。
47. テッサ・モーリス-鈴木著、藤井隆至譯,《日本の経済思想》,頁221–224。池尾愛子,〈経済学者と経済政策〉,收於池尾愛子編,《日本の経済学と経済学者：戦後の研究環境と政策形成》(東京：日本経済評論社,1999),頁190、191、194。
48. 涂照彥著,李明峻譯,《日本帝國主義下の臺灣》(臺北：人間,1999)。劉進慶著,王宏仁、林繼文、李明峻譯,《臺灣戰後經濟分析》。
49. 黃紹恆,《臺灣經濟史中的臺灣總督府：施政權限、經濟學與史料》(臺北：遠流,2010),頁26、27、34。
50. 洪紹洋,《企業、產業與戰爭動員：現代臺灣經濟體系的建立(1910–1950)》。
51. 吳聰敏,《臺灣經濟四百年》。
52. 瞿宛文,《臺灣戰後經濟發展的源起：後進發展的為何與如何》。
53. 石田浩著、石田浩文集編譯小組譯,《臺灣經濟的結構與開展：臺灣適用「開發獨裁」理論嗎？》。
54. Walter Galenson, ed., *Economic Growth and Structural Change in Taiwan: the Postwar Experience of the Republic of China* (Ithaca: Cornell University Press, 1979).
55. 張力,〈陝甘地區的石油工業〉,《中國現代化論文集》(臺北：中央研究院近代史研究所,1991),頁477–505。

56. 黃玉雨、黃俊銘、劉彥良，〈日治時期苗栗出磺坑石油礦場設施之發展歷程研究〉，收於《第五屆臺灣總督府檔案學術研討會論文集》（南投：國史館臺灣文獻館，2008），頁124-152。楊秀雪記錄，〈「高雄煉油廠發展與變遷」耆老座談會紀錄〉，《高市文獻》，第22卷第2期（2009年），頁113-141。張守真也曾參與口述訪談，對象為戰前與戰後進入中國石油公司高雄煉油廠的資深員工。透過已出版的座談會紀錄，可以瞭解高雄煉油廠如何在美國援助下發展，最終達成獨立建廠。
57. 吳翎君，《美孚石油公司在中國（1870-1933）》（臺北：稻鄉，2001）。
58. Lin-Chun Wu, "One Drop of Oil, One Drop of Blood: The United States and the Petroleum Problem in Wartime China, 1937-1945," *Journal of American-East Asian Relations*, 19:1 (January 2012), pp. 27-51.
59. 萩原充，《近代中国の石油産業：自給への道》（東京：日本経済評論社，2023）。
60. 伊藤武夫，〈「燃料国策」の形成と石油業〉，收於後藤靖編，《日本帝国主義の経済政策》（東京：柏書房，1991），頁200-236。
61. 橘川武郎，《戦前日本の石油攻防戦》（東京：ミネルヴァ書房，2012），頁1、187、188。
62. 橘川武郎，《日本石油産業の競争力構築》（名古屋：名古屋大学出版会，2012）。
63. 林采成，〈韓國精油產業の成立とオイルメジャ〉，收於堀和生、萩原充編，《"世界の工場"への道：20世紀東アジアの経済発展》（京都：京都大学学術出版会，2019），頁341-365。
64. 林蘭芳，《工業化的推手：日治時期臺灣的電力事業》（臺北：國立政治大學歷史學系，2011）。湊照宏，《近代台湾の電力産業植民地工業化と資本市場》（東京：御茶の水書房，2011）。
65. 橘川武郎，《日本電力業の発展と松永安左ヱ門》（名古屋：名古屋大学出版会，1995）。橘川武郎，《日本電力業発展のダイナミズム》（名古屋：名古屋大学出版会，2005）。
66. 田島俊雄，《現代中国の電力産業：「不足の経済」と産業組織》（東京：昭和堂，2008）。
67. Ying-Jia Tan, *Recharging China in War and Revolution, 1882-1955* (Ithaca: Cornell University Press, 2021).
68. Victor Seow, *Carbon Technocracy: Energy Regimes in Modern East Asia* (Chicago: University of Chicago Press, 2022).
69. 除了前述提到的期刊與專書外，尚有兩篇碩士論文對戰後臺灣的石油業進行了初步討論。廖峰範，〈國家與能源：戰後臺灣政府在能源產業發展中所扮演的角色（1945-1973）〉（國立清華大學歷史研究所碩士論文，2013）。顏昌晶，〈近代中國石油工業發展之研究（1932-1949）〉（國立中央大學歷史研究所碩士論文，2001）。
70. 張靜宜，《戰時體制下臺灣特用作物增產政策之研究》（高雄：復文書局，2007）。
71. 洪紹洋，《企業、產業與戰爭動員：現代臺灣經濟體系的建立（1910-1950）》，頁127-132、138-140。
72. 野田公夫，〈日本帝国圏の農林資源開発：課題と構成〉，收於野田公夫編，《日本帝国圏の農林資源開発：「資源化」と総力戦体制の東アジア》（京都：京都大学学術出版会，2013），頁1、3、12、14。
73. 白木沢旭児，〈戦時期華北占領地における綿花生産と流通〉，收於野田公夫編，《日本帝国圏の農林資源開発：「資源化」と総力戦体制の東アジア》，頁204。
74. Michelle F. Hsieh, "Learning by Manufacturing Parts: Explaining Technological Change in Taiwan's Decentralized Industrialization," pp. 331-358.
75. 瞿宛文，〈成長的因素：臺灣自行車產業的研究〉，《臺灣社會研究季刊》，第15期（1993

年11月),頁65-92。許正和,《躍上峰頂的臺灣鐵馬:臺灣自行車產業發展史之研究》(高雄:高雄科學工藝博物館,2007)。
76. 張家銘、吳政財,〈奇蹟與幻象:臺灣汽車產業的發展經驗〉,收於張維安編,《臺灣的企業組織結構與競爭力》(臺北:聯經,2001),頁143-186。鄭陸霖,〈幻象之後:臺灣汽車產業發展經驗與「跨界產業場域」理論〉,《臺灣社會學》,第11期(2006年6月),頁111-174。劉清耿,〈把生命交給市場:臺灣汽車安全技術中的政治、市場與文化〉(國立清華大學社會學研究所博士論文,2016)。
77. 朝元照雄,〈台湾の自動車産業育成政策と産業組織〉,頁145-168。洪紹洋,〈戰後臺灣工業化發展之個案研究:以1950年以後的臺灣機械公司為例〉,收於田島俊雄、朱蔭貴、加島潤、松村史穗編,《海峽兩岸近現代經濟研究》(東京:東京大學社会科学研究所,2011),頁136-137。
78. 瞿宛文,〈臺灣產業政策成效之初步評估〉,《臺灣社會研究季刊》,第42期(2001年6月),頁88-89。
79. 呂寅滿,《日本自動車工業史:小型車と大衆車による二つの道程》。
80. 呂寅滿,〈日本自動車産業の資本自由化と国際競争力〉,收於林采成、武田晴人編,《企業類型と産業育成:東アジアの高成長史》(京都:京都大学学術出版会,2022),頁25-52。
81. 呂寅滿,〈韓国自動車産業形成期の産業政策と企業発展〉,收於林采成、武田晴人編,《企業類型と産業育成:東アジアの高成長史》,頁91-120。
82. 歐素瑛,《臺北帝國大學與近代臺灣學術的奠定》(臺北:臺灣師大出版社,2020)。歐素瑛,《傳承與創新:戰後初期臺灣大學的再出發》(臺北:臺灣古籍,2006)。
83. 李東華,《光復初期臺大校史研究(1945-1950)》(臺北:國立臺灣大學出版中心,2014)。
84. 周婉窈,〈臺北帝國大學南洋史學講座‧專攻及其戰後遺緒(1928-1960)〉,《臺大歷史學報》,第61期(2018年6月),頁17-95。
85. 黃紹恆,《臺灣經濟史中的臺灣總督府:施政權限、經濟學與史料》,頁190-242。
86. 黃紹恆,《臺灣經濟史中的臺灣總督府:施政權限、經濟學與史料》,頁243-263。
87. 鄭力軒,《陳紹馨的學術生命與臺灣研究》(臺北:國立臺灣大學出版中心,2022)。
88. 徐振國,〈何廉及南開經濟學家對戰後經濟政策發展之議論〉,《東吳政治學報》,第14期(2002年3月),頁51-82。
89. 林佩欣,〈臺灣總督府統計調查事業之研究〉(國立臺灣師範大學歷史學系博士論文,2011)。
90. 林佩欣,〈他山之石:國民政府在臺灣的業務統計體系接收與重建(1945-1949)〉,《興大歷史學報》,第31期(2016年12月),頁93-122。林佩欣,《支配と統計:台湾の統計システム(1945-1967)‧総督府から国民党へ》(東京:ゆまに書房,2022)。
91. 佐藤正広,《帝国日本と統計調査:統治初期台湾の専門家集団》(東京:岩波書店,2012)。
92. Arunabh Ghosh, *Making It Count: Statistics and Statecraft In the Early People's Republic of China* (Princeton: Princeton University Press, 2020).

第二章　近代臺灣石油事業的啟動

1. 池上清德編,《躍進臺灣の全貌》(臺北:臺灣教育資料研究會,1936),頁280-281。黃玉雨、黃俊銘、劉彥良,〈日治時期苗栗出磺坑石油礦場設施之發展歷程研究〉,收於《第

五屆臺灣總督府檔案學術研討會論文集》（南投：國史館臺灣文獻館，2008），頁136。帝石史資料收集小委員會，《帝石編纂資料（その一）》（東京：帝石史資料蒐集小委員會，1959），頁97、296。
2. 帝國石油社史編さん委員會，《帝國石油五十年史：海外篇》（東京：帝國石油株式會社，1992），頁98-99。
3. 臺灣省政府統計處編，《中華民國三十五年度：臺灣省行政紀要（國民政府年鑑臺灣省行政部分）》（臺北：臺灣省政府統計處，1946），頁119。
4. 千草默先編，《會社銀行商工業者名鑑（昭和三年四月現在）》（臺北：高砂改進社，1928），頁162-163。臺灣省政府統計處編，《中華民國三十五年度：臺灣省行政紀要（國民政府年鑑臺灣省行政部分）》，頁119。
5. 〈臺灣石油販賣會社創立披露〉，《臺灣日日新報》（1941年1月16日），第二版。
6. 〈臺灣石油專賣令〉、〈臺灣石油專賣令施行細則〉，《臺灣鑛業會報》，第212號（1943），頁49-51、65-75。
7. 帝國石油社史編さん委員會，《帝国石油五十年史：技術篇》（東京：帝國石油株式會社，1992），頁173。
8. 帝國石油社史編さん委員會，《帝国石油五十年史：技術篇》，頁174。
9. 黃玉雨、黃俊銘、劉彥良，〈日治時期苗栗出磺坑石油礦場設施之發展歷程研究〉，頁134-135。帝石史資料收集小委員會，《帝石編纂資料（その一）》，頁296。
10. 寶田石油株式會社臨時編纂部，《寶田二十五年史》（東京：寶田石油株式會社東京店，1920），頁127-128。
11. 帝石史資料收集小委員會，《帝石編纂資料（その一）》，頁296。
12. 池上清德編，《躍進臺灣の全貌》，頁283。
13. 日本石油株式會社調查課編，《日本石油史》（東京：日本石油株式會社，1914），頁500-501。帝國石油社史編さん委員會，《帝国石油五十年史：海外篇》，頁97。
14. 帝石史資料收集小委員會，《帝石編纂資料（その一）》，頁296。
15. 栗田淳一編，《日石五十年》（東京：日本石油株式會社，1937），頁63。
16. 帝國石油社史編さん委員會，《帝国石油五十年史：技術篇》，頁193。
17. 栗田淳一編，《日石五十年》，頁63。帝國石油社史編さん委員會，《帝国石油五十年史：技術篇》，頁193-194。
18. 帝國石油社史編さん委員會，《帝国石油五十年史：技術篇》，頁194。
19. 栗田淳一編，《日石五十年》，頁68。
20. 栗田淳一編，《日石五十年》，頁70-71。
21. 中國石油公司臺灣油礦探勘處編，《臺灣石油探勘紀要》（臺北：中國石油公司臺灣油礦探勘處，1971），頁36。
22. 日本鑛業株式會社編，《五十年史》（東京：日本鑛業株式會社，1957），頁363。
23. 日本鑛業株式會社編，《五十年史》，頁363-364。
24. 臺灣銀行調查課，《臺灣油田と其將來》（臺北：臺灣銀行，1931），頁6、7、9。
25. 臺灣銀行調查課，《臺灣油田と其將來》，頁7、9。
26. 臺灣銀行調查課，《臺灣油田と其將來》，頁69-70。
27. 臺灣銀行調查課，《臺灣油田と其將來》，頁9。
28. 臺灣總督府交通局遞信部編，《熱帶產業調查會調查書（二）》（臺北：臺灣總督府交通局遞信部，1935），頁228-230。
29. 臺灣總督府交通局遞信部編，《熱帶產業調查會調查書（二）》，頁231-232。

30. 臺灣總督府交通局遞信部編,《熱帶產業調查會調查書(二)》,頁230–231。
31. 臺灣總督府交通局遞信部編,《熱帶產業調查會調查書(二)》,頁231。
32. 吳質夫,〈錦水行〉,收於石油人編輯委員會編,《石油人第二輯:篳路集》(臺北:石油人編纂委員會,1967),頁171–172。
33. 帝國石油社史編さん委員會,《帝国石油五十年史:技術篇》,頁191–192。
34. 帝國石油社史編さん委員會,《帝国石油五十年史:技術篇》,頁191–192。
35. 帝國石油社史編さん委員會,《帝国石油五十年史:技術篇》,頁192–193、136。
36. 帝國石油社史編さん委員會,《帝国石油五十年史:技術篇》,頁196。
37. 燃料懇談會編,《日本海軍燃料史(下)》(東京:株式會社原書房,1972),頁873。
38. 日本鑛業株式會社編,《五十年史》,頁364。燃料懇談會編,《日本海軍燃料史(下)》,頁873–874。
39. 燃料懇談會編,《日本海軍燃料史(下)》,頁874。
40. 日本鑛業株式會社編,《五十年史》,頁364。
41. 關於海軍第六燃料廠的建廠過程,可參見洪紹洋的著作。洪紹洋,《企業、產業與戰爭動員:現代臺灣經濟體系的建立(1910–1950)》(臺北:左岸文化,2022),頁96–97。
42. 日本石油株式會社、日本石油精製株式會社社史編さん室,《日本石油百年史》(東京:日本石油株式會社,1988),頁357。
43. 日本石油株式會社、日本石油精製株式會社社史編さん室,《日本石油百年史》,頁370–371。
44. 日本石油株式會社、日本石油精製株式會社社史編さん室,《日本石油百年史》,頁374–375。臺灣總督府編,《臺灣統治概要》(臺北:臺灣總督府,1945),頁410–411。
45. 第六海軍燃料廠史編輯委員會編,《第六海軍燃料廠史》(東京:高橋武弘,1986),頁6、13、16。
46. 渡邊伊三郎,〈海軍と燃料〉,收於社團法人燃料協會編,《燃料大觀》(東京:社團法人燃料協會,1972),頁290。第六海軍燃料廠史編輯委員會編,《第六海軍燃料廠史》,頁6。
47. 第六海軍燃料廠史編輯委員會編,《第六海軍燃料廠史》,頁732–733。
48. 第六海軍燃料廠史編輯委員會編,《第六海軍燃料廠史》,頁47、732。
49. 第六海軍燃料廠史編輯委員會編,《第六海軍燃料廠史》,頁733。
50. 中野政弘,〈臺灣におけるアルコールの產業〉,加藤辨三郎編,《日本のアルコールの歷史》(東京:協和醱酵株式會社,1964),頁205–223。燃料懇談會編,《日本海軍燃料史(下)》,頁872。
51. 第六海軍燃料廠史編輯委員會編,《第六海軍燃料廠史》,頁733。
52. 第六海軍燃料廠史編輯委員會編,《第六海軍燃料廠史》,頁76–77。燃料懇談會編,《日本海軍燃料史(上)》(東京:株式會社原書房,1972),頁734–735。

第三章　戰後初期中國石油公司的成立

1. 薛毅,《國民政府資源委員會研究》(北京:社會科學文獻,2005),頁398–399、404–405。中國石油公司編,《三十五年來之中國石油公司》(臺北:中國石油公司,1981),頁1。
2. 〈中國石油公司:組織、成立、結束〉,《資源委員會檔案》,檔號:24-12-55-001-01,藏於中央研究院近代史研究所檔案館。程玉鳳、程玉凰編,《資源委員會檔案史料初編(下冊)》(臺北:國史館,1984),頁495–507。
3. 中國石油公司,〈中國石油公司概況〉,《資源委員會檔案》,檔號:003-010306-0275,藏

於國史館。
4. 關於嘉義熔劑廠的討論，可參褚填正所撰寫的三篇論文。褚填正，〈戰時「臺灣拓殖株式會社」之研究：試析嘉義化學工場（一九三九──一九四五年）（上）〉，《臺北文獻（直字）》，第141期（2002年9月），頁87-118。褚填正，〈戰時「臺灣拓殖株式會社」之研究：試析嘉義化學工場（一九三九──一九四五年）（下）〉，《臺北文獻（直字）》，第142期（2002年12月），頁87-121。褚填正，〈戰後臺灣石化工業之濫觴：中油公司嘉義溶劑廠研究（1946-1972）〉，《臺北文獻（直字）》，第163期（2008年3月），頁173-213。
5. 「資源委員會中國石油有限公司高雄煉油廠述略」，〈資源委員會在臺各事業單位工作簡報資料彙編〉，《資源委員會檔案》，檔號：003-010306-0395，藏於國史館。
6. 中國石油公司臺灣營業總處編，《步步為「營」：中油臺營總處四十年》（臺北：中國石油公司臺灣營業總處，1986），頁174-184。
7. 全國政協文史資料研究委員會工商經濟組，《回憶國民黨政府資源委員會》（北京：中國文史，1988），頁234。
8. 中國石油公司臺灣油礦探勘處編，《臺灣石油探勘紀要》（臺北：中國石油公司臺灣油礦探勘處，1971），頁38-43。
9. 中國石油公司臺灣油礦探勘處編，《臺灣石油探勘紀要》，頁45-46。
10. 程玉鳳、程玉凰編，《資源委員會檔案史料初編（下冊）》，頁786-800。
11. 省立臺北工業專科學校編，《臺灣省立臺北工業專科學校五十年校慶紀念特刊》（臺北：省立臺北工業學校，1961），頁64。
12. 〈臺灣鑿井技術勞務員養成所第一回卒業證書授與式舉行〉，《臺灣鑛業會報》，第215號（1944），頁90-91。
13. 洪紹洋，《近代臺灣造船業的技術轉移與學習》（臺北：遠流，2011）。洪紹洋，〈戰後臺灣機械公司的接收與早期發展（1945-1953）〉，《臺灣史研究》，第17卷第3期（2010年9月），頁151-182。
14. 小田川達朗、詹益謙，〈大東亞に於ける石油鑛業の概觀〉，《採鑛冶金》，第20年第7號（1942年7月），頁273-282。
15. 小田川達朗、詹益謙，〈大東亞に於ける石油鑛業の概觀〉，《日本鑛業会誌》，第58卷690號（1942年10月），頁616-628。
16. 小川田達朗，〈躍進臺灣東部砂金地問題の再檢討〉，《臺灣鑛業會報》，第182號（1936年1月），頁22-36。
17. 岩松暉個人網站，http://www005.upp.so-net.ne.jp/fung/index.html，瀏覽日期：2015年11月1日。
18. 岩松暉個人網站，http://www005.upp.so-net.ne.jp/fung/index.html。
19. 岩松暉個人網站，http://www005.upp.so-net.ne.jp/fung/index.html。
20. 《昭和二十一年十二月以降 元臺灣鑛業所關係文書綴》。
21. 〈昭和二十年十二月六日接收當時休職者未歸還者調（民國三十四年十月末現在員工名簿より転載）〉，《昭和二十一年十二月以降 元臺灣鑛業所關係文書綴》。
22. 〈臺灣鑛業所給予關係書類〉，《昭和二十一年十二月以降 元臺灣鑛業所關係文書綴》。
23. 〈臺灣鑛業所給予關係書類〉，《昭和二十一年十二月以降 元臺灣鑛業所關係文書綴》。
24. 〈臺灣鑛業所給予昇係未濟事項〉（1947年5月14日），《昭和二十一年十二月以降 元臺灣鑛業所關係文書綴》。
25. 〈臺灣鑛業所給予昇係未濟事項〉（1947年5月14日），《昭和二十一年十二月以降 元臺灣鑛業所關係文書綴》。

26. 楊玉璠,《油人雲煙》(苗栗:油花編輯委員會,1991),頁183-185。
27. 楊玉璠,《油人雲煙》,頁185、187。〈在中國的美國顧問團函件及價目表American Consultants in China:〉,《資源委員會檔案》,檔號:003000002082A,藏於國史館。
28. 〈黃春富〉,《軍事委員會委員長侍從室檔案》,檔號:129-080000-1914,藏於國史館。
29. 楊玉璠,《油人雲煙》,頁197。
30. 陸寶千訪問、黃銘明記錄,《金開英先生訪問紀錄》(臺北:中央研究院近代史研究所,1991),頁110。
31. 楊玉璠,《油人雲煙》,頁199-203。程玉鳳、程玉凰編,《資源委員會檔案史料初編(下冊)》,頁782-800。〈中油公司:人事(四)〉,《資源委員會檔案》,檔號:24-12-55-012-02,藏於中央研究院近代史研究所檔案館。〈日本帝國石油株式會社臺灣鑛業所職員名冊(1945年12月6日)〉,收於中國第二歷史檔案館、海峽兩岸出版交流中心編,《館藏民國臺灣檔案彙編 第49冊》(北京:九州,2007),頁114-133。
32. 楊玉璠,《油人雲煙》,頁197。
33. 楊玉璠,《油人雲煙》,頁202-203。
34. 《帝國石油株式會社臺灣鑛業所文書》。帝國石油社史編さん委員會,《帝国石油五十年史:海外篇》(東京:帝國石油株式會社,1992),頁130-131。
35. 吳翎君,《美孚石油公司在中國(1870-1933)》(臺北:稻鄉,2001)。萩原充,《近代中國の石油産業:自給への道》(東京:日本經濟評論社,2023),頁202。
36. 中國石油公司臺灣油礦探勘處編,《臺灣石油探勘紀要》,頁48-49。陸邦干,〈石油工業地球物理勘探早期發展史大事記(1939-1952年)〉,《石油地球物理勘探》,第20卷第4期(1985年8月),頁339-340。
37. 陸邦干,〈石油工業地球物理勘探早期發展史大事記(1939-1952年)〉,頁338-339。
38. 陸邦干,〈石油工業地球物理勘探早期發展史大事記(1939-1952年)〉,頁340。
39. 中國石油公司臺灣油礦探勘處編,《臺灣石油探勘紀要》,頁48-49。陸邦干,〈石油工業地球物理勘探早期發展史大事記(1939-1952年)〉,頁339-340。
40. 中國石油公司臺灣油礦探勘處編,《臺灣石油探勘紀要》,頁49-50。
41. 吳德楣,〈臺灣石油探勘的成長〉,收於中國石油公司成立二十五週年紀念會編,《石油人史話:第一輯》(臺北:中國石油公司成立二十五週年紀念會,1971),頁93。中國石油公司臺灣油礦探勘處編,《臺灣石油探勘紀要》,頁49-50。
42. 金開英,《臺灣之石油工業》(臺北:資源委員會中國石油公司,1948),頁3-5。
43. 「資源委員會中國石油有限公司高雄煉油廠述略」,〈資源委員會在臺各事業單位工作簡報資料彙編〉,《資源委員會檔案》,檔號:003-010306-0395,藏於國史館。
44. 但根據河原功編輯的留用者資料,顯示高雄煉油廠共留用三名人員,西山宏、佐藤孝一郎擔任助理工程師,後藤隆雄擔任特技工。高雄煉油廠廠史編輯小組編,《廠史》(高雄:中國石油公司高雄煉油廠:1981),頁4。陸寶千訪問、黃銘明記錄,《金開英先生訪問紀錄》,頁111-112。河原功,《台灣協会所蔵 台湾引揚留用記錄 第八卷》(東京:ゆまに書房,1998),頁107。
45. 〈上海美國總領事館致國務院函第四九二號〉(1946年11月19日),收於葉振輝譯,《半世紀前的高雄煉油廠與臺鋁公司:史料選譯》(高雄:高雄市文獻委員會,1995),頁3。
46. 李達海口述、鄧潔華整理,《石油一生:李達海回憶錄》(臺北:天下文化,1995),頁45-46。高雄煉油廠廠史編輯小組,《廠史》,頁4。陸寶千訪問、黃銘明記錄,《金開英先生訪問紀錄》,頁111-112。
47. 許雪姬、方惠芳訪問,〈周石先生訪問紀錄〉,收於許雪姬、方惠芳訪問,吳美慧、丘慧君、

曾金蘭、林世青、蔡說麗整理,《高雄市二二八相關人物訪問紀錄(中)》(臺北:中央研究院近代史研究所,1995),頁11-12。
48. 許雪姬、方惠芳訪問,〈楊黃金鑾女士訪問紀錄〉,收於許雪姬、方惠芳訪問,吳美慧、丘慧君、曾金蘭、林世青、蔡說麗整理,《高雄市二二八相關人物訪問紀錄(中)》,頁19-20。
49. 許雪姬、方惠芳訪問,〈楊黃金鑾女士訪問紀錄〉,收於許雪姬、方惠芳訪問,吳美慧、丘慧君、曾金蘭、林世青、蔡說麗整理,《高雄市二二八相關人物訪問紀錄(中)》,頁33。
50. 許雪姬、方惠芳訪問,〈李塗洲、郭慈好夫婦訪問紀錄〉,收於許雪姬、方惠芳訪問,吳美慧、丘慧君、曾金蘭、林世青、蔡說麗整理,《高雄市二二八相關人物訪問紀錄(中)》,頁35-36。
51. 陸寶千訪問、黃銘明記錄,《金開英先生訪問紀錄》,頁111-112、123-124。
52. 臺灣鑛業史編纂委員會編,《臺灣鑛業史(上冊)》(臺北:臺灣鑛業史編纂委員會,1966),頁950。
53. 中國石油公司,〈中國石油公司概況〉,《資源委員會檔案》,檔號:003-010306-0275,藏於國史館。〈大口煉製廠報告〉,《資源委員會檔案》,檔號:003-020200-0037,藏於國史館。
54. 中國石油公司,〈中國石油公司概況〉,《資源委員會檔案》,檔號:003-010306-0275,藏於國史館。
55. 〈上海美國總領事館致國務院函第四九二號〉(1946年11月19日),收於葉振輝譯,《半世紀前的高雄煉油廠與臺鋁公司:史料選譯》,頁3。
56. 中國石油公司,〈中國石油公司概況〉,《資源委員會檔案》,檔號:003-010306-0275,藏於國史館。
57. 〈上海美國總領事館致國務院函第四九二號〉(1946年11月19日),收於葉振輝譯,《半世紀前的高雄煉油廠與臺鋁公司:史料選譯》,頁3。
58. 李達海口述、鄧潔華整理,《石油一生:李達海回憶錄》,頁48。
59. 薛毅,《國民政府資源委員會研究》,頁404。程玉鳳訪問、張美鈺記錄,《胡新南先生訪談錄》(臺北:國史館,2005),頁55-56。
60. 萩原充,《近代中国の石油産業:自給への道》,頁202。
61. 萩原充,《近代中国の石油産業:自給への道》,頁202-203。
62. 陸寶千訪問、黃銘明記錄,《金開英先生訪問紀錄》,頁126-127。
63. 金開英,「中國石油有限公司成立經過及其概況」,〈中國石油公司:組織、成立、結束〉,《資源委員會檔案》,檔號:24-12-55-001-01,藏於中央研究院近代史研究所檔案館。
64. 陸寶千訪問、黃銘明記錄,《金開英先生訪問紀錄》,頁130-131。
65. 金開英,「中國石油有限公司成立經過及其概況」,〈中國石油公司:組織、成立、結束〉,《資源委員會檔案》,檔號:24-12-55-001-01,藏於中央研究院近代史研究所檔案館。
66. 金開英,「中國石油有限公司成立經過及其概況」,〈中國石油公司:組織、成立、結束〉,《資源委員會檔案》,檔號:24-12-55-001-01,藏於中央研究院近代史研究所檔案館。
67. 「中國石油公司三十九年度業務計畫」,〈中國石油公司:業務(一)〉,《資源委員會檔案》,檔號:24-12-55-013-01,藏於中央研究院近代史研究所檔案館。
68. 薛毅,《國民政府資源委員會研究》,頁259-269。中國石油公司,〈中國石油公司概況〉,《資源委員會檔案》,檔號:003-010306-0275,藏於國史館。
69. 鄭友揆、程麟蓀、張傳洪,《舊中國的資源委員會(1932-1949):史實與評價》(上海:上海社會科學院,1991),頁219。
70. 張維慎,《國民政府資源委員會與美國經濟技術合作(1945-1949)》(北京:人民,2009),頁237-239。

第四章　冷戰、國家與石油開發政策

1. 金開英,「中國石油有限公司成立經過及其概況」,〈中國石油公司:組織、成立、結束〉,《資源委員會檔案》,檔號:24-12-55-001-01,藏於中央研究院近代史研究所檔案館。
2. 二十五年來之中國石油股份有限公司編輯委員會編,《二十五年來之中國石油公司》(臺北:中國石油股份有限公司,1971),頁125。
3. 陳思宇,《臺灣區生產事業管理委員會與經濟發展策略(1945–1953):以公營事業為中心的探討》(臺北:國立政治大學歷史學系,2002),頁206。
4. 行政院美援運用委員會編印,《十年來接受美援單位的成長》(臺北:行政院美援運用委員會,1961),頁10。
5. 行政院國際經濟合作發展委員會編,《美援貸款概況》(臺北:行政院國際經濟合作發展委員會,1964),頁8–9。陸寶千訪問、黃銘明記錄,《金開英先生訪問紀錄》(臺北:中央研究院近代史研究所,1991),頁133–134。
6. 陸寶千訪問、黃銘明記錄,《金開英先生訪問紀錄》,頁135。
7. 金開英,「中國石油有限公司成立經過及其概況」,〈中國石油公司:組織、成立、結束〉,《資源委員會檔案》,檔號:24-12-55-001-01,藏於中央研究院近代史研究所檔案館。
8. 橘川武郎,《日本石油産業の競争力構築》(名古屋:名古屋大学出版会,2012),頁219–221。
9. 小堀聡,《日本のエネルギー革命:資源小国の近現代》(名古屋:名古屋大学出版会,2010),頁233–235。
10. 「簽呈」(1950年8月19日);資源委員會中國石油有限公司(代電),「復合作煉製高級汽油目前似不能適應我國需要由」(1950年9月10日),〈購審:中日合作煉油;洽購油輪;調查汽車;詢購漁船;修理重力儀〉,《駐日代表團檔案》,檔號:32-02-416,藏於中央研究院近代史研究所檔案館。
11. 〈各事業單位與外國技術合作情形〉,《經濟部國營事業司檔案》,檔號:35-25-01 344,藏於中央研究院近代史研究所檔案館。
12. 「經濟部長張茲闓簽呈」(1953年11月25日),〈石油公司與美國海灣石油公司貸款〉,《經濟部國營事業司檔案》,檔號:35-25-18 157,藏於中央研究院近代史研究所檔案館。
13. 「經濟部長張茲闓簽呈」(1953年11月25日),〈石油公司與美國海灣石油公司貸款〉,《經濟部國營事業司檔案》,檔號:35-25-18 157,藏於中央研究院近代史研究所檔案館。
14. 「華盛頓國外業務署致臺北安全分署電文」、「經濟部長張茲闓簽呈」(1953年11月25日),〈石油公司與美國海灣石油公司貸款〉,《經濟部國營事業司檔案》,檔號:35-25-18 157,藏於中央研究院近代史研究所檔案館。
15. 「經濟部長張茲闓簽呈」(1953年11月25日),〈石油公司與美國海灣石油公司貸款〉,《經濟部國營事業司檔案》,檔號:35-25-18 157,藏於中央研究院近代史研究所檔案館。
16. 「金開英致張茲闓信函」(1953年12月7日),〈石油公司與美國海灣石油公司貸款〉,《經濟部國營事業司檔案》,檔號:35-25-18 157,藏於中央研究院近代史研究所檔案館。
17. 「中國石油公司與海灣石油公司簽訂原油及貸款二合約之補充說明」,〈石油公司與美國海灣石油公司貸款〉,《經濟部國營事業司檔案》,檔號:35-25-18 157,藏於中央研究院近代史研究所檔案館。
18. 二十五年來之中國石油股份有限公司編輯委員會編,《二十五年來之中國石油公司》,頁179–181
19. 二十五年來之中國石油股份有限公司編輯委員會編,《二十五年來之中國石油公司》,頁

182–183。
20. 林采成,〈韓國精油產業の成立とオイルメジャ〉,收於堀和生、萩原充,《"世界の工場"への道：20世紀東アジアの経済発展》(京都：京都大学学術出版会,2019),頁355–359。橘川武郎,〈東アジア石油産業史研究の扉を開ける第一步〉,收於堀和生、萩原充,《"世界の工場"への道：20世紀東アジアの経済発展》,頁426–427。
21. 馮宗道,〈中油人在泰國〉,收於中油人回憶文集編輯委員會編,《中油人回憶文集(第二集)》(臺北：中油人回憶文集編輯委員會,2006),頁113–114。馮宗道,《楓竹山居憶往錄》(自行出版,2000),頁315。
22. 馮宗道,〈中油人在泰國〉,頁113–114。馮宗道,《楓竹山居憶往錄》,頁315。
23. 馮宗道,《楓竹山居憶往錄》,頁316。
24. 馮宗道,《楓竹山居憶往錄》,頁316。
25. 馮宗道,〈中油人在泰國〉,頁114。
26. 凌鴻勛,〈訪泰小誌〉(1968年2月8日),國立陽明交通大學圖書館校史文物資料典藏查詢系統：https://nctuhistory.lib.nycu.edu.tw/list_detail.aspx?url=5&cultID=582&search_mode=1。馮宗道,《楓竹山居憶往錄》,頁320。
27. 馮宗道,〈中油人在泰國〉,頁116–118。
28. 馮宗道,〈中油人在泰國〉,頁119、121。
29. 駐泰大使館經濟參事處編,「三年來中泰經濟技術合作事項紀要」(1960年7月),〈中泰經濟技術合作〉,《外交部檔案》,檔號：11-01-08-09-02-007,藏於中央研究院近代史研究所檔案館。
30. 「葉公超致張茲闓信函」(1953年6月30日),〈美國海外石油公司擬來臺探勘石油礦〉,《經濟部國營事業司檔案》,檔號：35-25-18 202,藏於中央研究院近代史研究所檔案館。
31. 「葉公超致張茲闓信函」(1953年6月30日),〈美國海外石油公司擬來臺探勘石油礦〉,《經濟部國營事業司檔案》,檔號：35-25-18 202,藏於中央研究院近代史研究所檔案館。
32. 「簽呈中華民國43年8月23日於中國石油公司」,〈美國海外石油公司擬來臺探勘石油礦〉,《經濟部國營事業司檔案》,檔號：35-25-18 202,藏於中央研究院近代史研究所檔案館。
33. 「中國石油有限公司四十三年一月廿六日臺油(43)礦字第604號呈部意見書抄本」,〈美國海外石油公司擬來臺探勘石油礦〉,《經濟部國營事業司檔案》,檔號：35-25-18 202,藏於中央研究院近代史研究所檔案館。
34. 「簽呈中華民國43年8月23日於中國石油公司」,〈美國海外石油公司擬來臺探勘石油礦〉,《經濟部國營事業司檔案》,檔號：35-25-18 202,藏於中央研究院近代史研究所檔案館。
35. 「金開英致經濟部部長楊繼曾簽呈48年元月7日於中國石油有限公司」,臺油(48)機字第六二號,〈石油公司擬與海灣公司合作探勘本省油源〉,《經濟部國營事業司檔案》,檔號：35-25-18 203,藏於中央研究院近代史研究所檔案館。
36. 「經濟部對中油公司與海灣油公司合作探採臺灣石油案審核意見」,〈石油公司擬與海灣油公司合作探勘本省油源〉,《經濟部國營事業司檔案》,檔號：35-25-18 203,藏於中央研究院近代史研究所檔案館。
37. ,中國石油有限公司呈,受文者：經濟部,日期：1949年6月6日,「為呈報海灣油公司對本公司商談合作探勘臺灣油源所提要點由」,〈石油公司擬與海灣油公司合作探勘本省油源〉,《經濟部國營事業司檔案》,檔號：35-25-18 203,藏於中央研究院近代史研究所檔案館。

38. 「經濟部對中油公司與海灣油公司合作探採臺灣石油案審核意見」,〈石油公司擬與海灣油公司合作探勘本省油源〉,《經濟部國營事業司檔案》,檔號:35-25-18 203,藏於中央研究院近代史研究所檔案館。
39. 中國石油股份有限公司(呈),「為日本高岡大輔等擬議合作開發本省南部天然氣案請鑒核示原則」(1954年11月28日),臺油(53)礦字第8099號,〈日本帝國石油會社派員來臺商談開發本省南部天然瓦斯;日本高岡大輔等擬議合作開發本省南部天然氣;蔡梅溪君之日本礦源探測精氣探知機與臺灣省之開發〉,《經濟部國營事業司檔案》,檔號:35-25-18 175,藏於中央研究院近代史研究所檔案館。
40. 經濟部稿,「准函為日人高岡大輔擬議合作開發本省天然瓦斯暨電源囑查照辦理一案復請查照轉陳由」(1954年1月15日),〈日本帝國石油會社派員來臺商談開發本省南部天然瓦斯;日本高岡大輔等擬議合作開發本省南部天然氣;蔡梅溪君之日本礦源探測精氣探知機與臺灣省之開發〉,《經濟部國營事業司檔案》,檔號:35-25-18 175,藏於中央研究院近代史研究所檔案館。
41. 洪紹洋,〈中日合作策進會對臺灣經建計畫之促進與發展(1957-1972)〉,《臺灣文獻》,第63卷第3期(2012年9月),頁91-124。
42. 中國石油公司編,《三十五年來之中國石油公司》(臺北:中國石油公司,1981),頁51-52。呂建良,〈東海油氣田爭端的回顧與展望〉,《問題與研究》,第51卷第2期(2012年6月),頁101-132。
43. 「發文經臺五九礦密字第0953號」(1970年10月17日),〈海域石油探勘〉,《外交部檔案》,檔號:11-10-05-03-060,藏於中央研究院近代史研究所檔案館。
44. 中國石油公司臺灣油礦探勘處編,《臺灣石油探勘紀要》(臺北:中國石油公司臺灣油礦探勘處,1971),頁76。
45. Leo. W. Stach,「Exploration and Development of the Petroleum Resources of Taiwan」(1952年6月19日),「生產業務、計畫、統計等」,〈中國石油公司:業務(一)〉,《資源委員會檔案》,檔號:24-12-55-013-01,藏於中央研究院近代史研究所檔案館。
46. 中國石油公司臺灣油礦探勘處編,《臺灣石油探勘紀要》,頁76。Kerry B. Collison, *In Search of Recognition: The Leo Stach Story* (Victoria, Australia: Sid Harta Publishers Pty Ltd., 2015), pp. 187, 188, 190.
47. Kerry B. Collison, *In Search of Recognition: The Leo Stach Story*, pp. 190, 191.
48. 中國石油公司臺灣油礦探勘處編,《臺灣石油探勘紀要》,頁62-64。
49. 中國石油公司臺灣油礦探勘處編,《臺灣石油探勘紀要》,頁77。
50. Leo W. Stach,〈二次回収採油法實施についての挨拶〉,《石油技術協会誌》,第16卷第1號(1951),頁5-7。
51. Kerry B. Collison, *In Search of Recognition: The Leo Stach Story*, p. 225. 中國石油公司編,《四十年來之中國石油公司》(臺北:中國石油公司,1988),頁103-112。
52. 「簽呈」(1957年1月9日於中國石油公司),臺油(46)礦0124號,〈石油公司國際合作案〉,《經濟部國營事業司檔案》,檔號:35-25-18 174,藏於中央研究院近代史研究所檔案館。
53. 「簽呈」(1957年1月9日於中國石油公司),臺油(46)礦0124號,〈石油公司國際合作案〉,《經濟部國營事業司檔案》,檔號:35- 25-18 174,藏於中央研究院近代史研究所檔案館。
54. 「簽呈」(1957年1月9日於中國石油公司),臺油(46)礦0124號,〈石油公司國際合作案〉,《經濟部國營事業司檔案》,檔號:35-25-18 174,藏於中央研究院近代史研究所檔

案館。

55. 外交部(函)，受文者：經濟部，「關於技術協助印尼開發油井事」(1957年3月5日)，外(46)東二002696號；「外交部函復關於該公司擬技術協助印尼開發油井一案將會知照」(1957年3月12日)，發文經臺(46)營字第02728號；〈石油公司國際合作案〉，《經濟部國營事業司檔案》，35-25-18 174，藏於中央研究院近代史研究所檔案館。
56. 「行政院美援運用委員會四十八年第十二次委員會議紀錄」(1959年12月10日)，〈行政院美援運用委員會會議紀錄(六)〉，《美援運用委員會檔案》，檔號：31-01-006，藏於中央研究院近代史研究所檔案館。
57. 「行政院美援運用委員會四十八年第十二次委員會議議程」(1959年12月)，〈行政院美援運用委員會會議紀錄(六)〉，《美援運用委員會檔案》，檔號：31-01-006，藏於中央研究院近代史研究所檔案館。
58. 「行政院美援運用委員會四十八年第十二次委員會議紀錄」(1959年12月10日)，〈行政院美援運用委員會會議紀錄(六)〉，《美援運用委員會檔案》，檔號：31-01-006，藏於中央研究院近代史研究所檔案館。
59. 「行政院美援運用委員會四十八年第十二次委員會議紀錄」(1959年12月10日)，〈行政院美援運用委員會會議紀錄(六)〉，《美援運用委員會檔案》，檔號：31-01-006，藏於中央研究院近代史研究所檔案館。
60. 「行政院美援運用委員會四十八年第十二次委員會議議程」(1959年12月)，〈行政院美援運用委員會會議紀錄(六)〉，《美援運用委員會檔案》，檔號：31-01-006，藏於中央研究院近代史研究所檔案館。
61. 「利用中國石油公司錦水所產天然氣與美商莫比及聯合兩公司合作建尿素廠節略」(1961年9月)，〈美孚莫比油公司及聯合化學公司與我合作組織慕華聯合化學公司〉，《經濟部國營事業司檔案》，檔號：35-25-18 166，藏於中央研究院近代史研究所檔案館。「行政院美援運用委員會四十八年第十二次委員會議議程」(1959年12月)，〈行政院美援運用委員會會議紀錄(六)〉，《美援運用委員會檔案》，檔號：31-01-006，藏於中央研究院近代史研究所檔案館。
62. 「利用中國石油公司錦水所產天然氣與美商莫比及聯合兩公司合作建尿素廠節略」(1961年9月)，〈美孚莫比油公司及聯合化學公司與我合作組織慕華聯合化學公司〉，《經濟部國營事業司檔案》，檔號：35-25-18 166，藏於中央研究院近代史研究所檔案館。
63. 「利用中國石油公司錦水所產天然氣與美商莫比及聯合兩公司合作建尿素廠節略」(1961年9月)，〈美孚莫比油公司及聯合化學公司與我合作組織慕華聯合化學公司〉，《經濟部國營事業司檔案》，檔號：35-25-18 166，藏於中央研究院近代史研究所檔案館。
64. 「利用中國石油公司錦水所產天然氣與美商莫比及聯合兩公司合作建尿素廠節略」(1961年9月)，〈美孚莫比油公司及聯合化學公司與我合作組織慕華聯合化學公司〉，《經濟部國營事業司檔案》，檔號：35-25-18 166，藏於中央研究院近代史研究所檔案館。
65. 「利用中國石油公司錦水所產天然氣與美商莫比及聯合兩公司合作建尿素廠節略」(1961年9月)，〈美孚莫比油公司及聯合化學公司與我合作組織慕華聯合化學公司〉，《經濟部國營事業司檔案》，檔號：35-25-18 166，藏於中央研究院近代史研究所檔案館。
66. 馮宗道，《楓竹山居憶往錄》，頁284。
67. 馮宗道，《楓竹山居憶往錄》，頁284。
68. 慕華聯合化學工業股份有限公司(函)，慕(51)總字第020號，1962年9月27日，〈石油公司與美國海灣石油公司貸款〉，《經濟部國營事業司檔案》，檔號：35-25-18 157，藏於中央研究院近代史研究所檔案館。

69. 慕華聯合化學工業股份有限公司(函),慕(51)總字第020號,1962年9月27日,〈石油公司與美國海灣石油公司貸款〉,《經濟部國營事業司檔案》,檔號:35-25-18 157,藏於中央研究院近代史研究所檔案館。
70. 二十五年來之中國石油股份有限公司編輯委員會編,《二十五年來之中國石油公司》,頁92。
71. 《臺灣省議會公報》,第20卷第16期(1969年3月4日),頁603。
72. 趙自齊,〈驚濤駭浪中,為國家犧牲的名相〉,收於丘秀芷編,《我所認識的孫運璿:孫運璿八十大壽紀念專輯》(臺北:孫璐西,1993),頁135–136。
73. 〈降低肥料價格 經部將商細節問題〉,《經濟日報》(1969年4月15日),第二版。
74. 〈內銷肥料價格偏高 監察院昨決定糾正促政府設法降低肥料配售價格〉,《聯合報》(1970年1月30日),第二版。王玉雲、任魯編,《臺肥四十年》(臺北:臺灣肥料公司,1986),頁351–352。
75. 〈肥料價格及換穀比率偏高 監察院財經委會提案糾正〉,《經濟日報》(1970年2月19日)第二版。〈慕華公司尿素工廠 美商所占股票 計劃讓售臺肥〉,《聯合報》(1970年10月12日),第二版。
76. 王玉雲、任魯編,《臺肥四十年》,頁351–352。
77. 王玉雲、任魯編,《臺肥四十年》,頁351–352。
78. 王玉雲、任魯編,《臺肥四十年》,頁35–36。
79. 林采成,〈韓國精油產業の成立とオイルメジャ〉,頁355–359。

第五章　日治與戰後初期臺灣的棉花栽培

1. 高村直助,《日本紡績業史序說(上冊)》(東京:塙書房,1971),頁269–270。
2. 臺灣棉花栽培組合編,《臺灣に於ける棉花:第四回棉花栽培事業報告》(臺南:臺灣棉花栽培組合,1914),頁2、3、7。
3. 通商產業省編,《商工政策史:第15卷纖維工業(上冊)》(東京:商工政策史刊行會,1968),頁419–420。
4. 〈臺灣棉花栽培組合ヘノ補助其成績〉(謄寫資料),國立臺灣大學圖書館臺灣特藏區,無頁碼。
5. 臺灣棉花栽培組合編,《臺灣に於ける棉花:第四回棉花栽培事業報告》,頁10。
6. 〈臺灣棉花栽培組合ヘノ補助其成績〉(謄寫資料),國立臺灣大學圖書館臺灣特藏區,無頁碼。
7. 〈臺灣棉花栽培組合ヘノ補助其成績〉(謄寫資料),國立臺灣大學圖書館臺灣特藏區,無頁碼。
8. 臺灣棉花栽培組合編,《臺灣に於ける棉花:第四回棉花栽培事業報告》,頁12–13。
9. 名和統一,《日本紡績業の史的分析》(東京:潮流社,1948),頁246。
10. 〈臺灣棉花栽培組合ヘノ補助其成績〉(謄寫資料),藏於國立臺灣大學圖書館臺灣特藏區,無頁碼。
11. 臺灣銀行編,《臺灣に於ける新興產業》(臺北:臺灣銀行,1935),頁18–19。
12. 高村直助,《近代日本綿業と中國》(東京:東京大學出版會,1982),頁116–117、186–187。
13. 野間口五郎(臺灣銀行調查課),〈臺灣に於ける棉作の將來(下)〉,《大日本紡績聯合會月報》,第546號(1938年4月15日),頁49–50。

14. 歐素瑛,〈從鬼稻到蓬萊米:磯永吉與臺灣稻作學的發展〉,收於國立中央圖書館臺灣分館編,《臺灣學研究國際學術研討會:殖民與近代化論文集》(臺北:國立中央圖書館臺灣分館,2009),頁219-270。
15. 松崎數惠、有田圓二,〈臺灣棉作に關する調查〉,《大日本紡績聯合會月報》,第597號(1942年7月25日),頁60-61。關於棉花各品種的試種,張靜宜的著作進行了詳細的爬梳與說明。張靜宜,《戰時體制下臺灣特用作物增產政策之研究》(高雄:復文書局,2007),頁98-99。
16. 臺灣銀行編,《臺灣に於ける新興產業》,頁19。
17. 野間口五郎(臺灣銀行調查課),〈臺灣に於ける棉作の將來(下)〉,頁51。
18. 野間口五郎(臺灣銀行調查課),〈臺灣に於ける棉作の將來(下)〉,頁51。
19. 野間口五郎(臺灣銀行調查課),〈臺灣に於ける棉作の將來(下)〉,頁49-50。
20. 臺灣棉花株式會社,《臺灣棉花株式會社第一期營業報告書(自昭和12年5月5日至昭和12年8月31日)》(臺北:臺灣棉花株式會社,1937),頁3-4。
21. 臺灣棉花株式會社,《臺灣棉花株式會社第一期營業報告書(自昭和12年5月5日至昭和12年8月31日)》,頁1-2。
22. 松崎數惠、有田圓二,〈臺灣棉作に關する調查〉,頁61-62。
23. 臺灣棉花株式會社,《臺灣棉花株式會社第二期營業報告書(自昭和12年9月1日至昭和13年8月31日)》(臺北:臺灣棉花株式會社,1938),頁2-3。
24. 松崎數惠、有田圓二,〈臺灣棉作に關する調查〉,頁65。
25. 臺灣棉花株式會社,《臺灣棉花株式會社第一期營業報告書(自昭和12年5月5日至昭和12年8月31日)》,頁4-5。
26. 臺灣銀行調查課,〈五月中財界錄事〉,《臺灣金融經濟月報》,第176號(1944年6月),頁8。
27. 林玉茹,《國策會社與殖民地邊區的改造:臺灣拓殖株式會社在東臺灣的經營(1937-1945)》(臺北:中央研究院臺灣史研究所,2011),頁214-215。
28. 加島潤,〈戰後上海の綿布生產・流通と台灣〉,收於加島潤、木越義則、洪紹洋、湊照宏,《中華民國經濟と台灣:1945-1949》(東京:東京大学社会科学研究所,2012),頁63-64。
29. 臺灣省行政長官公署農林處編,《臺灣農林(第一輯)》(臺北:臺灣省行政長官公署農林處,1946),頁76-80。
30. 臺灣省農業試驗所臺南棉麻試驗分所,《臺灣省農業試驗所臺南棉麻試驗分所概況(1954年11月)》(臺南:臺灣省農業試驗所臺南棉麻試驗分所,1954),頁9。
31. 臺灣省農業試驗所臺南棉麻試驗分所,《臺灣省農業試驗所臺南棉麻試驗分所概況(1952年12月)》(臺南:臺灣省農業試驗所臺南棉麻試驗分所,1952),頁6。
32. 臺灣省政府人事室編,《臺灣省各機關職員通訊錄(1949年12月)》(臺北:臺灣省政府人事室,1949),頁90。
33. 鄭肇城,〈臺灣省棉作增產計畫芻議〉,《臺灣農業推廣通訊》(臺灣省農林處農業推廣委員會),第1卷第3-4期(1947年11月),頁13。中國第二歷史檔案館、海峽兩岸出版交流中心編,《館藏民國臺灣檔案彙編 第221冊》(北京:九州,2007),頁343。
34. 鄭肇城,〈臺灣省棉作增產計畫芻議〉,《臺灣農業推廣通訊》,第1卷第3-4期(1947年11月)(臺灣省農林處農業推廣委員會),頁16-17。中國第二歷史檔案館、海峽兩岸出版交流中心編,《館藏民國臺灣檔案彙編 第221冊》,頁346-347。
35. 鄭肇城,〈臺灣省棉作增產計畫芻議〉,頁17。中國第二歷史檔案館、海峽兩岸出版交流中心編,《館藏民國臺灣檔案彙編 第221冊》,頁347。

36. 鄭肇城,〈臺灣省棉作增產計畫芻議〉,頁17。中國第二歷史檔案館、海峽兩岸出版交流中心編,《館藏民國臺灣檔案彙編 第221冊》,頁347。
37. 鄭肇城,〈臺灣省棉作增產計畫芻議〉,頁17。中國第二歷史檔案館、海峽兩岸出版交流中心編,《館藏民國臺灣檔案彙編 第221冊》,頁347。
38. 鄭肇城,〈臺灣省棉作增產計畫芻議〉,頁18。中國第二歷史檔案館、海峽兩岸出版交流中心編,《館藏民國臺灣檔案彙編 第221冊》,頁348。
39. 鄭肇城,〈臺灣省棉作增產計畫芻議〉,頁18–19。中國第二歷史檔案館、海峽兩岸出版交流中心編,《館藏民國臺灣檔案彙編 第221冊》,頁348–349。
40. 鄭肇城,〈臺灣省棉作增產計畫芻議〉,頁20。中國第二歷史檔案館、海峽兩岸出版交流中心編,《館藏民國臺灣檔案彙編 第221冊》,頁350。
41. 鄭肇城,〈臺灣省棉作增產計畫芻議〉,頁21。中國第二歷史檔案館、海峽兩岸出版交流中心編,《館藏民國臺灣檔案彙編 第221冊》,頁351。
42. 朱華瑄,〈斷裂的生命之網:1910年代臺灣在來米種改良的商品化與社會生態轉變〉,《臺灣社會研究季刊》,第125期(2023年8月),頁127–179。

第六章 1950年代臺灣的棉花栽培

1. 中國農村復興聯合委員會編,《中國農村復興聯合委員會工作報告(民國卅七年十月一日起至卅九年二月十五日)》(臺北:中國農村復興聯合委員會,1950),頁2。
2. 中國農村復興聯合委員會,《中國農村復興聯合委員會工作報告(民國卅七年十月一日起至卅九年二月十五日)》,頁10、12。
3. 農業部網站共提供農復會共33期的工作報告,可初步瞭解從1948年11月起至1976年6月為止所進行的各項工作。
4. 中國農村復興聯合委員會編,《中國農村復興聯合委員會工作報告 第二期(1952年7月)》(臺北:中國農村復興聯合委員會,1952),頁9。
5. 中國農村復興聯合委員會編,《中國農村復興聯合委員會工作報告 第二期(1952年7月)》,頁9。
6. 中國農村復興聯合委員會編,《中國農村復興聯合委員會工作報告 第二期(1952年7月)》,頁11。
7. 中國農村復興聯合委員會編,《中國農村復興聯合委員會工作報告 第四期(1952年7月1日–1953年6月30日)》(臺北:中國農村復興聯合委員會,1953),頁34。
8. 錢天鶴,「臺灣如種棉花可能自給自足嗎」(1955年9月稿),〈臺灣如種棉花可以自給自足嗎—錢天鶴〉,《行政院經濟安定委員會檔案》,檔號:30-01-01-012-651,藏於中央研究院近代史研究所檔案館。
9. 孫貽謀,〈臺灣植棉問題的研究〉,《紡織界週刊》,第18期(1952年9月15日),頁10。
10. 臺灣省農業試驗所臺南棉麻試驗分所,《臺灣省農業試驗所臺南棉麻試驗分所概況(1952年12月)》(臺南:臺灣省農業試驗所臺南棉麻試驗分所,1952),頁5。
11. 孫貽謀,〈臺灣植棉問題的研究〉,頁10。
12. 錢天鶴,「臺灣如種棉花可能自給自足嗎」(1955年9月稿),〈臺灣如種棉花可以自給自足嗎—錢天鶴〉,《行政院經濟安定委員會檔案》,檔號:30-01-01-012-651,藏於中央研究院近代史研究所檔案館。
13. 陳長庚,〈臺灣種植棉田的新趨勢〉,《紡織界月刊》,第56期(1954年11月10日),頁7。
14. 臺灣省農業試驗所臺南棉麻分所編,「臺灣省棉花參考資料」(1954年3月),〈臺灣省農業

試驗所臺南棉麻分所編「臺灣省棉花參考資料」〉,《行政院經濟安定委員會檔案》,檔號:30-01-01-012-680,藏於中央研究院近代史研究所檔案館。
15. 臺灣省農業試驗所臺南棉麻分所,「臺灣省棉花參考資料」(1954年3月),〈臺灣省農業試驗所臺南棉麻分所編「臺灣省棉花參考資料」〉,《行政院經濟安定委員會檔案》,檔號:30-01-01-012-680,藏於中央研究院近代史研究所檔案館。
16. 臺灣省農業試驗所臺南棉麻分所編,「臺灣省棉花參考資料」(1954年3月),〈臺灣省農業試驗所臺南棉麻分所編「臺灣省棉花參考資料」〉,《行政院經濟安定委員會檔案》,檔號:30-01-01-012-680,藏於中央研究院近代史研究所檔案館。臺灣省農業試驗所臺南棉麻試驗分所,《臺灣省農業試驗所臺南棉麻試驗分所概況(1954年11月)》(臺南:臺灣省農業試驗所臺南棉麻試驗分所,1954),頁11–12。
17. 臺灣省農業試驗所臺南棉麻分所編,「臺灣省棉花參考資料」(1954年3月),〈臺灣省農業試驗所臺南棉麻分所編「臺灣省棉花參考資料」〉,《行政院經濟安定委員會檔案》,檔號:30-01-01-012-680,藏於中央研究院近代史研究所檔案館。臺灣省農業試驗所臺南棉麻試驗分所,《臺灣省農業試驗所臺南棉麻試驗分所概況(1954年11月)》,頁12。
18. 臺灣省農業試驗所臺南棉麻試驗分所,《臺灣省農業試驗所臺南棉麻試驗分所概況(1954年11月)》,頁11。
19. 錢理群,《六十劫語》(福州:福建教育,1999),頁101。
20. 錢天鶴,「臺灣如種棉花可能自給自足嗎」(1955年9月稿),〈臺灣如種棉花可以自給自足嗎—錢天鶴〉,《行政院經濟安定委員會檔案》,檔號:30-01-01-012-651,藏於中央研究院近代史研究所檔案館。
21. 錢天鶴,「臺灣如種棉花可能自給自足嗎」(1955年9月稿),〈臺灣如種棉花可以自給自足嗎—錢天鶴〉,《行政院經濟安定委員會檔案》,檔號:30-01-01-012-651,藏於中央研究院近代史研究所檔案館。
22. 錢天鶴,「臺灣如種棉花可能自給自足嗎」(1955年9月稿),〈臺灣如種棉花可以自給自足嗎—錢天鶴〉,《行政院經濟安定委員會檔案》,檔號:30-01-01-012-651,藏於中央研究院近代史研究所檔案館。
23. 錢天鶴,「臺灣如種棉花可能自給自足嗎」(1955年9月稿),〈臺灣如種棉花可以自給自足嗎—錢天鶴〉,《行政院經濟安定委員會檔案》,檔號:30-01-01-012-651,藏於中央研究院近代史研究所檔案館。
24. 錢天鶴,「臺灣如種棉花可能自給自足嗎」(1955年9月稿),〈臺灣如種棉花可以自給自足嗎—錢天鶴〉,《行政院經濟安定委員會檔案》,檔號:30-01-01-012-651,藏於中央研究院近代史研究所檔案館。
25. 尹仲容,「值得試驗的蔗棉間作制度」,〈值得試驗的麻棉間作制度—尹仲容〉,《行政院經濟安定委員會檔案》,檔號:30-01-01-012-652,藏於中央研究院近代史研究所檔案館。
26. 尹仲容,「值得試驗的蔗棉間作制度」,〈值得試驗的麻棉間作制度—尹仲容〉,《行政院經濟安定委員會檔案》,檔號:30-01-01-012-652,藏於中央研究院近代史研究所檔案館。
27. 孫逢吉、施文標,〈各種間作物對早植甘蔗之生育與產量之影響〉,《臺灣糖業試驗所研究彙報》,第7號(1951年6月),頁82–86。
28. 孫逢吉、施文標,〈各種間作物對早植甘蔗之生育與產量之影響〉,頁83。
29. 尹仲容,「值得試驗的蔗棉間作制度」,〈值得試驗的麻棉間作制度—尹仲容〉,《行政院經濟安定委員會檔案》,檔號:30-01-01-012-652,藏於中央研究院近代史研究所檔案館。
30. 尹仲容,〈值得試驗的蔗棉間作制度〉,〈值得試驗的麻棉間作制度—尹仲容〉,《行政院經濟安定委員會檔案》,檔號:30-01-01-012-652,藏於中央研究院近代史研究所檔案館。

31. 尹仲容,〈值得試驗的蔗棉間作制度〉,〈值得試驗的麻棉間作制度—尹仲容〉,《行政院經濟安定委員會檔案》,檔號：30-01-01-012-652,藏於中央研究院近代史研究所檔案館。
32. 尹仲容,〈值得試驗的蔗棉間作制度〉,〈值得試驗的麻棉間作制度—尹仲容〉,《行政院經濟安定委員會檔案》,檔號：30-01-01-012-652,藏於中央研究院近代史研究所檔案館。
33. 臺灣省農業試驗所臺南棉麻分所編,「臺灣省棉花參考資料」(1954年3月),〈臺灣省農業試驗所臺南棉麻分所編「臺灣省棉花參考資料」〉,《行政院經濟安定委員會檔案》,檔號：30-01-01-012-680,藏於中央研究院近代史研究所檔案館。
34. 臺灣省農業試驗所臺南棉麻分所編,「臺灣省棉花參考資料」(1954年3月),〈臺灣省農業試驗所臺南棉麻分所編「臺灣省棉花參考資料」〉,《行政院經濟安定委員會檔案》,檔號：30-01-01-012-680,藏於中央研究院近代史研究所檔案館。
35. 臺灣省農業試驗所臺南棉麻分所編,「臺灣省棉花參考資料」(1954年3月),〈臺灣省農業試驗所臺南棉麻分所編「臺灣省棉花參考資料」〉,《行政院經濟安定委員會檔案》,檔號：30-01-01-012-680,藏於中央研究院近代史研究所檔案館。
36. 臺灣省農業試驗所臺南棉麻分所編,「臺灣省棉花參考資料」(1954年3月),〈臺灣省農業試驗所臺南棉麻分所編「臺灣省棉花參考資料」〉,《行政院經濟安定委員會檔案》,檔號：30-01-01-012-680,藏於中央研究院近代史研究所檔案館。
37. 臺灣省農業試驗所臺南棉麻分所編,「臺灣省棉花參考資料」(1954年3月),〈臺灣省農業試驗所臺南棉麻分所編「臺灣省棉花參考資料」〉,《行政院經濟安定委員會檔案》,檔號：30-01-01-012-680,藏於中央研究院近代史研究所檔案館。
38. 臺灣省農業試驗所臺南棉麻分所編,「臺灣省棉花參考資料」(1954年3月),〈臺灣省農業試驗所臺南棉麻分所編「臺灣省棉花參考資料」〉,《行政院經濟安定委員會檔案》,檔號：30-01-01-012-680,藏於中央研究院近代史研究所檔館。
39. 陳長庚,〈從省產棉花看今年植棉〉,《紡織界月刊》,第59期(1955年2月10日),頁9。
40. 陳長庚,〈臺灣種植棉田的新趨勢〉,《紡織界月刊》,第56期(1954年11月10日),頁7。
41. 陳長庚,〈臺灣種植棉田的新趨勢〉,頁7。
42. 陳長庚,〈從省產棉花看今年植棉〉,頁9。
43. 「四十四年度棉花推廣會議紀錄」(1955年4月19日),「民國四十四年度農民棉田治蟲面積分配辦法(農林廳訂)」,〈農林廳檢送44年度棉花推廣會議紀錄〉,《行政院經濟安定委員會檔案》,檔號：30-01-01-012-656,藏於中央研究院近代史研究所檔案館。
44. 「四十五年度棉花生產討論會紀錄」(1956年4月21日),〈45年度棉花生產討論會紀錄〉,《行政院經濟安定委員會檔案》,檔號：30-01-01-012-647,藏於中央研究院近代史研究所檔案館。
45. 「商討推廣及收購省產棉花辦法座談會紀錄」(1957年10月19日),〈商討推廣及收購省產棉花辦法座談會紀錄一份〉,《行政院經濟安定委員會檔案》,檔號：30-01-01-012-646,藏於中央研究院近代史研究所檔案館。
46. 「商討推廣及收購省產棉花辦法座談會紀錄」(1957年10月19日),〈商討推廣及收購省產棉花辦法座談會紀錄一份〉,《行政院經濟安定委員會檔案》,檔號：30-01-01-012-646,藏於中央研究院近代史研究所檔案館。
47. 「商討推廣及收購省產棉花辦法座談會紀錄」(1957年10月19日),〈商討推廣及收購省產棉花辦法座談會紀錄一份〉,《行政院經濟安定委員會檔案》,檔號：30-01-01-012-646,藏於中央研究院近代史研究所檔案館。
48. 「商討推廣及收購省產棉花辦法座談會紀錄」(1957年10月19日),〈商討推廣及收購省產棉花辦法座談會紀錄一份〉,《行政院經濟安定委員會檔案》,檔號：30-01-01-012-646,

藏於中央研究院近代史研究所檔案館。
49. 「商討推廣及收購省產棉花辦法座談會紀錄」（1957年10月19日），〈商討推廣及收購省產棉花辦法座談會紀錄一份〉,《行政院經濟安定委員會檔案》,檔號：30-01-01-012-646，藏於中央研究院近代史研究所檔案館。

第七章　1950年代自行車產業的孕育與限制

1. 〈歷次檢討會紀錄（51）〉,《臺灣區生產事業管理委員會檔案》,檔號：49-01-01-009-306，藏於中央研究院近代史研究所檔案館。
2. 「臺灣區生產事業管理委員會第151次常務委員會議紀錄」（1952年4月26日）,〈第151次常委會議程〉,《臺灣區生產事業管理委員會檔案》,檔號：49-01-01-009-182，藏於中央研究院近代史研究所檔案館。
3. 「臺灣區生產事業管理委員會第151次常務委員會議紀錄」（1952年4月26日）,〈第151次常委會議程〉,《臺灣區生產事業管理委員會檔案》,檔號：49-01-01-009-182，藏於中央研究院近代史研究所檔案館。
4. 郭岱君,《臺灣經濟轉型的故事：從計畫經濟到市場經濟》（臺北：聯經，2015），頁92-96。
5. 〈第117次常委會議程〉,《臺灣區生產事業管理委員會檔案》,檔號：49-01-01-009-148，藏於中央研究院近代史研究所檔案館。
6. 〈第117次常委會議程〉,《臺灣區生產事業管理委員會檔案》,檔號：49-01-01-009-148，藏於中央研究院近代史研究所檔案館。
7. 〈歷次檢討會紀錄（51）〉,《臺灣區生產事業管理委員會檔案》,檔號：49-01-01-009-306，藏於中央研究院近代史研究所檔案館。
8. 〈歷次檢討會紀錄（51）〉,《臺灣區生產事業管理委員會檔案》,檔號：49-01-01-009-306，藏於中央研究院近代史研究所檔案館。
9. 〈歷次檢討會紀錄（51）〉,《臺灣區生產事業管理委員會檔案》,檔號：49-01-01-009-306，藏於中央研究院近代史研究所檔案館。
10. 〈第125次常委會議程〉,《臺灣區生產事業管理委員會檔案》,檔號：49-01-01-009-156，藏於中央研究院近代史研究所檔案館。
11. 〈歷次檢討會紀錄（51）〉,《臺灣區生產事業管理委員會檔案》,檔號：49-01-01-009-306，藏於中央研究院近代史研究所檔案館。
12. 〈歷次檢討會紀錄（51）〉,《臺灣區生產事業管理委員會檔案》,檔號：49-01-01-009-306，藏於中央研究院近代史研究所檔案館。
13. 臺灣省政府建設廳編,《臺灣工業叢刊之四：臺灣的自行車工業》（南投：臺灣省政府建設廳，1961），頁2。
14. 臺灣省政府建設廳編,《臺灣工業叢刊之四：臺灣的自行車工業》,頁3、14。
15. 臺灣省政府建設廳編,《臺灣工業叢刊之四：臺灣的自行車工業》,頁3。
16. 「臺灣區生產事業管理委員會第151次常務委員會議紀錄」（1952年4月26日）,〈第151次常委會議程〉,《臺灣區生產事業管理委員會檔案》,檔號：49-01-01-009-182，藏於中央研究院近代史研究所檔案館。
17. 中華徵信所企業股份有限公司編,《對臺灣經濟建設最有貢獻的工商人名錄》（臺北：中華徵信所企業股份有限公司，1973），頁538。
18. 「臺灣區生產事業管理委員會第186次常務委員會議紀錄」（1952年12月27日）,〈第186

次常會會議程〉,《臺灣區生產事業管理委員會檔案》,檔號:49-01-01-009-217,藏於中央研究院近代史研究所檔案館。該次會議選擇的八類產品為:1.腳踏車製造業,2.漁船和小型柴油機製造工業,3.縫紉機製造及紡織機配件製造工業,4.礦用機械,5.翻砂工業,6.鋼鐵製造工業(包含煉鋼、鋼品、煉鐵、水管、凡爾、拉線),7.15馬力以下小型電動機製造工業,8.桿上變壓器製造業。

19. 陳思宇,《臺灣區生產事業管理委員會與經濟發展策略(1949–1953):以公營事業為中心的探討》(臺北:國立政治大學歷史學系,2002),頁137–138。
20. 臺灣省政府建設廳編,《臺灣工業叢刊之四:臺灣的自行車工業》,頁13。
21. 臺灣省物資局編,《臺灣省物資局業務經營概況》(臺北市:臺灣省物資局,1961),頁65。
22. 〈臺灣區生產事業管理委員會第151次常務委員會議紀錄〉(1952年4月26日),〈第151次常委會議程〉,《臺灣區生產事業管理委員會檔案》,檔號:49-01-01-009-182,藏於中央研究院近代史研究所檔案館。
23. 「臺灣區生產事業管理委員會第151次常務委員會議紀錄」(1952年4月26日),〈第151次常委會議程〉,《臺灣區生產事業管理委員會檔案》,檔號:49-01-01-009-182,藏於中央研究院近代史研究所檔案館。
24. 臺灣省政府建設廳編,《臺灣工業叢刊之四:臺灣的自行車工業》,頁17。
25. 洪紹洋,〈1950年代美國小型民營工業貸款與匯率制度之變革〉,《臺灣文獻》,第61卷第3期(2010年9月),頁331–360。
26. 臺灣省政府建設廳編,《臺灣工業叢刊之四:臺灣的自行車工業》,頁18。
27. 臺灣省政府建設廳編,《臺灣工業叢刊之四:臺灣的自行車工業》,頁18。
28. 路明,〈本省的自行車工業〉,《臺灣經濟月刊》,第14卷第6期(1956年6月),頁19。
29. 經濟部中央標準局編,《經濟部中央標準局成立十週年專刊》(臺北:經濟部中央標準局,1957),頁1。
30. 路明,〈本省的自行車工業〉,頁19。
31. 「製造腳踏車及配件計畫」;臺灣機械股份有限公司(代電),「為檢送製造腳踏車計畫書電請鑒核由」(1950年6月16日),〈籌組自行車公司〉,《資源委員會檔案》,檔號:24-04-152-10,藏於中央研究院近代史研究所檔案館。
32. 發文資臺(39)會字03912號,「關於該公司呈送製造自行車計劃擴充設備計畫一案電仰知照由」(1950年12月8日),〈籌組自行車公司〉,《資源委員會檔案》,檔號:24-04-152-10,藏於中央研究院近代史研究所檔案館。
33. 臺灣機械股份有限公司(代電),「為呈報受託調查計劃籌設自行車廠經過請核備由」(1951年12月26日),〈籌組自行車公司〉,《資源委員會檔案》,檔號:24-04-152-10,藏於中央研究院近代史研究所檔案館。
34. 「臺灣自行車股份有限公司營業計畫書」,〈籌組自行車公司〉,《資源委員會檔案》,檔號:24-04-152-10,藏於中央研究院近代史研究所檔案館。
35. 〈工廠介紹—為國產自行車工業建立穩固基礎之福鹿牌自行車—介紹臺灣自行車股份有限公司〉,《臺灣省腳踏車工商業徵信錄》(臺北:臺灣省腳踏車商業同業公會聯合會,1953),頁10。
36. 〈工廠介紹—為國產自行車工業建立穩固基礎之福鹿牌自行車—介紹臺灣自行車股份有限公司〉,《臺灣省腳踏車工商業徵信錄》,頁10。車北(42)字第50號,「臺灣自行車股份有限公司代電」,〈自行車公司代製各項鋼管〉,《臺灣區生產事業管理委員會檔案》,檔號:49-05-02-001-151,藏於中央研究院近代史研究所檔案館。
37. 羅敦偉,《新興工業及農產加工之實際狀況考察報告書》(臺北:中央委員會設計考核委員

會，1959），頁1、3。
38. 羅敦偉，《新興工業及農產加工之實際狀況考察報告書》，頁3。
39. 羅敦偉，《新興工業及農產加工之實際狀況考察報告書》，頁3-4。
40. 〈加工組臺灣自行車公司等申請向日本西德等地進口鋼帶原料提請核議〉，《行政院外匯貿易審議委員會檔案》，檔號：50-397-055，藏於中央研究院近代史研究所檔案館。
41. 「臺灣自行車股份有限公司五十四年度營業報告書」、「臺灣自行車股份有限公司(呈請書)」(1966年7月23日)，〈機器製造工業—汽車零件、瓦斯桶、工具、五金器具、耕耘機等〉，《行政院國際經濟合作發展委員會檔案》，檔號：36-19-004-021，藏於中央研究院近代史研究所檔案館。
42. 謝國興，〈1949年前後來臺的上海商人〉，《臺灣史研究》，第15卷第1期(2008年3月)，頁131-172。
43. 〈尹致中〉，《軍事委員會委員長侍從室檔案》，檔號：129-230000-0835，藏於國史館。
44. 臺灣大東股份有限公司用箋，臺(41)字第378號，「大東工業公司製造自行車計畫及說明書」(1952年7月28日)，〈1953年度大東工業公司MES項下美援申請書〉，《行政院國際經濟合作發展委員會檔案》，檔號：36-06-013-005，藏於中央研究院近代史研究所檔案館。
45. 臺灣大東股份有限公司用箋，臺(41)字第378號，「大東工業公司製造自行車計畫及說明書」(1952年7月28日)，〈1953年度大東工業公司MES項下美援申請書〉，《行政院國際經濟合作發展委員會檔案》，檔號：36-06-013-005，藏於中央研究院近代史研究所檔案館。
46. 臺灣大東股份有限公司用箋，臺(41)字第378號，「大東工業公司製造自行車計畫及說明書」(1952年7月28日)，〈1953年度大東工業公司MES項下美援申請書〉，《行政院國際經濟合作發展委員會檔案》，檔號：36-06-013-005，藏於中央研究院近代史研究所檔案館。
47. 〈工廠介紹—象徵著新中國工業的茁壯和新生飛虎牌自行車—介紹大東工業公司〉，《臺灣省腳踏車工商業徵信錄》，頁8。
48. 行政院國際經濟合作發展委員會編，《美援運用成果檢討叢書之二　美援貸款概況》(臺北：行政院國際經濟合作發展委員會，1964)，頁69、143。
49. 行政院國際經濟合作發展委員會，《美援運用成果檢討叢書之二　美援貸款概況》，頁69、143。
50. 大東股份有限公司經理王淑聖，臺(44)字第311號，「臺灣大東工業股份有限公司用箋」(1955年4月22日)，〈1954年度大東工業公司美援器材與貸款案〉，《行政院國際經濟合作發展委員會檔案》，檔號：36-06-013-006，藏於中央研究院近代史研究所檔案館。
51. 大東股份有限公司董事長尹致中，臺(44)字第311號，「臺灣大東工業股份有限公司用箋」(1957年12月27日)，〈1954年度大東工業公司美援器材與貸款案〉，《行政院國際經濟合作發展委員會檔案》，檔號：36-06-013-006，藏於中央研究院近代史研究所檔案館。
52. 「中信局、美援會、臺銀會商關於大東工業工整理業務第一次座談會紀錄」(1958年6月10日)，〈1954年度大東工業公司美援器材與貸款案〉，《行政院國際經濟合作發展委員會檔案》，檔號：36-06-013-006，藏於中央研究院近代史研究所檔案館。
53. 「改配大東公司受配美援機器座談會」(1960年8月9日)、「整理大東工業公司產銷業務緊急處理辦法」，〈1954年度大東工業公司美援器材與貸款案〉，《行政院國際經濟合作發展委員會檔案》，檔號：36-06-013-006，藏於中央研究院近代史研究所檔案館。
54. 許雪姬，〈戰後臺灣民營鋼鐵業的發展與限制，1945-1960〉，收於陳永發編，《兩岸分途：冷戰初期的政經發展》(臺北：中央研究院近代史研究所，2006)，頁293-338。
55. 行政院國際經濟合作發展委員會，《美援運用成果檢討叢書之二　美援貸款概況》，頁69、143。「討論大東工業公司專案會議紀錄」(1965年9月24日)，〈1954年度大東工業公

司美援器材與貸款案〉,《行政院國際經濟合作發展委員會檔案》,檔號:36-06-013-006,藏於中央研究院近代史研究所檔案館。
56. 謝國興,〈戰後初期臺灣中小企業的殖民地傳承〉,收於謝國興編,《邊區歷史與主體性形塑:第四屆國際漢學會議》(臺北:中央研究院臺灣史研究所,2013),頁45–85。
57. 「伍順自行車工廠營業計畫書」(1952年8月11日),〈伍順行請設自行車廠〉,《臺灣區生產事業管理委員會檔案》,檔號:49-04-07-003-028,藏於中央研究院近代史研究所檔案館。
58. 「伍順自行車工廠營業計畫書」(1952年8月11日),〈伍順行請設自行車廠〉,《臺灣區生產事業管理委員會檔案》,檔號:49-04-07-003-028,藏於中央研究院近代史研究所檔案館。
59. 「伍順自行車工廠營業計畫書」(1952年8月11日),〈伍順行請設自行車廠〉,《臺灣區生產事業管理委員會檔案》,檔號:49-04-07-003-028,藏於中央研究院近代史研究所檔案館。
60. 「臺灣區生產事業管理委員會第168次常務委員會議紀錄」(1952年8月23日),〈第168次常委會議程〉,《臺灣區生產事業管理委員會檔案》,檔號:49-01-01-009-199,藏於中央研究院近代史研究所檔案館。
61. 〈工廠介紹—國產腳踏車工業一支生力軍之伍順號自行車—介紹伍順自行車工廠〉,《臺灣省腳踏車工商業徵信錄》,頁12。
62. 行政院美援運用委員會編印,《十年來接受美援單位的成長》(臺北:行政院美援運用委員會,1961),頁92。
63. 行政院美援運用委員會編印,《十年來接受美援單位的成長》,頁92。
64. 「為本公司申請生產機車分期自製及進口零件一案補陳事實理由祈迅賜審查批准由」(1963年11月16日),〈機器製造工業—汽車零件、瓦斯筒、工具、五金器具、耕耘機等〉,《行政院國際經濟合作發展委員會檔案》,檔號:36-19-004-021,藏於中央研究院近代史研究所檔案館。
65. 「討論伍順自行車公司申請資金融通案會議紀錄」(1965年10月14日),〈機器製造工業—汽車零件、瓦斯筒、工具、五金器具、耕耘機等〉,《行政院國際經濟合作發展委員會檔案》,檔號:36-19-004-021,藏於中央研究院近代史研究所檔案館。
66. 馬難先、李勝欽、甘文瑞,《金屬工業資料庫之建立:運輸工具工業之工業經濟情報系統之研究》(新竹:工業技術研究院金屬工業研究所,1975),頁9。
67. 〈工廠介紹—為國產自行車工業爭取一線曙光之自由牌自行車—介紹臺灣機械工業公司〉,《臺灣省腳踏車工商業徵信錄》,頁11。羅敦偉,《新興工業及農產加工之實際狀況考察報告書》,頁4。
68. 〈工廠介紹—為國產自行車工業爭取一線曙光之自由牌自行車—介紹臺灣機械工業公司〉,《臺灣省腳踏車工商業徵信錄》,頁11。羅敦偉,《新興工業及農產加工之實際狀況考察報告書》,頁4。
69. 羅敦偉,《新興工業及農產加工之實際狀況考察報告書》,頁4。
70. 馬難先、李勝欽、甘文瑞,《金屬工業資料庫之建立:運輸工具工業之工業經濟情報系統之研究》,頁9。
71. 謝國興,〈1940年代的興南客運:日治後期到戰後初期的轉折〉,《臺南文獻》,創刊號(2012年7月),頁55–80。陳家豪,《近代臺灣人資本與企業經營:以交通業為探討中心》(臺北:政大出版社,2018),頁235。
72. Michelle F. Hsieh, "Embedding the Economy: The State and Export-Led Development in Taiwan," in Yin-Wah Chu, ed., *Asian Developmental State: Re-examinations and New Departures* (New York: Palgrave Macmillan, 2016), pp. 73–95.
73. 中國生產力及貿易中心編,《十年來之中國生產力及貿易中心》(臺北:中國生產力及貿易

中心，1965），頁1。
74. 「中國生產力中心」，〈業務會報議程〉，《行政院經濟安定委員會檔案》，檔號：30-07-01-001，藏於中央研究院近代史研究所檔案館。
75. 中國生產力中心，〈研究自行車製造技術〉，《生產力》，第1期（1956年3月），頁2。
76. 中國生產力中心，〈研究自行車製造技術〉，頁2。
77. 中國生產力中心，〈研究自行車製造技術〉，頁2。
78. 中國生產力中心，〈邀集業者與有關各方座談 商討國產自行車品質改進〉，《生產力月刊》，第4卷第9期（1960年9月），頁4。
79. 〈從北市用戶調查看自行車產銷〉，《投資與企業》，第43期（1962年12月25日），頁11。
80. 臺灣的機械與金屬工業的發展，要到1963年金屬工業發展中心成立、1960年代末開始輔導中小企業群提升產品品質，以及1970年代國內鋼鐵業的自製能力提升，品質才逐漸好轉。金屬工業發展中心編，《十年來之金屬工業發展中心》（高雄：金屬工業發展中心，1973），頁1、12-14。
81. 馬難先、李勝欽、甘文瑞，《金屬工業資料庫之建立：運輸工具工業之工業經濟情報系統之研究》，頁9。
82. 〈臺省目前六種工業 設廠限制將予解除——林永樑稱省府正與中央研究中 建設廳將整理地下工廠〉（1959年6月9日），《聯合報》，第三版。
83. 〈工業輔導政策的修訂 辜振甫的五點建議〉（1965年1月23日），《聯合報》，第三版。
84. 〈地下工廠有多少？〉，《投資與企業》，第137期（1965年8月15日），頁9。
85. 馬難先、李勝欽、甘文瑞，《金屬工業資料庫之建立：運輸工具工業之工業經濟情報系統之研究》，頁9。
86. 文大宇著、拓殖大學アジア情報センター編，《東アジア長期経済統計　別卷2　台湾》（東京：勁草書房，2002），頁178。
87. 關於臺灣自行車走向出口擴張的過程，可參見謝斐宇的深入分析。Michelle F. Hsieh, "Embedding the Economy: The State and Export-Led Development in Taiwan," pp. 73–95.

第八章　汽車業的企業經營模式比較

1. 作者不詳，〈臺灣的汽車工業〉，收於臺北市銀行徵信室編，《臺灣區汽車工業調查報告》（臺北：臺北市銀行徵信室，1971），頁61。
2. 傅貽椿，〈臺灣之運輸工具工業〉，《臺灣銀行季刊》，第20卷第3期（1969年9月），頁199-200。
3. 杜文田，《工業化與工業保護政策》（臺北：國際經濟合作發展委員會，1970），頁41。
4. 杜文田，《工業化與工業保護政策》，頁40。
5. 陳正澄，《成長或消失：產業的管理經濟分析》（臺北：華泰文化，1999），頁27、29-39。
6. 杜文田，《工業化與工業保護政策》，頁41。傅貽椿，〈臺灣之運輸工具工業〉，頁199-200。經濟部工業局編，《中華民國七十五年工業發展年報》（臺北：經濟部工業局，1987），頁87-88。
7. 作者不詳，〈臺灣的汽車工業〉，頁66。
8. 經濟部工業局，《中華民國七十五年工業發展年報》，頁88。
9. 中國科學院上海經濟研究所、上海社會科學院經濟研究所編，《大隆機器廠的發生發展與改造：從一個民族企業看中國機器製造工業》（上海：上海人民，1959），頁1-2、3-4、19。

10. 台元紡織股份有限公司編,《台元紡織股份有限公司創業三十週年》(臺北:台元紡織股份有限公司,1981),頁10。
11. 本刊記者(工商論壇雜誌社),〈榮獲首屆機械工程獎章的嚴慶齡先生〉,《工商論壇》,第76期(1961年11月30日),頁17。
12. 劉鳳翰、王正華、程玉凰訪問,王正華、程玉凰記錄整理,《韋永寧訪談錄》(臺北:國史館,1994),頁66-67。
13. 裕隆汽車公司董事長嚴慶齡,〈呈 副總統〉(1961年1月12日),資料編號:0008,藏於財團法人嚴慶齡工業發展基金會。
14. 黃一洲,〈裕隆貽害汽車工業於無窮〉,《今日汽機車》,第7期(1972年1月),頁17。
15. 葉碧苓,〈臺北帝國大學工學部之創設〉,《國史館館刊》,第52期(2017年6月),頁73-124。
16. 洪紹洋,《近代臺灣造船業的技術轉移與學習(1919-1977)》(臺北:遠流,2011),頁78-82。
17. 〈朱霖〉,《軍事委員會委員長侍從室檔案》,檔號:129-200000-3485,藏於國史館。朱霖將軍紀念編輯委員會編,《朱霖將軍紀念集》(出版地不詳:出版者不詳,1968),頁59。
18. 朱霖將軍紀念編輯委員會編,《朱霖將軍紀念集》,頁59。
19. 朱霖將軍紀念編輯委員會編,《朱霖將軍紀念集》,頁60。
20. 發動機製造廠文獻編輯委員會,《航空救國:發動機製造廠之興衰》(臺北:河中文化實業有限公司,2009),頁8。
21. 發動機製造廠文獻編輯委員會,《航空救國:發動機製造廠之興衰》,頁7。
22. 李南海,〈戰時中國航空工業的關鍵性發展:貴州大定發動機製造廠營運之研究〉,《臺灣師大歷史學報》,第52期(2014年12月),頁165-166。
23. 曲延壽,〈懷念 朱將軍〉,收於朱霖將軍紀念編輯委員會編,《朱霖將軍紀念集》,頁124。
24. 發動機製造廠文獻編輯委員會,《航空救國:發動機製造廠之興衰》,頁36、49、85、140-144、197、283-292、312-313、426-429、554、556。裕隆汽車公司,《裕隆二十週年(民國四十二年—六十二年)》(臺北:裕隆汽車公司,1973),頁101。
25. 發動機製造廠文獻編輯委員會,《航空救國:發動機製造廠之興衰》,頁36、49、85、140-144、197、283-292、312-313、426-429、554、556。裕隆汽車公司,《裕隆二十週年(民國四十二年—六十二年)》,頁101。
26. 發動機製造廠文獻編輯委員會,《航空救國:發動機製造廠之興衰》,頁36、49、85、140-144、197、283-292、312-313、426-429、554、556。裕隆汽車公司,《裕隆二十週年(民國四十二年—六十二年)》(臺北:裕隆汽車公司,1973),頁101。
27. 曲延壽,〈懷念朱將軍〉,收於朱霖將軍紀念編輯委員會編,《朱霖將軍紀念集》,頁123-124。
28. 嚴慶齡,〈懷念至友朱故空軍中將君復先生〉,收於朱霖將軍紀念編輯委員會編,《朱霖將軍紀念集》,頁109。
29. 〈鑄造名人錄——姓名:侯國光,出生年,民國十年〉,《鑄造科技》,第258期(2011),頁7。
30. 侯國光,〈懷念吾國汽車工業之創辦人——嚴慶齡先生〉,收於台元紡織股份有限公司、裕隆汽車製造股份有限公司、中華汽車工業股份有限公司、裕隆企業集團總管理處編,《緬懷中國汽車工業的先輩:嚴慶齡先生九十誕辰特刊》(臺北:裕隆企業集團,1998),頁95-96。〈鑄造名人錄——姓名:侯國光,出生年,民國十年〉,頁7。
31. 國立臺灣大學校友會,《國立臺灣大學校友通訊錄》(臺北:國立臺灣大學校友會,1964),頁208、286、287、317。舉例來說,1955年畢業於臺灣大學機械系的歐陽鍾智與

李振華，自1980年代末後先後擔任裕隆公司的總經理。
32. 曲延壽，〈汽車〉，收於中國工程師學會五十年紀念會編輯委員會編，《十五年來臺灣各種工程事業進步實況》（臺北：中國工程師學會，1961），頁16-1、16-2。
33. 曲延壽，〈汽車〉，頁16-4。
34. 「外國人及華僑投資事件審議委員會，函為美國威力斯汽車公司暨威力斯歐佛南出口公司，及日產自動車株式會社，與裕隆機器製造股份有限公司技術合作製造汽車零件請核復意見案，提請核議」（1958年6月6日），〈行政院外匯貿易審議委員會第167次會議〉，《行政院外匯貿易審議委員會檔案》，檔號：50-167-025，藏於中央研究院近代史研究所檔案館。
35. 「外國人及華僑投資事件審議委員會，函為美國威力斯汽車公司暨威力斯歐佛南出口公司，及日產自動車株式會社，與裕隆機器製造股份有限公司技術合作製造汽車零件請核復意見案，提請核議」（1958年6月6日），〈行政院外匯貿易審議委員會第167次會議〉，《行政院外匯貿易審議委員會檔案》，檔號：50-167-025，藏於中央研究院近代史研究所檔案館。
36. 裕隆機器製造廠股份有限公司發文，「為請對行動工業之提倡保護政策早日核定施行由」（1958年3月8日），發文號：47-1699，〈汽車進口案〉，《行政院經濟安定委員會檔案》，檔號：30-07-03-003，藏於中央研究院近代史研究所檔案館。
37. 「簽呈」（1958年3月20日），〈汽車進口案〉，《行政院經濟安定委員會檔案》，檔號：30-07-03-003，藏於中央研究院近代史研究所檔案館。
38. 「MEMORANDUM」（1965年4月27日），Ref No. FR12，〈裕隆汽車製造公司擴充設備貸款美金520萬、南部建廠計畫〉，《行政院國際經濟合作發展委員會檔案》，檔號：36-06-013-013，藏於中央研究院近代史研究所檔案館。
39. 裕隆汽車製造股份有限公司，受文者：國際經濟合作發展委員會，「呈為加速發展需要增加購置機器設備謹請支持惠賜核准由」（1965年4月19日），發文號：54-0097，〈裕隆汽車製造公司擴充設備貸款美金520萬、南部建廠計畫〉，《行政院國際經濟合作發展委員會檔案》，檔號：36-06-013-013，藏於中央研究院近代史研究所檔案館。
40. 「商討『裕隆汽車製造公司擴充計畫請貸美金五百二十萬元案』會議記錄」（1965年4月22日），〈裕隆汽車製造公司擴充設備貸款美金520萬、南部建廠計畫〉，《行政院國際經濟合作發展委員會檔案》，檔號：36-06-013-013，藏於中央研究院近代史研究所檔案館。
41. 「商討『裕隆汽車製造公司擴充計畫請貸美金五百二十萬元案』會議紀錄」（1965年4月22日），〈裕隆汽車製造公司擴充設備貸款美金520萬、南部建廠計畫〉，《行政院國際經濟合作發展委員會檔案》，檔號：36-06-013-013，藏於中央研究院近代史研究所檔案館。
42. 「MEMORANDUM」（1965年4月27日），Ref No. FR12，〈裕隆汽車製造公司擴充設備貸款美金520萬、南部建廠計畫〉，《行政院國際經濟合作發展委員會檔案》，檔號：36-06-013-013，藏於中央研究院近代史研究所檔案館。
43. 「MEMORANDUM」（1965年4月27日），Ref No. FR12，〈裕隆汽車製造公司擴充設備貸款美金520萬、南部建廠計畫〉，《行政院國際經濟合作發展委員會檔案》，檔號：36-06-013-013，藏於中央研究院近代史研究所檔案館。
44. 「裕隆汽車製造公司擴充計畫財務分析要點」，〈裕隆汽車製造公司擴充設備貸款美金520萬、南部建廠計畫〉，《行政院國際經濟合作發展委員會檔案》，檔號：36-06-013-013，藏於中央研究院近代史研究所檔案館。
45. 「MEMORANDUM」（1965年4月27日），Ref No. FR12，〈裕隆汽車製造公司擴充設備貸款美金520萬、南部建廠計畫〉，《行政院國際經濟合作發展委員會檔案》，檔號：36-06-

013-013,藏於中央研究院近代史研究所檔案館。
46. 「MEMORANDUM」(1965年8月11日), Ref CECG-65-0725,〈裕隆汽車製造公司擴充設備貸款美金520萬、南部建廠計畫〉,《行政院國際經濟合作發展委員會檔案》,檔號：36-06-013-013,藏於中央研究院近代史研究所檔案館。
47. 曾令毅,〈近代臺灣航空與軍需產業的發展及技術轉型(1920s–1960s)〉(國立師範大學歷史學研究所博士論文,2018),頁340。
48. 「行政院經濟安定委員會第八十五次會議紀錄節略」(1956年9月16日),〈會議紀錄節略第84至86次〉,《行政院經濟安定委員會檔案》,檔號：30-01-05-072,藏於中央研究院近代史研究所檔案館。
49. 溫曼英,《吳舜文傳》(臺北：天下文化,1993),頁244–245。「外國人及華僑投資事件審議委員會,函為美國威力斯汽車公司暨威力斯歐佛南出口公司,及日產自動車株式會社,與裕隆機器製造股份有限公司技術合作製造汽車零件請核復意見案,提請核議」(1958年6月6日),〈行政院外匯貿易審議委員會第167次會議〉,《行政院外匯貿易審議委員會檔案》,檔號：50-167-025,藏於中央研究院近代史研究所檔案館。
50. 〈張添根先生行誼暨訃告〉,《個人史料檔案》,檔號：128-005288-0001-001,藏於國史館。
51. 臺北市銀行經濟研究室編,《臺灣區汽車工業調查報告續篇(一)》(臺北：臺北市銀行經濟研究室,1978),頁6。
52. 「外國人及華僑投資事件審議委員會,函為美國威力斯汽車公司暨威力斯歐佛南出口公司,及日產自動車株式會社,與裕隆機器製造股份有限公司技術合作製造汽車零件請核復意見案,提請核議」(1958年6月6日),〈行政院外匯貿易審議委員會第167次會議〉,《行政院外匯貿易審議委員會檔案》,檔號：50-167-025,藏於中央研究院近代史研究所檔案館。
53. 溫曼英,《吳舜文傳》,頁249。
54. 本刊記者(工商論壇雜誌社),〈蔣總統召見嚴慶齡垂詢汽車工業情形 讚許嚴氏所作發展努力 政府決予協助〉,《工商論壇》,第78期(1962年1月31日),頁13。
55. 作者不詳,〈福利觀摩——中華臺亞、友聯、莒光、新莊車身及合信參觀記〉,《裕隆月刊》,第7卷第5期(1975年3月20日),頁27。
56. 《裕盛》,資料編號：0049,藏於財團法人嚴慶齡工業發展基金會。
57. 日產自動車株式會社社史編纂委員會編,《日產自動車社史：1964–1973》(東京：日產自動車株式會社,1975),頁168。
58. 日產自動車株式會社社史編纂委員會編,《日產自動車社史：1964–1973》,頁168–169。
59. 日產自動車株式會社社史編纂委員會編,《日產自動車社史：1964–1973》,頁168。
60. 陳正澄,〈臺灣汽車零件製造工業之研究〉,《臺灣銀行季刊》,第34卷第2期(1983年6月),頁30。
61. 陳正澄,〈臺灣汽車零件製造工業之研究〉,頁30–31。
62. 經濟部物價問題專案小組編,《物價問題專案小組總報告》(臺北：經濟部物價問題專案小組,1968),頁189。
63. 經濟部物價問題專案小組編,《物價問題專案小組總報告》,頁187。
64. 郭文光,〈給裕隆公司的一封公開信：請公開向我們說明幾點事實〉；朱正直,〈鐵的事實活的人證——新車子七天進了三次廠〉,《教育與交通》,第4期(1971年4月20日),頁16–17。
65. 徐中齊,〈裕隆公司壟斷市場,獨獲暴利〉,《教育與交通月刊》,創刊號(1970年12月12日),頁37。〈徐委員(中齊)迭次質詢裕隆全文(一)：第一次質詢原文〉,《教育與交通月

刊》，第3期（1971年3月12日），頁11-12、18-19。
66. 謝國興，〈1949年前後來臺的上海商人〉，《臺灣史研究》，第15卷第1期（2008年3月），頁142。〈六和集團發展年表〉，九和汽車公司網站：https://www.chiuoho.com.tw/company.html。
67. 蘇燕輝，《我與豐田、和泰的汽車生涯》（臺北：和泰汽車股份有限公司，2017），頁101。
68. 蘇燕輝，《我與豐田、和泰的汽車生涯》，頁98-99。
69. 〈八百西西小貨車售價將公布〉，《經濟日報》（1970年12月12日），第五版。〈六和汽車公司的經營特色〉，《經濟日報》（1970年12月13日），第五版。
70. 〈張武〉，《軍事委員會委員長侍從室檔案》，檔號：129-090000-3612，藏於國史館。
71. 〈王志堅〉，《軍事委員會委員長侍從室檔案》，檔號：129-110000-1762，藏於國史館。
72. 〈八百西西小貨車售價將公布〉，《經濟日報》（1970年12月12日），第五版。
73. 〈六和汽車公司的經營特色〉，《經濟日報》（1970年12月13日），第五版。
74. 〈豐田將購六和公司汽車引擎〉，《經濟日報》（1970年12月8日），第五版。
75. 〈豐田自動車會社 購六和汽車零件 今天裝船〉，《經濟日報》（1971年4月2日），第五版。
76. 蘇燕輝，《我與豐田、和泰的汽車生涯》，頁105。
77. 洪紹洋，〈外資、商業網絡與產業成長：論出口擴張期臺灣的日資動向〉，《臺灣史研究》，第26卷第4期（2019年12月），頁131-134。
78. 蘇燕輝，《我與豐田、和泰的汽車生涯》，頁107。
79. 蘇燕輝，《我與豐田、和泰的汽車生涯》，頁108。
80. 蘇燕輝，《我與豐田、和泰的汽車生涯》，頁110。
81. 于宗先、孫震、陳希沼編，《山東人在臺灣：工商篇》（臺北：財團法人吉星福張振芳伉儷文教基金會，2000），頁112。〈六和集團發展年表〉，九和汽車公司網站：https://www.chiuoho.com.tw/company.html。
82. 蘇燕輝，《我與豐田、和泰的汽車生涯》，頁89、93。
83. 福特六和汽車公司編，〈國內汽車工業簡報〉（1977年3月28日），頁8；《福特六和汽車公司擴建計畫》，「李國鼎先生贈送資料影本‧重工業類（十二）」，國立臺灣大學圖書館臺灣研究特藏區。
84. 福特六和汽車公司編，〈國內汽車工業簡報〉（1977年3月28日），頁10；《福特六和汽車公司擴建計畫》，「李國鼎先生贈送資料影本‧重工業類（十二）」，國立臺灣大學圖書館臺灣研究特藏區。
85. 福特六和汽車公司編，〈國內汽車工業簡報〉（1977年3月28日），頁11；《福特六和汽車公司擴建計畫》，「李國鼎先生贈送資料影本‧重工業類（十二）」，國立臺灣大學圖書館臺灣研究特藏區。
86. 福特六和汽車公司編，〈國內汽車工業簡報〉（1977年3月28日），頁8；《福特六和汽車公司擴建計畫》，「李國鼎先生贈送資料影本‧重工業類（十二）」，國立臺灣大學圖書館臺灣研究特藏區。
87. 福特六和汽車公司編，〈國內汽車工業簡報〉（1977年3月28日），頁12；《福特六和汽車公司擴建計畫》，「李國鼎先生贈送資料影本‧重工業類（十二）」，國立臺灣大學圖書館臺灣研究特藏區。
88. 福特六和汽車公司編，〈國內汽車工業簡報〉（1977年3月28日），頁2；《福特六和汽車公司擴建計畫》，「李國鼎先生贈送資料影本‧重工業類（十二）」，國立臺灣大學圖書館臺灣研究特藏區。
89. 〈為貴報本年七月二十六日社論「這個樣子的工業政策，非改變不可」內容與事實不符，請

澄清更正為荷〉，(67)福六(公)字第0302號，1978年8月1日；《福特六和汽車公司擴建計畫》，「李國鼎先生贈送資料影本·重工業類(十二)」，國立臺灣大學圖書館臺灣研究特藏區。
90. 彰化商業銀行徵信室編，《臺灣省屬各行庫合辦理產業調查報告：臺灣汽車工業之現況與展望(汽車1)》(臺北：彰化商業銀行徵信室，1979年4月)，頁8-9。
91. 黃勝雄，〈臺灣區汽車工業調查報告〉，收於臺北市銀行經濟研究室編，《臺灣區汽車工業調查報告續篇(一)》，頁12-13。
92. 黃勝雄，〈臺灣區汽車工業調查報告〉，頁12。
93. 陳其蕃，〈汽車製造業書面報告〉(1978年8月22日)，頁1；《福特六和汽車公司擴建計畫》，「李國鼎先生贈送資料影本·重工業類(十二)」，國立臺灣大學圖書館臺灣研究特藏區。
94. 陳其蕃，〈汽車製造業書面報告〉(1978年8月22日)，頁2-3；《福特六和汽車公司擴建計畫》，「李國鼎先生贈送資料影本·重工業類(十二)」，國立臺灣大學圖書館臺灣研究特藏區。
95. 黃憲一、鄭金蓮、甘文瑞，《中小企業融資及輔導》(新竹：工業技術研究院金屬工業研究所，1976)，頁132-136。
96. 福特六和汽車公司函，〈主旨：本公司為配合政府政策預計於六十七年六月卅日前達到自製目標70%，並檢呈有關計畫資料恭請 鑒核〉(1977年4月12日)，受文者：工業局韋局長永寧；《福特六和汽車公司擴建計畫》，「李國鼎先生贈送資料影本·重工業類(十二)」，國立臺灣大學圖書館臺灣研究特藏區。
97. 福特六和汽車公司編，〈國內汽車工業簡報〉(1977年3月28日)，頁8；《福特六和汽車公司擴建計畫》，「李國鼎先生贈送資料影本·重工業類(十二)」，國立臺灣大學圖書館臺灣研究特藏區。
98. 福特六和汽車公司編，〈國內汽車工業簡報〉(1977年3月28日)，頁11；《福特六和汽車公司擴建計畫》，「李國鼎先生贈送資料影本·重工業類(十二)」，國立臺灣大學圖書館臺灣研究特藏區。
99. 福特六和汽車公司編，〈國內汽車工業簡報〉(1977年3月28日)，頁8；《福特六和汽車公司擴建計畫》，「李國鼎先生贈送資料影本·重工業類(十二)」，國立臺灣大學圖書館臺灣研究特藏區。
100. 福特六和汽車公司編，〈國內汽車工業簡報〉(1977年3月28日)，頁11-12；《福特六和汽車公司擴建計畫》，「李國鼎先生贈送資料影本·重工業類(十二)」，國立臺灣大學圖書館臺灣研究特藏區。
101. 福特六和汽車公司編，〈國內汽車工業簡報〉(1977年3月28日)，頁13；《福特六和汽車公司擴建計畫》，「李國鼎先生贈送資料影本·重工業類(十二)」，國立臺灣大學圖書館臺灣研究特藏區。
102. 福特六和汽車公司編，〈國內汽車工業簡報〉(1977年3月28日)，頁18-19；《福特六和汽車公司擴建計畫》，「李國鼎先生贈送資料影本·重工業類(十二)」，國立臺灣大學圖書館臺灣研究特藏區。

第九章　車輛零件與中小企業

1. 臺灣橡膠工業史編輯委員會，《臺灣橡膠工業發展史》(臺北：臺灣區橡膠工業同業公會，1998)，頁31。

2. 泰豐集團網頁，https://www.federalcorporation.com/tc/Corporate_h.php，瀏覽日期：2019年3月4日。臺灣橡膠工業史編輯委員會，《臺灣橡膠工業發展史》，頁19、20、31、32。
3. 建大輪胎公司網頁，http://csr.kenda.com.tw/default.aspx?lang=0&menuid=2,6，瀏覽日期：2019年3月4日。臺灣橡膠工業史編輯委員會，《臺灣橡膠工業發展史》，頁19、20、31、32。
4. 〈發刊詞〉，《中小企業輔導月刊》，第1卷第1期（1966年9月），頁1。
5. 〈中小企業輔導工作目標〉，《中小企業輔導月刊》，第1卷第1期（1966年9月），頁1。
6. 行政院令，受文者：國際經濟合作發展委員會，臺五十六經7208，「中小企業輔導準則」（1967年5月10日），〈中小企業輔導準則、中小企業輔導工作小組委員〉，《行政院國際經濟合作發展委員會檔案》，檔號：36-06-039-021，藏於中央研究院近代史研究所檔案館。
7. 〈中小企業輔導工作之繼續推動問題〉，《中小企業輔導月刊》，第4卷第8期（1969年8月），頁1。
8. 發文者：中小企業小組，「備忘錄」（1970年2月9日），〈中小企業輔導準則、中小企業輔導工作小組委員〉，《行政院國際經濟合作發展委員會檔案》，檔號：36-06-039-022，藏於中央研究院近代史研究所檔案館。
9. 〈中國生產力及貿易中心參加中小企業示範輔導工作概況〉，《中小企業輔導月刊》，第1卷第2期（1966年10月），頁2。
10. 行政院國際經濟合作發展委員會中小企業輔導工作小組編，《一年來的中小企業輔導工作》（臺北：行政院國際經濟合作發展委員會中小企業輔導工作小組，1967），頁31-32。
11. 行政院國際經濟合作發展委員會中小企業輔導工作小組編，《一年來的中小企業輔導工作》，頁32。
12. 行政院國際經濟合作發展委員會中小企業輔導工作小組編，《一年來的中小企業輔導工作》，頁33。
13. 行政院國際經濟合作發展委員會中小企業輔導工作小組編，《一年來的中小企業輔導工作》，頁33-34。
14. 行政院國際經濟合作發展委員會中小企業輔導工作小組編，《一年來的中小企業輔導工作》，頁34。
15. 行政院國際經濟合作發展委員會中小企業輔導工作小組編，《一年來的中小企業輔導工作》，頁40。
16. 行政院國際經濟合作發展委員會中小企業輔導工作小組編，《一年來的中小企業輔導工作》，頁40-41。
17. 行政院國際經濟合作發展委員會中小企業輔導工作小組編，《一年來的中小企業輔導工作》，頁40-41。
18. 永華機械工業股份有限公司（申請書），（六二）永總字031號，「技術合作申請書」（1973年2月17日），〈經濟部華僑及外國人投資審議委員會〉，《行政院國際經濟合作發展委員會檔案》，檔號：36-19-001-008，藏於中央研究院近代史研究所檔案館。
19. 申請書，受文者：經濟部華僑及外國人投資審議委員會，「事由：為核准外國人投資案（編號外一〇一四號）請准予在國內銷售部分產品以應國內之需要由」（1972年9月14日），〈經濟部華僑及外國人投資審議委員會〉，《行政院國際經濟合作發展委員會檔案》，檔號：36-19-001-004，藏於中央研究院近代史研究所檔案館。
20. 申請書，受文者：經濟部華僑及外國人投資審議委員會，「事由：為核准外國人投資案（編號外一〇一四號）請准予在國內銷售部分產品以應國內之需要由」（1972年9月14日），〈經濟部華僑及外國人投資審議委員會〉，《行政院國際經濟合作發展委員會檔案》，檔號：

36-19-001-004,藏於中央研究院近代史研究所檔案館。
21. 六和汽車工業股份有限公司(函),受文者:臺灣矢崎股份有限公司,「為函請供應各種汽車用電線組件以便提高汽車品質、降低成本並利生產由」(1972年8月24日);聯勤軍車廠(函),受文者:臺灣矢崎股份有限公司,「貴公司為配合本廠發展國內自製車件,所需樣品請派員來場辦理借領手續,敬請 查照」(1972年1月7日);申請書,受文者:經濟部華僑及外國人投資審議委員會,「事由:為核准外國人投資案(編號外一〇一四號)請准予在國內銷售部分產品以應國內之需要由」(1972年9月14日),〈經濟部華僑及外國人投資審議委員會〉,《行政院國際經濟合作發展委員會檔案》,檔號:36-19-001-004,藏於中央研究院近代史研究所檔案館。
22. 申請書,受文者:經濟部華僑及外國人投資審議委員會,「事由:為核准外國人投資案(編號外一〇一四號)請准予在國內銷售部分產品以應國內之需要由」(1972年9月14日),〈經濟部華僑及外國人投資審議委員會〉,《行政院國際經濟合作發展委員會檔案》,檔號:36-19-001-004,藏於中央研究院近代史研究所檔案館。
23. 臺灣區電工器材工業同業公會(申請書),「為日本史丹雷電器會社擬來臺投資設立汽車燈泡製造廠勢將阻礙民族工業發展懇請准予免議由」(1967年9月23日),〈電子工業與電信工業〉,《行政院國際經濟合作發展委員會檔案》,檔號:36-19-004-028,藏於中央研究院近代史研究所檔案館。
24. 「外國人投資申請書」(1973年7月29日),「第四次股東常會議事錄」(1973年4月2日),〈經濟部華僑及外國人投資審議委員會〉,《行政院國際經濟合作發展委員會檔案》,檔號:36-19-001-013,藏於中央研究院近代史研究所檔案館。
25. 申請書,「事由:為申請准予撥出產量之百分之十供應國內市場由。」(1972年11月9日),〈經濟部華僑及外國人投資審議委員會〉,《行政院國際經濟合作發展委員會檔案》,檔號:36-19-001-006,藏於中央研究院近代史研究所檔案館。
26. 「產品內銷計畫書」,〈經濟部華僑及外國人投資審議委員會〉,《行政院國際經濟合作發展委員會檔案》,檔號:36-19-001-006,藏於中央研究院近代史研究所檔案館。
27. 申請書,「事由:為外資事業請取消或降低產品外銷限制由」,〈經濟部華僑及外國人投資審議委員會〉,《行政院國際經濟合作發展委員會檔案》,檔號:36-19-001-012,藏於中央研究院近代史研究所檔案館。
28. 「民國六十一年度銷貨狀況比較表」,〈經濟部華僑及外國人投資審議委員會〉,《行政院國際經濟合作發展委員會檔案》,檔號:36-19-001-012,藏於中央研究院近代史研究所檔案館。
29. 彰化商業銀行徵信室編,《臺灣省屬各行庫合辦理產業調查報告:臺灣汽車工業之現況與展望(汽車1)》(臺北:彰化商業銀行徵信室,1979年4月),頁11。
30. 彰化商業銀行徵信室編,《臺灣省屬各行庫合辦理產業調查報告:臺灣汽車工業之現況與展望(汽車1)》,頁11。
31. 陳寶瑞,〈我國汽車零件工業報告〉(1980年12月),檔號:(69)234.245,頁1–2,行政院經濟建設委員會經濟研究處。
32. 陳寶瑞,〈我國汽車零件工業報告〉(1980年12月),檔號:(69)234.245,頁2,行政院經濟建設委員會經濟研究處。
33. 顏錫銘主持,《臺灣區汽車零組件工業發展策略研究:成立汽車及零組件測試研究中心之探討》(工業技術研究院工業經濟研究中心、工業技術研究院機械工業研究所委託,1984),頁33。
34. 行政院經濟建設委員會經濟研究處陳寶瑞,〈我國汽車零件工業報告〉(1980年12月),檔

號：(69)234.245，頁6。
35. 陳寶瑞，〈我國汽車零件工業報告〉(1980年12月)，檔號：(69)234.245，頁7，行政院經濟建設委員會經濟研究處。
36. 陳寶瑞，〈我國汽車零件工業報告〉(1980年12月)，檔號：(69)234.245，頁7，行政院經濟建設委員會經濟研究處。
37. 陳寶瑞，〈我國汽車零件工業報告〉(1980年12月)，檔號：(69)234.245，頁8，行政院經濟建設委員會經濟研究處。
38. 陳寶瑞，〈我國汽車零件工業報告〉(1980年12月)，檔號：(69)234.245，頁9，行政院經濟建設委員會經濟研究處。
39. 陳寶瑞，〈我國汽車零件工業報告〉(1980年12月)，檔號：(69)234.245，頁10-11，行政院經濟建設委員會經濟研究處。
40. 陳寶瑞，〈我國汽車零件工業報告〉(1980年12月)，檔號：(69)234.245，頁25-26，行政院經濟建設委員會經濟研究處。
41. 陳寶瑞，〈我國汽車零件工業報告〉(1980年12月)，檔號：(69)234.245，頁27，行政院經濟建設委員會經濟研究處。
42. 計畫主持人：許士軍，參與研究人：司徒達賢、陳明璋，《我國衛星工廠體系之探討》(臺北：行政院發展考核委員會，1979)，頁160。
43. 計畫主持人：許士軍，參與研究人：司徒達賢、陳明璋，《我國衛星工廠體系之探討》，頁160-161。
44. 周茂柏，〈經濟部機械工業發展小組設立的意義與任務〉，《工商論壇》，第139期(1967年5月10日)，頁8。
45. 行政院國際經濟合作發展委員會中小企業輔導小組編，《一年來的中小企業輔導工作》，頁62。
46. 行政院國際經濟合作發展委員會中小企業輔導小組編，《一年來的中小企業輔導工作》，頁63。
47. 陳寶瑞，〈我國汽車工業發展研究及分析〉(1980年12月)，檔號：(69)230.243，頁19，行政院經濟建設委員會經濟研究處。
48. 陳寶瑞，〈我國汽車工業發展研究及分析〉(1980年12月)，檔號：(69)230.243，頁19，行政院經濟建設委員會經濟研究處。
49. 陳寶瑞，〈我國汽車工業發展研究及分析〉(1980年12月)，檔號：(69)230.243，頁19，行政院經濟建設委員會經濟研究處。
50. 陳寶瑞，〈我國汽車工業發展研究及分析〉(1980年12月)，檔號：(69)230.243，頁19，行政院經濟建設委員會經濟研究處。
51. 〈裕隆汽車製造廠與衛星工廠〉(1972)，《工業局》，資料編號：第32冊，藏於財團法人嚴慶齡工業發展基金會。
52. 〈裕隆汽車製造廠與衛星工廠〉(1972)，《工業局》，資料編號：第32冊，藏於財團法人嚴慶齡工業發展基金會。
53. 〈裕隆汽車製造廠與衛星工廠〉(1972)，《工業局》，資料編號：第32冊，藏於財團法人嚴慶齡工業發展基金會。
54. 《源大中》，資料編號：第225冊，藏於財團法人嚴慶齡工業發展基金會。
55. 陳寶瑞，〈我國汽車零件工業報告〉(1980年12月)，檔號：(69)234.245，頁50，行政院經濟建設委員會經濟研究處。
56. 陳寶瑞，〈我國汽車零件工業報告〉(1980年12月)，檔號：(69)234.245，頁50，行政院

經濟建設委員會經濟研究處。
57. 陳寶瑞，〈我國汽車零件工業報告〉（1980年12月），檔號：（69）234.245，頁12，行政院經濟建設委員會經濟研究處。
58. 顏錫銘主持，《臺灣區汽車零組件工業發展策略研究：成立汽車及零組件測試研究中心之探討》，頁219–221。
59. 顏錫銘主持，《臺灣區汽車零組件工業發展策略研究：成立汽車及零組件測試研究中心之探討》，頁221。
60. 臺灣汽車冷氣公司網頁，https://www.taatw.com.tw/intro1.html，瀏覽日期：2019年3月5日。

第十章　國民所得體制的摸索

1. 行政院主計處編，《中國政府統計組織與工作》（臺北：行政院主計處，1956），頁10。
2. 行政院主計處編，《中華民國臺灣之國民生產與國民所得》（臺北：行政院主計處，1955），頁1。
3. 行政院主計處編，《中華民國臺灣之國民生產與國民所得》，頁1。
4. 孟慶恩，〈臺灣之「國民所得」〉，《臺灣銀行季刊》，第4卷第2期（1951年6月），頁1。
5. 謝慎初，〈臺灣的國民所得統計平論（一）〉，《主計月報》，第4卷第1期（1957），頁17。
6. 謝慎初，〈臺灣的國民所得統計平論（一）〉，頁17。
7. 行政院主計處編，《中華民國臺灣之國民生產與國民所得》，頁129。
8. 行政院主計處編，《中華民國臺灣之國民生產與國民所得》，頁129。
9. 行政院主計處編，《中華民國臺灣之國民生產與國民所得》，頁133、135。
10. 行政院主計處編，《中華民國臺灣之國民生產與國民所得》，頁135。
11. 行政院主計處編，《中華民國臺灣之國民生產與國民所得》，頁137。
12. 行政院主計處（函），受文者：行政院美援運用委員會，「准函詢關於沈博顧問所提統計工作之建議實施辦理復調查照由」（1953年8月1日），〈統計顧問—沈博（Sumberg）、杭蕭（Henshaw）博士〉，《行政院國際經濟合作發展委員會檔案》，檔號：36-10-007-007，藏於中央研究院近代史研究所檔案館。
13. 行政院主計處（函），受文者：行政院美援運用委員會，「准函詢關於沈博顧問所提統計工作之建議實施辦理復調查照由」（1953年8月1日），〈統計顧問—沈博（Sumberg）、杭蕭（Henshaw）博士〉，《行政院國際經濟合作發展委員會檔案》，檔號：36-10-007-007，藏於中央研究院近代史研究所檔案館。
14. 行政院主計處（函），受文者：行政院美援運用委員會，「准函詢關於沈博顧問所提統計工作之建議實施辦理復調查照由」（1953年8月1日），〈統計顧問—沈博（Sumberg）、杭蕭（Henshaw）博士〉，《行政院國際經濟合作發展委員會檔案》，檔號：36-10-007-007，藏於中央研究院近代史研究所檔案館。
15. 行政院主計處（函），受文者：行政院美援運用委員會，「准函詢關於沈博顧問所提統計工作之建議實施辦理復調查照由」（1953年8月1日），〈統計顧問—沈博（Sumberg）、杭蕭（Henshaw）博士〉，《行政院國際經濟合作發展委員會檔案》，檔號：36-10-007-007，藏於中央研究院近代史研究所檔案館。
16. 行政院主計處（函），受文者：行政院美援運用委員會，「准函詢關於沈博顧問所提統計工作之建議實施辦理復調查照由」（1953年8月1日），〈統計顧問—沈博（Sumberg）、杭蕭（Henshaw）博士〉，《行政院國際經濟合作發展委員會檔案》，檔號：36-10-007-007，藏於

中央研究院近代史研究所檔案館。
17. 「行政院主計處國民所的組初步工作簡報」（1953 年 11 月），〈統計顧問—沈博（Sumberg）、杭蕭（Henshaw）博士〉,《行政院國際經濟合作發展委員會檔案》，檔號：36-10-007-007，藏於中央研究院近代史研究所檔案館。
18. 謝慎初,〈臺灣的國民所得統計平論（一）〉，頁17。
19. 劉泰英,《臺灣現行編算國民會計之資料、方法及其檢討》（臺北：國際經濟合作發展委員會，1963），頁7。
20. 劉泰英,《臺灣現行編算國民會計之資料、方法及其檢討》，頁7。
21. 劉泰英,《臺灣現行編算國民會計之資料、方法及其檢討》，頁52。
22. 〈劉泰英先生訪談紀錄〉（2023年3月15日）。劉泰英,「行政院主計處答覆美援公署有關國民所得統計問題之研究」,〈駐華美援公署援華效果研究—全國總供需預測案—長期經濟發展計畫、臺灣省政府十年經濟建設及長期發展計畫〉,《行政院國際經濟合作發展委員會檔案》，檔號：36-01-003-003，藏於中央研究院近代史研究所檔案館。
23. 劉泰英,《臺灣現行編算國民會計之資料、方法及其檢討》，頁52。
24. 劉泰英,《臺灣現行編算國民會計之資料、方法及其檢討》，頁31–32。
25. 張果為,《浮生的經歷與見證》（臺北：傳記文學雜誌社，1980），頁3、13、15–16、26、41、56、57、74–75。
26. 張果為,《浮生的經歷與見證》，頁100。
27. 張果為,《浮生的經歷與見證》，頁100。
28. 張果為,《浮生的經歷與見證》，頁100–101。
29. 張果為,《浮生的經歷與見證》，頁100–101。
30. 張果為,〈臺灣所得分配樣本調查之可能性〉,《財政經濟月刊》，第4卷第7期（1954年6月），頁8。
31. 張果為,〈臺灣所得分配樣本調查之可能性〉,《財政經濟月刊》，第4卷第7期（1954年6月），頁8。
32. 張果為,〈臺灣所得分配樣本調查之可能性〉,《財政經濟月刊》，第4卷第7期（1954年6月），頁8。
33. 張果為,〈臺灣所得分配樣本調查之可能性〉,《財政經濟月刊》，第4卷第7期（1954年6月），頁8。
34. 雷柏爾著,《臺灣目前之農村問題與其將來之展望》（臺北：中國農村復興聯合委員會，1953），頁71、74。
35. 雷柏爾、全漢昇、陳紹馨,《臺灣之城市與工業》（臺北：美國國外業務總署駐華共同安全分署、國立臺灣大學，1954），頁311。關於這兩項調查的過程，可參見鄭力軒的著作。鄭力軒,《陳紹馨的學術生命與臺灣研究》（臺北：臺大出版中心，2022），頁210–217。
36. 雷柏爾、全漢昇、陳紹馨,《臺灣之城市與工業》，頁312、315。
37. 張果為,〈臺灣所得分配樣本調查之可能性〉,《財政經濟月刊》，第4卷第7期（1954年6月），頁8。
38. 張果為,〈臺灣所得分配樣本調查之可能性〉,《財政經濟月刊》，第4卷第7期（1954年6月），頁8。
39. 張果為,〈臺灣所得分配樣本調查之可能性〉,《財政經濟月刊》，第4卷第7期（1954年6月），頁8。
40. 張果為,〈臺灣所得分配樣本調查之可能性〉，收於張果為教授八秩文存編纂委員會主編,《張果為教授統計理論論文集》（臺北：中國文化大學出版部，1980），頁47。

41. 張果為,〈臺灣所得分配樣本調查之可能性〉,收於張果為教授八秩文存編纂委員會主編,《張果為教授統計理論論文集》,頁47。
42. 張果為,〈臺灣所得分配樣本調查之可能性〉,收於張果為教授八秩文存編纂委員會主編,《張果為教授統計理論論文集》,頁47。
43. 張果為,〈臺灣所得分配樣本調查之可能性〉,收於張果為教授八秩文存編纂委員會主編,《張果為教授統計理論論文集》,頁47。
44. 張果為,〈臺灣所得分配樣本調查之可能性〉,收於張果為教授八秩文存編纂委員會主編,《張果為教授統計理論論文集》,頁49。
45. 行政院主計處國民所得工作小組編,《臺灣國民所得基本統計資料研討總報告》(臺北:行政院主計處國民所得工作小組,1961),無頁碼。
46. 「行政院主計處國民所得工作小組第一次會議紀錄」(1960年8月3日),〈統計顧問沈博—統計顧問周富瑞(Geofrey)、國民所得工作小組、商品分類工作小組、邢瑞茲(A. Ford Hinrichs)博士、賴德(Boyd Ladd)博士等〉,《行政院國際經濟合作發展委員會檔案》,檔號:36-10-007-008,藏於中央研究院近代史研究所檔案館。
47. 「行政院主計處國民所得工作小組第一次會議紀錄」(1960年8月3日),〈統計顧問沈博—統計顧問周富瑞(Geofrey)、國民所得工作小組、商品分類工作小組、邢瑞茲(A. Ford Hinrichs)博士、賴德(Boyd Ladd)博士等〉,《行政院國際經濟合作發展委員會檔案》,檔號:36-10-007-008,藏於中央研究院近代史研究所檔案館。
48. 「行政院主計處國民所得工作小組第一次會議紀錄」(1960年8月3日),〈統計顧問沈博—統計顧問周富瑞(Geofrey)、國民所得工作小組、商品分類工作小組、邢瑞茲(A. Ford Hinrichs)博士、賴德(Boyd Ladd)博士等〉,《行政院國際經濟合作發展委員會檔案》,檔號:36-10-007-008,藏於中央研究院近代史研究所檔案館。
49. 「行政院主計處國民所得工作小組第一次會議紀錄」(1960年8月3日),〈統計顧問沈博—統計顧問周富瑞(Geofrey)、國民所得工作小組、商品分類工作小組、邢瑞茲(A. Ford Hinrichs)博士、賴德(Boyd Ladd)博士等〉,《行政院國際經濟合作發展委員會檔案》,檔號:36-10-007-008,藏於中央研究院近代史研究所檔案館。
50. 「行政院主計處國民所得工作小組第一次會議紀錄」(1960年8月3日),〈統計顧問沈博—統計顧問周富瑞(Geofrey)、國民所得工作小組、商品分類工作小組、邢瑞茲(A. Ford Hinrichs)博士、賴德(Boyd Ladd)博士等〉,《行政院國際經濟合作發展委員會檔案》,檔號:36-10-007-008,藏於中央研究院近代史研究所檔案館。
51. 「行政院主計處國民所得工作小組第一次會議紀錄」(1960年8月3日),〈統計顧問沈博—統計顧問周富瑞(Geofrey)、國民所得工作小組、商品分類工作小組、邢瑞茲(A. Ford Hinrichs)博士、賴德(Boyd Ladd)博士等〉,《行政院國際經濟合作發展委員會檔案》,檔號:36-10-007-008,藏於中央研究院近代史研究所檔案館。
52. 「行政院主計處國民所得工作小組第一次會議紀錄」(1960年8月3日),〈統計顧問沈博—統計顧問周富瑞(Geofrey)、國民所得工作小組、商品分類工作小組、邢瑞茲(A. Ford Hinrichs)博士、賴德(Boyd Ladd)博士等〉,《行政院國際經濟合作發展委員會檔案》,檔號:36-10-007-008,藏於中央研究院近代史研究所檔案館。
53. 行政院主計處(函),「為實施國民所得統計改進計畫擬申請美元撥款協助檢同計畫請送查照核轉由」,〈1961年度行政院主計處國民所得統計改進計畫〉,《行政院國際經濟合作發展委員會檔案》,檔號:36-10-011-035,藏於中央研究院近代史研究所檔案館。
54. 行政院主計處國民所得工作小組編,《臺灣國民所得基本統計資料研討總報告》,無頁碼。
55. 國民所得工作小組訂,「國民所得統計研究發展計畫綱要」(1960年10月),〈1961年度

行政院主計處國民所得統計改進計畫〉,《行政院國際經濟合作發展委員會檔案》,檔號:36-10-011-035,藏於中央研究院近代史研究所檔案館。
56. 國民所得工作小組訂,「國民所得統計研究發展計畫綱要」(1960年10月),〈1961年度行政院主計處國民所得統計改進計畫〉,《行政院國際經濟合作發展委員會檔案》,檔號:36-10-011-035,藏於中央研究院近代史研究所檔案館。
57. 國民所得工作小組訂,「國民所得統計研究發展計畫綱要」(1960年10月),〈1961年度行政院主計處國民所得統計改進計畫〉,《行政院國際經濟合作發展委員會檔案》,檔號:36-10-011-035,藏於中央研究院近代史研究所檔案館。
58. 行政按主計處編訂,「國民所得統計改進計畫結束工作計畫書」(1963年5月),〈1964年度行政院主計處國民所得統計改進計畫〉,《行政院國際經濟合作發展委員會檔案》,檔號:36-10-011-038,藏於中央研究院近代史研究所檔案館。
59. 行政院主計處國民所得工作小組編,《臺灣國民所得基本統計資料研討總報告》,無頁碼。
60. 行政按主計處編訂,「國民所得統計改進計畫結束工作計畫書」(1963年5月),〈1964年度行政院主計處國民所得統計改進計畫〉,《行政院國際經濟合作發展委員會檔案》,檔號:36-10-011-038,藏於中央研究院近代史研究所檔案館。
61. 行政院主計處編訂,「國民所得統計改進計畫結束工作計畫書」(1963年5月),〈1964年度行政院主計處國民所得統計改進計畫〉,《行政院國際經濟合作發展委員會檔案》,檔號:36-10-011-038,藏於中央研究院近代史研究所檔案館。
62. 行政院主計處國民所得工作小組編,《臺灣國民所得基本統計資料研討總報告》,無頁碼。
63. 行政院統計制度改進工作小組編,《農業生產統計研討報告》(臺北:行政院統計制度改進工作小組,1966),頁10。
64. 行政院統計制度改進工作小組編,《農業生產統計研討報告》,頁10。行政院主計處國民所得工作小組編,《臺灣國民所得基本統計資料研討總報告》,無頁碼。
65. 行政院主計處國民所得工作小組編,《臺灣國民所得基本統計資料研討總報告》,無頁碼。
66. 行政院統計制度改進工作小組編,《臺灣省農情తృ報制度研討報告》(臺北:行政院統計制度改進工作小組,1966),頁2、16。行政院統計制度改進小組編,《臺灣農家經濟調查研討報告》(臺北:行政院統計制度改進小組,1966),頁48-49。
67. 行政院統計制度改進工作小組編,《臺灣省農情報告制度研討報告》,頁17。
68. 行政院主計處國民所得工作小組編,《臺灣國民所得基本統計資料研討總報告》,無頁碼。
69. 行政院主計處國民所得工作小組編,《臺灣國民所得基本統計資料研討總報告》,無頁碼。
70. 行政院主計處國民所得工作小組編,《臺灣國民所得基本統計資料研討總報告》,無頁碼。
71. 國民所得小組,「國民所得統計改進計畫執行情形及其效果」(1962年11月),〈1963年度行政院主計處國民所得統計改進計畫〉,《行政院國際經濟合作發展委員會檔案》,檔號:36-10-011-037,藏於中央研究院近代史研究所檔案館。
72. 行政院主計處國民所得工作小組編,《臺灣國民所得基本統計資料研討總報告》,無頁碼。
73. 行政院統計制度改進小組編,《臺灣農家經濟調查研討報告》,頁47。
74. 行政院統計制度改進小組編,《臺灣農家經濟調查研討報告》,頁57-58。
75. 行政院統計制度改進小組編,《臺灣農家經濟調查研討報告》,頁60。
76. 行政院主計處國民所得工作小組編,《臺灣國民所得基本統計資料研討總報告》,無頁碼。
77. 行政院統計制度改進小組編,《臺灣農家經濟調查研討報告》,頁61。
78. 行政院統計制度改進小組編,《臺灣農家經濟調查研討報告》,頁67。
79. 行政院統計制度改進工作小組編,《臺灣農家經濟調查研討報告》,頁56。
80. 行政院統計制度改進工作小組編,《臺灣農家經濟調查研討報告》,頁55。

81. 行政院統計制度改進工作小組編,《臺灣農家經濟調查研討報告》,頁56。
82. 行政院統計制度改進工作小組編,《臺灣農家經濟調查研討報告》,頁64。
83. 行政院主計處國民所得工作小組編,《臺灣國民所得基本統計資料研討總報告》,無頁碼。
84. 行政院主計處國民所得工作小組編,《臺灣國民所得基本統計資料研討總報告》,無頁碼。
85. 行政院統計制度改進工作小組編,《臺灣農家經濟調查研討報告》,頁89–90。
86. 行政院主計處國民所得工作小組編,《臺灣國民所得基本統計資料研討總報告》,無頁碼。

第十一章　戰後臺灣的近代經濟學教育與經濟模型設置

1. 〈張果為〉,《軍事委員會委員長侍從室檔案》,檔號:129-210000-2079,藏於國史館。
2. 〈林霖〉,《軍事委員會委員長侍從室檔案》,檔號:129-210000-4112,藏於國史館。
3. 黃紹恆,〈臺灣大學經濟學系系史〉,頁51,國立臺灣大學經濟學系網站:https://econ.ntu.edu.tw/wp-content/uploads/2023/10/hist.pdf。
4. 〈施建生〉,《軍事委員會委員長侍從室檔案》,檔號:129-210000-3651,藏於國史館。施建生,〈學術生涯的回顧〉,收於國立臺灣大學社會科學院編,《春風化雨 作育英才 臺灣經濟教育現代化的推手:施建生教授學術研討會紀要》(臺北:國立臺灣大學社會科學院,2014),頁2–3。
5. 〈施建生〉,《軍事委員會委員長侍從室檔案》,檔號:129-210000-3651,藏於國史館。施建生,〈平淡一生的簡略回憶〉,收於薛琦、胡春田、林建甫、王泓仁、蔡崇聖、陳尚瑜編,《施建生教授追思集》(臺北:國立臺灣大學社會科學院,2020),頁156。施建生,〈學術生涯的回顧〉,頁4、6–7。
6. 施建生,〈學術生涯的回顧〉,頁5–6。
7. 施建生,〈學術生涯的回顧〉,頁7–8。
8. 吳惠林,〈經濟觀念布道家施建生教授:兼談當代經濟學、自由經濟及其他〉,收於國立臺灣大學社會科學院編,《春風化雨 作育英才 臺灣經濟教育現代化的推手:施建生教授學術研討會紀要》,頁75。
9. 邱正雄,〈吾愛吾師:課堂、實習、交誼回憶〉,收於薛琦、胡春田、林建甫、王泓仁、蔡崇聖、陳尚瑜編,《施建生教授追思集》,頁34–35。
10. 國立臺灣大學編,《國立臺灣大學研究所概況》(臺北:國立臺灣大學,1971),頁126、131–132。
11. 薛毅,《國民政府資源委員會研究》(北京:社會科學文獻,2005),頁321–322。
12. 〈邢慕寰〉,《軍事委員會委員長侍從室檔案》,檔號:129-230000-3158,藏於國史館。
13. 麥朝成、吳惠林,《邢慕寰院士的經濟理念、政策與學術貢獻:逝世一週年紀念》(臺北:中華經濟研究院,2000)頁12–13。
14. NBER網頁,https://www.nber.org/about-nber/history。
15. 〈邢慕寰〉,《軍事委員會委員長侍從室檔案》,檔號:129-230000-3158,藏於國史館。
16. 邢杞風,〈經濟較量與經濟政策〉,《自由中國之工業》,第2卷第4期(1954年10月),頁1–10。
17. 邢慕寰,《臺灣經濟策論》(臺北:三民書局,1993),頁237–242。
18. 劉克智,〈懷恩師邢慕寰院士〉,收於麥朝成、吳惠林編,《邢慕寰院士的經濟理念、政策與學術貢獻:逝世一週年紀念》,頁166。
19. 劉克智,〈懷恩師邢慕寰院士〉,頁165。
20. 邢慕寰,〈1929–44年臺灣國民所得的研究〉,收於吳惠林、傅祖壇編,《邢慕寰先生學術

論文集（三）》（臺北：中央研究院經濟研究所，2002），頁1。
21. 邢慕寰，〈1929–44年臺灣國民所得的研究〉，頁1–2。
22. 邢慕寰手稿，〈四十年至四十七年臺灣國民所得生產與所得之新估計〉（1960），藏於國立臺灣大學圖書館。
23. 邢慕寰，〈早產了十年的經濟研究所〉，收於中央研究院經濟研究所編，《中央研究院經濟研究所三十週年紀念回顧與展望》（臺北：中央研究院經濟研究所，1992），頁8。
24. 中央研究院經濟研究所，《中央研究院經濟研究所三十週年紀念回顧與展望》，頁1。
25. 〈楊樹人〉，《軍事委員會委員長侍從室檔案》，檔號：129-210000-2862，藏於國史館。楊連熾，〈儒學典型：我的父親楊樹人教授〉，《中外雜誌》，第79卷第2期（2006年2月），頁94–96、103。
26. 〈李幹〉，《軍事委員會委員長侍從室檔案》，檔號：129-210000-4443，藏於國史館。
27. 〈何廉〉，《軍事委員會委員長侍從室檔案》，檔號：129-200000-3615，藏於國史館。
28. 〈蔣碩傑〉，《軍事委員會委員長侍從室檔案》，檔號：129-220000-0178，藏於國史館。吳惠林、彭慧明，《蔣碩傑傳》（臺北：天下文化，2012），頁325–328。
29. 〈李卓敏〉，《軍事委員會委員長侍從室檔案》，檔號：129-210000-2730，藏於國史館。
30. 〈萬又煊（萬柚軒）〉，《軍事委員會委員長侍從室檔案》，檔號：129-240000-2553，藏於國史館。
31. 何廉著，朱佑慈、楊大寧、胡隆昶、王文鈞、俞振基譯，《何廉回憶錄》（北京：中國文史，1988），頁36、61、62、73、217。徐振國，〈何廉及南開經濟學家對戰後經濟發展之議論〉，《東吳政治學報》，第14期（2020年3月），頁51–82。
32. 邢慕寰，〈早產了十年的經濟研究所〉，頁9。
33. 邢慕寰，〈早產了十年的經濟研究所〉，頁9、12。
34. 李庸三，《精彩人生夢難圓：李庸三自述》（臺北：財團法人金融研訓院，2015），頁68–70。
35. 李庸三，《精彩人生夢難圓：李庸三自述》，頁132。
36. 李庸三，《精彩人生夢難圓：李庸三自述》，頁132。
37. 李庸三，《精彩人生夢難圓：李庸三自述》，頁68–70。
38. 李庸三，〈經濟所三十年回顧〉，收於中央研究院經濟研究所編，《中央研究院經濟研究所三十週年紀念回顧與展望》，頁33。
39. 李庸三，《精彩人生夢難圓：李庸三自述》，頁133–134。
40. 于宗先，〈感懷過去的成長，期待未來的發展〉，收於中央研究院經濟研究所編，《中央研究院經濟研究所三十週年紀念回顧與展望》，頁18。
41. 于宗先，〈我的學思歷程〉，收於吳惠林編，《于宗先院士追思紀念文集》（臺北：中華經濟研究院，2019），頁35–38。
42. 于宗先，〈感懷過去的成長，期待未來的發展〉，收於中央研究院經濟研究所編，《中央研究院經濟研究所三十週年紀念回顧與展望》，頁19。
43. 于宗先，〈我的學思歷程〉，頁40。
44. 中央研究院經濟研究所，〈臺灣經濟的過去，現在與前瞻〉，《臺灣經濟預測》，第1卷第1期（1970），頁16。
45. 「中美人文及社會科學合作會議參加同仁座談會」（1966年5月22日），〈中美人文社會科學合作委員會（一）〉，《行政院國家科學委員會檔案》，檔號：041-050000-0002，藏於國史館。楊翠華，〈王世杰與中美合作1963–1978：援助或合作？〉，《歐美研究》，第29卷第2期（1999年6月），頁41–103。

46. 「中美科學合作委員會人文及社會科學設計小組第五次會議紀錄」(1965年10月1日)，〈中美人文社會科學合作委員會（一）〉，《行政院國家科學委員會檔案》，檔號：041-050000-0002，藏於國史館。
47. 邢慕寰，〈劉大中先生與臺大經濟學博士班〉，收於劉大中先生伉儷追思錄編輯委員會編，《劉大中先生伉儷追思錄》(出版地不詳：劉大中先生伉儷追思錄編委會，1975)，頁105–106。
48. 〈傑出中美經濟學者定期聚會臺北研討經濟發展〉(1967年1月4日)，《中央日報》。
49. 美國中美人文社會科學合作聯合委員會、中央研究院中美人文社會科學合作委員會編，《臺灣經濟發展會議》(臺北：美國中美人文社會科學合作聯合委員會、中央研究院中美人文社會科學合作委員會，1967年6月19–28日)，頁i–ii。
50. 美國中美人文社會科學合作聯合委員會、中央研究院中美人文社會科學合作委員會編，《臺灣經濟發展會議》，頁4。
51. 「劉大中、蔣碩傑、Kuznets、Galeson致李國鼎信函」(1967年11月22日)，「陶聲洋簽呈」(1967年12月12日)，〈1968年度教育計畫總卷─設立經濟學博士班、籌設科學資料中心〉，《行政院國際經濟合作發展委員會檔案》，檔號：36-07-002-024，藏於中央研究院近代史研究所檔案館。
52. 劉素芬、樊沁萍訪問，鍾杏珠記錄，《中國現代經濟學的播種者：鄒至莊先生訪問紀錄》(美國：八方文化企業公司，1997)，頁21。
53. 邢慕寰，〈劉大中先生與臺大經濟學博士班〉，頁105–107。
54. 「劉大中、蔣碩傑、Kuznets、Galeson致李國鼎信函」(1967年11月22日)、「陶聲洋簽呈」(1967年12月12日)，〈1968年度教育計畫總卷─設立經濟學博士班、籌設科學資料中心〉，《行政院國際經濟合作發展委員會檔案》，檔號：36-07-002-024，藏於中央研究院近代史研究所檔案館。
55. 邢慕寰，〈劉大中先生與臺大經濟學博士班〉，頁107。
56. 李庸三，《精彩人生夢雖圓：李庸三自述》，頁80–81。
57. 于宗先，〈我的學思歷程〉，頁39。
58. 劉素芬、樊沁萍訪問，鍾杏珠記錄，《中國現代經濟學的播種者：鄒至莊先生訪問紀錄》，頁21。
59. 〈紀念梁國樹教授國際學術研討會 總統書面致詞(1996年8月17日)〉，《李登輝總統文物》，檔號：007-070100-00012-007-001，藏於國史館。臺大經濟研究學術基金會，《臺大經濟學系友通訊錄》(臺北：財團法人臺大經濟研究學術基金會，1991)，頁7。
60. 〈趙捷謙先生訪談紀錄〉(2023年6月5日)。
61. 劉素芬、樊沁萍訪問，鍾杏珠記錄，《中國現代經濟學的播種者：鄒至莊先生訪問紀錄》，頁21。
62. 〈薛琦先生訪談紀錄〉(2022年10月25日)。
63. 孫震，〈臺灣的總體經濟規畫〉，收於梁國樹編，《臺灣經濟發展論文集》(臺北：時報文化，1994)，頁25、27。
64. 作者、出版地、出版者、出版年不詳，《中華民國十年長期經濟發展計畫暨第四期四年計畫(二稿)下篇》，頁124–125。
65. 邢慕寰，《臺灣經濟的投入產出關係》(臺北：行政院美援運用委員會，1961)，頁1。
66. 邢慕寰，《臺灣經濟的投入產出關係》，頁1。
67. 邢慕寰，《臺灣經濟的投入產出關係》，頁1–2。
68. 邢慕寰，《臺灣經濟的投入產出關係》，頁2。

69. 邢慕寰,《臺灣經濟的投入產出關係》,頁4-5。
70. 邢慕寰,《臺灣經濟的投入產出關係》,頁4-5。
71. 邢慕寰,《臺灣經濟的投入產出關係》,頁4-5。
72. 邢慕寰,《臺灣經濟的投入產出關係》,頁4-5。
73. 邢慕寰,《臺灣經濟的投入產出關係》,頁4。
74. 經合會第三處綜合經濟設計工作小組編,《民國五十三年臺灣投入產出表之編製》(臺北:國際經濟合作發展委員會,1968),頁56。
75. 經合會第三處綜合經濟設計工作小組編,《民國五十三年臺灣投入產出表之編製》,頁24-25。
76. 經合會第三處綜合經濟設計工作小組編,《民國五十三年臺灣投入產出表之編製》,頁50-51。
77. 經合會第三處綜合經濟設計工作小組編,《民國五十三年臺灣投入產出表之編製》,頁25。
78. 經合會第三處綜合經濟設計工作小組編,《民國五十三年臺灣投入產出表之編製》,頁25。
79. 經合會第三處綜合經濟設計工作小組編,《民國五十三年臺灣投入產出表之編製》,頁25-26。
80. 〈劉泰英先生訪談紀錄〉(2023年3月15日)。陳光達,《劉泰英前傳》(臺北:月旦,1997),頁48。
81. 〈李高朝先生訪談紀錄〉(2023年2月15日)。國立臺灣大學編,《國立臺灣大學研究所概況》,頁270。
82. 〈李高朝先生訪談紀錄〉(2023年2月15日)。
83. 〈再任財政部長時:加速經濟發展計畫〉,《嚴家淦總統文物》,檔號:006000000060A,藏於國史館。
84. 〈葉萬安先生訪談紀錄〉(2023年3月10日)。
85. 王作榮,《壯志未酬》(臺北:天下文化,1999),頁196。
86. 行政院主計處(函),「為實施國民所得統計改進計畫擬申請美元撥款協助檢同計畫請送查照核轉由」,〈1961年度行政院主計處國民所得統計改進計畫〉,《行政院國際經濟合作發展委員會檔案》,檔號:36-10-011-035,藏於中央研究院近史所檔案館。
87. 王作榮,《壯志未酬》,頁197。
88. 〈葉萬安先生訪談紀錄〉(2023年3月10日)。
89. 劉咸思,《海天仙侶》(臺北:世界文物,1988),頁38-39。
90. 劉咸思,《海天仙侶》,頁39-40。
91. 蔣碩傑,〈劉大中、戢亞昭伉儷逝世十週年追憶〉,收於劉咸思,《海天仙侶》,頁162-164。劉大中先生伉儷追思錄編輯委員會編,《劉大中先生伉儷追思錄》,頁68。
92. 蔣碩傑,〈劉大中、戢亞昭伉儷逝世十週年追憶〉,頁162-164。劉大中先生伉儷追思錄編輯委員會編,《劉大中先生伉儷追思錄》,頁68。
93. Ta-Chung Liu, Chin-gwan Chang, "U.S. Consumption and Investment Propensities: Prewar and Postwar," *American Economic Review*, 40:4 (September 1950), pp. 565–582.
94. Ta-Chung Liu, "A Simple Forecasting Model of the U.S. Economy," *International Monetary Fund Staff Papers*, 4:3 (August 1955), pp. 434–466. Ta-Chung Liu, "Underidentification, Structural Estimation and Forecasting," *Econometrica*, 28:4 (October 1960), pp. 855–865. Ta-Chung Liu, "A Monthly Recursive Econometric Model of United States: A Test of Feasibility," *The Review of Economics and Statistics*, 51:1 (February 1969), pp. 1–13.
95. 劉大中先生伉儷追思錄編輯委員會編,《劉大中先生伉儷追思錄》,頁29。

96. 「行政院國際經濟合作發展委員會第十二次委員會議議程」（1964年9月10日），〈國際經濟合作委員會會議紀錄〉，《外交部檔案》，檔號：11-07-02-20-03-008，藏於中央研究院近代史研究所檔案館。
97. 「行政院國際經濟合作發展委員會第十二次委員會議議程」（1964年9月10日），〈國際經濟合作委員會會議紀錄〉，《外交部檔案》，檔號：11-07-02-20-03-008，藏於中央研究院近代史研究所檔案館。
98. 「行政院國際經濟合作發展委員會第十二次委員會議議程」（1964年9月10日），〈國際經濟合作委員會會議紀錄〉，《外交部檔案》，檔號：11-07-02-20-03-008，藏於中央研究院近代史研究所檔案館。
99. 「行政院國際經濟合作發展委員會第十二次委員會議議程」（1964年9月10日），〈國際經濟合作委員會會議紀錄〉，《外交部檔案》，檔號：11-07-02-20-03-008，藏於中央研究院近代史研究所檔案館。
100. 「行政院國際經濟合作發展委員會第十二次委員會議議程」（1964年9月10日），〈國際經濟合作委員會會議紀錄〉，《外交部檔案》，檔號：11-07-02-20-03-008，藏於中央研究院近代史研究所檔案館。
101. 發文者：劉大中，受文者：李國鼎，「商品流通與投入產出分析」（1964年9月15日），〈國際經濟合作委員會會議紀錄〉，《外交部檔案》，檔號：11-07-02-20-03-008，藏於中央研究院近代史研究所檔案館。
102. 發文者：劉大中，受文者：李國鼎，「商品流通與投入產出分析」（1964年9月15日），〈國際經濟合作委員會會議紀錄〉，《外交部檔案》，檔號：11-07-02-20-03-008，藏於中央研究院近代史研究所檔案館。
103. 發文者：劉大中，受文者：李國鼎，「商品流通與投入產出分析」（1964年9月15日），〈國際經濟合作委員會會議紀錄〉，《外交部檔案》，檔號：11-07-02-20-03-008，藏於中央研究院近代史研究所檔案館。
104. 劉大中，《協助經濟設計工作報告》（臺北：經合會委員會，1964），頁7。
105. 劉大中，《協助經濟設計工作報告》，頁3。
106. 劉大中，《協助經濟設計工作報告》，頁8。
107. 行政院主計處編，《全國總供需估測回顧與展望》（臺北：行政院主計處，1998），頁37。
108. 行政院主計處編，《全國總供需估測回顧與展望》，頁37。
109. 行政院主計處編，《全國總供需估測回顧與展望》，頁37–38。
110. 行政院主計處編，《全國總供需估測回顧與展望》，頁38。
111. 〈葉萬安先生訪談紀錄〉（2023年3月10日）。
112. 行政院主計處，《行政院主計處國民所得統計評審委員會：三十週年紀念特刊》（臺北：行政院主計處，1995），頁33。
113. 行政院主計處，《行政院主計處國民所得統計評審委員會：三十週年紀念特刊》，頁53。
114. 行政院主計處，《行政院主計處國民所得統計評審委員會：三十週年紀念特刊》，頁54。
115. 行政院主計處，《行政院主計處國民所得統計評審委員會：三十週年紀念特刊》，頁55。
116. 行政院主計處，《行政院主計處國民所得統計評審委員會：三十週年紀念特刊》，頁55。
117. 「全國總供需估測編審實施方案」，〈駐華美援公署援華效果研究—全國總供需預測案—長期經濟發展計畫、臺灣省政府十年經濟建設長期發展計畫〉，《行政院國際經濟合作發展委員會檔案》，檔號：36-01-003-003，藏於中央研究院近代史研究所檔案館。
118. 行政院主計處編，《全國總供需估測回顧與展望》，頁38–39。
119. 「抄主計長張導民簽呈」（1968年7月11日），〈駐華美援公署援華效果研究—全國總供需

預測案—長期經濟發展計畫、臺灣省政府十年經濟建設長期發展計畫〉,《行政院國際經濟合作發展委員會檔案》,檔號:36-01-003-003,藏於中央研究院近代史研究所檔案館。
120.「抄主計長張導民簽呈」(1968年7月11日),〈駐華美援公署援華效果研究—全國總供需預測案—長期經濟發展計畫、臺灣省政府十年經濟建設長期發展計畫〉,《行政院國際經濟合作發展委員會檔案》,檔號:36-01-003-003,藏於中央研究院近代史研究所檔案館。
121.「全國總供需估測編審實施方案」,〈駐華美援公署援華效果研究—全國總供需預測案—長期經濟發展計畫、臺灣省政府十年經濟建設長期發展計畫〉,《行政院國際經濟合作發展委員會檔案》,檔號:36-01-003-003,藏於中央研究院近代史研究所檔案館。
122.「全國總供需估測編審實施方案」,〈駐華美援公署援華效果研究—全國總供需預測案—長期經濟發展計畫、臺灣省政府十年經濟建設長期發展計畫〉,《行政院國際經濟合作發展委員會檔案》,檔號:36-01-003-003,藏於中央研究院近代史研究所檔案館。
123. 行政院主計處編,《全國總供需估測回顧與展望》,頁39。
124. 行政院主計處編,《全國總供需估測回顧與展望》,頁39。
125. 行政院主計處編,《全國總供需估測回顧與展望》,頁39。
126. 行政院主計處,《行政院主計處國民所得統計評審委員會:三十週年紀念特刊》,頁42-43。
127. 鄒進文,《近代中國經濟學的發展:以留學博士生論文為中心的考察》(北京:中國人民大學出版社,2016),頁48-59。
128. 徐振國,〈何廉及南開經濟學家對戰後經濟政策發展之議論〉,《東吳政治學報》,第14期(2020年3月),頁51-82。
129. 蔣寶麟,《民國時期中央大學的學術與政治(1927-1949)》(南京:南京大學出版社,2016),頁3-6。
130. 鄒進文,《近代中國經濟學的發展:以留學博士生論文為中心的考察》,頁199。

參考書目

一、檔案史料

中央研究院近代史研究所檔案館

《外交部檔案》
〈中泰經濟技術合作〉,檔號:11-01-08-09-02-007。
〈國際經濟合作委員會會議紀錄〉,檔號:11-07-02-20-03-008。
〈海域石油探勘〉,檔號:11-10-05-03-060。

《資源委員會檔案》
〈籌組自行車公司〉,檔號:24-04-152-10。
〈中油公司:人事(四)〉,檔號:24-12-55-012-02。
〈中國石油公司:組織、成立、結束〉,檔號:24-12-55-001-01。
〈中國石油公司:總務(三)〉,檔號:24-12-55-004-02。
〈中國石油公司:業務(一)〉,檔號:24-12-55-013-01。

《行政院經濟安定委員會檔案》
〈商討推廣及收購本省產棉花辦法座談會紀錄一份〉,檔號:30-01-01-012-646。
〈45年度棉花生產討論會紀錄〉,檔號:30-01-01-012-647。
〈值得試驗的麻棉間作制度—尹仲容〉,檔號:30-01-01-012-651。
〈臺灣如種棉花可以自給自足嗎—錢天鶴〉,檔號:30-01-01-012-652。
〈農林廳檢送44年度棉花推廣會議紀錄〉,檔號:30-01-01-012-656。
〈臺灣省農業試驗所臺南棉麻分所編「臺灣省棉花參考資料」〉,檔號:30-01-01-012-680。
〈會議紀錄節略第84至86次〉,檔號:30-01-05-072。
〈業務會報議程〉,檔號:30-07-01-001。
〈汽車進口案〉,檔號:30-07-03-003。

《美援運用委員會檔案》
〈行政院美援運用委員會會議紀錄(六)〉,檔號:31-01-006。

《駐日代表團檔案》
〈購審:中日合作煉油;洽購油輪;調查汽車;詢購漁船;修理重力儀〉,檔號:32-02-416。

《經濟部國營事業司檔案》
〈各事業單位與外國技術合作情形〉,檔號:35-25-01 344。
〈石油公司與美國海灣石油公司貸款〉,檔號:35-25-18 157。
〈美孚莫比油公司及聯合化學公司與我合作組織慕華聯合化學公司〉,檔號:35-25-18 166。
〈石油公司國際合作案〉,檔號:35-25-18 174。
〈日本帝國石油會社派員來臺商談開發本省南部天然瓦斯;日本高岡大輔等擬議合作開發本省

南部天然氣；蔡梅溪君之日本礦源探測精氣探知機與臺灣省之開發〉，檔號：35-25-18 175。
〈美國海外石油公司擬來臺探勘石油礦〉，檔號：35-25-18 202。
〈石油公司擬與海灣油公司合作探勘本省油源〉，檔號：35-25-18 203。

《行政院國際經濟合作發展委員會檔案》
〈駐華美援公署援華效果研究—全國總供需預測案—長期經濟發展計畫、臺灣省政府十年經濟建設長期發展計畫〉，檔號：36-01-003-003。
〈1953年度大東工業公司MES項下美援申請書〉，檔號：36-06-013-005。
〈1954年度大東工業公司美援器材與貸款案〉，檔號：36-06-013-006。
〈裕隆汽車製造公司擴充設備貸款美金520萬、南部建廠計畫〉，檔號：36-06-013-013。
〈中小企業輔導準則、中小企業輔導工作小組委員〉，檔號：36-06-039-021。
〈1968年度教育計畫總卷—設立經濟學博士班、籌設科學資料中心〉，檔號：36-07-002-024。
〈統計顧問—沈博（Sumberg）、杭蕭（Henshaw）博士〉，檔號：36-10-007-007。
〈統計顧問沈博—統計顧問周富瑞（Geofrey）、國民所得工作小組、商品分類工作小組、邢瑞茲（A. Ford Hinrichs）博士、賴德（Boyd Ladd）博士等〉，檔號：36-10-007-008。
〈1961年度行政院主計處國民所得統計改進計畫〉，檔號：36-10-011-035。
〈1963年度行政院主計處國民所得統計改進計畫〉，檔號：36-10-011-037。
〈1964年度行政院主計處國民所得統計改進計畫〉，檔號：36-10-011-038。
〈華僑及外國人來臺投資與技術合作、工業服務〉，檔號：36-19-001-002。
〈經濟部華僑及外國人投資審議委員會〉，檔號：36-19-001-004、36-19-001-006、36-19-001-008、36-19-001-012、36-19-001-013。
〈機器製造工業—汽車零件、瓦斯筒、工具、五金器具、耕耘機等〉，檔號：36-19-004-021。
〈電子工業與電信工業〉，檔號：36-19-004-028。

《臺灣區生產事業管理委員會檔案》
〈第117次常委會議程〉，檔號：49-01-01-009-148。
〈第125次常委會議程〉，檔號：49-01-01-009-156。
〈第151次常委會議程〉，檔號：49-01-01-009-182。
〈第168次常委會議程〉，檔號：49-01-01-009-199。
〈第186次常委會議程〉，檔號：49-01-01-009-217。
〈歷次檢討會紀錄(51)〉，檔號：49-01-01-009-306。
〈伍順行請設自行車廠〉，檔號：49-04-07-003-028。
〈自行車公司代製各項鋼管〉，檔號：49-05-02-001-151。

《行政院外匯貿易審議委員會檔案》
〈行政院外匯貿易審議委員會第167次會議〉，檔號：50-167-025。
〈加工組臺灣自行車公司等申請向日本西德等地進口鋼帶原料提請核議〉，檔號：50-397-055。

國史館
〈詹益謙訃聞及生平事略〉，檔號：1280073160001A。

《嚴家淦總統文物》
〈再任財政部長時：加速經濟發展計畫〉，檔號：006000000060A。

《資源委員會檔案》
〈資源委員會各事業單位職員錄案(三)〉,檔號:003-010102-2512。
〈中國石油公司概況〉,檔號:003-010306-0275。
〈資源委員會在臺各事業單位工作簡報資料彙編〉,檔號:003-010306-0395。
〈大口煉製廠報告〉,檔號:003-020200-0037。
〈在中國的美國顧問團函件及價目表American Consultants in China:〉,檔號:003-020300-0131。

《李登輝總統文物》
〈紀念梁國樹教授國際學術研討會 總統書面致詞(1996年8月17日)〉,檔號:007-070100-00012-007-001。

《行政院國家科學委員會檔案》
〈中美人文社會科學合作委員會(一)〉,檔號:041-050000-0002。

《個人史料檔案》
〈張添根先生行誼暨訃告〉,檔號:128-005288-0001-001。

《軍事委員會委員長侍從室檔案》
〈陳長庚〉,檔號:129-020000-3280。
〈翁文波〉,檔號:129-040000-0291。
〈趙仁壽〉,檔號:129-050000-1682。
〈曲延壽〉,檔號:129-050000-1744。
〈王澄清〉,檔號:129-060000-0557。
〈黃春富〉,檔號:129-080000-1914。
〈賓果〉,檔號:129-080000-1358。
〈張武〉,檔號:129-090000-3612。
〈侯國光〉,檔號:129-110000-0941。
〈王志堅〉,檔號:129-110000-1762。
〈鄭汝鏞〉,檔號:129-110000-2977。
〈辛文蘭〉,檔號:129-130000-1006。
〈劉夢熊〉,檔號:129-170000-4239。
〈朱霖〉,檔號:129-200000-3485。
〈何廉〉,檔號:129-200000-3615。
〈夏勤鐸〉,檔號:129-200000-3614。
〈蕭人存〉,檔號:129-200000-3787。
〈劉文騰〉,檔號:129-200000-3336。
〈錢天鶴〉,檔號:129-200000-2821。
〈李崇年(李重岩)〉,檔號:129-210000-1318。
〈侯銘恩(侯警齋)〉,檔號:129-210000-1411。
〈芮寶公(芮曉綠)〉,檔號:129-210000-1412。
〈李慶泉(李子淵)〉,檔號:129-210000-2050。
〈張果為〉,檔號:129-210000-2079。

〈嵇昌先〉,檔號:129-210000-2388。
〈趙蘭坪〉,檔號:129-210000-2725。
〈李卓敏〉,檔號:129-210000-2730。
〈劉大柏(劉鑑湘)〉,檔號:129-210000-2825。
〈施建生〉,檔號:129-210000-3651。
〈王平章(王靜波)〉,檔號:129-210000-3872。
〈全漢昇〉,檔號:129-210000-4008。
〈林霖〉,檔號:129-210000-4112。
〈楊玉璠〉,檔號:129-210000-4047。
〈李榦〉,檔號:129-210000-4443。
〈楊樹人〉,檔號:129-210000-4443。
〈康天經〉,檔號:129-210000-4549。
〈孫逢吉〉,檔號:129-210000-4728。
〈黃彰任〉,檔號:129-210000-4753。
〈王作榮〉,檔號:129-220000-1018。
〈張宗利〉,檔號:129-220000-0842。
〈蔣碩傑〉,檔號:129-220000-0178。
〈徐傳正〉,檔號:129-220000-3201。
〈劉德雲〉,檔號:129-220000-3206。
〈詹益謙〉,檔號:129-220000-3226。
〈陳承欽〉,檔號:129-220000-3251。
〈李達海〉,檔號:129-220000-3255。
〈馮宗道〉,檔號:129-220000-3266。
〈尹致中〉,檔號:129-230000-0835。
〈謝慎初(謝文蔚)〉,檔號:129-230000-0378。
〈孟慶恩(孟天民)〉,檔號:129-230000-0096。
〈王師復〉,檔號:129-230000-0944。
〈林一新〉,檔號:129-230000-0943。
〈黃子貞(黃指津)〉,檔號:129-230000-2226。
〈陸民仁〉,檔號:129-230000-2402。
〈邢慕寰〉,檔號:129-230000-3158。
〈孫師宋〉,檔號:129-240000-0917。
〈謝文壇〉,檔號:129-240000-0046。
〈簡五朝(簡東昌)〉,檔號:129-240000-1566。
〈蕭其來〉,檔號:129-240000-1570。
〈張漢裕〉,檔號:129-240000-1517。
〈萬又煊(萬柚軒)〉,檔號:129-240000-2553。
〈陳超塵〉,檔號:129-240000-4268。
〈顧光復〉,檔號:129-250000-0860。
〈葉萬安〉,檔號:129-250000-1233。
〈顏明智〉,檔號:129-250000-1769。
〈袁度元(袁淑衡)〉,檔號:129-250000-1847。
〈劉榮超〉,檔號:129-250000-3674。

〈郭婉容〉,檔號:129-250000-3677。
〈于宗先〉,檔號:129-250000-4184。
〈盧敦義〉,檔號:129-250000-4512。
〈李高朝〉,檔號:129-250000-4929。
〈鄭旺〉,檔號:129-250000-2532。
〈林海達(林宜秋)〉,檔號:129-260000-0257。
〈劉泰英〉,檔號:129-260000-0722。

行政院經濟建設委員會經濟研究處
陳寶瑞,〈我國汽車工業發展研究及分析〉(1980年12月),檔號:(69)230.243。
陳寶瑞,〈我國汽車零件工業報告〉(1980年12月),檔號:(69)234.245。

國立臺灣大學圖書館
〈臺灣棉花栽培組合ヘノ補助其成績〉(謄寫資料)。
邢慕寰(手稿),〈四十年至四十七年臺灣國民所得生產與所得之新估計〉(1960)。
福特六和汽車公司(編)、國立臺灣大學三民主義研究所(整理),《福特六和汽車公司擴建計畫》,「李國鼎先生贈送資料影本‧重工業類(十二)」。

財團法人嚴慶齡工業發展基金會
裕隆汽車公司董事長嚴慶齡,〈呈 副總統〉(1961年1月12日),資料編號:0008。
《裕盛》,資料編號:0049。
〈裕隆汽車製造廠與衛星工廠〉(1972),《工業局》,資料編號:第32冊。
《源大中》,資料編號:第225冊。

其他
〈臺灣油礦探勘處生產統計〉(中國石油公司,臺灣中油股份有限公司)。
〈臺灣棉花株式會社營業報告書第一至七回〉。
《帝國石油株式會社臺灣鑛業所文書》。
《昭和二十一年十二月以降 元臺灣鑛業所關係文書綴》。

二、報紙

《中央日報》,1967年1月4日。
《經濟日報》,1969年4月15日(第二版)、1970年12月12日(第五版)、1970年12月13日(第五版)、1970年12月8日(第五版)、1970年2月19日(第二版)、1971年4月2日(第五版)。
《臺灣日日新報》,1941年1月16日(第二版)。
《聯合報》,1959年6月9日(第三版)、1965年1月23日(第三版)、1970年10月12日(第二版)、1970年1月30日(第二版)。

三、政府公報／月報／年刊

《臺灣省議會公報》(南投),第20卷第16期,1969年3月4日。
海關總稅務司署統計科,《中國進出口貿易統計年刊(臺灣區)》,歷年。

財政部統計處,《中華民國進出口貿易統計月報》,歷年。
經濟部統計處,《臺灣生產統計月報》,歷年。
經濟部統計處,《工業生產統計月報》,歷年。
經濟部統計處,《中華民國臺灣地區經濟統計年報》,1988、1993年。
臺灣省政府農林廳,《臺灣農業年報》,歷年。
臺灣總督府,《臺灣農業年報》,歷年。

四、口述歷史(作者自訪,未刊稿)

〈薛琦先生訪談紀錄〉,2022年10月25日。
〈李高朝先生訪談紀錄〉,2023年2月15日。
〈葉萬安先生訪談紀錄〉,2023年3月10日。
〈劉泰英先生訪談紀錄〉,2023年3月15日。
〈趙捷謙先生訪談紀錄〉,2023年6月5日。
〈王如鈺先生訪談紀錄〉,2024年6月12日。

五、專書

Amsden, Alice H. *Asia's Next Giant: South Korea and Late Industrialization*. New York: Oxford University Press, 1989.
Collison, Kerry B. *In Search of Recognition: The Leo Stach Story*. Victoria, Australia: Sid Harta Publishers Pty Ltd., 2015.
Galenson, Walter, ed. *Economic Growth and Structural Change in Taiwan: the Postwar Experience of the Republic of China*. Ithaca: Cornell University Press, 1979.
Ghosh, Arunabh. *Making It Count : Statistics and Statecraft In the Early People's Republic of China*. Princeton: Princeton University Press, 2020.
Jacoby, Neil H. *U.S. Aid to Taiwan: A Study of Foreign Aid, Self-Help, and Development*. New York: Frederick A. Praeger, 1966.
Noble, Gregory W. *Collective Action in East Asia: How Ruling Parties Shape Industrial Policy*. Ithaca: Cornell University Press, 1998.
Seow, Victor. *Carbon Technocracy: Energy Regimes in Modern East Asia*. Chicago: University of Chicago Press, 2022.
Tan, Ying-Jia. *Recharging China in War and Revolution, 1882–1955*. Ithaca: Cornell University Press, 2021.
Wade, Robert H. *Governing the Market: Economic Theory and the Role of Government in East Asian Industrialization*. Princeton: Princeton University Press, 1990.
テッサ・モーリス-鈴木(著)、藤井隆至(譯),《日本の経済思想》。東京:岩波書店,2010。
二十五年來之中國石油股份有限公司編輯委員會(編),《二十五年來之中國石油公司》。臺北:中國石油股份有限公司,1971。
于宗先、孫震、陳希沼(編),《山東人在臺灣:工商篇》。臺北:財團法人吉星福張振芳伉儷文教基金會,2000。
千草默先(編),《會社銀行商工業者名鑑(昭和三年四月現在)》。臺北:高砂改進社,1928。
小堀聡,《日本のエネルギー革命:資源小国の近現代》。名古屋:名古屋大学出版会,2010。

川島真、清水麗、松田康博、楊永明,《日台関係史〔増補版〕》。東京：東京大学出版会，2020。
中央研究院經濟研究所(編),《中央研究院經濟研究所三十週年紀念回顧與展望》。臺北：中央研究院經濟研究所,1992。
中國工程師學會(編),《十五年來臺灣各種工程事業進步概況(1946-1961)》。臺北：中國工程師協會,1962。
中國生產力及貿易中心(編),《十年來之中國生產力及貿易中心》。臺北：中國生產力及貿易中心,1965。
中國石油公司(編),《三十五年來之中國石油公司》。臺北：中國石油公司,1981。
中國石油公司(編),《四十年來之中國石油公司》。臺北：中國石油公司,1988。
中國石油公司臺灣油礦探勘處(編),《臺灣石油探勘紀要》。臺北：中國石油公司臺灣油礦探勘處,1971。
中國石油公司臺灣營業總處(編),《步步為「營」：中油臺營總處四十年》。臺北：中國石油公司臺灣營業總處,1986。
中國科學院上海經濟研究所、上海社會科學院經濟研究所(編),《大隆機器廠的發生發展與改造：從一個民族企業看中國機器製造工業》。上海：上海人民,1959。
中國第二歷史檔案館、海峽兩岸出版交流中心(編),《館藏民國臺灣檔案彙編 第49冊》。北京：九州,2007。
中國第二歷史檔案館、海峽兩岸出版交流中心(編),《館藏民國臺灣檔案彙編 第221冊》。北京：九州,2007。
中國農村復興聯合委員會(編),《中國農村復興聯合委員會工作報告(民國卅七年十月一日起至卅九年二月十五日)》。臺北：中國農村復興聯合委員會,1950。
中國農村復興聯合委員會(編),《中國農村復興聯合委員會工作報告 第二期(1952年7月)》。臺北：中國農村復興聯合委員會,1952。
中國農村復興聯合委員會(編),《中國農村復興聯合委員會工作報告 第四期(1952年7月1日-1953年6月30日)》。臺北：中國農村復興聯合委員會,1953。
中華民國工商協進會(編),《自由中國工商人物誌》。臺北：中華民國工商協進會,1955。
中華民國當代名人錄編輯委員會(編),《中華民國當代名人錄》。臺北：臺灣中華書局,1978。
中華徵信所企業股份有限公司(編),《對臺灣經濟建設最有貢獻的工商人名錄》。臺北：中華徵信所企業股份有限公司,1973。
文大宇著、拓殖大學アジア情報センター(編),《東アジア長期経済統計 別巻2 台湾》。東京：勁草書房,2002。
文馨瑩,《經濟奇蹟的背後：臺灣美援經驗的政經分析(1951-1965)》。臺北：自立晚報社文化出版部,1990。
日本石油株式會社、日本石油精製株式會社社史編さん室(編),《日本石油百年史》。東京：日本石油株式會社,1988。
日本石油株式會社調查課(編),《日本石油史》。東京：日本石油株式會社,1914。
日本鑛業株式會社(編),《五十年史》。東京：日本鑛業株式會社,1957。
日產自動車株式會社社史編纂委員會(編),《日產自動車社史：1964-1973》。東京：日產自動車株式會社,1975。
王玉雲、任魯(編),《臺肥四十年》。臺北：臺灣肥料公司,1986。
王如鈺,《微笑：妻と共に歩んだ愛の人生》。東京：近代文藝社,1995。
王作榮,《壯志未酬》。臺北：天下文化,1999。

台元紡織股份有限公司(編)，《台元紡織股份有限公司創業三十週年》。臺北：台元紡織股份有限公司，1981。
田島俊雄，《現代中国の電力産業：「不足の経済」と産業組織》。東京：昭和堂，2008。
石田浩(著)、石田浩文集編譯小組(譯)，《臺灣經濟的結構與開展：臺灣適用「開發獨裁」理論嗎?》。臺北：自由思想學術基金會，2007。
全國政協文史資料研究委員會工商經濟組(編)，《回憶國民黨政府資源委員會》。北京：中國文史，1988。
名和統一，《日本紡績業の史的分析》。東京：潮流社，1948。
朱霖將軍紀念編輯委員會(編)，《朱霖將軍紀念集》。出版地不詳：出版者不詳，1968。
池上清德(編)，《躍進臺灣の全貌》。臺北：臺灣教育資料研究會，1936。
行政院主計處(編)，《中華民國臺灣之國民生產與國民所得》。臺北：行政院主計處，1955。
行政院主計處(編)，《中國政府統計組織與工作》。臺北：行政院主計處，1956。
行政院主計處(編)，《行政院主計處國民所得統計評審委員會：三十週年紀念特刊》。臺北：行政院主計處，1995。
行政院主計處(編)，《全國總供需估測回顧與展望》。臺北：行政院主計處，1998。
行政院主計處國民所得工作小組(編)，《臺灣國民所得基本統計資料研討總報告》。臺北：行政院主計處國民所得工作小組，1961。
行政院美援運用委員會(編印)，《十年來接受美援單位的成長》。臺北：行政院美援運用委員會，1961。
行政院國際經濟合作發展委員會(編)，《美援貸款概況》。臺北：行政院國際經濟合作發展委員會，1964。
行政院國際經濟合作發展委員會(編)，《美援運用成果檢討叢書之二　美援貸款概況》。臺北：行政院國際經濟合作發展委員會，1964。
行政院國際經濟合作發展委員會中小企業輔導工作小組(編)，《一年來的中小企業輔導工作》。臺北：行政院國際經濟合作發展委員會中小企業輔導工作小組，1967。
行政院統計制度改進工作小組(編)，《農業生產統計研討報告》。臺北：行政院統計制度改進工作小組，1966。
行政院統計制度改進工作小組(編)，《臺灣省農情查報制度研討報告》。臺北：行政院統計制度改進工作小組，1966。
行政院統計制度改進工作小組(編)，《臺灣農家經濟調查研討報告》。臺北：行政院統計制度改進工作小組，1966。
佐藤正広，《帝国日本と統計調査：統治初期台湾の專門家集団》。東京：岩波書店，2012。
何廉(著)，朱佑慈、楊大寧、胡隆昶、王文鈞、俞振基(譯)，《何廉回憶錄》。北京：中國文史，1988。
作者不詳，《中華民國十年長期經濟發展計畫暨第四期四年計畫(二稿)下篇》。出版地不詳：出版者不詳，出版年不詳。
作者不詳，《張故教授德粹先生紀念集》。出版地不詳：出版者不詳，1988。
吳三連口述、吳豐山記錄，《吳三連回憶錄》。臺北：自立晚報社文化出版部，1991。
吳翎君，《美孚石油公司在中國(1870-1933)》。臺北：稻鄉，2001。
吳翎君，《美國大企業與近代中國的國際化》。臺北：聯經，2012。
吳尊賢，《吳尊賢回憶錄》。臺北：遠流，1999。
吳惠林(編)，《于宗先院士追思紀念文集》。臺北：中華經濟研究院，2019。
吳惠林、彭慧明，《蔣碩傑傳》。臺北：天下文化，2012。

吳聰敏，《臺灣經濟四百年》。臺北：春山，2023。
呂寅滿，《日本自動車工業史：小型車と大衆車による二つの道程》。東京：東京大学出版会，2011。
杉原薫，《アジア間貿易の形成と構造》。京都：ミネルヴァ書房，1996。
杉原薫，《世界史のなかの東アジアの奇跡》。名古屋：名古屋大学出版会，2020。
李東華，《光復初期臺大校史研究(1945-1950)》。臺北：國立臺灣大學出版中心，2014。
李國鼎(口述)、劉素芬(編)、陳怡如(整理)，《李國鼎：我的臺灣經驗——李國鼎談臺灣財經決策的制定與思考》。臺北：遠流，2005。
李庸三，《精彩人生夢難圓：李庸三自述》。臺北：財團法人金融研訓院，2015。
李達海(口述)、鄧潔華(整理)，《石油一生：李達海回憶錄》。臺北：天下文化，1995。
杜文田，《工業化與工業保護政策》。臺北：國際經濟合作發展委員會，1970。
邢慕寰，《臺灣經濟的投入產出關係》。臺北：行政院美援運用委員會，1961。
邢慕寰，《臺灣經濟策論》。臺北：三民書局，1993。
周琇環(編)，《臺灣光復後美援史料第一冊：軍協計畫(一)》。臺北：國史館，1995。
松田康博，《台湾における一党独裁体制の成立》。東京：慶應義塾大学出版会，2006。
林玉茹，《國策會社與殖民地邊區的改造：臺灣拓殖株式會社在東臺灣的經營(1937-1945)》。臺北：中央研究院臺灣史研究所，2011。
林佩欣，《支配と統計：台湾の統計システム(1945-1967)・総督府から国民党へ》。東京：ゆまに書房，2022。
林桶法，《1949大撤退》。臺北：聯經，2009。
林淑真，《臺灣機車史》。臺北：中華民國機車研究發展安全促進協會，1998。
林蘭芳，《工業化的推手：日治時期臺灣的電力事業》。臺北：國立政治大學歷史學系，2011。
河原功，《台湾協会所藏　台湾引揚留用記錄　第八卷》。東京：ゆまに書房，1998。
金開英，《臺灣之石油工業》。臺北：資源委員會中國石油公司，1948。
金屬工業發展中心(編)，《十年來之金屬工業發展中心》。高雄：金屬工業發展中心，1973。
涂照彥(著)，李明峻(譯)，《日本帝國主義下的臺灣》。臺北：人間，1999。
帝石史資料收集小委員會(編)，《帝石編纂資料(その一)》。東京：帝石史資料蒐集小委員會，1959。
帝石石油社史編さん委員會(編)，《帝国石油五十年史：経営篇》。東京：帝國石油株式會社，1992。
帝石石油社史編さん委員會(編)，《帝国石油五十年史：技術篇》。東京：帝國石油株式會社，1992。
帝石石油社史編さん委員會(編)，《帝国石油五十年史：海外篇》。東京：帝國石油株式會社，1992。
洪紹洋，《近代臺灣造船業的技術轉移與學習》。臺北：遠流，2011。
洪紹洋，《商人、企業與外資：戰後臺灣經濟史考察(1945-1960)》。臺北：左岸文化，2021。
洪紹洋，《企業、產業與戰爭動員：現代臺灣經濟體系的建立(1910-1950)》。臺北：左岸文化，2022。
省立臺北工業專科學校(編)，《臺灣省立臺北工業專科學校五十年校慶紀念特刊》。臺北：省立臺北工業學校，1961。
美國中美人文社會科學合作聯合委員會、中央研究院中美人文社會科學合作委員會(編)，《臺灣經濟發展會議》(1967年6月19-28日)。臺北：美國中美人文社會科學合作聯合委員會、中央研究院中美人文社會科學合作委員會，1967。

若林正丈（著）、洪郁如等（譯），《戰後臺灣政治史：中華民國臺灣化的歷程》。臺北：國立臺大大學出版中心，2016。
栗田淳一（編），《日石五十年》。東京：日本石油株式會社，1937。
馬難先、李勝欽、甘文瑞，《金屬工業資料庫之建立：運輸工具工業之工業經濟情報系統之研究》。新竹：工業技術研究院金屬工業研究所，1975。
高村直助，《日本紡績業史序說（上冊）》。東京：塙書房，1971。
高村直助，《近代日本綿業と中国》。東京：東京大学出版会，1982。
高雄煉油廠廠史編輯小組（編），《廠史》。高雄：中國石油公司高雄煉油廠，1981。
國立臺灣大學（編），《國立臺灣大學研究所概況》。臺北：國立臺灣大學，1971。
國立臺灣大學校友會（編），《國立臺灣大學校友通訊錄》。臺北：國立臺灣大學校友會，1964。
堀和生，《東アジア資本主義史論〈1〉形成・構造・展開》。京都：ミネルヴァ書房，2009。
張果為，《浮生的經歷與見證》。臺北：傳記文學雜誌社，1980。
張維慎，《國民政府資源委員會與美國經濟技術合作（1945-1949）》。北京：人民，2009。
張靜宜，《戰時體制下臺灣特用作物增產政策之研究》。高雄：復文書局，2007。
教育部科學教育委員會（編），《中國科學人才研究工作調查錄 第二輯（國內部分）》。臺北：教育部，1955。
第六海軍燃料廠史編輯委員會（編），《第六海軍燃料廠史》。東京：高橋武弘，1986。
許士軍（計畫主持人），司徒達賢、陳明璋（參與研究人），《我國衛星工廠體系之探討》。臺北：行政院發展考核委員會，1979。
許正和，《躍上峰頂的臺灣鐵馬：臺灣自行車產業發展史之研究》。高雄：高雄科學工藝博物館，2007。
許雪姬（編），《保密局臺灣站二二八史料彙編（五）》。臺北：中央研究院臺灣史研究所，2017。
通商產業省（編），《商工政策史：第15卷纖維工業（上冊）》。東京：商工政策史刊行會，1968。
郭岱君，《臺灣經濟轉型的故事：從計畫經濟到市場經濟》。臺北：聯經，2015。
陳正澄，《成長或消失：產業的管理經濟分析》。臺北：華泰文化，1999。
陳光達，《劉泰英前傳》。臺北：月旦，1997。
陳思宇，《臺灣區生產事業管理委員會與經濟發展策略（1945-1953）：以公營事業為中心的探討》。臺北：國立政治大學歷史學系，2002。
陳家豪，《近代臺灣人資本與企業經營：以交通業為探討中心（1895-1954）》。臺北：政大出版社，2018。
陳進金、陳翠蓮、蘇慶軒、吳俊瑩、林正慧，《政治檔案會說話：自由時代公民指南》。臺北：春山，2021。
陸寶千（訪問）、黃銘明（記錄），《金開英先生訪問紀錄》。臺北：中央研究院近代史研究所，1991。
麥朝成、吳惠林（編），《邢慕寰院士的經濟理念、政策與學術貢獻：逝世一週年紀念》。臺北：中華經濟研究院，2000。
湊照宏，《近代台湾の電力産業植民地工業化と資本市場》。東京：御茶の水書房，2011。
發動機製造廠文獻編輯委員會，《航空救國：發動機製造廠之興衰》。臺北：河中文化實業有限公司，2009。
程玉鳳（訪問）、張美鈺（記錄），《胡新南先生訪談錄》。臺北：國史館，2005。
程玉鳳、程玉凰（編），《資源委員會檔案史料初編（下冊）》。臺北：國史館，1984。

馮宗道,《楓竹山居憶往錄》。自行出版,2000。
黃紹恆,《砂糖之島:日治初期的臺灣糖業史1895–1911》。新竹:交通大學出版社,2019。
黃紹恆,《臺灣經濟史中的臺灣總督府:施政權限、經濟學與史料》。臺北:遠流,2010。
黃憲一、鄭金蓮、甘文瑞,《中小企業融資及輔導》。新竹:工業技術研究院金屬工業研究所,1976。
楊玉璠,《油人雲煙》。苗栗:油花編輯委員會,1991。
溫曼英,《吳舜文傳》。臺北:天下文化,1993。
經合會第三處綜合經濟設計工作小組(編),《民國五十三年臺灣投入產出表之編製》。臺北:國際經濟合作發展委員會,1968。
經濟部工業局(編),《中華民國七十五年工業發展年報》。臺北:經濟部工業局,1987。
經濟部中央標準局(編),《經濟部中央標準局成立十週年專刊》。臺北:經濟部中央標準局,1957。
經濟部物價問題專案小組(編),《物價問題專案小組總報告》。臺北:經濟部物價問題專案小組,1968。
經濟部資源委員會(編),《經濟部資源委員會在臺事業單位整理紀要》。臺北:經濟部資源委員會,1950。
義容集團編輯小組(編著),《臺灣前輩企業家何義傳略》。臺北:允晨文化,2003。
萩原充,《近代中国の石油産業:自給への道》。東京:日本経済評論社,2023。
葉振輝(譯),《半世紀前的高雄煉油廠與臺鋁公司:史料選譯》。高雄:高雄市文獻委員會,1995。
葉萬安,《臺灣經濟再奮發之路:擷取過去70年發展之路》。臺北:天下文化,2020。
裕隆汽車公司,《裕隆二十週年(民國四十二年—六十二年)》。臺北:裕隆汽車公司,1973。
鄒進文,《近代中國經濟學的發展:以留學博士生論文為中心的考察》。北京:中國人民大學出版社,2016。
雷柏爾(Arthur Raper),《臺灣目前之農村問題與其將來之展望》。臺北:中國農村復興聯合委員會,1953。
雷柏爾、全漢昇、陳紹馨《臺灣之城市與工業》。臺北:美國國外業務總署駐華共同安全分署、國立臺灣大學,1954。
彰化商業銀行徵信室(編),《臺灣省屬各行庫合辦理產業調查報告:臺灣汽車工業之現況與展望(汽車1)》。臺北:彰化商業銀行徵信室,1979。
臺大經濟研究學術基金會,《臺大經濟學系友通訊錄》。臺北:財團法人臺大經濟研究學術基金會,1991。
臺北市銀行經濟研究室(編),《臺灣區汽車工業調查報告續篇(一)》。臺北:臺北市銀行經濟研究室,1978。
臺北市銀行徵信室(編),《臺灣區汽車工業調查報告》。臺北:臺北市銀行徵信室,1971。
臺灣省行政長官公署農林處(編),《臺灣農林(第一輯)》。臺北:臺灣省行政長官公署農林處,1946。
臺灣省行政長官公署農林處農務科(編),《臺灣農業年報—民國卅五年版》。臺北:臺灣省行政長官公署農林處農務科,1946。
臺灣省物資局(編),《臺灣省物資局業務經營概況》。臺北市:臺灣省物資局,1961。
臺灣省政府人事室(編),《臺灣省各機關職員通訊錄》。臺北:臺灣省政府人事室,1949。
臺灣省政府主計處(編),《中華民國臺灣省統計提要(自民國三十五年至五十六年臺北市改院轄市止)》。南投:臺灣省政府主計處,1971。

臺灣省政府建設廳(編),《臺灣工業叢刊之四:臺灣的自行車工業》。南投:臺灣省政府建設廳,1961。
臺灣省政府統計處(編),《中華民國三十五年度:臺灣省行政紀要國民政府年鑑臺灣省行政部分)》。臺北:臺灣省政府統計處,1946。
臺灣省接收委員會日產處理委員會(編),《臺灣省接收委員會日產處理委員會結束總報告》。臺北:臺灣省接收委員會日產處理委員會,1947。
臺灣省腳踏車商業同業公會聯合會(編),《臺灣省腳踏車工商業徵信錄》。臺北:臺灣省腳踏車商業同業公會聯合會,1953。
臺灣省農業試驗所臺南棉麻試驗分所,《臺灣省農業試驗所臺南棉麻試驗分所概況(1952年12月)》。臺南:臺灣省農業試驗所臺南棉麻試驗分所,1952。
臺灣省農業試驗所臺南棉麻試驗分所,《臺灣省農業試驗所臺南棉麻試驗分所概況(1954年11月)》。臺南:臺灣省農業試驗所臺南棉麻試驗分所,1954。
臺灣棉花株式會社,《臺灣棉花株式會社第一期營業報告書(自昭和12年5月5日至昭和12年8月31日)》。臺北:臺灣棉花株式會社,1937。
臺灣棉花株式會社,《臺灣棉花株式會社第二期營業報告書(自昭和12年9月1日至昭和13年8月31日)》。臺北:臺灣棉花株式會社,1938。
臺灣棉花栽培組合(編),《臺灣に於ける棉花:第四回棉花栽培事業報告》。臺南:臺灣棉花栽培組合,1914。
臺灣銀行(編),《臺灣に於ける新興產業》。臺北:臺灣銀行,1935。
臺灣銀行調查課,《臺灣油田と其將來》。臺北:臺灣銀行,1931。
臺灣橡膠工業史編輯委員會,《臺灣橡膠工業發展史》。臺北:臺灣區橡膠工業同業公會,1998。
臺灣總督府(編),《臺灣統治概要》。臺北:臺灣總督府,1945。
臺灣總督府交通局遞信部(編),《熱帶產業調查會調查書(二)》。臺北:臺灣總督府交通局遞信部,1935。
臺灣總督府農商局(編),《臺灣農業年報(昭和18年版)》。臺北:臺灣總督府農商局,1944。
臺灣鑛業史編纂委員會(編),《臺灣鑛業史(上冊)》。臺北:臺灣鑛業史編纂委員會,1966。
趙既昌,《美援的運用》。臺北:聯經,1985。
劉大中,《協助經濟設計工作報告》。臺北:經合會委員會,1964。
劉大中先生伉儷追思錄編輯委員會(編),《劉大中先生伉儷追思錄》。出版地不詳:劉大中先生伉儷追思錄編委會,1975。
劉咸思,《海天仙侶》。臺北:世界文物,1988。
劉泰英,《臺灣現行編算國民會計之資料、方法及其檢討》。臺北:國際經濟合作發展委員會,1963。
劉素芬、樊沁萍(訪問),鍾杏珠(記錄),《中國現代經濟學的播種者:鄒至莊先生訪問紀錄》。美國:八方文化企業公司,1997。
劉曾适,《重工業之路:劉曾适百歲回顧》。臺北:松慧有限公司,2013。
劉進慶著,王宏仁、林繼文、李明峻譯,《臺灣戰後經濟分析》。臺北:人間,1992。
劉鳳翰、王正華、程玉凰(訪問),王正華、程玉凰記錄(整理),《韋永寧訪談錄》。臺北:國史館,1994。
歐素瑛,《傳承與創新:戰後初期臺灣大學的再出發》。臺北:臺灣古籍,2006。
歐素瑛,《臺北帝國大學與近代臺灣學術的奠定》。臺北:臺灣師大出版社,2020。
蔣寶麟,《民國時期中央大學的學術與政治(1927-1949)》。南京:南京大學出版社,2016。

鄭力軒，《陳紹馨的學術生命與臺灣研究》。臺北：國立臺灣大學出版中心，2022。
鄭友揆、程麟蓀、張傳洪，《舊中國的資源委員會(1932-1949)：史實與評價》。上海：上海社會科學院，1991。
橘川武郎，《日本電力業の発展と松永安左ヱ門》。名古屋：名古屋大学出版会，1995。
橘川武郎，《日本電力業発展のダイナミズム》。名古屋：名古屋大学出版会，2005。
橘川武郎，《日本石油産業の競争力構築》。名古屋：名古屋大学出版会，2012。
橘川武郎，《戦前日本の石油攻防戦》。東京：ミネルヴァ書房，2012。
澤井實、谷本雅之，《日本経済史：近世から現代まで》。東京：有斐閣，2016。
燃料懇談會(編)，《日本海軍燃料史(上)》。東京：株式會社原書房，1972。
燃料懇談會(編)，《日本海軍燃料史(下)》。東京：株式會社原書房，1972。
錢理群，《六十劫語》。福州：福建教育，1999。
薛化元(編)，《中華民國在臺灣的發展》。臺北：國立臺灣大學出版中心，2021。
薛毅，《國民政府資源委員會研究》。北京：社會科學文獻，2005。
瞿宛文，《全球化下的臺灣經濟》。臺北：臺灣社會研究叢刊，2003。
瞿宛文，《臺灣戰後經濟發展的源起：後進發展的為何與如何》。臺北：中央研究院、聯經，2017。
顏錫銘(主持)，《臺灣區汽車零組件工業發展策略研究：成立汽車及零組件測試研究中心之探討》。新竹：工業技術研究院工業經濟研究中心、工業技術研究院機械工業研究所委託，1984。
羅敦偉，《新興工業及農產加工之實際狀況考察報告書》。臺北：中央委員會設計考核委員會，1959。
寶田石油株式會社臨時編纂部，《寶田二十五年史》。東京：寶田石油株式會社東京店，1920。
蘇燕輝，《我與豐田・和泰的汽車生涯》。臺北：和泰汽車股份有限公司，2017。

六、專書論文與文章

Amsden, Alice H. "The State and Taiwan's Economic Development." In Peter B. Evans, Dietrich Rueschemeyer, and Theda Skocpol, eds., *Bringing the State Back In*. Cambridge: Cambridge University Press, 1985, pp. 78-106.
Michelle F. Hsieh, "Embedding the Economy: The State and Export-Led Development in Taiwan." In Yin-Wah Chu, ed., *Asian Developmental State: Re-examinations and New Departures*. New York: Palgrave Macmillan, 2016, pp. 73-95.
于宗先，〈我的學思歷程〉，收於吳惠林編，《于宗先院士追思紀念文集》。臺北：中華經濟研究院，2019，頁34-45。
于宗先，〈感懷過去的成長，期待未來的發展〉，收於中央研究院經濟研究所編，《中央研究院經濟研究所三十週年紀念回顧與展望》。臺北：中央研究院經濟研究所，1992，頁18-29。
中野政弘，〈臺灣におけるアルコールの產業〉，收於加藤辨三郎編，《日本のアルコールの歷史》。東京：協和醱酵株式會社，1964，頁205-223。
加島潤，〈戰後上海の綿布生產・流通と台湾〉，收於加島潤、木越義則、洪紹洋、湊照宏，《中華民国経済と台湾：1945-1949》。東京：東京大学社会科学研究所，2012，頁63-82。
田島俊雄，〈中国・台湾2つの開発体制——共産党と国民党〉，收於東京大学社会科学研究所編，《20世紀システム(4)開発主義》。東京：東京大学出版会，1998，頁171-206。
白木沢旭，〈戦時期華北占領地における綿花生產と流通〉，收於野田公夫編，《日本帝国圏

の農林資源開発:「資源化」と総力戦体制の東アジア》。京都:京都大学学術出版会,2013,頁179-211。
伊藤武夫,〈「燃料国策」の形成と石油業〉,收於後藤靖編,《日本帝国主義の経済政策》。東京:柏書房,1991,頁200-236。
曲延壽,〈汽車〉,收於中國工程師學會五十年紀念會編輯委員會編,《十五年來臺灣各種工程事業進步實況》。臺北:中國工程師學會,1961,頁16-1至16-6。
曲延壽,〈懷念 朱將軍〉,收於朱霖將軍紀念編輯委員會編,《朱霖將軍紀念集》。出版地不詳:出版者不詳,1968,頁122-125。
池尾愛子,〈経済学者と経済政策〉,收於池尾愛子編,《日本の経済学と経済学者:戰後の研究環境と政策形成》。東京:日本経済評論社,1999,頁183-225。
作者不詳,〈臺灣的汽車工業〉,收於臺北市銀行徵信室編,《臺灣區汽車工業調查報告》。臺北:臺北市銀行徵信室,1971,頁1-118。
吳惠林,〈經濟觀念布道家施建生教授:兼談當代經濟學、自由經濟及其他〉,收於國立臺灣大學社會科學院編,《春風化雨 作育英才 臺灣經濟教育現代化的推手:施建生教授學術研討會紀要》。臺北:國立臺灣大學社會科學院,2014,頁67-119。
吳德楣,〈臺灣石油探勘的成長〉,收於中國石油公司成立二十五週年紀念會編,《石油人史話:第一輯》。臺北:中國石油公司成立二十五週年紀念會,1971,頁90-105。
吳賀夫,〈錦水行〉,收於石油人編輯委員會編,《石油人第二輯:築路集》。臺北:石油人編纂委員會,1967,頁168-175。
呂寅滿,〈日本自動車産業の資本自由化と国際競争力〉、〈韓国自動車産業形成期の産業政策と企業発展〉,收於林采成、武田晴人編,《企業類型と産業育成:東アジアの高成長史》。京都:京都大学学術出版会,2022,頁25-52、91-120。
李庸三,〈經濟所三十年回顧〉,收於中央研究院經濟研究所編,《中央研究院經濟研究所三十週年紀念回顧與展望》。臺北:中央研究院經濟研究所,1992,頁32-36。
邢慕寰,〈劉大中先生與臺大經濟學博士班〉,收於劉大中先生伉儷追思錄編輯委員會編,《劉大中先生伉儷追思錄》。出版地不詳:劉大中先生伉儷追思錄編委會,1975,頁105-108。
邢慕寰,〈早產了十年的經濟研究所〉,收於中央研究院經濟研究所編,《中央研究院經濟研究所三十週年紀念回顧與展望》。臺北:中央研究院經濟研究所,1992,頁7-14。
邢慕寰,〈1929-44年臺灣國民所得的研究〉,收於吳惠林、傅祖壇編,《邢慕寰先生學術論文集(三)》。臺北:中央研究院經濟研究所,2002,頁1-86。
周婉窈,〈從「南支南洋」調查到南方共榮圈:以臺灣拓殖株式會社在法屬中南半島的開發為例〉,收於王世慶等撰,《臺灣拓殖株式會社檔案論文集》。南投:國史館臺灣文獻館,2008,頁103-173。
周琇環,〈美國的經援與軍援(1945-1965)〉,收於呂芳上編,《戰後初期的臺灣(1945-1960s)》。臺北:國史館,2015,頁285-322。
林采成,〈韓国精油産業の成立とオイルメジャ〉,收於堀和生、萩原充編,《"世界の工場"への道:20世紀東アジアの経済発展》。京都:京都大学学術出版会,2019,頁341-365。
林蘭芳,〈臺灣與日占區的電力事業(1938-1945)〉,收於朱蔭貴、楊大慶編,《世界能源史中的中國:誕生、演變、利用及其影響》。上海:復旦大學出版社,2020,頁138-165。
邱正雄,〈吾愛吾師:課堂、實習、交誼回憶〉,收於薛琦、胡春田、林建甫、王泓仁、蔡崇聖、陳尚瑜編,《施建生教授追思集》。臺北:國立臺灣大學社會科學院,2020,頁34-37。
侯國光,〈懷念吾國汽車工業之創辦人——嚴慶齡先生〉,收於台元紡織股份有限公司、裕隆汽車製造股份有限公司、中華汽車工業股份有限公司、裕隆企業集團總管理處編,《緬懷中國

汽車工業的先驅：嚴慶齡先生九十誕辰特刊》。臺北：裕隆企業集團，1998，頁95-97。
施建生，〈平淡一生的簡略回憶〉，收於薛琦、胡春田、林建甫、王泓仁、蔡崇聖、陳尚瑜編，《施建生教授追思集》。臺北：國立臺灣大學社會科學院，2020，頁150-167。
施建生，〈學術生涯的回顧〉，收於國立臺灣大學社會科學院編，《春風化雨 作欲英才 臺灣經濟教育現代化的推手：施建生教授學術研討會紀要》。臺北：國立臺灣大學社會科學院，2014，頁1-10。
洪紹洋，〈1950-60年代台湾における石油化学工業・鉄鋼業の発展——地域資源の利用による小規模生産〉，收於加島潤、湊照宏編，《冷戦期東アジアの経済発展：中国と台湾》。京都：晃洋書房，2024，頁166-185。
洪紹洋，〈戰後臺灣工業化發展之個案研究：以1950年以後的臺灣機械公司為例〉，收於田島俊雄、朱蔭貴、加島潤、松village村史穗編，《海峽兩岸近現代經濟研究》。東京：東京大学社会科学研究所，2011，頁107-139。
孫震，〈臺灣的總體經濟規畫〉，收於梁國樹編，《臺灣經濟發展論文集》。臺北：時報文化，1994，頁22-37。
張力，〈陝甘地區的石油工業〉，收於中央研究院近代史研究所編，《中國現代化論文集》。臺北：中央研究院近代史研究所，1991，頁477-505。
張果為，〈臺灣所得分配樣本調查之可能性〉，收於張果為教授八秩文存編纂委員會主編，《張果為教授統計理論論文集》。臺北：中國文化大學出版部，1980，頁45-56。
張家銘、吳政財，〈奇蹟與幻象：臺灣汽車產業的發展經驗〉，收於張維安編，《臺灣的企業組織結構與競爭力》。臺北：聯經，頁143-186，2001。
許雪姬、方惠芳（訪問），〈周石先生訪問紀錄〉、〈楊黃金鸞女士訪問紀錄〉、〈李塗洲、郭慈好夫婦訪問紀錄〉，收於許雪姬、方惠芳訪問，吳美慧、丘慧君、曾金蘭、林世青、蔡說麗整理，《高雄市二二八相關人物訪問紀錄(中)》。臺北：中央研究院近代史研究所，1995，頁11-18、頁19-26、頁35-39。
許雪姬，〈戰後臺灣民營鋼鐵業的發展與限制，1945-1960〉，收於陳永發編，《兩岸分途：冷戰初期的政經發展》。臺北：中央研究院近代史研究所，2006，頁293-338。
野田公夫，〈日本帝国圏の農林資源開発：課題と構成〉，收於野田公夫編，《日本帝国圏の農林資源開発：「資源化」と総力戦体制の東アジア》。京都：京都大学学術出版会，2013，頁1-20。
陳翠蓮，〈臺灣戒嚴時期的特務統治與白色恐怖氛圍〉，收於張炎憲編，《戒嚴時期白色恐怖與轉型正義論文集》。臺北：吳三連臺灣史料基金會，2009，頁43-69。
朝元照雄，〈台湾の自動車産業育成政策と産業組織〉，收於谷浦妙子編，《産業発展と産業組織の変化：自動車産業と電機電子産業》。東京：アジア経済研究所，1994，頁145-168。
渡邊伊三郎，〈海軍と燃料〉，收於社團法人燃料協會編，《燃料大觀》。東京：社團法人燃料協會，1972，頁290。
馮宗道，〈中油人在泰國〉，收於中油人回憶文集編輯委員會編，《中油人回憶文集(第二集)》。臺北：中油人回憶文集編輯委員會，2006，頁113-121。
黃玉雨、黃俊銘、劉彥良，〈日治時期苗栗出磺坑石油礦場設施之發展歷程研究〉，收於《第五屆臺灣總督府檔案學術研討會論文集》。南投：國史館臺灣文獻館，2008，頁124-152。
黃勝雄，〈臺灣區汽車工業調查報告〉，收於臺北市銀行經濟研究室編，《臺灣區汽車工業調查報告續篇(一)》。臺北：臺北市銀行經濟研究室，1978，頁1-52。
趙自齊，〈驚濤駭浪中，為國家犧牲的名相〉，收於丘秀芷編，《我所認識的孫運璿：孫運璿八十大壽紀念專輯》。臺北：孫璐西，1993，頁135-138。

劉克智,〈懷恩師邢慕寰院士〉,收於麥朝成、吳惠林編,《邢慕寰院士的經濟理念、政策與學術貢獻：逝世一週年紀念》。臺北市：中華經濟研究院,2000,頁165-167。
歐素瑛,〈從鬼稻到蓬萊米：磯永吉與臺灣稻作學的發展〉,收於國立中央圖書館臺灣分館編,《臺灣學研究國際學術研討會：殖民與近代化論文集》。臺北：國立中央圖書館臺灣分館,2009,頁219-270。
蔣碩傑,〈劉大中、戰亞昭亢儷逝世十週年追憶〉,收於劉咸思編,《海天仙侶》。臺北：世界文物,1988,頁159-168。
橘川武郎,〈東アジア石油産業史研究の扉を開ける第一步〉,收於堀和生、萩原充編,《"世界の工場"への道：20世紀東アジアの経済発展》。京都：京都大学学術出版会,2019,頁424-428。
謝國興,〈戰後初期臺灣中小企業的殖民地傳承〉,收於謝國興編,《邊區歷史與主體性形塑：第四屆國際漢學會議》。臺北：中央研究院臺灣史研究所,2013,頁45-85。
謝國興,〈雙元繼承與合軌：從產業經營看1930-1950年代的臺灣經濟〉,收於財團法人臺灣研究基金會策劃,《三代臺灣人：百年追求的現實與理想》。臺北：遠足文化,2017,頁343-377。
嚴慶齡,〈懷念至友朱故空軍中將君復先生〉,收於朱霖將軍紀念編輯委員會編,《朱霖將軍紀念集》,頁109。

七、期刊論文與雜誌文章

Hsieh, Michelle F. "Hollowing Out or Sustaining? Taiwan's SME Network-based Production System Reconsidered, 1996-2011." *Taiwanese Sociology* (Taipei), No. 28 (December 2014), pp. 149-191.

Hsieh, Michelle F. "Learning by Manufacturing Parts: Explaining Technological Change in Taiwan's Decentralized Industrialization." *East Asian Science* (Taipei), 9:4 (2015), pp. 331-358.

Kirby, William C. "Continuity and Change in Modern China: Economic Planning on the Mainland and on Taiwan, 1943-1958." *The Australian Journal of Chinese Affairs* (Canberra), No. 24 (July 1990), pp. 121-141.

Liu, Ta-Chung. "A Monthly Recursive Econometric Model of United States: A Test of Feasibility." *The Review of Economics and Statistics* (Cambridge), 51:1 (February 1969), pp. 1-13.

Liu, Ta-Chung. "A Simple Forecasting Model of the U.S. Economy." *International Monetary Fund Staff Papers* (Washington, D.C.), 4:3 (August 1955), pp. 434-466.

Liu, Ta-Chung. "Underidentification, Structural Estimation and Forecasting." *Econometrica* (Menasha, Wisconsin), 28:4 (October 1960), pp. 855-865.

Liu, Ta-Chung, Chin-Gwan Chang. "U.S. Consumption and Investment Propensities: Prewar and Postwar." *American Economic Review* (Nashville), 40:4 (September 1950), pp. 565-582.

Stach, Leo W.〈二次回收採油法實施についての挨拶〉,《石油技術協会誌》(東京),第16卷第1號(1951),頁5-7。

Wu, Lin-Chun. "One Drop of Oil, One Drop of Blood: The United States and the Petroleum Problem in Wartime China, 1937-1945." *Journal of American-East Asian Relations* (Leiden), 19:1 (January 2012), pp. 27-51.

やまだあつし,〈1950年代における日本の台湾輸出〉,《人間文化研究》(名古屋),第16號(2011年12月),頁119-132。

やまだあつし,〈1950年代日本商社の台湾再進出〉,《人間文化研究》(名古屋),第18號(2012年12月),頁213-222。
小田川達朗,〈躍進臺灣東部砂金地問題の再檢討〉,《臺灣鑛業會報》(臺北),第182號(1936年1月),頁22-36。
小田川達朗、詹益謙,〈大東亞に於ける石油鑛業の概觀〉,《採鑛冶金》(京都),第20年第7號(1942年7月),頁273-282。
小田川達朗、詹益謙,〈大東亞に於ける石油鑛業の概觀〉,《日本鑛業会誌》(東京),第58卷690號(1942年10月),頁616-628。
中央研究院經濟研究所,〈臺灣經濟的過去,現在與前瞻〉,《臺灣經濟預測》(臺北),第1卷第1期(1970),頁3-18。
中國生產力中心,〈研究自行車製造技術〉,《生產力》(臺北),第1期(1956年3月),頁2。
中國生產力中心,〈邀集業者與有關各方座談 商討國產自行車品質改進〉,《生產力月刊》(臺北),第4卷第9期(1960年9月),頁4。
本刊記者(工商論壇雜誌社),〈榮獲首屆機械工程獎章的嚴慶齡先生〉,《工商論壇》(臺北),第76期(1961年11月30日),頁17。
本刊記者(工商論壇雜誌社),〈蔣總統召見嚴慶齡垂詢汽車工業情形 讚許嚴氏所作發展努力 政府決予協助〉,《工商論壇》(臺北),第78期(1962年1月31日),頁13。
朱正直,〈鐵的事實活的人證——新車子七天進了三次廠〉,《教育與交通》(臺北),第4期(1971年4月20日),頁16-17。
朱華瑄,〈斷裂的生命之網:1910年代臺灣在來米種改良的商品化與社會生態轉變〉,《臺灣社會研究季刊》(臺北),第125期(2023年8月),頁127-179。
作者不詳,〈福利觀摩——中華臺亞、友聯、苔光、新莊車身及合信參觀記〉,《裕隆月刊》(臺北),第7卷第5期(1975年3月20日),頁25-29。
吳翎君,〈英文學界關於「跨國史」研究新趨勢與跨國企業研究〉,《新史學》(臺北),第28卷第3期(2017年9月),頁207-239。
呂建良,〈東海油氣田爭端的回顧與展望〉,《問題與研究》(臺北),第51卷第2期(2012年6月),頁101-132。
投資與企業雜誌社,〈從北市用戶調查看自行車產銷〉,《投資與企業》(臺北),第43期(1962年12月25日),頁11。
投資與企業雜誌社,〈地下工廠有多少?〉,《投資與企業》(臺北),第137期(1965年8月15日),頁9。
李力庸,〈日本帝國殖民地的戰時糧食統制體制:臺灣與朝鮮的比較研究(1937-1945)〉,《臺灣史研究》(臺北),第16卷第2期(2009年6月),頁67-108。
李南海,〈戰時中國航空工業的關鍵性發展:貴州大定發動機製造廠營運之研究〉,《臺灣師大歷史學報》(臺北),第52期(2014年12月),頁133-182。
邢杞風,〈經濟較量與經濟政策〉,《自由中國之工業》(臺北),第2卷第4期(1954年10月),頁1-10。
周茂柏,〈經濟部機械工業發展小組設立的意義與任務〉,《工商論壇》(臺北),第139期(1967年5月10日),頁9。
周婉窈,〈臺北帝國大學南洋史學講座・專攻及其戰後遺緒(1928-1960)〉,《臺大歷史學報》,第61期(2018年6月),頁17-95。
孟慶恩,〈臺灣之「國民所得」〉,《臺灣銀行季刊》(臺北),第4卷第2期(1951年6月),頁1-19。

松崎數惠、有田圓二,〈臺灣棉作に關する調查〉,《大日本紡績聯合會月報》,第597號(1942年7月25日),頁62-63。
林佩欣,〈他山之石:國民政府在臺灣的業務統計體系接收與重建(1945-1949)〉,《興大歷史學報》(臺中),第31期(2016年12月),頁93-122。
林滿紅,〈臺灣與東北間的貿易,1932-1941〉,《中央研究院近代史研究所集刊》(臺北),第24期(1995年6月),頁653-696。
洪紹洋,〈1950年代美國小型民營工業貸款與匯率制度之變革〉,《臺灣文獻》(臺北),第61卷第3期(2010年9月),頁331-360。
洪紹洋,〈戰後臺灣機械公司的接收與早期發展(1945-1953)〉,《臺灣史研究》(臺北),第17卷第3期(2010年9月),頁151-182。
洪紹洋,〈中日合作策進會對臺灣經建計畫之促進與發展(1957-1972)〉,《臺灣文獻》(臺北),第63卷第3期(2012年9月),頁91-124。
洪紹洋,〈外資、商業網絡與產業成長:論出口擴張期臺灣的日資動向〉,《臺灣史研究》(臺北),第26卷第4期(2019年12月),頁97-141。
孫逢吉、施文標,〈各種間作物對早植甘蔗之生育與產量之影響〉,《臺灣糖業試驗所研究彙報》(臺南),第7號(1951年6月),頁82-86。
孫貽謀,〈臺灣植棉問題的研究〉,《紡織界週刊》(臺北),第17期(1952年9月8日),頁19。
徐中齊,〈裕隆公司壟斷市場,獨獲暴利〉,《教育與交通月刊》(臺北),創刊號(1970年12月12日),頁36-37。
徐中齊,〈徐委員(中齊)迭次質詢裕隆全文(一):第一次質詢原文〉《教育與交通月刊》(臺北),第3期(1971年3月12日),頁10-12、18-19。
徐振國,〈何廉及南開經濟學家對戰後經濟政策發展之議論〉,《東吳政治學報》(臺北),第14期(2002年3月),頁51-82。
張果為,〈臺灣所得分配樣本調查之可能性〉,《財政經濟月刊》(臺北),第4卷第7期(1954年6月),頁5-11。
郭文光,〈給裕隆公司的一封公開信:請公開向我們說明幾點事實〉,《教育與交通》(臺北),第4期(1971年4月20日),頁16。
野間口五郎(臺灣銀行調查課),〈臺灣に於ける棉作の將來(下)〉,《大日本紡績聯合會月報》(大阪),第546號(1938年4月15日),頁49-51。
陳正澄,〈臺灣汽車零件製造工業之研究〉,《臺灣銀行季刊》(臺北)第34卷第2期(1983年6月),頁27-62
陳長庚,〈臺灣種植棉田的新趨勢〉,《紡織界月刊》(臺北),第56期(1954年11月10日),頁7。
陳長庚,〈從省產棉花看今年植棉〉,《紡織界月刊》(臺北),第59期(1955年2月10日),頁9。
陳翠蓮,〈冷戰與去殖民:美國政府對戰後初期臺灣獨立運動的試探與評估(1947-1950)〉,《臺灣史研究》(臺北),第26卷第3期(2019年9月),頁91-138。
陳翠蓮,〈一九五〇年臺灣問題國際化與國民黨政府的因應對策〉,《臺灣史研究》(臺北),第28卷第1期(2021年3月),頁129-178。
陸邦干,〈石油工業地球物理勘探早期發展史大事記(1939-1952年)〉,《石油地球物理勘探》(北京),第20卷第4期(1985年8月),頁338-343。
傅貽椿,〈臺灣之運輸工具工業〉,《臺灣銀行季刊》(臺北),第20卷第3期(1969年9月),頁197-214。
黃一洲,〈裕隆貽害汽車工業於無窮〉,《今日汽機車》(臺北),第7期(1972年1月),頁17-20。

楊秀雪（記錄），〈「高雄煉油廠發展與變遷」耆老座談會紀錄〉，《高市文獻》（高雄），第22卷第2期（2009年），頁113-141。
楊連熾，〈儒學典型：我的父親楊樹人教授〉，《中外雜誌》（臺北），第79卷第2期（2006年2月），頁94-103。
楊翠華，〈王世杰與中美合作1963-1978：援助或合作？〉，《歐美研究》（臺北），第29卷第2期（1999年6月），頁41-103。
經合會中小企業輔導工作小組，〈發刊詞〉、〈中小企業輔導工作目標〉，《中小企業輔導月刊》（臺北），第1卷第1期（1966年9月），頁1。
經合會中小企業輔導工作小組，〈中國生產力及貿易中心參加中小企業示範輔導工作概況〉，《中小企業輔導月刊》（臺北），第1卷第2期（1966年10月），頁2。
經合會中小企業輔導工作小組，〈中小企業輔導工作之繼續推動問題〉，《中小企業輔導月刊》（臺北），第4卷第8期（1969年8月），頁1。
葉碧苓，〈臺北帝國大學工學部之創設〉，《國史館館刊》（臺北），第52期（2017年6月），頁73-124。
路明，〈本省的自行車工業〉，《臺灣經濟月刊》（臺北），第14卷第6期（1956年6月），頁16-20。
臺灣銀行調查課，〈二月中財界錄事〉，《臺灣金融經濟月報》（臺北），第173號（1944年3月），頁4-9。
臺灣銀行調查課，〈五月中財界錄事〉，《臺灣金融經濟月報》（臺北），第176號（1944年6月），頁6-10。
臺灣鑄造協會，〈鑄造名人錄——姓名：侯國光，出生年，民國十年〉，《鑄造科技》（高雄），第258期（2011），頁6-7。
臺灣鑛業會，〈臺灣石油專賣令〉、〈臺灣石油專賣令施行細則〉，《臺灣鑛業會報》（臺北），第212號（1943），頁49-51、65-75。
臺灣鑛業會，〈臺灣鑿井技術勞務員養成所第一回卒業證書授與式舉行〉，《臺灣鑛業會報》（臺北），第215號（1944），頁90-91。
褚塡正，〈戰時「臺灣拓殖株式會社」之研究：試析嘉義化學工場（一九三九─一九四五年）（上）〉，《臺北文獻（直字）》（臺北），第141期（2002年9月），頁87-118。
褚塡正，〈戰時「臺灣拓殖株式會社」之研究：試析嘉義化學工場（一九三九─一九四五年）（下）〉，《臺北文獻（直字）》（臺北），第142期（2002年12月），頁87-121。
褚塡正，〈戰後臺灣石化工業之濫觴：中油公司嘉義溶劑廠研究（1946-1972）〉，《臺北文獻（直字）》（臺北），第163期（2008年3月），頁173-213。
鄭陸霖，〈幻象之後：臺灣汽車產業發展經驗與「跨界產業場域」理論〉，《臺灣社會學》（臺北），第11期（2006年6月），頁111-174。
鄭肇城，〈臺灣省棉作增產計畫芻議〉，《臺灣農業推廣通訊》（臺北，臺灣省農林處農業推廣委員會），第1卷第3-4期（1947年11月），頁11-24。
賴彰能，〈嘉義市第一位經濟學博士：劉榮超〉，《嘉義市文獻》（嘉義），第11期（1995年11月），頁59-60。
謝國興，〈1949年前後來臺的上海商人〉，《臺灣史研究》（臺北），第15卷第1期（2008年3月），頁131-172。
謝國興，〈1940年代的興南客運：日治後期到戰後初期的轉折〉，《臺南文獻》（臺南），創刊號（2012年7月），頁55-80。
謝慎初，〈臺灣的國民所得統計平論（一）〉，《主計月報》（臺北），第4卷第1期（1957），頁

14-18。
鍾淑敏,〈臺灣拓殖株式會社在海南島事業之研究〉,《臺灣史研究》(臺北),第12卷第1期(2005年6月),頁73-114。
瞿宛文,〈成長的因素:臺灣自行車產業的研究〉,《臺灣社會研究季刊》(臺北),第15期(1993年11月),頁65-92。
瞿宛文,〈臺灣產業政策成效之初步評估〉,《臺灣社會研究季刊》(臺北),第42期(2001年6月),頁67-117。

八、學位論文

林佩欣,〈臺灣總督府統計調查事業之研究〉。臺北:國立臺灣師範大學歷史學系博士論文,2011。
曾令毅,〈近代臺灣航空與軍需產業的發展及技術轉型(1920s-1960s)〉。國立師範大學歷史學研究所博士論文,2018。
廖峰範,〈國家與能源:戰後臺灣政府在能源產業發展中所扮演的角色(1945-1973)〉。新竹:國立清華大學歷史研究所碩士論文,2013。
劉清耿,〈把生命交給市場:臺灣汽車安全技術中的政治、市場與文化〉。新竹:國立清華大學社會學研究所博士論文,2016。
顏昌晶,〈近代中國石油工業發展之研究(1932-1949)〉。桃園:國立中央大學歷史研究所碩士論文,2001。

九、網站資料

〈小田川達朗〉,收錄於「人事興信錄資料庫」:https://jahis.law.nagoya-u.ac.jp/who/docs/who8-3938。
〈六和集團發展年表〉,收錄於「九和汽車公司網站」:https://www.chiuoho.com.tw/company.html。
「NBER網頁」:https://www.nber.org/about-nber/history。
「建大輪胎公司網頁」:http://csr.kenda.com.tw/default.aspx?lang=0&menuid=2,6 (2019年3月4日瀏覽)。
「泰豐集團網頁」:https://www.federalcorporation.com/tc/Corporate_h.php (2019年3月4日瀏覽)。
「臺灣汽車冷氣公司網頁」:https://www.taatw.com.tw/intro1.html (2019/3/5點閱)。
岩松一雄,〈戰時南方的石油〉,收錄於「岩松暉個人網站」:http://www005.upp.so-net.ne.jp/fung/index.html (2015年11月1日瀏覽)。
淩鴻勛,〈訪泰小誌〉(1968年2月8日),收錄於「國立陽明交通大學圖書館校史文物資料典藏查詢系統」:https://nctuhistory.lib.nycu.edu.tw/list_detail.aspx?url=5&cultID=582&search_mode=1。
黃紹恆,〈臺灣大學經濟學系系史〉,收錄於「國立臺灣大學經濟學系網站」:https://econ.ntu.edu.tw/wp-content/uploads/2023/10/hist.pdf。

人名索引

三畫
于宗先　273, 380, 385–6, 390, 415, 417
大炊御門經輝　126, 128
小田川達朗　83
小池重太郎　92
小林勇太郎　90
山田為次　90
山登仁三郎　221–2
山邊丈夫　148
川又正二　265

四畫
五十嵐正　265
尹仲容　19–20, 113, 115, 134, 176, 178–81, 187–8, 190, 198–9, 202, 377
尹致中　216
木山正義　69
王世杰　379, 386
王如鈺　249–50
王志堅　273
王冠群　395
王業鍵　376
王澄清　117
王鋼道　94

五畫
史太克（Leo W. Stach）　126–9
瓦格曼（E. Wagemann）　336
田銀春　294
石田退三　271
石坂周造　51

六畫
全漢昇　341, 373
向儁　202
安場末喜　148
安德（K. M. Armder）　332
曲延壽　246–7, 250, 265
朱霖　245–8

色部米作　149
西岡健之　149

七畫
亨利・福特二世（Henry Ford II）　274
佐久間左馬太　148
何廉　37–8, 380–1, 383, 419–20
別府三　69
吳三連　272–3
吳尊賢　272–3
吳槐年　84
杉村敏夫　224
李同照　82
李卓敏　380–3, 420
李高朝　401
李國鼎　134–5, 253, 278, 281–2, 375, 408, 416
李崇年　272–3
李庸三　384–6, 391
李登輝　350–1, 354
李塗洲　98
李榦　380–2, 416
李德生　94
李慶泉　348, 417
杜殿英　199, 201–2
沈博（Gr. Theodore A. Sumberg）　326, 332–4, 348
谷口房藏　148
辛文蘭　224, 226
邢慕寰　334, 372, 376–89, 392, 395–8

八畫
周石　98
周宜魁　376
周恩來　274–5
周富瑞（Leon S. Geoffrey）　348–9, 351
和田豐治　148
孟爾盛　94
孟慶恩　334, 351, 356, 417
宗仁卿　271–2
宗圭璋　272
宗祿堂　273
岩松一雄　54, 84–6

拉傑特（N. G. Ratchet） 129
松本嘉造 222
林玉明 95
林挺生 202, 299–300
林葭蕃 372–3
林霖 373, 388–9
武藤山治 148
邱士燿 417
邱正雄 375
金野光三 91
金開英 85–6, 91, 95–6, 109, 115, 117, 127

九畫

侯金英 376
侯國光 248–9
侯銘恩 188
俞國華 416
南濤遂 69
施文標 178–9
施玉樹 94–5
施建生 372, 374–6, 380–2, 385, 387, 389
施茂爾（Arthur D. Small） 89
施幹克（Hubert G. Schenck） 122, 126
柳復起 391, 395
柳館值枝 90
胡適 379
迪門蒂迪（A. N. Diementidi） 129

十畫

夏勤鐸 118, 129
孫逢吉 178–9
孫照臨 272
孫震 273, 376, 391
宮本勝 152
徐中齊 270
徐有庠 187
徐傳正 92
翁文波 94, 96
郝騤 93
馬積善 272–3
高岡大輔 123–4
高禩瑾 200, 202

十一畫

康天經 82, 84
張其昀 375
張宗利 350–1, 354–5, 416–7
張林翰 273
張果為 326, 336–47, 349, 356, 358, 369, 372–3, 391
張武 272
張建安 262
張茲闓 114–5
張添根 262
張漢裕 37, 372–3, 389
張德粹 389
張錫齡 93
從范滋 94
曹正華 295
梁國樹 376, 390–1
梅亞瑟（Arthur G. May） 97, 99–100
莊島秩男 85–9
許日和 395–6
郭婉容 416
陳吉福 98
陳其甚 279–80
陳承欽 94
陳秉範 93
陳長庚 184–6
陳昭南 385, 391
陳紹馨 37, 341
陳逢源 212
陳超塵 415–6
陳繩祖 94
陶聲洋 416
陸民仁 415, 417
麥克阿瑟 97

十二畫

傅貽椿 312
勞幹（Dr. A. Logen） 333
曾天宇 337
游來乾 376
費驊 253
黃春富 84, 90–1

十三畫
愛格羅夫（Gustav Egloff） 99
楊玉璠 84, 88–93
楊凱雄 98
楊舒 95
楊樹人 380–2
筱田治男 69
萬又煊 380–3
葉萬安 402, 411–2, 416–7
葛弗雷（Robert Allen Griffin） 202
葛倫生（Walter Galenson） 28, 387–9
詹益謙 82–4
詹森（B. M. Jenson） 365
雷尼斯（Gustav Ranis） 388
雷柏爾（Arthur Raper） 37, 332, 341
雷德福（Admiral Arthur W. Radford） 122
靳淑彥 95

十四畫
福島洋 69
賓果 97, 99–100, 106
趙仁壽 94
趙捷謙 390–1
趙蘭坪 372–3
齊世基 259

十五畫
劉大中 24, 380–1, 385, 387–9, 404–12, 415, 419
劉大柏 272
劉文騰 188
劉克智 378, 395–6
劉泰英 335, 400–1, 403–4
劉曾适 260
劉夢熊 272–3
劉榮超 383, 403–4, 410
劉德雲 92
墨爾（Howard Mayer） 89
廣瀨貞五郎 51
摩里遜（Patrick F. Morris） 114
蔣介石 243, 246, 264
蔣彥士 416
蔣碩傑 380–2, 388–9, 406

鄭汝鏞 247
鄭旺 272–3
鄭肇城 160–4

十六畫
橫山能久 266
澤井瀨平 149
盧比（Glen M. Ruby） 89
蕭人存 117–8, 120, 135
蕭聖鐵 376
賴銀海 293
錢天鶴 176–8, 187–8

十七畫
磯永吉 152
薛天棟 404
薛琦 391
謝文壇 272
謝慎初 403
齋藤憲三二 123

十八畫
薩繆森（Paul A. Samuelson） 374–6, 378, 382

十九畫
羅塞特（Richard Rosett） 389–90
關谷英一 127

二十畫
嚴保民 117
嚴家淦 274, 292, 404
嚴慶齡 242–3, 248, 259, 261–5, 275, 316–7, 439
蘇百克（W. H. Thorbecke） 134

二十一畫
顧光復 246–7
顧志耐（Simon Kuznets） 377, 388–9

名詞索引

《480號公法》 147
DDT 19, 169-71, 175, 191
Didier公司 133-4
Krupp公司 58
Western公司 56

三畫

三井化學 65
三光齒輪公司 315-6
三菱商事 50-1
久原鑛業 50
大光活塞環股份有限公司／大光公司 293-4
大阪合同紡績 148
大阪紡績 148
工業委員會 218, 243, 251, 253, 261, 402

四畫

中小企業輔導工作小組 292, 312-3
中央大學 24, 94, 247, 273, 357, 373-6, 382, 389, 403, 419-20
中央信託局 113-5, 178, 185-6, 198, 218, 241, 273, 416
中央研究院經濟研究所 24, 372, 379-83, 386-7, 390-2, 394, 406, 408, 415, 417, 419-21
中東原油公司（Middle East Oil Corp.） 112
中美人文社會科學合作委員會 28, 386-7
中美科學合作會議 386
中國生產力中心 227-30, 235, 293, 312
中國石油公司／中油公司 30, 44-8, 56-7, 68, 78-82, 87-90, 92-5, 97, 99, 100-4, 106, 108-16, 118-20, 122-4, 126-7, 129-36, 140-1, 249, 432, 440
中國技術服務社 119
中國農村復興聯合委員會／農復會 13, 165, 168-9, 171-3, 176, 179, 184, 186, 341, 350, 354, 360, 362-3, 365, 367, 387, 393, 399, 406
中國電器公司 299

六和紡織公司 271-272
友聯車材公司 265, 315-6, 318-9
日本石油 50-7, 59-60, 63-4, 66-9, 79-80, 85, 90, 92, 97
日本海外技術協力事業團（Overseas Technical Cooperation Agency, OCTA） 123
日本輕金屬 65
日本鑛業株式會社 50-1, 58, 64-5, 94
日立製作所 65
日產化學工業 58
日產自動車株式會社（Nissan Motor Co., Ltd.） 240, 250, 262, 264-7, 284
日圓貸款 124

五畫

代紡代織 147, 428
出礦坑 29, 44-5, 52-5, 82, 84, 89-90, 95
加德士（Caltex） 118
正新輪胎公司 292
民豐汽車配件廠股份有限公司 294-5
永太貿易公司 261-2
永華機械工業股份有限公司 295-6, 317
田熊汽罐 97

六畫

交通大學 245, 247, 260, 273, 391, 404, 406, 411
共同安全分署 37, 332-3, 335, 341
共同安全總署駐華分署（Mutual Security Mission to China） 114, 122, 416
在華紡 151
艾索（Esso） 118
行政院外匯貿易審議委員會／外貿會 229, 251
行政院國際經濟合作發展委員會／經合會 112, 202, 220, 233, 252-3, 255-6, 258, 260, 292-5, 299, 301, 303, 305, 312-3, 335, 355, 387, 391, 393-4, 397-404, 406-9, 412, 415-7
西山油田 54

七畫

旭日石油公司（Rising Sun Petroleum Company） 31, 49

八畫

芝加哥大學 374, 377, 381
金屬工業發展中心／金屬中心 35, 227, 235, 258–60, 293, 295, 313
長野石炭油 51

九畫

南北石油 50, 52
哈佛大學 374–5, 380–1, 389
哈羅─多瑪（Harrod-Domar）模型 402, 409–10
威利斯汽車公司（Willys Motors Inc.） 250, 261
帝國石油 44, 47, 50, 54, 65, 78–85, 87–90, 92, 126–8
帝國製糖 59–60
建大輪胎公司 292
柏氏公司 99
炭煙 56–8, 65
科芒特里瓦塞勒公司（The Commentry Oissel） 119
美孚石油公司（Mobil Oil Corporation） 29, 103, 122
美孚莫比油公司（Socony Mobil Oil Company） 134–5
美國國際合作總署（International Cooperation Administration, ICA） 114, 122, 136, 228, 341, 348
美國獨立油品公司（American Independent Oil Co.，簡稱 Aminil） 118–9
美援／美國援助 9, 12–5, 17, 19–20, 24–5, 32, 103, 106, 108–10, 115, 122, 124, 132–4, 140, 144, 147, 177–8, 185–7, 189–91, 201, 217–9, 222–3, 227, 243, 247–8, 334–5, 339, 342, 345, 351, 355, 357, 369–70, 393, 395–8, 401–3, 411, 416, 425–6
苗栗製油所 52, 67–9, 79, 92
英伊石油公司（Anglo Iranian Oil Co.） 89, 102–3, 113–5

計量經濟／計量經濟學 24, 383–4, 390, 392, 394, 403–6, 410–1, 415, 417, 421

十畫

倉敷レーヨン 65
倫敦愛克匹多公司 113
海外石油公司（Overseas Oil Corporation） 122
海油通營公司（Sea Oil & General Corporation） 129
海灣石油公司（Gulf Oil Co.） 31, 112–5, 122–3, 125, 140
紡紗委員會 172, 185–6
航空委員會 117, 245–7
高雄煉油廠 66–7, 69, 74, 78–80, 93, 96–106, 108, 110, 112–5, 117, 119, 134

十一畫

售後修護市場（After Market, AM） 23, 300, 308, 310, 321
國民所得 24, 38–9, 321, 326–37, 344–54, 358–9, 361–3, 366–70, 377–9, 393, 402–9, 412–4, 418–9, 421
國民所得工作小組 326, 348–9, 353, 358–9, 361–2, 366, 368–9
國民所得統計評審委員會 409, 412–3, 418–9
國產汽車實業公司 262, 266, 284
國際經濟合作總署（Economic Cooperation Administration, ECA） 100
產業關聯表 24, 38–9, 372, 392, 394–403, 409, 414, 420
第二燃料廠 69
第六燃料廠 64, 66–7, 69–73, 75, 79, 85, 97–9, 102, 105, 110, 224, 425

十二畫

富士瓦斯紡績 148
晶寶會 266
棉紡織同業公會 186
森美實業公司（U. S. Summit Company） 117–21, 134–5, 141
殼牌（Shell） 118

發動機製造廠　246-8

十三畫

愛國石油　67
新竹製糖　59-60
經濟合作總署中國分署　13, 199-200
經濟預測　370, 386, 404, 406, 411
萬隆會議（Bandung Conference）　131
裕隆協力工廠協力會　266
資源委員會　30, 44, 78-82, 84-5, 93-4, 97-103, 105-6, 117-8, 121, 126, 134, 203, 244, 248, 376-7, 425
《農家記帳報告資料》　362, 365, 367
《農家經濟調查報告書》　330, 334, 354, 362, 364, 366-7
農會　157, 163, 169, 186, 225, 262, 365-6
農業試驗所　152, 163, 171-6, 181-3

十四畫

臺北工業學校　81, 84, 90-2, 244
臺北帝國大學　24, 36-7, 39, 72, 244, 419-20
臺北帝國大學工學部　244
臺南州立農事試驗場　152-3, 179
臺南高等工業學校　81, 244
臺灣大學經濟學系／臺大經濟系　24, 37, 39, 336-7, 341, 346, 349, 369, 372-8, 381-5, 388-92, 400, 403-4, 415-6, 419-21
臺灣史丹雷電氣公司　298-301, 309
臺灣矢崎股份有限公司　297-8, 300, 309-10
臺灣石油販賣　51, 79
臺灣米漢納金屬公司　248-9
臺灣扶桑工業股份有限公司　302, 304-5
臺灣固特異輪胎公司　291
臺灣拓殖株式會社　33, 70, 79, 156
臺灣油礦探勘處　44-5, 48, 56-7, 68, 78-9, 81-5, 92
臺灣省工業會　199-200
臺灣省政府物資局　202-3, 207, 214, 218, 230, 360
臺灣省政府建設廳　199, 210, 231, 333, 354-5, 357
臺灣省政府農林廳　138, 145-6, 160, 169, 171-2, 186, 189, 334, 339, 354, 356, 359-65
臺灣省機器同業公會　198-9, 202
臺灣原田工業股份有限公司　300, 302-3
臺灣特殊硝子　65
臺灣區生產事業管理委員會／生管會　198-200, 202-3, 211, 217, 221
臺灣產業設備營團　69
臺灣造船公司　82, 248-9, 260, 312
臺灣棉花株式會社　156-60
臺灣棉花栽培組合　148-51
臺灣經濟發展會議　386-7
《臺灣農業年報》　138, 145-6, 155, 329-30, 354, 360-2
臺灣電力公司　106, 108-9, 136, 213, 272
臺灣機械公司／臺機公司　82, 198-200, 202-3, 208, 210-3, 221, 224-5, 228, 233, 242, 247-8, 312
臺灣糖業公司　106, 113, 163, 179-81, 360, 364, 377-8, 396, 402
臺灣總督府中央研究所　152
臺灣總督府天然瓦斯研究所　60, 79, 85
臺灣總督府農業試驗所　152
臺灣鑿井技術勞務養成所　81

十五畫

德士古石油公司（Texaco）　103, 115
慕華公司　133, 135-7, 139, 141
標準石油紐約分公司（Standard Oil Company of New York）　50, 97, 100
標準真空石油公司（Standard-Vacuum Oil Company）　31
熱帶產業調查會　60-1
駐日盟軍總司令部（GHQ）　128

十六畫

錦水　44-5, 53-7, 59-60, 63, 84-5, 90-1, 95, 131, 134

十七畫

環球石油製品公司（Universal Oil Products）　99-100
總體經濟模型　24-5, 39, 372, 392, 394, 402-4, 409-11, 414, 417, 419-21

聯合化學公司（Allied Chemical Corp.）
　　134-6
聯合國技術協助局（United Nations Technical
　　Assistance Board） 126, 128
聯合國技術援助計畫（United Nations
　　Technical Assistance Program） 127

十八畫
豐田自動車工業株式會社／豐田自動車
　　271-2, 274-5
豐田自動織布機株式會社　271

二十畫
寶田石油　50, 52
寶會　266
鐘淵紡績　98, 148, 153

國家圖書館預行編目資料

戰後臺灣經濟的再思考：資源、產業與國家治理／洪紹洋作－初版－臺北市：春山出版有限公司，2025.04
512面；21×14.8公分－（春山學術；3）
ISBN 978-626-7478-48-6（平裝）
1.CST：臺灣經濟　2.CST：經濟史
552.339　　　113018735

Academic
春山學術
003

戰後臺灣經濟的再思考：
資源、產業與國家治理

作　　　者	洪紹洋
責任編輯	盧意寧
封面設計	徐睿紳
內文排版	九同連合 Un-Toned Studio

總　編　輯	莊瑞琳
行銷企畫	甘彩蓉
業　　　務	尹子麟
法律顧問	鵬耀法律事務所戴智權律師

出　　　版	春山出版有限公司
	地址：11670臺北市文山區羅斯福路六段297號10樓
	電話：02-29318171
	傳真：02-86638233
總　經　銷	時報文化出版企業股份有限公司
	地址：33343桃園市龜山區萬壽路二段351號
	電話：02-23066842

製　　　版	瑞豐電腦製版印刷股份有限公司
印　　　刷	搖籃本文化事業有限公司
初版一刷	2025年4月
定　　　價	570元

ISBN
978-626-7478-48-6（紙本）
978-626-7478-47-9（PDF）
978-626-7478-46-2（EPUB）

有著作權　侵害必究（若有缺頁或破損，請寄回更換）　　填寫本書線上回函

本書為「國家科學及技術委員會補助研究計畫」成果
計畫名稱：現代臺灣經濟體系的形成（1930–1960s）——資源、產業與政策
計畫編號：NSTC110-2410-H-A49A-505 -MY2
執行期間：2021年8月1日至2023年7月31日

Key in the Contemporary

當代之鑰